FRANZ MACHILEK

JAN HUS (UM 1372–1415)
PREDIGER, THEOLOGE, REFORMATOR

FRANZ MACHILEK

JAN HUS (UM 1372–1415)

Prediger, Theologe, Reformator

KATHOLISCHES LEBEN UND KIRCHENREFORM
IM ZEITALTER DER GLAUBENSSPALTUNG

Vereinsschriften der Gesellschaft zur
Herausgabe des Corpus Catholicorum
Herausgegeben von Peter Walter

78/79

Zur Abbildung auf dem Einband:
Johann Agricola, Bildnis des Jan Hus († 1415), in: Johann Agricola:
Bildnisse etlicher Fürsten und Herren zur Zeit der Reformation

www.aschendorff-buchverlag.de

Printed in Germany
Gedruckt auf säurefreiem, alterungsbeständigem Papier ♾

ISSN 0170-7302
ISBN 978-3-402-11099-7
ISBN 978-3-402-11100-0 (E-Book PDF)

Inhaltsverzeichnis

Vorwort

Das vorliegende Lebensbild des böhmischen Reformators Jan Hus ist die stark erweiterte und mit Anmerkungen versehene Fassung eines zum Hus-Gedenkjahr 2015 unter ähnlichem Titel erschienenen Arbeit.[1] Die bisherige Broschüre ist gleichsam „unter der Hand" zu einem Buch angewachsen. Die Neubearbeitung geht auf eine Anregung von Professor Dr. Anton Schindling (Tübingen) zurück, der sie dem Vorsitzenden des Corpus Catholicorum, Professor Dr. Peter Walter (Freiburg im Breisgau), zur Aufnahme in die KLK-Reihe vorgeschlagen hat. Beiden Herren danke ich herzlich für die Möglichkeit der Neupublikation. Danken möchte ich an dieser Stelle auch Profesor Dr. Rainer Bendel (Tübingen), dem Herausgeber der Erstpublikation, und Herrn Dr. Michael J. Rainer, Lektor beim LIT Verlag Dr. Hopf in Berlin, für die Genehmigung zum Druck der Neufassung. Gegenüber der Erstauflage habe ich vor allem versucht, die Entfaltung des theologischen Denkens des Prager Magisters im Kontext seines ereignisreichen Lebens nachzuzeichnen. Vom Beginn seiner theologischen Studien an hat Hus um die Erkenntnis der in der Heiligen Schrift geoffenbarten Wahrheit gerungen. Seit der Übernahme des ihm nach seinem Verständnis von Gott übertragenen Predigtamtes war Hus bemüht, diese Wahrheit in ständigem Dialog mit seinen Anhängern vor allem über die Predigt zu verkündigen. Im Sinn des als *Doctor evangelicus* und Reformator gerühmten englischen Philosophen und Theologen John Wyclif (um 1330–1384) sah er in der Heiligen Schrift das in Allem verbindliche *Gesetz Gottes* (*Lex Dei*), speziell das *Gesetz Jesu Christi* (*Lex Christi*), und damit die Grundlage der kirchlichen Ordnung und Richtschnur seiner Theologie.[2] In der Entwicklung der Lehre spielte die Kanzel der Bethlehemkapelle in der Prager Altstadt gegenüber den von ihm durchaus wahrgenommenen Möglichkeiten der akademischen Lehrtätigkeit und Disputation auf das Ganze gesehen die wichtigere Rolle.[3] Mit Rücksicht auf den Umfang der vorliegenden

[1] Machilek, Jan Hus (um 1371–1415) – Prediger, Wahrheitszeuge, Refomator. – Die Neubearbeitung geht – wie schon der Titel ausweist – stärker auf die Theologie Hussens ein.

[2] Dazu zusammenfassend: Prügl, Von der Sprengkraft. – Zur Bedeutung Wyclifs in der hussitischen Reformbewegung grundlegend: Herold, Pražská univerzita. – Zu Wyclif allgemein: Walsh, Wyclif, und jetzt insbesondere Levy (Hg.), A Companion to John Wyclif.

[3] Šmahel, Das Ideal einer gerechten Ordnung, S. 203. – Zur Bethlehemkapelle: Odložilík, The Chapel of Bethlehem; Krzenck, Johannes Hus, S. 68–72; Bartlová, Die Prager Bethlehemskapelle; Soukup, Jan Hus, S. 24–28; Weger, Bilddokumentation: Jan-Hus-Denkmal, S. 238–244; Nodl, Das Kuttenberger Dekret, S. 147–149.

Publikation können die Husforschung[4], das „zweite Leben“ Hussens[5] – seine Verehrungsgeschichte[6], der Hus-Mythos[7], die Rezeption seiner Überzeugungen[8], Hus in der Kunst[9] und die zahlreichen Husdenkmäler[10], sein Nachleben in der Literatur[11], auf der Bühne[12], in der Musik[13], in Radiosendungen[14] und

4 Machilek, Ergebnisse und Aufgaben; Zeman, The Hussite Movement; Frenken, Die Erforschung des Konstanzer Konzils, S. 245–297; Šmahel, Die Hussitische Revolution I, S. 1–84, Kejř, Jan Hus známy i neznámý; Müller, Die kirchliche Krise, S. 31–34, 84–88; Šmahel/Pavlíček (Hgg.), A Companion to Jan Hus.

5 Zu Hussens „zweitem Leben“ sei besonders verwiesen auf: Seibt, Jan Hus. Das Konstanzer Gericht; Macek, Jean Hus et les traditions hussites; Šmahel, Die Hussitische Revolution I, S. 1–12, Šmahel, Jan Hus. Zivot a dílo, S. 221–232; Doležalová, Hus – ein tschechischer Nationalheld?

6 Dazu u.a. Šebek, Johannes Hus. Verehrungsgeschichte; Šebek, Transformationen, und jetzt insbesondere Halama, Svatý Jan Hus.

7 Macek, Les traditions hussites, insbesondere S. 328–360; Grundler/Dörfler, Hussen.

8 Macek, Jean Huss et les traditions hussites.

9 Dazu vor allem Beiträge von Jan und Milena Bartlová; neuerdings auch: Thomsen, Aspekte der bildlichen Darstellung des Jan Hus; Raphael und Heidrun Rosenberg, Die vielen Gesichter des Jan Hus.

10 Zuletzt: Abazid, Husovská památná místa; Raphael und Heidrun Rosenberg, Die vielen Gesichter des Jan Hus, S. 223–244 (mit umfangreichem Bildteil). – Nach letzteren wird Hus in der Regel stehend dargestellt: aufrecht stehend im Flammentod, als Prediger, Bekenner, Visionär (zur Typisierung ebd. S. 224).

11 Dazu z.B. Kraus, Husitství ve literatuře; Herkommer, Die Geschichte vom Leiden und Sterben des Jan Hus; Schmidt, Hus und Hussitismus in der tschechischen Literatur des XIX. und XX. Jahrhunderts; Ilgner, Unerzählbares Weltereignis. – 1958 kam es wegen der Aufführung des vertonten Gedichts *Vision* des jungen Rainer Maria Rilke, wonach sich das „Heldenhaupt mit dem Ketzerhut“ zu nächtlicher Stunde erhob und Huß „über Kaiser und Pfaffenspiel“ gelacht habe, in Konstanz zu Protesten des katholischen Dekans Karl Gnädinger: Kopitzki, Rilke in Konstanz, S. 1 f., Zitate S. 10 f. – Am 19. April 1897 schrieb Rilke seinem Freund Wilhelm von Scholz aus Konstanz seine Gedanken über die Stadt und Hus: „Dein Bodensee ist sehr schön; Dein Konstanz noch köstlicher. Weißt Du, da webt in diesen greisen Giebelgassen, in diesen Thoren und Höfen noch Hussens Ketzerhohn. Und ich verehr die Gestalt des čechischen Reformators und gehe mit tiefem Schauen seinen Lebensweg.“ Kopitzki, Rilke, S. 7 f.

12 Eines der ältesten Bühnenstücke über Hus war die *Tragedia Joannis Huss* des evangelischen Reformators Johannes Agricola (1492 oder 1494–1566) aus dem Jahr 1537: Doležalová/Zilynská, Hus in der Literatur, S. 195. – Ebd., S. 196 f., zu weiteren Spielen (u.a. von Alois Jirásek, Josef Kajetan Tyl oder Pavel Kohout). – Zu Hus-Theaterstücken aus jüngster Zeit: Grundler/Dörfler, Hussen, S. 50 f. (zum Hus-Spiel von Peter Klewitz in Bärnau); Machilek, Jan Hus und die Hussiten in der Oberpfalz, S. 220 f. (zu den Hus-Spielen von Peter und Katrin Klewitz in Bärnau); Machilek, Ach, Hus (zum Hus-Spiel von Franz Grundler in Nabburg).

13 Smrčka, Hus in der Musik. – Eine moderne Oper mit dem Titel *Jan Hus* schufen Widmar Hader (Komponist) und Rudolf Mayer-Freiwaldau (Librettist): Hader/Mayer-Freiwaldau, Anmerkungen; Grundler/Dörfler, Hussen, S. 83–85.

14 Als großartiges Hörspiel gilt *Das Feuer Christi* von Edzard Schaper, das 1964 erstmals im Rundfunk gesendet wurde: Schaper, Das Feuer Christi. – Bemerkenswert das

im Film[15] sowie seine politische und gesellschaftliche Instrumentalisierung[16] nur kurz gestreift werden. Dies gilt insbesondere auch für die Einstellung Martin Luthers zu ihm und zu seinem Werk.[17] Jedoch sollen die Bemühungen um die Rehabilitation des als Ketzer verbrannten Hus und die heutige ökumenische Sicht von Hus und der böhmischen Reformation und damit zugleich das moderne Husbild in einem eigenen Abschnitt (IV) dargestellt werden.

Hus hat in nur knapp zwei Jahzehnten ein schriftliches Werk von gewaltigem Umfang hinterlassen. Die wichtigsten vorliegenden Editionen und gedruckten Übersetzungen Husscher Werke sowie sonstige Quellenwerke mit Bezug zu Hus sind in der Bibliographie im Anhang aufgelistet, dort sind auch die im Text der vorliegenden Arbeit nicht näher behandelten Texte zu finden. Auf die bis 1965 bekannte handschriftliche Überlieferung der einzelnen Werke wird in den zugehörigen Anmerkungen jeweils unter der Sigle B/S auf die Übersicht von František Michálek Bartoš und Pavel Spunar hingewiesen. Die in Böhmen unmittelbar nach dem Tod Hussens einsetzende und in den Nachfolgestaaten sowie seit dem 19. Jahrhundert verstärkt auch außerhalb des Landes betriebene Beschäftigung mit Leben und Werk des Reformators findet ihren Niederschlag im Literaturverzeichnis. Um die Geschichte der Forschung zu dokumentieren, wurden in dieses Verzeichnis und in den Anmerkungsapparat auch die wichtigsten beziehungsweise nicht überholten älteren Arbeiten aufgenommen. Die tschechische und internationale Husforschung hat – nicht zuletzt dank zahlreicher Editionen – in jüngerer und jüngster Zeit große Fortschritte erzielt. Vor allem in und um die Gedenkjahre an Hussens Tod 1965 und 2015 sowie um die internationalen hussitologischen Symposien der Jahre 1993 in Bayreuth, 1999 im Vatikan und

am 3. Juni 2018 vom Bayerischen Rundfunk gesendete Hörbild *Jan Hus. Ein todesmutiger Reformer der Kirche* von Georg Denzler (URL: http://www.br.de/themen/religion/index.html).

15 Herausragende tschechische Produktionen unter dem Titel *Jan Hus* stammen aus den Jahren 1954 (Regie: Otakar Vávra, Drehbuch: Ders./Miloš Václav Kratochvíl) und 2015 (Regie: Jiří Svoboda, Drehbuch: Eva Kantůrková); nennenswert eine US-amerikanische Produktion unter dem Titel *John Hus* aus dem Jahr 1977 (Regie: Michael Economou, Drehbuch: Richard Moreau). – Dazu auch: Doležalová/Zilynská, Hus in der Literatur, S. 197.

16 Dazu kurz: Doležalová, Hus – ein tschechicher Nationalheld?

17 Beiträge zum Verhältnis zwischen böhmischer und deutscher Reformation aus jüngerer Zeit: Hendrix, "We are all Hussites"; Oberman, Hus und Luther; Kotowski, Ansätze für einen Vergleich, insbesondere S. 357–364; Šmahel, Die Hussitische Revolution III, S. 1967–1988; Kohnle, Vorreformator; Hohenberger, „Sumus omnes Hussitae ignorantes"; Jan Kalivoda, Hus und Luther; Treu, Die Gans und der Schwan; Šroněk/Horníčková (Hgg.), From Hus to Luther. – Weiterhin u.a.: Schilling, Martin Luther, S. 189 f. u.ö. (Reg. 710); Treu, Luther zwischen Kunst und Krempel, S. 413, 415, 419; Raphael und Heidrun Rosenberg, Die vielen Gesichter des Jan Hus, 2017, S. 198–209.

2015 im südböhmischen Tábor erschien eine große Zahl von weiterführenden Monographien, Sammelbänden und Einzelbeiträgen.

Personen- und Ortsnamen werden im Text in der Regel in der deutschen Form wiedergegeben, die tschechische Form wird jeweils beim ersten Vorkommen in runden Klammern beigefügt. Zitate aus mittelalterlichen Quellen sind kursiv gesetzt; das Gleiche gilt für Zitate aus tschechischsprachigen Quellen, die jeweils in deutscher Übertragung erscheinen. Im Quellen- und Literaturverzeichnis folgen den tschechischen Titeln deutsche Übersetzungen in eckigen Klammern. Die Titel von Autoren, deren Namen mit Č, Ch, Ř, Š und Ž beginnen, sind – wie in tschechischen Indices zumeist üblich – alphabetisch nach den Namen mit den Anfangsbuchstaben C, nach H, R, S und Z eingereiht.

Das Interesse an Leben und Werk Hussens hat mich seit meiner 1963 abgeschlossenen und 1967 in erweiterter Form gedruckten Dissertation über Ludolf von Einbeck (um 1353–1422), den Abt des niederschlesischen Augustiner-Chorherrenstifts Sagan (poln.: Żagań), früheren Studenten der Prager Juristenuniversität und Verfasser des konziliaristisch-antihussitischen *Tractatus de longevo schismate*, nicht losgelassen.[18] Mein Doktorvater, Prof. Dr. Johannes Spörl (1904–1977), Ordinarius für Mittelalterliche Geschichte an der Ludwig-Maximilians-Universität in München, vermittelte mir schon während der Arbeit an der Dissertation den Zugang zu den Übungen des Grabmann-Instituts zur Erforschung der mittelalterlichen Theologie bei Prof. Dr. Michael Schmaus (1897–1993) an der Theologischen Fakultät der Universitöät München. Prof. Dr. František Michálek Bartoš (1889–1972), Professor für Kirchengechichte an der Evangelisch-theologischen Fakultät der Prager Karlsuniversität und seinerzeit Nestor der in Prag florierenden Hussitologie, dem ich nach dem Erscheinen ein Exemplar meiner Dissertation zugeschickt hatte, ermunterte mich in einem persönlichen Schreiben, den Hussitismus nicht aus den Augen zu verlieren. Entscheidende Impulse in dieser Richtung gingen von den damaligen Dozenten Ferdinand Seibt (1927–2003) in München und Ivan Hlaváček (* 1931) in Prag sowie den Begegnungen mit den Husforschern in der damaligen ČSSR und im Ausland während der *Symposia Hussiana* im slowakischen Smolenice (1969) und südböhmischen Tábor (1970) aus, an denen ich als junger Wissenschaftler teilnehmen durfte.[19] Dankbar erinnere ich mich des in der Folgezeit entstehenden freundschaftlich-persönlichen und fachlichen Entgegenkommens vieler Wissenschaftler/innen, die sich mit Hus, der hussitischen Reformati-

[18] Machilek, Ludolf von Sagan.

[19] Dank der dort gewonnenen Eindrücke wagte ich mich wenige Jahre später an die Ausarbeitung eines Beitrags über Ergebnisse und Aufgaben moderner Husforschung, der mich näher an die Problme der Hussitologie heranführte und den ich 1974 in der Zeitschrift für Ostforschung veröffentlichen durfte: Machilek, Ergebnisse.

on und der hussitischen Revolution befasst haben; aus ihrem Kreis möchte ich neben Ferdinand Seibt und Ivan Hlaváček von tschechischer Seite Jaroslav Kadlec (1911–2004), Jiří Kejř (1921–2015), Amedeo Molnár (1923–1990), Pavel Spunar (* 1928), František Šmahel (* 1934), Jana Nechutová (* 1935), Zdeňka Hledíková (1938–2018) und Miloslav Polívka (* 1951) nennen:, von deutscher Seite Alexander Patschovsky (* 1940) und Peter Hilsch (* 1938), von belgischer Seite P. Paul De Vooght OSB (1900–1983).

Mit meiner Mutter Maria Machilek (1894–1973) unternahm ich die ersten Versuche bei der Lektüre tschechischer Texte. Meiner verstorbenen Frau Margarita Machilek († 2004), unseren Kindern Roland, Maria, Franz und Clemens, sowie meiner Partnerin Ingeborg Fuhrmann-Hoffmann (* 1948) danke ich für ihr Verständnis und ihre Geduld bei meinen Forschungen zur Geschichte der böhmischen Reformation und ihres Hauptrepräsentanten Jan Hus. Allen zuvor genannten Damen und Herren sei die vorliegende Arbeit gewidmet.

Neben den zuletzt genannten Wissenschaftlern, den Mitgliedern meiner Familie und meiner Partnerin gilt mein besonderer Dank Herrn Professor Dr. Peter Walter, der die vorliegende Arbeit bis kurz vor seinem plötzlichen Tod mit besonderem Interesse an der böhmischen Reformation und ihrem frühen Exponenten Jan Hus mehrere Jahre lang freundschaftlich und ermunternd begleitet hat. Die Fertigstellung des Buches hat sich – nicht zuletzt aus Altersgründen des Verfassers – länger als geplant hingezogen. Mit großer Freude teilte er Professor Walter noch Mitte Juli 2019 die Weitergabe des Manuskripts an den Aschendorff Verlag mit; Professor Walter hoffte, das fertige Buch noch zum Abschluss seiner im September endenden Amtszeit als Vorsitzender des Corpus Catholicorum bei der Jahrestagung der Görres-Gesellschaft in Paderborn vorlegen zu können. Die Gesellschaft und der Verfasser persönlich widmen ihm nun das Buch postum in herzlicher Dankbarkeit und Verehrung.

Der Verlag – im Besonderen Herr Julian Krause – hat sich bemüht, das Buch in kürzester Zeit zu lektorieren und in gewohnt guter Qualität herzustellen. Auch dafür sei an dieser Stelle herzlich gedankt.

I. Einführung

Am 6. Juli 1415 wurde der Prager Magister Jan Hus in der XV. Generalsitzung des Konzils von Konstanz im dortigen Münster unter der Anklage, die bereits gut drei Jahrzehnte zuvor als häretisch beziehungsweise irrig erklärten Lehren John Wyclifs verteidigt, den Kirchenbann ignoriert und unter Missachtung der Autorität der Kirche unmittelbar an Christus appelliert zu haben, als hartnäckiger Ketzer zum Tod auf dem Scheiterhaufen verurteilt, als Priester degradiert und nach Auslieferung an den weltlichen Arm auf dem Brühl vor der Stadtmauer auf dem Scheiterhaufen verbrannt.[20] Ausgehend von der in mehreren Quellen (Ludolf von Sagan, *Tractatus de longevo schismate*; Ulrich von Richental, *Chronik des Konstanzer Konzils*) belegten Furcht der Husgegner, die Asche des verbrannten Ketzers werde als Reliquie angesehen, und die daher im Rhein verstreut wurde, hat Ota Halama die Entwicklung der mit Hussens Tod spontan einsetzenden und rasch Breitenwirkung entfaltenden Verehrung jüngst in monographisher Form übersichtlich zusammengefasst.[21] Ein aussagekräftiges Beispiel der von hussitischer Seite gegen den Brauch der heiligen Kirche (*contra ritum sanctae ecclesiae*) getragenen Verehrung Hussens als heiliger Märtyrer stellten die Nachrichten Stephans von Dolein (Štěpán z Dolan) (1388–1421, † 1424), des ersten Priors der Kartause Dolein (Dolany) bei Olmütz (Olomouc), eines frühen, stets gut informierten Husgegners, in seiner *Epistola ad Hussitas* aus dem Jahr 1417 dar.[22] Im Verlauf der 1419 einsetzenden hussitischen Revolution

[20] Zur Husbiographie allgemein: Sedlák, M. Jan Hus; Novotný, M. Jan Hus. Život a dílo 1–2; Bartoš, Čechy v době Husově; Macek, Jan Hus; Seibt, Die Zeit der Luxemburger, S. 500–512; Spinka, John Hus; Molnár, Jan Hus, testimone; Molnár, Jean Hus, témoin; De Vooght, L'hérésie des Jean Huss I, S. 3–517; Spěváček, Václav IV., S. 394–461; Machilek, Hus/Hussiten; Werner, Jan Hus; Hilsch, Johannes Hus (um 1370–1415); Hilsch, Jan Hus. Ein Reformer; Hilsch, Johannes Hus (um 1370–1415). Leben; Šmahel, Die Hussitische Revolution I, S. 577–604; Kejř, Jan Hus známý (mit tabellarischem Lebenslauf S. 110–117); Fudge: Jan Hus. Religious Reform; Fudge, The Memory; Krzenck, Johannes Hus; Soukup, Jan Hus; Šmahel, Jan Hus. Život a dílo.

[21] Halama, Svatý Jan Hus. – Zuvor: Holeton, O felix Bohemia, 1997; Hilsch/Šebek, Jan Hus, 2009; Machilek, Böhmens Landespatrone im Mittelalter, 2018, S. 94–96 (jeweils mit weiterführenden Literaturangaben).

[22] Halama, Svatý Jan Hus, S. 17. – Zu Stephan von Dolein: Hikl, Štěpán z Dolan; Nechutová, Dialogus volatilis; Nechutová, K literární morfologii; Spunar, Repertorium I, Nr. 1020–1032, S. 363–367 (Liste der Werke; die Epistola ad Hussitas Nr. 1023, S. 364 f.); Nechutová, Frauen um Hus, S. 77–79; Hledíková, Hussens Gegner, S. 101 f.

und der damit verbundenen militärischen Auseinandersetzungen mit den Kreuzheeren aus dem römisch-deutschen Reich wuchs die Bedeutung Hussens als erfolgreicher Beschützer des Landes und dessen Retter im heiligen Krieg.[23] Nach Errichtung der eigenständigen utraquistischen Kirche wurde Hus zum Patron und schließlich zum höchsten Schutzherrn des Landes neben den traditionellen Landespatronen.[24] Seit dem 18. bzw. 19. Jahrhundert werden ein Holznagel, der von Hussens Kerker in der bischöflichen Burg Gottlieben stammen soll (heute im Historischen Museum Basel), und ein angebliches Wolltuchfragment von seinem Mantel (heute im Unterlindenmuseum in Colmar) als „Husreliquien" betrachtet.[25]

Der 1408 vor der erzbischöflichen Kurie in Prag eingeleitete Ketzerprozess gegen Hus war 1410 an der päpstlichen Kurie in Rom und 1414 vor dem Konstanzer Konzil fortgeführt worden. Mit der ihm von seinem Anwalt Jan von Jessenitz (z Jesenice, von Gaßnitz) (um 1370 – wahrscheinlich 1420) geratenen Annahme der Einladung König Sigismunds von Luxemburg (1368–1437, 1387 König von Ungarn, 1410/11 römisch-deutscher König, 1420 König von Böhmen, 1433 Kaiser), dem Protektor des Konzils und Vogt der Kirche (*protector concilii, advocatus ecclesiae*), zum Konzil hat Hus selbst über den Fortgang des Prozesses mitbestimmt;[26] er konnte nicht annehmen, dass dessen Ausgang – wie neueste Forschungen vor allem des Brünner Hilfswissenschaftlers Petr Elbel (* 1977) erwiesen haben – von Anfang an darauf ausgerichtet war, Böhmen unter allen Umständen vom Ruf der Ketzerei und von der Beschuldigung der Ketzerbegünstigung zu befreien; auch das berühmte Geleit zum Konstanzer Konzil wurde von Hus unter dieser Bedingung gewährt.[27] Nach den Worten des Tübinger Mediävisten und Husforschers Peter Hilsch (* 1938) habe König Sigismund „den Geleitbrief nicht von vornherein in der betrügerischen Absicht ausgestellt, um Hus nach Konstanz in den sicheren Tod zu locken, wie es später Hus, seinen Anhängern und auch einzelnen Historikern erschien; er rechnete damit, daß Hus entweder seine Rechtgläubigkeit beweisen oder das böhmische Problem durch einen Widerruf aus der Welt schaffen würde. Wenn es ihm politisch geboten oder notwendig erschien, hat es Sigmund allerdings nie an moralischer Bedenkenlosigkeit fehlen lassen."[28] Die vielzitierte Bemerkung im Konzilstagebuch des kurialen Schreibers und Turiner Cantors Jacobus

23 Halama, Svatý Jan Hus, S. 22–25.

24 Halama, Svatý Jan Hus, S. 30 –47.

25 AK Konstanz 2014, Nr. 282, S. 302 (Franz Eger) bzw. Nr. 281, S. 302 (Pantxika de Paepe). – Zum Mantelfragment auch Frenken, Das Konstanzer Konzil, S. 90.

26 Zu Sigismunds Rolle auf dem Konzil: Frenken, Der König und sein Konzil; Frenken, Das Konstanzer Konzil, S. 51–53, 56–59, 63–65, 72–77, 80–84 u.ö. (Reg. S. 308); Schmidt, König Sigmund und Johannes Hus.

27 Elbel, In tota christianitate. – Zum Geleit unten Abschnitt III, Kap. 26.

28 Hilsch, Johannes Hus, S. 247. – Auch (nicht vollständig) zitiert von Elbel, In tota christianitate, S. 104, Anm. 36.

de Cerretanis († 1440) zum 1. Januar 1415, dass Sigismund den Fall Hus in Konstanz zu den zweitrangigen Angelegenheiten (*alia minora*) zählte, welche die Kirchen- und Reichsreform nicht behindern sollten, entsprach demnach wohl kaum den tatsächlichen politischen Interessen des Königs.[29] Am 6. April 1415 trat der Prozess mit der Übertragung der Hussache an eine mit den Kardinälen Pierre d'Ailly, Bischof von Cambrai (um 1351–1420), und Guillaume Fillastre d.Ä. (1347/48–1428) sowie Bischof Etienne Coeuvret von Dol in der Bretagne und Abt Jean VI. de Martigny von Cîteaux hochrangig besetzte Glaubenskommission in die letzte Phase.[30] Eine Entscheidung in der Hussache war unter den Konzilsteilnehmern inzwischen allgemein als dringend erkannt worden. Die Übertragung an eine eigene Glaubenskommission erfolgte am gleichen Tag, an dem die Kardinäle nach langwierigen und kontroversen Debatten das Dekret *Haec sancta* über die Superiorität der im Heiligen Geist versammelte und die Gesamtkirche repräsentierende Konzil über den Papst verabschiedet hatten.[31] Die These, dass mit der Klärung der Husfrage „bereits ein erstes Exempel auf *Haec Sancta* statuiert werden sollte, das Konzil gar die eigene Rechtgläubigkeit demonstrieren wollte," bedarf nach Ansgar Frenken noch gründlicher Überprüfung.[32]

Nach dem Tod Hussens sahen sich das Konzil und die antiwyclifitisch-hussitischen Kräfte in Prag angesichts der im Zeichen des Laienkelchs in der Stadt und im Königreich binnen kürzester Zeit weit verbreiteten und vielfach radikalisierten Reformbewegung dringend zu umfassenden Maßnahmen gegen diese aufgefordert. Johannes von Bucca († 1430), seit 1392 Bischof des Prager Suffraganbistums Leitomischl (Litomyšl) und als ranghöchster Vertreter des böhmischen Klerus dessen Wortführer in Konstanz, der wegen seiner antihäretischen Aktivitäten als „der Eiserne" (Železny) galt, berichtete

29 Jacobus de Cerretanis, Liber gestorum, in: ACC II, S. 203: [...] *factum Johannis Hus et alia minora non debebant reformacionem ecclesie et Romani imperii impedire, quod erat principale, pro quo fuerat concilium congregatum.* – Girgensohn, Peter von Pulkau, S. 149; Brandmüller, Das Konzil von Konstanz I, S. 332; Kejř, Die Causa, S. 147; Studt, Papst Martin V., S. 39; Müller, Die kirchliche Krise, S. 32; Soukup, Jan Hus, S. 192 f.; Pavlíček, The Chronology, S. 63. – Nach Einschätzung von Karl August Fink in seinem Beitrag über die welt- und kirchengeschichtliche Bedeutung des Konstanzer Konzils war die causa fidei, speziell der Wyclifismus und die Hussache, „für dieses Konzil nicht von erstrangiger Bedeutung": Das Konzil von Konstanz (1977), S. 162; (2016), S. 55.

30 Spinka, John Hus, S. 248 f.; Brandmüller, Das Konzil von Konstanz I, S. 258, 335; Kejř, Die Causa Johannes Hus, S. 148; Šmahel, Jan Hus. Život a dílo, S. 200. – Zu den Kommissionen auf dem Konstanzer Konzil: Stuhr, Die Organisation, und Stump, The Reforms.

31 Zur Entstehung und Bewertung des Dekrets: Brandmüller, Das Konzil von Konstanz I, S. 237–259; Miethke, Kirchenreform, S. 24; Müller, Die kirchliche Krise, S. 25–28, 70 f. u.ö.; Schmidt, Die Konzilien, S. 57–60; Grohe, Concilio di Costanca; Frenken, Das Konstanzer Konzil, S. 87–91, 195–198,

32 Frenken, Das Konstanzer Konzil, S. 89.

dem Prager Erzbischof Konrad von Vechta (1412/13–1421) am 11. Juli 1415 von Überlegungen des Konzilsgremiums, gegen die Anhänger und Unterstützer der Ketzerei mit aller Härte des Gesetzes vorzugehen, schlug jedoch im Einvernehmen mit Kollegen vor, dass das Konzil jene zunächst gütlich zur Rückkehr zur katholischen Kirche bewegen solle.[33] Zwei Wochen später, am 26. Juli 1415, rief das Konzil in einzelnen, an den Hochadel des Königreichs, Erzbischof Konrad von Vechta, dessen Suffragane und den gesamten Prager Klerus, die Räte der Prager Städte und der Städte der Markgrafschaft Mähren sowie an Bischof und Domkapitel von Breslau gerichteten ultimativen Schreiben auf, das Verdammungsurteil gegen Hus und die sich daraus ergebenden Konsequenzen zu respektieren. Wyclif habe mit seinen Lehren versucht, den katholischen Glauben falsch auszulegen und dessen Fundamente zu zerstören. Niemand vor ihm habe unter dem Schleier der christlichen Religion den Glauben derart angegriffen und der Lehre der heiligen Kirche in so perverser und skandalöser Art wie er widersprochen. Gleiches gelte nun von Hus und Hieronymus von Prag, welche die verdammenswerten Artikel Wyclifs aufnahmen und damit die Disziplin der kämpfenden Kirche nicht nur schwächten, sondern diese gleichsam umstürzen wollten.[34] In einem am 17. August 1415 erlassenen Dekret nahm das Konzil gegen den Vorwurf des Geleitbruchs an Hus Stellung: Durch seinen hartnäckigen Widerspruch gegen den wahren Glauben habe er sich als *ab omni conductu et privilegio alienum* erwiesen. Nach natürlichem wie göttlichem und menschlichem Recht sei ihm gegenüber weder Treue noch Versprechen zu halten gewesen. Was Sigismund getan habe, habe er recht- und pflichtmäßig getan. Niemand dürfe künftig wagen, Sigismund oder das Konzil deswegen zu schmähen. Zuwiderhandelnden wurden Strafen angedroht.[35] Am 31. August 1415 erteilte das Konzil Bischof Johannes dem Eisernen von Leitomischl weitreichende Vollmachten zur Bekämpfung des Hussitismus.[36]

[33] Doc., S. 566 f. – Kaminsky, A History, S. 142. – Zu Bischof Johannes dem Eisernen: Hledíková, Litomyšlský biskup Jan IV.; Hledíková, Hussens Gegner, S. 100 f.; Krzenck, Prelát táhne do valky. – Zu Bischof Konrad von Vechta: Hlaváček, Konrad von Vechta; Bartůněk, Konrad von Vechta; Seibt, Konrad von Vechta.

[34] *Verum, ut experiencia docet, venenosa eiusdem Johannis perversaque opinio mentes plurium infecit peste sua dampnabiliter corrumpendo; unde in presenciarum inprobissimos et periculosissima sancte ecclesie viros, quondam Johannem Huss Jeronimumque, eiusdem Wykleff in multis dampnatissimis articulis imitatores, non solum ad debilitandam, sed evertendam quasi militantis ecclesie disciplinam, fidem eciam catholicam elidendam tendere manifestissime cognovimus*: Acta summorum pontificum 2, ed. Eršil, Nr. 1073, S. 599–601 (Zitat S. 599). – Dazu und zum historischen Kontext: Šmahel, Die Hussitische Revolution II, S. 929. – Zu Hussens Freund Hieronymus von Prag: Miethke, Die Prozesse; Magistri Hieronymi de Praga, Quaestiones, ed. Šmahel/Silagi; Fudge, Jerome of Prague; Fudge, Hieronymus von Prag.

[35] Brandmüller, Das Konzil von Konstanz II, S, 117.

[36] Druck: Acta summorum pontificum 2, ed. Eršil, Nr. 1087, S. 599–601.

Von Seiten der hussitischen Reformpartei legte der böhmisch-mährische Adel unter Führung des Prager Oberstburggrafen Čeněk von Wartenberg und zwei der obersten Repräsentanten der Markgrafschaft Mähren – des Landeshauptmanns Lacek von Krawarn (Lacek z Kravař) und des Oberstkämmerers Boček d.Ä. von Kunstadt (Boček z Kunštátu), eines der beiden Inhaber dieses Amtes in Mähren – mit dem oft zitierten Manifest vom 2. September 1415 beim Konzil schärfsten Protest gegen die Hinrichtung ihres *liebsten Nächsten guten Angedenkens* ein. 452 Barone und Ritter bezeugten den Protest in den folgenden Tagen auf acht von ihnen persönlich besiegelten Einzelurkunden. Das Konzil habe den nicht Geständigen und nicht Überführten (*non confessum, nec ut decebat, legitime convictum*) auf Grund falscher Zeugnisse seiner Feinde verurteilt. Hus wird als rechtgläubiger, gerechter und sittenstrenger Mann gerühmr; jeder, der das Gegenteil behaupte und das Königreich Böhmen und die Markgrafschaft Mähren durch Verleumdungen schmähe, sei ein gemeiner Schurke, treuloser Verräter und gemäß Joh 8,44 ein Sohn des Teufels. In Unkenntnis der Tatsache, dass Hieronymus von Prag damals noch lebte, bezogen die Unterzeichner auch ihn in ihren Protest ein, den sie mit einer Appellation an den künftigen Papst verbanden. Sie seien bereit, das Gesetz Christi und dessen Verkündiger ohne Furcht gegen alle menschlichen Gesetze bis zum letzten Blutstropfen zu verteidigen. Für Entscheidungen in Glaubensfragen solle die Prager Universität zuständig sein.[37] Das Manifest wurde mit großer Wahrscheinlichkeit von dem mit Hus etwa gleichaltrigen gelehrten Juristen, langjärigen Rechtsberater, Anwalt und Freund Jan von Jessenitz (Jan z Jesenice) verfasst, der schon während der Inhaftierung Hussens in Konstanz die Protestaktionen des Adels organisiert und dessen Beschwerdebriefe an König Sigismund und das Konzil redigiert hatte.[38]

Rektor, Magister und Doktoren der Prager Universität würdigten in einem kurz darauf, am 11. September 1415, an ausgewählte Königreiche und Länder verschickten Zeugnis ihrerseits das Leben und die Verdienste von Hus und Hieronymus von Prag in überschwänglichen Worten.[39] Sie schilderten Hus als *Spiegel der Heiligkeit,* rühmten seinen Intellekt und seine Predigtgabe, seine Demut und Frömmigkeit und nannten ihn einen Veräch-

[37] Druck des Manifests: Novotný, Hus v Kostnici, S. 59–80, tschechische Übersetzung: Molnár (ed.), Husitské manifesty, S. 48–52 (dazu S. 243–249, mit Liste der Signatare). – Zur Organisation des Adels zur Zeit Hussens u.a.: Kaminsky, A History, S. 136–140; Klassen, The Nobility; Zilynskyj, Česká šlechta; Zilynskyj, Stíčný list; Brandmüller, Das Konzil von Konstanz II, S. 116 f.; Kejř, Die Causa Johannes Hus, S. 185; zuletzt: Novotný, Organizace protestní akce.

[38] Zu ihm: Kejř, Husitský právník (zum Manifest S. 139–150, 166); Spunar, Repertorium I, Nr. 695–713, S. 250–258; Kejř, Z počátků české reformace, passim.

[39] Testimonium Universitatis Pragensis de M. Johanne Hus et Hieronymo de Praga, ed. Novotný, in: FRB VIII (1932), S. 228–230; Spunar, Repertorium II, Nr. 200, S. 111. – Dazu: Hruza, Schrift und Rebellion, S. 86 f.; Brandmüller, Das Konzil von Konstanz II, S. 116 f.

ter allen Reichtums; er habe seine ganze Sorge auf die Wiederherstellung der in der alten Kirche gelebten Sitten des Klerus verwendet.[40] Von Herzen wünschten sie, dass Hus, der das *Beispiel eines Gerechten* war, in vergleichbarer Weise *allen Christgläubigen zu einem Zeugen der katholischen Wahrheit werde.*[41] Das Zeugnis ging davon aus, dass auch Hieronymus von Prag bereits den Tod erlitten hatte; nach dessen tatsächlichem Feuerod im Mai 1416 wurde es erneut in Umlauf gesetzt.[42] Als Vorlage diente dem Verfasser ein gefälschtes, angeblich von der Universität Oxford als Ehrenrettung für Wyclif ausgefertigtes Schreiben.[43]

Der im Universitätsmanifest geäußerte Wunsch nach Weitergabe der Überzeugungen Hussens ist durchaus in Erfüllung gegangen. Rückblickend hat der preußisch-protestantische Historiker Leopold von Ranke (1795–1886) das Nachleben Hussens in seiner Weltgeschichte 1888 einprägsam in den vielzitierten Satz gefasst: „Erst, da Hus tot war, wurden seine Gedanken eigentlich lebendig."[44]

Die aus der Anhängerschaft von Hus entstehende hussitisch-utraquistische Kirche feierte ihn von Anfang an als Märtyrer und Heiligen; Taboriten, Böhmische Brüder und waldensisch-hussitische Sympathisanten beriefen sich auf sein Vorbild.[45] Die großformatige Miniatur der Apotheose Hussens in dem vor 1517 entstandenen Graduale der Leitmeritzer Utraquisten bildet einen Höhepunkt der Husikonographie: Über der Szene des Martyriums wird Hus in goldenem priesterlichem Gewand von Gottvater in die Glorie des Himmels aufgenommen.[46] Seit dem 16. Jahrhundert sahen Martin Luther und die evangelisch-lutherische Kirche in Hus einen Vorläufer ihrer Reformation.[47] 1558 veröffentlichte der Humanist Matthias Flacius Illyricus (1520–1575) zusammen mit mehreren Mitarbeitern in Nürnberg eine zweibändige monumentale Sammlung der Schriften von Hus und Hieronymus von Prag.[48]

In Anknüpfung an die bestehenden Hustraditionen erfolgte 1920 die Gründung der national ausgerichteten romfreien *Tschechoslowakischen Kirche*

40 Testimonium (wie Anm. 39), S. 229.

41 Testimonium (wie Anm. 39), S. 230: [...] *hoc unum optantes ex animo, ut sicut nobis factus est iustum perspicuumque exemplar in omnibus, ita fiat omnibus Christi fidelibus testis katholice veritatis.*

42 Hruza, Schrift und Rebellion, S. 86.

43 Hruza, Schrift und Rebellion, S. 87. – Der Herausgeber des Schreibens zog Jakobell von Mies oder Jan von Jessenitz als Verfasser in Erwägung.

44 Ranke, Weltgeschichte, Theil 9, S. 187. – Seibt, Jan Hus. Das Konstanzer Gericht, S. 5. – Die in der Husliteratur häufig angeführte Aussage Rankes wurde – worauf Frenken, Das Konstanzer Konzil, zuletzt hingewiesen hat (S. 209 mit S. 221, Anm. 1) – nicht immer korrekt zitiert.

45 Halama, Svatý Jan Hus.

46 Abb. z.B. in Šmahel, Jan Hus. Život a dílo, nach S. 192.

47 Wie Anm. 17.

48 Seibt, Jan Hus. Das Konstanzer Gericht, S. 12.

(*Církev československá*), die 1971 den Namen *Tschechoslowakische hussitische Kirche* (*Církev československá husitská*) annahm; neben ihr besteht heute die 1918 neu konstituierte *Böhmisch-brüderische evangelische Kirche* (*Českobratrská církev evangelická*).[49] Der als Kirchenhistoriker an der Hussitischen theologischen Fakultät der Prager Universität lehrende Amedeo Molnár (1923–1990) deutete die hussitische Reformation und damit die weltgeschichtliche Bedeutung Hussens als Teil der nach ihm mit der Waldenserbewegung im späten 12. Jahrhundert beginnenden „Ersten Reformation".[50]

Auf Seiten der römisch-katholischen Kirche fand die Ablehnung Hussens nach seinem Tod Ausdruck in drastischen Beschreibungen des nach ihr zu Recht verbrannten Ketzers: Der Augsburger Bürger Thomas Prischuch († um 1419/20), ein Zeitgenosse Hussens, wusste diesen in einer Rede über das Konstanzer Konzil bereits in der Hölle;[51] eine in ihrer ersten Fassung wohl bald nach 1409 entstandenen und später mehrfach erweiterte Messparodie stellte ihn in Credo und Predigt als den aus dem Geist Luzifers empfangenen Sohn des englischen Ketzers Wyclif dar.[52] Ein Jahrhundert später hielt der Humanist und Luthergegner Johannes Cochlaeus (1479–1552) Hus für schlimmer als den biblischen Pharao oder Kindermörder Herodes, als Menschenfresser und Sodomiten.[53]

Seit dem 19. Jahrhundert suchten in wachsendem Umfang Politiker – vielfach fern der aus den Quellen tatsächlich zu erschließenden Gestalt – ihren Hus wiederzufinden und diesen für ihre Zwecke zu funktionalisieren, wobei vor allem nationale Begründungen eine Rolle spielten.[54] Deutschnationale sahen in ihm den am Niedergang der Prager Universität schuldigen Deutschenhasser. Für liberal und humanistisch Gesinnte verkörperte Hus einen Märtyrer der Gewissensfreiheit und Förderer der geistigen Emanzipation des Menschen.[55] Seit den achtziger Jahren des 19. Jahrhunderts betriebene Auseinandersetzungen um eine Hus-Gedenktafel in der böhmischen Hauptstadt mündeten wenig später in der Gründung eines Vereins zur Errichtung eines monumentalen Denkmals des „treuen Tschechen und Nationalhelden" Jan Hus, wofür 1903 auf dem Altstädter Ring unweit der die katholischen Traditionen symbolisierenden barocken Mariensäule, die bis dahin über zweieinhalb Jahrhunderte den Mittelpunkt des Platzes gebildet hatte, der

49 Kadlec, Přehled církevních českých dějin II, 242 f.

50 Molnár, La protesta valdese; Schäufele, ‚Vorreformation' und ‚erste Reformation', S. 226 f.

51 Höfler (Hg.), Geschichtschreiber II, S. 381. – Seibt, Jan Hus. Das Konstanzer Gericht, S. 7.

52 Zu den Parodien näher unten in Kap. III/21.

53 Seibt, Jan Hus. Das Konstanzer Gericht, S. 7.

54 Kořalka, Nationale und internationale Komponenten; Doležalová, Hus – ein tschechischer Nationalheld?; Šebek, Die Verwendung nationaler und politischer Inhalte, S. 162–169.

55 Hilsch, Johannes Hus, S. 7.

Grundstein gelegt wurde. Die beim Husdenkmal verfolgten Ziele fasste der Politiker der liberalen jungtschechischen Partei Edvard Grégr (1827–1907) in folgenden Sätzen zusammen:

> „In der für die ganze christliche Menschheit so traurigen und elenden Zeit wurde in einem kleinen Städtchen am Fuß des Böhmerwaldes ein Mann geboren, der zu einer leuchtenden Fackel in der dunklen Nacht des Mittelalters werden sollte, der als erster die Fesseln zu zerbrechen begann, mit denen der menschliche Geist gefangen gehalten wurde. Ohne Jan Hus und ohne die siegreichen Gotteskämpfer hätte sich die tschechische Nationalität nicht retten können. Magister Jan Hus sollte von jedem Tschechen verehrt und gefeiert werden, egal welcher religiösen und politischen Überzeugung er anhängt, und wenn es keine anderen Gründe gäbe, dann aus rein nationalen und patriotischen Gründen.“[56]

Das von dem Bildhauer Ladislav Šaloun (1870–1946), einem bedeutenden Vertreter des Symbolismus, geschaffene monumentale Hus-Denkmal wurde wenige Jahre vor dem Ende der österreichisch-ungarischen Monarchie am 6. Juli 1915, dem 500. Todestag Hussens, der Öffentlichkeit übergeben. Eine feierliche Enthüllung hatten die Behörden verboten; die Übergabe fand im Altstädter Rathaus hinter verschlossenen Türen statt. Auf der Frontseite des Sockels trägt es die vielzitierte Inschrift

> *MILUJTE·SE·PRAVDY·KAŽDÉMU·PŘEJTE*
> [*Liebt einander und gönnt jedem die Wahrheit*],

ein verkürztes Zitat aus einem Konstanzer Brief des Reformators an seine Freunde von Juni 1415.[57]

Wenige Tage nach Ausrufung der Ersten Tschechoslowakischen Republik (28. Oktober 1918) stürzten aufgehetzte Nationalisten in vorbereiteter Aktion am 3. November 1918 die von ihnen als Zeichen der Unterdrückung durch die habsburgische Herrschaft und Roms verstandene Mariensäule. Ihre Errichtung war von Kaiser Ferdinand III. (1636/37–1657) per Dekret vom 11. April 1650 zur Erinnerung an die Verteidigung Prags beim Einmarsch der Schweden im Jahr 1648 und Zeichen des unter dem Schutz der Virgo Immaculata erreichten Sieges der katholischen Mächte errichtet und

[56] Zitiert nach Doležalová, Hus – ein tschechischer Nationalheld? S. 22. – Zur Mariensäule Anm. 58.

[57] Galandauer, 6.7.1915; Šebek, Johannes Hus. Verehrungsgeschichte, S. 290 f.; Krzenck, Johannes Hus, S. 193 f.; Weger, Bilddokumentation: Jan-Hus-Denkmal, S. 234–237; Doležalová, Hus – ein tschechischer Nationalheld? S. 23. – Zum Hus-Zitat unten in Kap. III/28.

am 13. Juli 1652 geweiht worden. Die von dem Bildhauer Johann Georg Bendl (vor 1620–1680) geschaffene Säule trug die Inschrift:

> *VIRGINI GENITRICI SINE ORIGINIS LABE CONCEPTAE, PROPUGNATAE AC LIBERATAE URBIS ERGO, CAESAR PIUS ET IUSTUS HANC STATUAM POSUIT*

([Zu Ehren] der ohne Makel der Erbsünde empfangenen Jungfrau und Gottesmutter errichtete der fromme und gerechte Kaiser [Ferdinand III.] eingedenk der Verteidigung und Befreiung der Stadt dieses Standbild). Ein Universitätsthesenblatt des Friedrich Graf von Waldstein aus dem Jahr 1661 stellte die Mariensäule als geistliches Zentrum Europas dar. Die Reste der Säule wurden geborgen. Eine nach der Samtenen Revolution des Jahrs 1989 gegründete *Gesellschaft für die Wiedererrichtung der Mariensäule* konnte ihr Ziel bisher nicht erreichen.[58]

In der Ersten Tschechoslowakischen Republik wurde Hus zu einer Metapher der weit verbreiteten antirömisch-nationalkirchlichen Bestrebungen:

> „Die Gestalt Hussens wurde allerdings nicht mit den länsgt vergessenen theologischen Anliegen des historischen Hus verbunden, sondern durchaus säkular im Lichte eines zurückprojizierten modernen nationalen und sozialen Programms, als Symbol des Ungehorsams gegen die Obrigkeit und vor allem als Verkörperung einer populären antikatholischen Haltung gesehen."[59]

Bei der Verabschiedung des Feiertagsgesetzes der neuen Republik im März 1925 wurde der Todestag Hussens staatlicher Gedenktag unter gleichzeitiger Aufhebung des Feiertags des heiligen Johannes von Nepomuk, der den liberalen Kreisen als Symbol des sogenannten *Temno* (der *Finsternis*) in der Zeit der Gegenreformation galt. Als Staatspräsident Tomáš Garrigue Masaryk (1850–1937) die Schirmherrschaft über die zentrale Husfeier in Prag übernahm und auf der Burg an Stelle der Präsidentenflagge die schwarze Hussitenfahne mit rotem Kelch gehisst wurde, verließ der päpstliche Nuntius Francesco Marmaggi (1870–1949) Prag und löste damit einen langwierigen und folgenreichen diplomatischen Konflikt zwischen der Regierung und dem Vatikan aus.[60] Der von dem Olmützer katholischen Kirchenhistoriker P.

[58] Kalina, Die Mariensäulen; Štěrbová, Aus der Weltmitte (hier Abb. 14 die Mariensäule als Zentrum Europas); Tricoire, „Sklave sein heißt herrschen".

[59] Hrabovec, Reformbestrebungen, S. 339.

[60] Kadlec, Přehled II, S. 243; Šebek, Johannes Hus. Verehrungsgeschichte, S. 292 f.; Šebek, Marmaggiho aféra, S. 375 f.; Doležalová, Hus – ein tschechischer Nationalheld? S. 23; Doležalová, Hus und die heutige Kirche, S. 211; Kořalka, Das tschechische Hus-Bild, S. 153; Šebek, Die Verwendung nationaler und politischer

Augustin Neumann OSA (1891–1948) im Herbst 1925 bei einem kirchengeschichtlichen Seminar in Brünn (Brno) in Anwesenheit mehrerer Bischöfe mit Blick auf die staatliche Förderung der Husverehrung vorgebrachte Vorschlag, am Husgedenktag (6. Juli) künftig auch der katholischen Märtyrer der Hussitenzeit zu gedenken und den Seligsprechungsprozess für sie einzuleiten, sorgte für „stürmische Einwendungen des protestantischen Historikers F. M. Bartoš, welcher dem Gegenstande einen scharfen Artikel in dem sozialistischen Blatte ‚Právo lidu' [Recht des Volkes] widmete, worauf Ruhe eintrat."[61]

In der Zeit des Protektorats Böhmen und Mähren bildete der Verweis auf Hus und die Hussiten eine der ideelllen Stützen für die These von der Unzerbrechlichkeit der böhmischen Nation.[62] Seit Beginn des kommunistischen Regimes (1948) galt Hus in marxistischen Deutungen als Sozialrevolutionär und Vorkämpfer der Revolution der Klassen.[63] Im Überschwang der 1945 vermeintlich wiedergewonnenen Freiheit der Tschechoslowakischen Republik verstieg sich der bedeutende Musikwissenschaftler, Historiker und seit den zwanziger Jahren des 20. Jahrhunderts als aktives Mitglied der kommunistischen Partei tätige Zdenk Nejedlý (1878–1962) 1946 zur Äußerung:

> „Ich kenne Hus sehr gut und habe mich mit seinem Werk von jung auf beschäftigt, Ich war dabei stets überrascht, wie wenig Hus als Theologe hervortrat. [...] Offensichtlich ist die religiöse Form seiner Auslegungen nur eine äußere Hülle, die er im Kampf gegen die damals mächtige Kirche allein deshalb benutzte, weil auch sie ihre weltlichen Interessen religiös begründete. [...] Heute wäre Hus Führer einer politischen Partei, seine Tribüne nicht mehr die Kanzel, sondern die Prager Luzerna oder der Wenzelsplatz. Seine Partei aber stände, dessen dürfen wir sicher sein, in der Nähe zu uns Kommunisten."[64]

Inhalte, S. 166 f. – Zum Husbild Masaryks: Funda, Masaryks Interpretation; Zouhar, Masarykův Jan Hus; Krzenck, Johannes Hus, S. 192–194. – Zum früheren Soziologieprofessor und bekennenden Husverehrer Masaryk allgemein: Kořalka, Das tschechische Hus-Bild, S. 149–152.

61 Neumann, Die katholischen Märtyrer, S. 248 f. (Zitat S. 249). – Näheres über die hohe Zahl der im Zug der hussitischen Revolution getöteten Priester – vor allem aus den Orden – und Laien bei Neumann (passim).

62 Šebek, Die Verwendung nationaler und politischer Inhalte, S. 167 f.

63 Górny, Ein Genosse ohne Mitgliedsbuch; Randák, V záři rudeho kalicha; Šebek, Die Verwendung nationaler und politischer Inhalte, S. 168.

64 Zitiert nach Werner, Wort und Sakrament, S. 3. – Im gleichen Sinn äußerte sich Nejedlý 1954 bei der Eröffnung der wiederhergestellten Bethlehemkapelle: Smrčka, Jan Hus v konfesijních dějinách, S. 44.

Nejedlý hatte zu Beginn des 20. Jahrhunderts eine in den Grundzügen bis heute nicht überholte sechsbändige *Geschichte des hussitischen Gesangs* (*Dějiny husitského zpěvu*) verfasst.[65] Als führender kommunistischer Intellektueller war er in den vierziger und fünfziger Jahren des 20. Jahrhunderts mehrfach Kulturminister der in das sowjetische System integrierten ČSSR und in den Jahren 1952–1962 Präsident der Tschechoslowakischen Akademie der Wissenschaften. Hus nahm in seinem Weltbild einen wichtigen Platz als Nationalheld ein.[66] Für den polnischen Historiker Maciej Górny (* 1976) war Hus ein kommunistischer „Genosse ohne Mitgliedsbuch".[67] Nach den Worten von Eva Doležalová (* 1972) überlebte Hus im Bewusstsein der Tschechen „eher als Kämpfer für die Rechte des armen Volkes denn als Kirchenreformator".[68]

Aus der langen Reihe der Gelehrten, die sich im Lauf des 19. und 20. Jahrhunderts wissenschaftlich mit Hus beschäftigt haben, können schon aus Raumgründen im folgenden Überblick nicht alle genannt werden:[69] Anknüpfend an die grundlegenden Arbeiten von Historikern des 19. Jahrhunderts wie František Palacký (1798–1876) auf tschechischer beziehungsweise Constantin Ritter (von) Höfler (1811–1897) in Prag und Johann Loserth (1846–1936) in Czernowitz und Graz von deutscher Seite bemühten sich Historiker und Theologen in Böhmen und später in der tschechoslowakischen Republik sowie in wachsendem Umfang auch im Ausland seit Beginn des 20. Jahrhunderts verstärkt um ein durch die Erschließung neuer Quellen auf breite Basis gestelltes objektives Husbild.[70] Die von Loserth beim Vergleich von Hauptschriften Wyclifs und Hussens schon 1884 festgestellten wörtlichen Übereinstimmungen in den Texten hatten zur Folge, dass Hus lange als geistig unselbständiger Kompilator des Oxforder Lehrers angesehen wurde. Nur schrittweise wurde der Vorwurf des Plagiats, ein für das Mittelalter anachronistischer Begriff, von der späteren Forschung korrigiert. Im Vorfeld des Hus-Gedächtnisses zum 500. Todestag 1915 stellte der Brünner katholische Husforscher Jan Sedlák (1871–1924) in einer umfangreichen Studie zu Hussens Traktat über die Kirche (*Husův traktat „De ecclesia"*) eine weit über Loserths

65 Praha ¹1904–1913, ²1954–1956.

66 Šmahel, Die Hussitische Revolution I, S. 26–28; Górny, Ein Genosse ohne Mitgliedsbuch, S. 157; Weger, Bilddokumentation: Jan-Hus-Denkmal, S. 244 (Gedenktafel in der Bethlehemkapelle).

67 Górny, Eine Genosse ohne Mitgliedsbuch. – Im Hus-Spiel von Franz Grundler ist ein Bild diesem Thema gewidmet.

68 Doležalová, Hus – ein tschechicher Nationalheld? S. 23.

69 Hierzu sei vorweg auf folgende Forschungsberichte hingewiesen: Neumann, Hus dle nejnovější literatury; Seibt, Bohemica, S. 89–95; Frenken, Die Erforschung des Konstanzer Konzils, S. 245–297; Hilsch, Johannes Hus, S. 291–298; Šmahel, Die Hussitische Revolution I, S. 1–84; Kejř, Jan Hus známy i neznámy.

70 Mit Blick besonders auf Palacký: Kořalka, Nationale und intenationale Komponenten; Kořalka, Das tschechische Hus-Bild. – Zu Höflers Biographie: Machilek, Karl Adolf Constantin (Ritter von) Höfler.

Angaben hinausgehende Liste von Wyclif-Exzerpten zusammen und kam zu dem Schluß, Hus sei geistig durchaus selbständig gewesen, habe er doch aus dem Œuvre Wyclifs die ihm passende Auswahl getroffen und das neue Arrangement des Stoffes sei durchaus seine Leistung. Zugleich wies Sedlák nachdrüklich auf die schon vor Wyclif auf Hus und den Hussitismus einwirkenden älteren autochthonen Wurzeln hin.[71] Nach Alexander Patschovsky (* 1040) hat „Hus [...] Wyclifs Œuvre ausgebeutet, wie nur eben ein mittelalterlicher Autor sich der Werke einer geschätzten Autorität bedient hat. Er har Wyclif als Steinbruch benutzt, aus dem er ganze Argumentatíonsketten über Seiten hinweg exzerpierte, mit allen Autoritäten, die Wyclif an diesen Stellen zitierte [...] und zu denen Hus durchaus auch selbständigen Zugang besaß (etwa zu Augustin)."[72] Der bereits genannte tschechische Rechtshistoriker Jiří Kejř fasste die Erkenntnisse über das Verhältnis Hussens zu Wyclif anlässlich des Hus-Gedenkjahres 1965 in den bis heute gültigen Sätzen zusammen: „Es ist entscheidend und heute schon völlig bewiesen, daß Hus und seine Zeitgenossen und Nachfolger das schwerfällige System Wiklefs zu einem außerordentlich elastischen Komplex von Traktaten und Questionen umformten; sie erneuerten, vollendeten und vertieften Wiklefs Gedanken in der konkreten Situation eines politischen Kampfes im tschechischen Königreich in der kritischen Periode der tschechischen Geschichte, betonten seine Lebenszüge, übergingen die nicht aktuellen Seiten und umgingen sogar taktisch einige seiner theoretisch-radikalen Gedanken, die für die praktische Politik nicht tragbar waren. Diese Anwendung der Lehre Wiklefs auf die praktische Politik ist der eigene Beitrag des hussitischen Denkens. Erst durch die hussitische Lehre hörte Wiklef auf, nur ein toter Buchstabe zu sein."[73]

Jan Sedlák hat 1915 eine bis heute wertvolle Husbiographie mit Quellenanhang publiziert.[74] Im gleichen Jahr gab auch der Prager Historiker Václav Flajšhans (1886–1950) eine kurze Husbiographie heraus. Beide Autoren hatten zuvor schon mehrere Editionen von Husschriften und zahlreiche einschlägige Studien veröffentlicht. Zwischen 1919 und 1931 erschienen die bis heute grundlegenden mehrbändigen Monographien über Leben und Lehre Hussens von Václav Novotný (1868–1932) und Vlastimil Kybal (1880–1959). Novotný sind zudem die bis heute nicht überholten kritischen Ausgaben der Korrespondenz Hussens und des für seinen Aufenthalt in Konstanz wichtigen Berichts des Peter von Mladoniowitz zu verdanken. Anknüpfend an eigene frühere Ausgaben Husscher Werke brachte Václav Flajšhans zwischen 1938 und 1942 dessen Bethlehempredigten in einer (heute allerdings umstritte-

[71] Die vorausgehende Passage leicht verkürzt nach Patschovsky, Ekklesiologie, S. 372 f. –Ergänzungen und Korrekturen zu Loserths und Sedláks Angaben ebd., S. 375 f., Anm. 14.

[72] Patschovsky, Ekklesiologie, S. 376.

[73] Kejř, Zur Entstehungsgeschichte, S. 52.

[74] Bibliographische Angaben zu den folgenden Arbeiten im Literaturverzeichnis.

nen) Edition zum Druck. In zahlreichen Spezialuntersuchungen würdigte der an der hussitischen theologischen Fakultät der Prager Universität lehrende Kirchenhistoriker František Michálek Bartoš (1879–1972) und sein Nachfolger Amedeo Molnár (1923–1990) die Reformbestrebungen Hussens. Eine Zusammenfassung der lebenslangen Einzelforschungen Bartošs bietet seine kurz nach Ende des Zweiten Weltkriegs (1947) erschienene Darstellung Böhmens zur Zeit Hussens (Čechy v době Husově). 1965 publizierte Bartoš zusammen mit Pavel Spunar (* 1928) die als Grundlage für alle einschlägigen Forschungen notwendige Auflistung des schriftlichen Nachlasses von Hus und Hieronymus von Prag. Seit den fünfziger Jahren des letzten Jahrhunderts erwarben sich Bohumil Ryba (1900–1980), Jiří Kejř (1921–2015), Jiří Daňhelka (1922–1993), Jaroslav Eršil (1926–2008), Anežka Schmidtová (Vidmanová) (1929–2010), František Šmahel (* 1934), Jana Nechutová (* 1936), Jana Zachová (* 1939), Gabriel Silagi (* 1942), Helena Krmíčková (* 1955), zuletzt auch Dušan Coufal, Jana Fuksová, Petra Mutlová, Anna Pumprová, Dana Stehlíková und Libor Švanda durch ihre Mitarbeit an der neuen kritischen Gesamtausgabe der Werke Hussens bleibende Verdienste um die Husforschung.

Josef Macek (1922–1991) legte nach einer kurzen Husbiographie aus marxistischer Sicht (1958) eine kenntnisreiche Darstellung der Hustraditionen vor (1973). Unter Einbeziehung der Thesen Hussens schrieb Robert Kalivoda (1923–1989) mehrere eindringliche Monographien zum hussitischen Denken als ideologisches System der frühbürgerlichen Revolution (1961, 1969, 1976). Der Philosophiehistoriker Vilém Herold (1933–2012) hat in einer langen Reihe von Detailuntersuchungen das Verhältnis Hussens zu Wyclif geklärt. Durch die Aufarbeitung von Werken katholischen Gegner Hussens steuerte der Leitmeritzer und spätere Prager katholische Kirchenhistoriker Jaroslav Kadlec (1911–2004) wertvolle Beiträge zum Leben und Werk des Reformators bei. Einen Meilenstein der modernen Husforschung bedeutete die auf vorausgehenden eigenen Einzelbeiträgen basierende, in tschechischer und deutscher Fassung publizierte Darstellung des in Prag, Rom und Konstanz gegen Hus geführten Ketzerprozesses aus der Feder des Prager Rechtshistorikers Jiří Kejř (1921–2015). Neben ihm hat vor allem František Šmahel (* 1934) als Autor einer monumentalen Geschichte der hussitischen Revolution und einer kompakten neuen Husbiographie maßgeblich zur Ausformung des modernen Husbildes beigetragen. Von den lebenden tschechischen Historikern ist neuerdings Pavel Soukup (* 1976) durch Studien zur Predigtätigkeit und eine zuerst in deutscher, dann auch in tschechischer Sprache erschienene Kurzbigographie Hussens hervorgetreten. Zur Husikonographie liegen Studien von Jan Royt (* 1955), Milena Bartlová (* 1958), Eike Thomsen, Raphael und Heidrun Rosenberg sowie von Kateřina Horčičková und Martina Šárovcová vor.

Von deutscher Seite rückte nach dem Zweiten Weltkrieg Ferdinand Seibt (1927–2003) durch seine zahlreichen Forschungen zu Hus und zur hussitischen Revolution in die erste Reihe der internationalen Husforschung auf. Ernst Werner (1920–1993), der an der Humboldtuniversität in Ostberlin gelehrt hat, wertete Hus als Vertreter der frühbürgerlichen Revolution und Frühreformator unter besonderer Berücksichtigung seines Kirchenbildes. Von den lebenden Husforschern in Deutschland sind vor allem Peter Hilsch (* 1938) und Thomas Krzenck (* 1959) als Verfasser von Husbiographien sowie Alexander Patschovsky (* 1940) wegen seiner neuen Sichtweise auf Hussens Ekklesiologie zu nennen.

Der belgische Benediktiner Paul De Vooght (1900–1983) hat in einer umfassenden Darstellung der „Häresie" Hussens diesen aus liberal-katholischer Sicht als herausragenden Vertreter der kirchlichen Reform, der in weitem Umfang ein rechtgläubiger Katholik geblieben sei, gewürdigt und für seine Rehabilitierung geworben ([1]1960, [2]1975).[75] In Polen verfasste Krzysztof Moskal eine in ökumenischem Geist ausgerichtete Analyse von Hussens Traktat *De ecclesia* und besorgte eine polnische Übertragung dieses Werks (2003 bzw. 2007). In den USA hat Samuel Harrison Thomson (1895–1976) die heute maßgebliche, „halbwegs kritische Edition"[76] von Hussens Kirchentraktat hergestellt (1956/58) und weitere Arbeiten zu Hus verfasst. Matthew Spinka (1890–1972) schrieb eine häufig benutzte handliche Husbiographie (1968). Howard Kaminsky widmete in seiner History of the Hussite Revolution den theologischen und sozialen Anliegen Hussens breiten Raum (1967). Der gebürtige Canadier und heute in den USA wirkende Thomas A. Fudge (* 1962) hat kurz nacheinander mehrere umfangreiche Momographien zu Hus, seinem Prozess, seiner Memoria, und zuletzt zu Hussens Freund Hieronymus von Prag veröffentlicht. Die Husliturgie ist seit langem das bevorzugte Spezialgebiet des gleichfalls aus Canada stammenden, heute in Prag tätigen David Ralph Holeton (* 1948). In zwei in jüngster Zeit erschienenen Sammelbänden – dem von František Šmahel in Zusammenarbeit mit Ota Pavlíček herausgebenen Companion to Jan Hus (2015) und dem von Jakub Smrčka und Zdeněk Vybíral herausgegebenen Band mit den Vorträgen des VII. internationalen hussitologischen Symposiums in Tábor (2015) – finden sich die Namen von weiteren, heute in der Husforschung aktiven Wissenschaftlerinnen und Wissenschaftlern.

[75] Das Werk wurde schon kurz nach seinem ersten Erscheinen heiß diskutiert; hingewiesen sei nur auf: Machovec, Bude katolická církev; Bartoš, Na obranu M. J. Husa; Bartoš, Apologia; Bartoš, Réponse; Kaminsky, A History, S. 35 f., Kadlec, Johannes Hus in neuem Licht? – Machilek, Ergebnisse, S. 302 f.; Patschovsky, Ekklesiologie, S. 371.

[76] So Patschovsky, Ekklesiologie, S. 374. – Eine den modernen Anforderungen entsprechende Edition von *De ecclesia* für die neue Hus-Gesamtausgabe ist in Arbeit.

In der vorliegenden Publikation soll in Abschnitt II die Situation von Kirche und Gesellschaft in Böhmen – speziell in der böhmischen Hauptstadt Prag – in der Zeit vor Jan Hus vorgestellt werden. In den Abschnitten III und IV folgt die Darstellung von Leben und Werk Hussens im Rahmen der nach ihm benannten Reformbewegung; Themen des Abschnitts V und VI sind die Bemühungen um Rehabilitation des Ketzers Jan Hus und sein Platz im Rahmen der Ökumene der christlichen Kirchen. In Abschnitt VII finden sich Verzeichnisse der gedruckten Editionen und Übersetzungen der Werke Hussens sowie der sonstigen gedruckten Quellen und der Literatur.

II. Gesellschaft und Kirche in Böhmen – speziell in Prag – vor dem Auftreten des Jan Hus

1. Praga caput regni. Prag als Hauptort Böhmens unter den Luxemburger Herrschern Karl IV. und Wenzel IV.

Seit Ausgang des 9. Jahrhunderts war die Burg Prag[77] auf strategisch günstig gelegenem Felssporn über dem linken Moldauufer Sitz der dem Stamm der Tschechen entstammenden, über Böhmen herrschenden Fürstenfamilie der Přemysliden; im 12. Jahrhundert erlangte diese die Königswürde. Nach Aussterben der přemyslidischen Dynastie im Mannesstamm (1306) wurde Böhmen über ein Jahrhundert lang von Königen aus dem Hause Luxemburg regiert (1310–1437).[78] Von Anfang an war die Burg auch Versammlungsort der Großen des Landes und dessen kultischer Mittelpunkt, seit 973/74 Sitz des Prager Bischofs. Von den früh an der Moldaufurt unterhalb der Burg entstandenen suburbanen Siedlungen ist die rechts des Flusses gelegene schon für das 10. Jahrhundert als multiethnisches Zentrum eines weit ausstrahlenden Fernhandels belegt. Im 13. Jahrhundert erlangten die beiden rasch anwachsenden Siedlungen den Status selbständiger Rechtsstädte: die rechts der Moldau gelegene Altstadt (Stáre Město, auch Größere Stadt/Větší Město genannt) wurde zur bevorzugten Kaufmannsstadt; in der links der Moldau gelegenen Kleineren Stadt (Menší Město), die seit dem 14. Jahrhundert als Kleinseite (Malá Strána) bezeichnet wurde, setzte sich vorzugsweise der Adel, im Besonderen der zur königlichen Hofgesellschaft zählende Adel, fest.[79] Die Einwohnerzahl beider Städte zusammen wird für die Zeit um 1300 auf 8.000–10.000 geschätzt. In den zwanziger Jahren des 14. Jahrhunderts gründete Burggraf Hynek Berka von Dubá im Vorfeld westlich der Burg die dritte Prager Stadt Hradschin (Hradčany), die fortan dem königlichen Oberstburggrafen als untertänige Stadt unterstellt blieb.[80]

Karl IV., Sohn König Johanns des Blinden, des ersten Luxemburgers auf dem böhmischen Königsthron (1310–1346) und der Přemyslidin Elisabeth († 1330), fand nach siebenjährigem Erziehungsaufenthalt in Frankreich und mehrjähriger Abordnung nach Italien bei der Rückkehr nach Böhmen, über das ihm der Vater für die Zeit eines Aufenthalts in Luxemburg die

77 Borkovský, Die Prager Burg; Umělecké památky Prahy 4.

78 Hoensch, Die Luxemburger.

79 Josef Janáček, Das alte Prag, 1980, S. 29–54. – Plan mit den wichtigsten öffentlichen Gebäuden, Kirchen und Klöstern in den Prager Städten zur Zeit Hussens: Ledvinka (Hg.), Lucemburská Praha, S. 40 f.

80 Janáek, Das alte Prag, S. 52.

Herrschaftsgewalt übertragen hatte, zu Ende des Jahres 1333 nach eigenen Worten das Königreich verwahrlost (*desolatum/verwusth*) und die Prager Burg teilweise verfallen und heruntergekommen (*destructum et comminutum/vortorbet vnd zcufallen*) vor.[81] Als Markgraf von Mähren und designierter Thronfolger ließ er im Rahmen umfassender, am Pariser Vorbild orientierten Hauptstadtvorstellungen schon vor der Erhebung Prags zum Erzbistum (1344) mit dem Neubau der St. Veitskathedrale mit dem Grab des heiligen Wenzel, des vornehmsten Landespatrons, sowie vor den Krönungen zum römisch-deutschen bzw. böhmischen König (1346 bzw. 1347) mit Um- und Neubauten des Königspalastes beginnen.[82]

Der Grundstein zur St. Veitskathedrale wurde 1344 gelegt; Planung und Bauausführung der Kathedrale lagen zunächst bei dem aus Avignon berufenen französischen Architekten Matthias von Arras; nach dessen Tod (1352) bei Peter Parler aus Schwäbisch Gmünd († 1399).[83] Die von Karl IV. erstrebte Erhebung des Bistums Prag zum Erzbistum, ein altes Ziel der Kirchenpolitik seiner Vorgänger auf dem böhmischen Königsthron, erfolgte in enger Zusammenarbeit mit Papst Clemens VI. (1342–1352), seinem früheren Lehrer in Frankreich, sowie Bischof bzw. Erzbischof Ernst von Pardubitz (1343/44–1364), als seinem engsten Mitarbeiter in Prag. Der neuen Metropolie wurde das alte mährische Bistums Olmütz und das neugegründete Bistum Leitomischl als Suffraganbistümer zugeordnet.[84] Von den Palastbauten aus der Zeit Karls IV. sind nur Reste erhalten, die größten davon in der damals im Stil der Pariser Sainte-Chapelle umgebauten Palastkapelle (Allerheiligenkapelle).[85] Neben dem Teyn, dem zentralen Handelshof in der Altstadt, entstand seit 1365 unter dert Leitung von Peter Parler der Neubau der Kirche St. Maria vor dem Teyn als neue Hauptkirche der rechtsmoldauischen Stadt.[86]

Nach der Erhebung Prags zum Metropolitansitz trug die wenige Jahre danach (1348) durch Karl IV. erfolgte Gründung der Universität zu der von

81 Stammler (Hg.), Die Autobiographie Karls, S. 150 f. – Němec, Architektur, S. 27, 39 f.

82 Graus, Prag als Mitte Böhmens; Janáček, Das alte Prag, S. 51–60; Moraw, Zur Mittelpunktsfunktion Prags; Machilek, Praga Caput Regni; Ledvinka, Praha pod vládou lucemburské dynastie; Schlotheuber, Der Ausbau Prags; Čornej, Praha – hlava království. – Šmahel, Die Verehrung des hl. Wenzel im hussitischen Böhmen, S. 99–103.

83 Kotrba, Der Dom zu St. Veit, S. 524–528; Machilek, Praga Caput Regni, S. 83; Gajdošová, Karls Hauptstadt Prag, S. 95 f., Bartlová, Der Prager Veitsdom, in: Bahlcke/Rohdewald/Wünsch (Hgg.), Religiöse Erinnerungsorte. – Merhautová (Hg.), Katedrála sv. Víta.

84 Zum Erzbistum Prag und zu den Prager Erzbischöfen allgemein: Hledíková/Polc (Hgg.), Pražské arcibiskupství.

85 Němec, Architektur, S. 39–42; Gajdošová, Karls Hauptstadt Prag, S. 95.

86 Pitha, Kirche der Muttergottes am Teyn, S. 7.

ihm geplanten weiteren Erhöhung der Mittelpunktsfunktion Prags bei.[87] Wie bei jener waren auch bei der Universitätsgründung Papst Clemens VI. und Erzbischof Ernst von Pardubitz in hohem Maß beteiligt.[88] Die Statuten der Provinzialsynde von 1349 sicherten die Stellung des Bischofs bzw. Erzbischofs gegenüber Klerus und Adel.[89] Sowohl dem Papst wie Karl IV. ging es zum damaligen Zeitpunkt – in der Endphase der Aueinandersetzungen mit Kaiser Ludwig dem Bayern – „um eine machtpolitische, kaum um eine bildungstechnische Entscheidung: Die verbündete Dynastie und ihr Hauptland sollten erhöht werden, wie kurz zuvor durch die Erhebung der Prager Diözese zum Erzbistum".[90] Auf die Bedeutung der Universität zwischen 1348 und 1409 soll weiter unten in einem eigenen Kapitel eingegangen werden.

Im Gründungsjahr der Universität vollzog Karl IV. auch die Gründung der die Altstadt gegen Osten und Süden halbmondartig umgreifenden Neustadt (Nové Město) als selbständige vierte Prager Stadt.[91] Ihre Errichtung wurde bereits mit dem zu erwartenden Zustrom von Studierenden an die neue Universität begründet. Mit der Gründung der Neustadt und der bald danach erfolgten Erweiterung der Kleinseite stieg die Einwohnerzahl der Stadtagglomeration in der Blütezeit unter Kaiser Karl IV. auf über 40.000 an, wozu die Gründung und der Ausbau der Universität wesentlich beitrugen. Prag zählte fortan sowohl zahlen- als auch raummäßig zu den größten Städten Europas.

Die bald nach Gründung der Neustadt erbaute Stadtmauer sicherte Prag gegen das Umland im Osten. Die Mauer bezog auch den südlich von Prag über dem rechten Moldauufer gelegenen, mit den mythischen Anfängen der Stadt verbundenen Vyšehrad (die *Höhere Burg*) ein, der im 11./12. Jahrhundert zeitweilig als Residenz der Přemysliden gedient hatte, und von dem aus nach dem böhmischen Krönungsordo der König im Triumph durch die Neu- und Altstadt über die Moldau zur Krönung in den Veitsdom zog.[92] Einen wichtigen Abschnitt der via regia bildete die unter Karl IV. seit 1357 an Stelle der 1342 durch ein Moldauhochwasser zerstörten, die beiderseits des Flusses gelegenen Städte miteinander verbindende Steinerne Brücke (Judithbrücke, seit 1870 Karlsbrücke genannt).[93] Der Altstädter Brückenturm mit den thronenden Figuren des Kaisers, König Wenzels und der böhmischen

87 Moraw; Die Universität Prag; Svatoš (Red.): Dějiny Univerzity Karlovy I; Šmahel, Die Anfänge der Prager Universität; Šmahel, Die Prager Universität im Mittelalter.

88 Svatoš, Pražské arcibiskupství, insbesondere S. 86–88.

89 Zeleny/Polc (Hgg.), Councils and Synods.

90 So Moraw, Die Universität zu Prag, S. 23 f.

91 Lorenc, Nové Město pražské; Kotrba, Nové město pražské; Machilek, Praga Caput Regni, S. 87–89; Machilek, Karl IV.und Karl der Große, S. 136 f.

92 Cibulka, Český řád. – Kašíčka/Nechvátal, Vyšehrad.

93 Gajdošová, Imperial Memory; Bauch, Divina favente clemencia, S. 353.

Landesheiligen repräsentierte die Herrschermacht der Luxemburger und hob den Schutz des Königreichs durch die Landesheiligen hervor.[94]

Die Zahl der geistlichen Institutionen in Prag stieg während der Regierungszeit Karls IV. durch Neugründungen sprunghaft an; um 1400 gab es hier neben dem Domkapitel und drei Kollegiatstiften mehr als zwei Dutzend Klöster und über 40 Pfarreien. Zu den von Karl IV. neu gegründeten Klöstern gehörten das Slavenkloster Emmaus der Benediktiner (1347), das Karmelitenkloster Maria Schnee (1347) und das Augustiner-Chorherrenstift Karlshof (1349).[95] Mit den zahlreichen königlichen Stiftungen und Reliquienerwerbungen wurde Prag neben Aachen, Köln oder Trier zu einer der „heiligen" Städte in der Mitte Europas,[96] durch die Kirchenbauten im Burgbereich und in der Stadt zum „hunderttürmigen" und wegen der goldenen Turmbekrönungen und dem über der Südpforte des Veitsdoms angebrachten und über der Stadt leuchtenden Weltgerichmosaik zum „Goldenen Prag".[97]

Die Gründung der Neustadt markiert den Beginn grundlegender Wandlungen in rechtlich-administrativer, sozialer, ethnisch-nationaler sowie kirchlicher und kultureller Hinsicht in Prag. Das bis dahin in der Altstadt regierende, mehrheitlich deutsche Patriziat verlor wegen seiner Widerstände gegen die Errichtung der Neustadt seine bisherigen Rechte weitgehend; 1350 setzte Karl IV. einen neuen Stadtrat ein, dessen Majorität sich nunmehr aus Vertretern der einzelnen Handwerke und Gewerbe unter nahezu völliger Eliminierung der alten Geschlechter zusammensetzte. Ausgehend von der Neustadt wuchs der Anteil der einheimischen Tschechen gegenüber den Deutschen in der Prager Bevölkerung in der Folgezeit kontinuierlich an. Gleichzeitig wuchsen die sozialen Unterschiede zwischen Alt- und Neustadt: Während die Altstadt traditionell von wohlhabenden Bürgern bewohnt war, entwickelte sich die von sozial überwiegend schwächeren Bevölkerungsschichten bewohnte Neustadt zu einem mit der Altstadt rivalisierenden Zentrum der handwerklichen Produktion. Versuche Karls IV. zur Vereinigung der beiden Städte scheiterten.[98] Das Erwachen des ethnischen Bewusstseins der einheimischen Bevölkerung vollzog sich in Böhmen schneller als in anderen europäischen Staatswesen. Nach den Worten von Hussens Anwalt

94 Chadraba, Staroměstská mostecká věž; Homolka, Studie; Machilek, Praga Caput Regni, S. 93; Bogade, Kaiser Karl IV., 65 f, 136 f., 140 f. – Zu den böhmischen Landesheiligen allgemein: Samerski (Hg.), Die Landespatrone; Machilek, Böhmens Landespatrone im Mittelalter (jeweils mit ausfürlichen Literaturhinweisen).

95 Hledíková, Fundace. – Kurzdarstellungen der Geschichte der einzelnen Klöster: Sommer/Foltyn (Hgg.), Encyklopedie českých klášterů.

96 Machilek, Privatfrömigkeit und Staatsfrömmigkeit; Machilek, Karl IV. und Karl der Große, S, 129–136; Bauch, Divina favente clemencia (passim). – Haverkamp, „Heilige Städte".

97 Machilek, Praga Caput Regni, S. 92 f.

98 Graus, Prag als Mitte Böhmens, S. 24 f.; Janáček, Das alte Prag, S. 63–66; Mezník, Praha před husitskou revolucí, S. 85–130.

Jan von Jessenitz sollten die Böhmen im eigenen Königreich Kopf und nicht Schwanz sein.[99] Parallel zum Prozess der Tschechisierung setzte bereits in den siebziger Jahren des 14. Jahrhunderts in Prag jene von tschechischen Predigern getragene, frühnational bestimmte Reformbewegung ein,[100] die eine Generation später in die wyclifitisch-hussitische Reformbewegung mündete.

2. Reformmassnahmen der Prager Erzbischöfe vor 1400

Die ersten drei Prager Erzbischöfe – Ernst von Pardubitz (Arnošt z Pardubic) (1343/44–1364), Johannes Očko von Vlašim (Jan Očko z Vlašimě) (1364–1379, † 1380) und Johannes von Jen(zen)stein (Jan z Jenštejna) (1379–1396, † 1400) – zählen zu den hochgebildeten, frommen und reformgesinnten Oberhirten ihrer Zeit. Die beiden ersten standen jeweils bis zum Ende ihrer Amtszeit, Johannes von Jenstein zunächst auf lange Zeit in enger Verbindung zu Kaiser Karl IV. bzw. König Wenzel IV. und erfuhren bei ihren Reformmaßnahmen von Seiten der Herrscher großzügige Förderung.[101]

Ernst von Pardubitz[102] knüpfte in seiner Reformtätigkeit sowohl bei den monastischen Reformbestrebungen in einer Reihe von Klöstern[103], als auch bei den auf Reformvorstellungen des Wilhelm Durandus von Mende d.J. (um 1260–1330) basierenden Reforminitiativen seines Vorgängers, Bischof Johannes von Dražice (1301–1343), an.[104] Die Mitarbeit bei der Gründung und beim Aufbau der Prager Universität war von Anfang mit dem Anliegen der von Ernst von Pardubitz als dringend angesehenen Klerusreform verbunden. Bei seinen Studien in Italien hatte er selbst die Bedeutung einer umfassenden Universitätsausbildung des künftigen Klerus für dessen Dienst in Seelsorge und Verwaltung erkannt, die nun auch im eigenen Land möglich war. In dem der Universitätsgründung folgenden Jahr legte er auf einer Diözesan- und Provinzialsynode die Grundlinien seiner weiteren Reformbestrebungen fest: Inhaltliche Schwerpunkte bildeten Glaubensfragen, Bestimmungen über die Eucharistieverehrung, Feier der Messe und Verehrung der Heiligen, Spendung der Sakramente sowie über organisatorisch-strukturelle Reformen und die Klerusreform. In Art. 4 der Synodalstatuten vom 18. Oktober 1353 und in den Art. 28 und 29 der Provinzialstatuten vom 11./12. November 1353 fasste er seine Idealvorstellungen vom Leben des

99 Doc., S. 357. – Šmahel, Johannes Hus und Hieronymus von Prag, S. 15 f.

100 Mezník, Praha před husitskou revolucí, S. 149 f., 154.

101 Zu den Entwicklungen im 14. und 15. Jahrhundert im Überblick: Machilek, Kirche und Kultur (1306 bis 1620).

102 Chaloupecký, Arnošt z Pardubic; Gerwing: Malogranatum, S. 60–65; Kucha, Arnošt z Pardubic; Polc, Česká církev, S. 99–131; Machilek, Beweggründe, S. 18; Hergemöller, Prager Köpfe, S. 45–52.

103 Dazu unten in Abschnitt II, Kap. 4.

104 Gerwing, Malogranatum, S. 58–60; Hledíková, Biskup Jan z Dražic.

Klerus in knapper Form zusammen (*De clericis, qui privilegio clericali volunt uti* bzw. *De vita et honestate clericorum* und *De cohabitatione clericorum et mulierum*).[105] In den Synodalstatuten von 1353 Art. 4 und 1355 Art. 5 werden die Rektoren der Pfarrkirchen und die für die Seelsorge zuständigen Prälaten angewiesen, das Volk in den wichtigsten Gebeten – Vaterunser, Engel des Herrn und Glaubensbekenntnis – in ihrer Sprache (*in vulgari*) zu unterweisen und diese als *fundamentum fidei* den Predigten oder Exhorten an Sonn- und Festtagen vorausgehen zu lassen.[106] Die Diözesansynoden dienten fortan als vorrangiges Instrument der bischöflichen Reformarbeit; spätestens ab Erzbischof Johannes von Jenstein wurden sie jährlich oder halbjährlich abgehalten.[107] Der Ausbau der kirchlichen Verwaltung machte unter Erzbischof Ernst von Pardubitz deutliche Fortschritte. Die zuvor als bischöfliche Delegaten arbeitenden Generalvikare und Korrektoren des Klerus (*correctores cleri*) – letztere eine spezifisch böhmische Institution – wurden unter ihm in ständige Ämter überführt. Die Korrektoren nahmen unter ihm die Aufsicht über die Disziplin und die Visitationsvollmacht in bestimmten Bezirken der Diözese wahr.[108] Besondere Förderung erfuhren unter ihm die Augustiner-Chorherren der *Raudnitzer Reform*.[109]

Mit der von Ernst von Pardubitz im Zusammenwirken mit Karl IV. erfolgten Berufung des zuvor als Hofprediger in Wien tätigen Konrad von Waldhausen (um 1325–1369), eines Professen des dortigen Augustiner-Chorherrnstifts im oberösterreichischen Mühlviertel, zum Prediger für die Deutschen an der nahe des Altstädter Rings gelegenen Kirche St. Gallus (Sv. Havel) (1363) und seiner Bestellung durch Ernsts Nachfolger Johannes Oko von Vlašim zum Prediger an die im Bau befindliche Kirche St. Maria vor dem Teyn (Chrám P. Marie před Týnem) (1365) begann die Reihe der berühmten Prediger des 14. Jahrhunderts in der böhmischen Hauptstadt, auf die weiter unten im Rahmen der böhmischen *Devotio moderna* näher eingegangen werden soll.[110]

Erzbischof Johannes Očko von Vlašim[111] setzte die strukturellen Reformen seines Vorgängers fort. Die Korrektoren des Klerus amtierten unter ihm nun als Stellvertreter des Erzbischofs im Rang von Vikaren und Offizi-

105 Synodalstatuten: Zelený, Councils and Synods S. 82–86, hier S. 84. – Provinzialstatuten: ebd. S. 27–81, hier S. 44–46.

106 Zelený, Councils and Synods, S. 84 und 95.

107 Zwischen 1349 und 1419 sind insgesamt 72 Synoden belegt. – Dazu liegen sowohl Editionen der Statuten als auch Spezialstudien vor: Zeleny/Polc (Hgg.), Councils and Synods.

108 Hledíková, Korektoři kléru; Hledíková, Strukturelle Reformen, bes. S. 130 f.

109 Machilek, Die Raudnitzer und die Indersdorfer Reform.

110 Dazu unten in Kap. II/4.

111 Bartůněk, První český kardinál; Gerwing: Malogranatum, 65–68; Žofák, Jan Očko z Vlašimě, S. 301 f.; Doležalová, Herrscher und Kirche, S. 119 f.

alen mit der Vollmacht von Strafrichtern über den Klerus.[112] Mit der 1365 durch Karl IV. bei Papst Urban V. (1362–1370) erwirkten Ernennung der Prager Erzbischöfe zu ständigen Legaten für die Diözesen Bamberg, Regensburg und Meißen war Očko von Vlašim für Reformen auch in diesem Bereich zuständig.[113] Zusammen mit Karl IV. förderte er die Verehrung der Landespatrone: Unter ihm wurde die Grabkapelle des hl. Wenzel am Dom vollendet und geweiht.[114] Auf dem für die Kapelle der Bischofsresidenz in Raudnitz gestifteten Votivbild hat sich Johannes Očko von Vlašim selbst unter dem Schutz des hl. Adalbert darstellen lassen.[115] Die Bestellung des zuvor in der Kanzlei Karls IV., kurzzeitig auch als Mitglied des Domkapitels und Vertreter des Prager Archidiakons tätigen Milíč von Kremsier (Milíč z Kroměříže) (nach 1320–1374) als Prediger an den Kirchen St. Nikolaus auf der Prager Kleinseite und St. Ägidius in der Prager Altstadt, nach dem Tod Konrads von Waldhausen (1369) an die Teynkirche, sowie als Prediger auf drei Diözesansynoden[116] leitete eine neue Phase der Reformbewegung und *Devotio moderna* ein, auf die unter Berücksichtigung der Entwicklung unter seinem Nachfolger weiter unten näher eingegangen werden soll.[117]

Erzbischof Johannes von Jenstein,[118] der in Padua, Bologna, Montpellier und Paris studiert hatte, wurde von Jaroslav Kadlec als „réformateur de son temps" gewürdigt.[119] In Predigten, theologischen Schriften und geistlichen Hymnen trat Jenstein als besonderer Verehrer der Eucharistie und Marias hervor.[120] Die von jeher extensiv gepflegte und in der bildenden Kunst – speziell in den *Schönen Madonnen* – sichtbar zu Tage tretende Marienfrömmigkeit in Böhmen[121] erhielt mit der von ihm initiierten Einführung des Festes Visita-

112 Hledíková, Strukturelle Reformen, S. 130 f.

113 Hledíková, Die Prager Erzbischöfe als ständige päpstliche Legaten.

114 Kotrba, Die Kirche als Symbol, S. 530.

115 Machilek, Böhmens Landespatrone.

116 Zu ihm: Loskot, Milič Kroměříže; Kaňák, Milič z Kroměříže; De Vooght, L'hérésie I, S. 11–24; Gerwing, Malogranatum, S. 108–115; Spunar, Repertorium I, S. 171–192; Moraw, Johannes Milicius; Hilsch, Johannes Hus, S. 23–27 u.ö.; Kadlec, Jan Milič z Kroměříže; Šmahel, Die Hussitische Revolution II, S. 735–752 u.ö.; Herold, The Spiritual Background, S. 75–82; Hergemöller, Prager Köpfe, S. 159–163.

117 Dazu unten in Kap. II/4.

118 Weltsch, Archbishop John of Jenstein; De Vooght, L'hérésie II, S. 627–632, 952–975, 995–1009 u.ö.; Bujnoch, Johann von Jenštejn; Spunar, Repertorium I, S. 57–77; Kadlec, Jan z Jenštejna; Polc, Česká církev, S. 241–316; Nechutová, Die lateinische Literatur, S. 228–234; Hanáčík, Jan z Jenštejna; Eberhard, Johannes von Jen(zen) stein; Seifert/Hledíková, Johann von Jenstein; Dolealová, Herrscher und Kirche, S. 120–122; Hergemöller, Prager Köpfe, S. 91–99.

119 So bezeichnet von Kadlec, L'œuvre homilétique, S. 310.

120 Zu der stark an visionären Erfahrungen von Zeitgenossen anknüpfenden Frömmigkeit Jensteins: Rychterová, Charisma.

121 Royt/Samerski/Valasek, Maria.

tio Mariae (Mariae Heimsuchung) im Jahr 1389 einen besonderen Akzent.[122] Durch die Abhaltung von Synoden, Kleruspredigten gegen Pfründenhäufung, Habsucht und Konkubinat sowie spirituelle Schriften suchte Jenstein eine Besserung des geistlichen Lebens des Klerus zu erreichen. Herausragendes Zeugnis seiner Anstrengungen zur Reform des Klerus ist das Protokoll der in den Jahren 1379–1382 durch den Archidiakon Paul von Janowitz (Pavel z Janovic), Kanoniker auf dem Wyschehrad, durchgeführten Visitation des Archidiakonats Prag.[123] Das Protokoll lässt die Schwächen, Vergehen und strafbaren Handlungen des niederen Klerus nach František Šmahel „in farbig ausgeschmückten Details mit einem Hauch an Bitterkeit und zuweilen auch Pikanterie vor unseren Augen erstehen".[124] Mit Beschluss der Synode unterstützte Jenstein 1391 die in Kreisen der böhmischen *Devotio moderna* erhobene Forderung nach häufiger Kommunion der Laien; er erlaubte die Spendung des Sakraments zu jeder Zeit an alle, die ihre Sünden gebeichtet und danach verlangt hatten.[125] In der gegen den herkömmlichen Ablassmissbrauch vor allem der Kurie gerichteten Polemik unterstützte Jenstein den Dominikanertheologen Heinrich von Bitterfeld (um 1365–1405/06).[126] Im *Liber de consideratione* übte Jenstein heftige Kritik an der Habsucht und am Luxus der Kardinäle.[127]

In der Schismafrage setzte sich Jenstein 1388 in den Traktaten *De potestate clavium* und *De veritate Urbani* für den römischen Papst Urban VI. (1378–1389) ein.[128] Das Festhalten seiner Nachfolger an der römischen Obedienz[129] hatte in der Zeit Hussens nachhaltige politische Folgen. Im Traktat *De potestate clavium* von 1388 verteidigte Jenstein in Kontroverse mit dem früheren Rektor der Pariser Universität und nunmehrigem Domscholaster Adalbert

122 Weltsch, Archbishop John of Jenstein, S. 87–91, 127–130, 191 f.; Polc, Česká církev, S. 271–292 u.ö.

123 Hlaváček/Hledíková (Hgg.), Protocollum visitationis archidiaconatus Pragensis.

124 Šmahel: Die Hussitische Revolution I, S. 202 f. – Zur Auswertung des Protokolls: Hlaváček, Beiträge zum Alltagsleben; Hlaváček, Zum Urkunden- und Geschäftsgut; Hledíková, K otázkám vztahu duchovní a světské moci, bes. 264–273; Werner, Jan Hus, S. 77–79; Hilsch, Johannes Hus, S. 73–75; Šmahel, Die Hussitische Revolution I, S. 200, 202 f., 204 f., 501; Kzenck, Johannes Hus, S. 64 f.

125 Polc/Hledíková (Hgg.), Councils and Synods, S. 254. – Hledíková, Der Weg, S. 360; Nodl, Das Kuttenberger Dekret, S. 160.

126 Seibt, Die Zeit der Luxemburger, S. 463. – Zu Heinrich von Bitterfeld: Koudelka, Heinrich von Bitterfeld; Kadlec, Řeholní generální studia, S. 71–73; Gerwing, Malogranatum, S. 99–101; Tříška, Životopisný slovník, S. 144 f.; Nechutová, Die lateinische Literatur, S. 264–266.

127 Sedlák, Jenštejnův traktát „De consideratione"; Herold, Pražská univerzita a Wyclif, S. 148; Van Dussen, From England to Bohemia, S. 68.

128 Spunar, Repertorium I, Nr. 86 und 87, S.64. – De Vooght, L'hérésie II, S. 627–632; Nechutová, Die lateinische Literatur, S. 230–232. – Zu einem von ihm auf den Beginn des Schismas verfassten Trauergedicht: Hergemöller, Prager Köpfe, S. 98 f.

129 Bartoš, Čechy v době Husově, passim; Machilek, Das Große abendländische Schisma, S. 42 f.

Rankonis de Ericinio (Vojtěch Raňkův z Ježova) (um 1320–1388) den päpstlichen Primat und den sichtbaren Charakter der Kirche. Der Papst höre nie auf, das Haupt der Kirche zu sein, selbst wenn er die Gnade Gottes durch Sünde verloren habe. Die kurze Schrift leitet nach Paul De Vooght als „prélude significatif" die großen ekklesiologischen Auseinandersetzungen unter den Prager Theologen um 1400 ein.[130] Adalbert Rankonis gilt als „Pionier des intellektuellen Austausches zwischen Oxford und Prag"; schon Ende der vierziger oder zu Beginn der fünfziger Jahre des 14. Jahrhunderts besuchte er England und bahnte damit die späteren engen Beziehungen zur Insel an.[131]

Jenstein war einer der ersten, die auf Wyclifs Werk Bezug nahmen: In seinem Papst Urban VI. gewidmeten *Liber de consideratione et de lacrymis militantis ecclesiae* von 1385 nannte er bei der Verteidigung kirchlicher Besitztümer Wyclif wohl mit Blick auf dessen Traktat *De civili dominio*, den er bereits während seiner Studien in Paris kennen gelernt haben könnte, einen Häresiarchen.[132] Schon zuvor – noch zu Lebzeiten Wyclifs – hatte Jensteins Freund Nikolaus Biceps (Mikuláš Biceps) OP († 1390 oder 1391) in dem vor 1381 (vielleicht schon 1378/79) entstandenen Kommentar zu den Sentenzen des Petrus Lombardus (nach 1095–1160) als erster in Böhmen Wyclifs Remanenzlehre erwähnt, möglicherweise ohne die Werke des Oxforder Lehrers gelesen zu haben.[133]

Als Kanonist setzte sich Jenstein nachdrücklich für die Wahrung der bischöflichen Rechte ein, was zu heftigen Konflikten mit König Wenzel, dessen Kanzler er längere Zeit gewesen war, mit dem Kronrat und mit dem Klerus führte. Der Konflikt eskalierte, als er die Pläne Wenzels zur Neugründung eines aus den Gütern des Benediktinerklosters Kladrau (Kladruby) dotierten westböhmischen Bistums durch die Neuwahl des dortigen Abtes durchkreuzte: Johannes von Nepomuk (z Pomuka) (um 1345–1393), der die Abtswahl im Auftrag Jensteins als Generalvikar bestätigte, erlitt im Zuge der Gegenmaßnahmen König Wenzels den Tod und wurde schon unmittelbar danach als Märtyrer verehrt.[134] Jenstein flüchtete nach Rom, wo er an der päpstlichen Kurie ohne Erfolg eine Klageschrift vorlegte, und wenige Jahre später im Klosterexil in Santa Prassede verstarb.[135]

130 Edition: De Vooght, L'hérésie II, S. 684–708. – Dazu Kadlec, Leben und Schriften, S. 50 f.; De Vooght, L'hérésie II, S. 627–632; Holeček, Hussens Kirchenverständnis, S. 184–186.

131 Kadlec, Leben und Schriften des Prager Magisters Adalbert Rankonis, S. 11 f.; Van Dussen, From England to Bohemia, S. 50 f., 68.

132 Nodl, Das Kuttenberger Dekret, S. 162.

133 Trapp, Clm 27034; Kadlec, Studien und Texte, S. 21; Van Dussen, From England to Bohemia, S. 68; Nodl, Das Kuttenberger Dekret, S. 161.

134 Polc, Svatý Jan Nepomucký; De Vooght, L'hérésie II, S. 952–955, 960–974, 995–1010 u.ö.; Baumstark/von Herzogenberg/Volk (Hgg.), Johannes von Nepomuk; Doležalová, Herrscher und Kirche, S. 120 f.

135 Edition der *Acta in curia Romana* in: De Vooght, L'hérésie II, S. 975–994.

Der Ausbruch des offenen Konflikts zwischen Erzbischof Johannes von Jenstein und König Wenzel, in dessen Folge eine Reihe entschieden reformgesinnter deutscher Universitätsmagister und bisheriger Anhänger des Erzbischofs – insbesondere Matthäus von Krakau (um 1345–1410), Albert Engelschalk von Straubing (um 1353–nach 1402), Nikolaus Magni von Jauer (1355–1435) und Matthias von Liegnitz (um 1355–um 1413) – Prag nacheinander verließen, markiert das Ende des *frühen Prager Reformismus* und den Beginn des Aufstiegs einer altersmäßig geschlossenen Gruppe für Reformen aufgeschlossener böhmischer Magister, in der zunächst die Professoren Stanislaus von Znaim (Stanislav ze Znojma) (um 1360–1414) und Stephan von Páleč (Štěpán z Pálče) (um 1370–1423) tonangebend waren, und die sich bewusst und demonstrativ zu den Gedanken Wyclifs bekannte. Wann und warum sich diese Grupppe aus dem bis dahin beinahe einheitlichen Universitätskörper ausgliederte, bleibt nach Martin Nodl vorerst rätselhaft.[136] Trotz vielfältiger reformerischer Bemühungen blieben Jenstein und seinen Nachfolgern nachhaltige Erfolge versagt. Nach Auffassung von Ferdinand Seibt

> „war (es) die Tragik der Entwicklung daß Jenstein nicht imstande war, alle Reformbemühungen zu vereinigen, und daß nach seiner Resignation, nach seinem Rückzug zur mystischen Schriftstellerei und schließlich in ein römisches Kloster, wo er 1400 mit der Würde eines Patriarchen von Alexandrien starb, weder sein Neffe und Nachfolger Olbram (Wolfram) ze Škworce (1396–1402) noch Zbyněk Zajíc von Hasenburg (1402–1411) bei bemerkenswerter Reformfreudigkeit sich dem Anliegen der [wyclifitisch-hussitischen] Reformer gewachsen zeigten. So wurde die Reformströmung in Widerstand und Illegalität getrieben und erhielt schließlich die Kraft zur Erschütterung des kirchlichen Organisationasgefüges und endlich gar zur revolutionären Entschlossenheit.“[137]

3. Die Prager Universität zwischen 1348 und 1409. Von der Eintracht zum Konflikt der Universitätsnationen. Der Universalienstreit

Die Gründung der Universität wurde von Karl IV. in engem Kontakt mit Erzbischof Ernst von Pardubitz und in persönlichen Gesprächen mit Papst Clemens VI. in Avignon im Jahr 1346 vorbereitet. Am 26. Januar 1347 erteilte

136 Das Vorausgehende in engem Anschluss an Nodl, Das Kuttenberger Dekret, S. 160 f. – Literaturangaben zu den genannten Professoren im folgenden Kapitel. Zu Nikolaus von Jauer: Petrášek, „Meide die Häretiker“.

137 Seibt, Die Zeit der Luxemburger, S. 441; auch zitiert bei Gerwing, Malogranatum, S. 73, und Machilek, Beweggründe, S. 19.

der Papst mit der Bulle *In suprema dignitatis apostolice specula* das großzügige Privileg zur Einrichtung von vier Fakultäten, also auch einer theologischen Fakultät, die anderen Gründungen von Seiten der Kurie vielfach vorenthalten worden war, und gewährte der künftigen Universität die übliche *licentia ubique docendi* und das Recht auf universelle Anerkennung der von ihr verliehenen akademischen Grade. Den Prager Erzbischöfen wurden die Aufsichtsrechte über die Universität und damit das von ihnen in der Folgezeit ausgeübte und in den Auseinandersetzungen um Jan Hus besonders wichtige Kanzleramt zugesprochen. Mit dem in Prag ausgestellten Diplom vom 7. April 1348 gründete Karl IV., inzwischen von der Last des Konflikts mit Ludwig dem Bayern befreit, als böhmischer König das *studium generale* nach dem Vorbild der Pariser *universitas magistrorum et scholarium* und gewährte den Mitgliedern des neuen Studiums die Privilegien, Immunitäten und Freiheiten, wie sie die Mitglieder der Studien von Paris und Bologna genossen. Gut ein dreiviertel Jahr danach bestätigte er kraft seiner Autoriät als römisch-deutscher König (*auctoritate regia*) im *Eisenacher Diplom* vom 14. Januar 1349 die Gründung und nahm damit Rechte wahr, wie sie bis dahin ausschließlich von den Päpsten beansprucht worden waren.[138]

Michal Svatoš (* 1947) hat den Platz der später nach Karl IV. als *Alma mater Carolina* benannten Hohen Schule unter den Universitäten in Mitteleuropa in jüngster Zeit wie folgt umschrieben: „Die Prager Universität war ohne Zweifel eine universalistische Institution, die erste Universität nördlich der Alpen und östlich von Paris, zeitlich und hinsichtlich ihrer Bedeutung die erste Universität des Reiches; sie erwuchs auf dem Boden des Königreichs Böhmen, das dieser Einrichtung die materiellen Existenzbedingungen garantierte. Die Prager Universität verkörperte durch ihre Gründung eine Landeseinrichtung, im Hinblick auf ihren Zweck war sie sowohl für Einheimische als für die Bewohner des Reiches bestimmt, ebenso wie sie ihrem Wesen nach der gesamten gebildeten christlichen Welt diente."[139]

Über die Anfänge der Universität unterrichten die um 1353 aufgezeichneten Angaben in der Chronik des Franz von Prag (um 1300–um 1362).[140] Danach wurden die theologischen Wissenschaften von fünf Magistern gelehrt, von denen einer aus der Domschule und die anderen aus den Prager Generalstudien der Dominikaner, Augustinereremiten und Franziskaner

138 Moraw, Die Universität zu Prag, S. 27 f. – Zu den seit Innozenz III. (1216–1227) von den Päpsten beanspruchten Rechten über die Universitäten: Rüegg, Themen; Narde, Die Hochschulträger; Machilek, Kirche und Universität. S. 166–169. – Zur Geschichte der Prager Universität allgemein: Kavka, Universitätsgeschichte; Seibt, Die Zeit der Luxemburger, S. 449–457; Moraw, Die Juristenuniversität; Svatoš (Red.), Dějiny Univerzity Karlovy; Rexroth, Deutsche Universitätsstiftungen; Machilek, Kirche und Universität. S. 170–187; Krötzl, Prag als europäische Universität; Nodl, Das Kuttenberger Dekret, passim.

139 Svatoš, Obecné učení (1347/48–1419).

140 Machilek, Kirche und Universität, S. 176 f. (auch zum Folgenden).

kamen,[141] die Kanonistik neben einem Magister aus Bologna (Bonsignore de Bonsignori) der erzbischöfliche Kanzler, Generalvikar und Lehrer an der Domschule Stephan von Raudnitz (Roudnice, auch von Uherčice), die Medizin ein Magister (Balthasar de Tusia), die artistischen Fächer einige namentlich nicht genannte Magister.[142] Aus dem Generalstudium der Dominikaner kamen neben Johannes von Dambach (1288–1372)[143], Jan Moravec[144] und Nikolaus Biceps[145]. Johannes von Dambach nahm früh Stellung zu veräußerlichten Formen der Frömmigkeit wie dem Reliquienwesen; wichtiger sei es, die Qualität des Glaubens zu steigern, die unter dem häufigen Einsatz von Kirchenstrafen leide.[146] Anfang der sechziger Jahre kehrten Heinrich Totting von Oyta und Hermann von Winterswijk aus Erfurt nach Prag zurück, wo sie beide zuvor studiert hatten; sie stiegen in der Folgezeit zu führenden Persönlichkeiten an der artistischen bzw. theologischen Fakultät in Prag auf.

In einem „anderswo so nicht anzutreffenden Maße“ legten die Prager Erzbischöfe die organisatorischen Ordnungen der Prager Universität fest und nutzten ihre Stellung als Berufungsinstanz des Rektorgerichts.[147] Die 1360 von Erzbischof Ernst von Pardubitz erlassenen *Ordinationes pro principio et fundamento Pragensis studii* leiteten die Bestrebungen um verbindliche Verfassungsregelungen ein. Sie legten u.a. die Kriterien für die Amtsausübung des Rektors fest und regelten die Einbindung der Juristen in die Gesamtuniversität.[148] Erstmals werden darin die vier nach sprachnationalen und regional-landsmannschaftlichen Kriterien gegliederten Universitätsnationen der Böhmen, Sachsen, Bayern und Polen erwähnt. Die böhmische Nation umfasste neben den Magistern und Scholaren aus Böhmen und Mähren – jeweils Tschechen und Deutsche – auch die Ungarn und Siebenbürger. Zur polnischen Nation zählten neben den Magistern und Scholaren aus Polen-Litauen vor allem die Schlesier, weiterhin die Preußen, Meißener, Obersachsener und Thüringer, zur sächsischen Nation die Magister und Scholaren aus

[141] Kadlec, Řeholní generální studia; Ders., Das Augustiner-Generalstudium bei St. Thomas; Ders., Teologická fakulta, bes. S. 135 f.; Nechutová, Die lateinische Literatur, S. 270 f.

[142] Chronicon Francisci Pragensis, ed. J. Zachová, S. 207 f. – Zu Franz von Prag: Nechutová, Die lateinische Literatur, S. 102 f.; Hergemöller, Prager Köpfe, S. 53–55. – Zu Stephan von Raudnitz: Kadlec, Literární činnost roudnických augustiniánských kanovníků, S. 221.

[143] Kadlec, Řeholní generální studia, S. 66 f.; Hergemöller, Prager Köpfe, S. 78–86.

[144] Kadlec, Řeholní generálni studia, S. 67 f.; Tříška, Životopisný slovník, S. 280.

[145] Stein, Mistr Mikuláš Biceps; Kadlec, Řeholní generálni studia, S. 70; Tříška, Životopisný slovník, S. 380; Spunar, Repertorium I, S. 48 f.; Nechutová, Die lateinische Literatur, S. 270 f.

[146] Bauch, Divina favente clemencia, S. 449 f.

[147] Šmahel, Die Hussitische Revolution I, S. 174.

[148] MHUP II/1, S. 271–273. – Boháček, O rukopisech statut pražské university; Boháček, Pražská universitní statuta; Polc, Ernst von Pardubitz, S. 36; Ders., Arnošt z Pardubic, S. 117; Svatoš, Pražské arcibiskupství, S. 87 f.; Svatoš, Ordinationes Arnesti.

Niedersachsen, Anhalt, Brandenburg, Mecklenburg und Pommern sowie jene aus dem Deutschordensland und den skandinavischen Ländern, zur bayerischen Nation auch die Österreicher, Franken und Schwaben sowie jene aus den Rhein- und Niederlanden.[149] Die Universitätsnation wurde für den Studierenden geradezu zur „karrierebestimmenden Gemeinschaft",[150] was etwa bei der Besetzung der Plätze in den Kollegien eine Rolle spielte.[151]

Auf Grund der der Gesamtuniversiät gewährten Freiheiten von Paris und Bologna und der von päpstlicher Seite geleisteten Unterstützung der Kanonisten setzten unter den Juristen früh Abspaltungstendenzen ein, die sich zunehmend verschärften. Als Erzbischof und Universitätskanzler Jan Očko von Vlašim wohl 1368 neue Universitätsstatuten erließ, mündeten jene Tendenzen nach umkämpfter Rektorswahl 1372 in eine Trennung der Universität; mit Zustimmung Karls IV. wurde eine selbständige Juristenuniversität nach dem Vorbild von Bologna und Padua errichtet.[152] Wohl im folgenden Jahr erhielt diese einzige Juristenuniversität außerhalb Italiens ihre eigenen, nicht erhaltenen Statuten.[153] Nach der Abtrennung der Juristenuniversität von der Dreifakultätenuniversität blieben die Prager Erzbischöfe Kanzler beider Studien.[154] Bis zum Ende ihres Bestehens (1418/9) diente die Juristenuniversität vor allem der Ausbildung der für die kirchliche Verwaltung und Gerichtsbarkeit im Königreich vorgesehenen Amtsträger; dementsprechend stand von Anfang an das kanonische Recht im Mittelpunkt des Lehrprogramms.[155] Eine große Zahl der Absolventen der Juristenuniversiät erlangten kanonikale oder andere höhere Pfründen, sehr viele auch Pfarrstellen oder gleichrangige Ämter. Die Verbindung der Juritenuniversität mit der kirchlichen Verwaltung und Kirchenpolitik in Böhmen erklärt nach František Šmahel „die konservativen und antihussitischen Einstellungen ihrer Professoren und Studenten".[156]

Die Gründungen der Universitäten in Wien und Krakau (beide 1364) hatten unmittelbare Auswirkungen auf die Entwicklung der Carolina. Die Konkurrenzsituation bewog Karl IV., 1366 mit der Gründung des *Collegium*

149 Machilek, Die Schlesier, S. 82–89; Schmidt, Die Prager Universitäts-Nationen; jetzt umfassend behandelt von Nodl, Das Kuttenberger Dekret, passim; Stočes, Pražské univerzitní národy.

150 Werner, Jan Hus, S. 73.

151 Havránek/Svatoš, University colleges; Šmahel, Scholae 4, S. 115–130, Svatoš, Obecné učení, S. 42–58; Šmahel, Příspěvky k dějinám mistrovských kolejí.

152 Kejř, Dějiny pražské právnické univerzity; Kejř, Pražská právnická fakulta; Moraw, Die Juristenuniversität.

153 Moraw, Die Juristenuniversität; Kejř, Dějiny pražské právnické univerzity, S. 13 f.

154 Šmahel, Die Hussitische Revolution I, S. 174.

155 Kejř: Dějiny pražské právnické univerzity, S. 15, 67; Šmahel, Anfänge, S. 23 f.

156 Šmahel, Die Hussitische Revolution I, S. 174 f. – Von wenigen Ausnahmen abgesehen bildete diese Universitätsgemeinde nach Šmahel „eine Bastion reformfeindlicher und antihussitischer Positionen": Šmahel, Die Hussitische Revolution II, S. 724, Anm. 10.

Carolinum und der Zuordnung der Pfründen des Allerheiligenstifts auf der Burg an dieses Kolleg die Attraktivität der Prager Universität für die Gelehrtenwelt zu heben und das Auskommen für insgesamt 23 Professoren zu sichern.[157] Das im Haus des Juden Lazar in der Prager Altstadt errichtete und später (1383) in das Rotlevsche Haus verlegte Karlskolleg sollte 12 Artistenmagister aufnehmen, von welchen zwei auch Theologie lehren und daher Bakkalare der Theologie sein sollten. Die anderen Kollegiaten des Karlskollegs wurden zum Studium der Theologie und gleichzeitig zur Lehre an der Artistenfakultät verpflichtet. Mit dem für die Professoren bestimmten *Collegium Carolinum* entstand ein neuer Kollegtyp, der sich von den Kollegien in Paris und Oxford unterschied und später auch auf andere Universitäten in Mitteleuropa übertragen wurde; die Bindung des Kollegs an die Universität war enger als in Westeuropa; der korporative Charakter war gegenüber dem Westen weniger stark ausgeprägt.[158] Die Einrichtung des *Collegium Carolinum* und die Regelung für das Allerheiligenstift minderte die bisherige starke Abhängigkeit der theologischen Fakultät von den Orden und öffnete die Fakultät verstärkt für Professoren aus dem Weltklerus.[159]

Der Ausbruch des Großen abendländischen Schismas 1378 wirkte sich nicht sofort auf die Entwicklung der Carolina aus. In den achtziger Jahren des 14. Jahrhunderts hatten die beiden Prager Universitäten zahlenmäßig und nach ihrer geistigen Bedeutung einen Höhepunkt erreicht; sie zählte damals nahezu 2.000 Mitglieder.[160] Als Folge der mit dem Schisma ausgebrochenen Krise der Pariser Universität bestand 1382 sogar die Möglichkeit einer *Translatio studii* von der Seine an die Moldau; trotz Bemühungen von Seiten des Prager Erzbischofs Johannes von Jenstein und König Wenzels IV. kam diese nicht zustande.[161]

Der Lehrkörper der artistischen und theologischen Fakultät setzte sich bereits zu Anfang zu einem erheblichen Kreis aus reformerisch eingestellten Professoren zusammen, wozu die Inkorporation der Lektoren der Generalstudien der Reformorden in den Lehrkörper der Prager Universität wesentlich beitrug.[162] 1374 wurde in Prag für die dort studierenden Kleriker aus dem Zisterzienserorden das St. Bernhardskolleg errichtet, als dessen Moderatoren die Äbte von Königsaal fungierten.[163]

157 Svatoš, Obecné učení, S. 42–49; Šmahel, Scholae, S. 118 f.

158 Kavka, Universitätsgeschichte; S. 408.

159 Kavka, Universitätsgeschichte; S. 408; Moraw, Universität Prag, S. 35.

160 Šmahel, Die Prager Universität und der Hussitismus, S. 114; Hilsch, Johannes Hus, S. 33.

161 Seibt, Die Zeit der Luxemburger, S. 454; Kałuża, Translatio studii; Šmahel, Die Prager Universität und der Hussitismus, S. 115; Nodl, Das Kuttenberger Dekret, S. 81 f.

162 Kadlec, Řeholní generální studia.

163 Lauterer, Konrad von Ebrach, 17 (1961), S. 191 ff.; Kadlec, Řeholní generální studia, S. 95–107.

Für das letzte Viertel des 14. Jahrhunderts sind als hervorragende einheimische Universitätslehrer zu nennen:[164] Konrad von Třebovel, auch von Wititz (Kuneš z von Třebovle, z Vitic) (um 1340–um 1397)[165], Nikolaus von Rakovník (Mikuláš z Rakovníka) (um 1350–1390)[166], Nikolaus von Leitomischl (Mikuláš z Litomyšle) (um 1350 – um 1404)[167], Peter von Znaim (Petr ze Znojma)[168], Stephan von Kolin (Štěpán z Kolína) (um 1355–1406)[169], Johannes Eliae von Bischofteinitz (Jan Eliášův z HoršovskéhoTýna) (um 1358–um 1428)[170], Johannes von Hohenmauth (Jan z Mýta) (um 1358–um 1402)[171], Stanislaus von Znaim (Stanislav ze Znojma) (um 1360–1414)[172], Andreas von (Böhmisch) Brod (Ondřej z Brodu) (um 1364–1427)[173], Mauritius Rvačka (Mařík Rvačka) (um 1365–um 1418)[174], Peter von Stupno (Petr ze Stupna) (um 1366–vor 1407)[175], Stephan von Páleč (Štěpán z Pálče) (um 1370–1423)[176], Jan Hus (um 1372–1415) und Simon von Tischnowitz (Šimon z Tišnova) (um 1375–um 1432)[177]. Als Mitglieder der drei auswärtigen Nationen sind besonders bekannt: Heinrich Totting von Oyta (um 1330–1397)[178],

164 Überblicke über die zwischen 1347/48 und 1419 an der Artistenfakultät und theologischen Fakultät lehrenden Professoren bieten: Šmahel, Fakulta svobodných umění, S. 120–123, und Kadlec, Teologická fakulta, S. 142–147. – Kurze biographische Angaben: Tříška, Životopisný slovník; Spunar, Repertorium I und II; Nechutová, Die lateinische Literatur.

165 Tříška, Životopisný slovník, S. 84 f.; Spunar, Repertorium I, S. 153–155; Nechutová, Die lateinische Literatur, S. 299 f.

166 Tříška, Životopisný slovník, S. 415; Spunar, Repertorium I, S. 86–88; Nechutová, Die lateinische Literatur, S. 284.

167 Tříška, Životopisný slovník, S. 405; Spunar, Repertorium I, S. 84–86; Nechutová, Die lateinische Literatur, S. 282.

168 Tříška, Životopisný slovník, S. 468; Nodl, Das Kuttenberger Dekret, S. 63, 76, 92, 140 f. u.ö.

169 Odložilík, M. Štěpan z Kolína; Tříška, Životopisný slovník, S. 489 f.; Spunar, Repertorium I, S. 88–91; Nechutová, Die lateinische Literatur, S. 283 f.

170 Tříška, Životopisný slovník, S. 238 f.

171 Tříška, Životopisný slovník, S. 281 f.; Spunar, Repertorium I, S. 92–94; Nechutová, Die lateinische Literatur, S. 281 f.

172 Tříška, Životopisný slovník, S. 488; Spunar, Repertorium I, S. 286–304; Nechutová, Die lateinische Literatur, S. 277–280.

173 Tříška, Životopisný slovník, S. 23 f.; Kadlec, Studien und Texte; Spunar, Repertorium I, S. 271–286; Hledíková, Hussens Gegner, S. 93–95; Traxler, Früher Antihussitismus.

174 Kadlec, Literární činnost M. Mařika Rvačky; Tříška, Životopisný slovník, S. 369 f.; Spunar, Repertorium I, S. 308–326; Kadlec, Mistr Mařík Rvačka.

175 Tříška, Životopisný slovník, S. 463.

176 Tříška, Životopisný slovník, S. 491 f.; Spunar, Repertorium I, S. 326–340; Müller (ed.), Commentarius, S. 22–27.

177 Loserth, Simon de Tissnov; Odloilík, Z počátků husitství; Pekař, Žižka a jeho doba. I, S. 114–124; Tříška, Životopisný slovník, S. 486; Spunar, Repertorium I, S. 340–349.

178 Lang, Heinrich Totting von Oyta; Gerwing, Malogranatum, S. 93–95; Krzyżaniakowa, Henryk Totting z Oyty; Hergemöller, Prager Köpfe, S. 70–77.

Konrad von Ebrach OCist (um 1330–1399)[179], Konrad von Soltau (um 1345–1407)[180], Matthäus von Krakau (um 1345–1410)[181], Johannes von Marienwerder OT (um 1347–1417)[182], Johannes von Hildesheim (Hildessen) (um 1349–nach 1418)[183], Albert Engelschalk von Straubing (um 1353–nach 1402)[184], Matthias von Liegnitz (um 1355–um 1413)[185], Ludolf Meistermann von Lübeck (um 1360–1418)[186] und Heinrich von Bitterfeld OP[187]. Mit Hus etwa gleichaltrige Magisterkollegen waren: Matthäus Steinhus von Königsaal OCist († 1427)[188] Johannes Hoffmann von Schweidnitz (nach 1370–1451)[189] und Jakobell von Mies (Jakoubek ze Stříbra, Jacobellus, Jakob) (um 1373–1429).[190] Von den genannten tschechischen Professoren zählten Stanislaus von Znaim, Johannes von Hohenmauth, Nikolaus von Leitomischl und Stephan von Kolin zu den wichtigsten Lehrern Hussens; Stanislaus von Znaim und Stephan von Páleč, längere Zeit Mitstreiter und später seine theologischen Gegner, spielten in seinem Leben eine herausragende Rolle. Hussens Studienkollege und Freund Jakobell von Mies stieg „zum wichtigsten Theologen des Hussitismus" auf; er war der „Urheber des böhmischen Utraquismus" und „im Unterschied zu Hus eher der Intellektuelle im Hintergrund als der exponierte Beweger der Massen".[191] 1410 wird er in einem Brief des englischen Lollarden Richard Wyche († 1440) an Hus und dessen Freunde als „Helfer im Evangelium" (*in evangelio coadiutor*) bezeichnet.[192] Aus den Reihen der Magister traten viele in Predigten, bei Universitätsdis-

179 Kadlec, Řeholní generální studia, S. 98–102; Tříška, Životopisný slovník, S. 72; Lauterer, Konrad von Ebrach.

180 Tříška, Životopisný slovník, S. 82; Nechutová, Die lateinische Literatur, S. 274; Coufal, Glosovany výklad Žalmů Konráda ze Soltau; Nodl, Das Kuttenberger Dekret, S. 36, 40–49, 54–59, 74–79 u.ö.

181 Gerwing, Malogranatum, S. 96–99; Tříška, Životopisný slovník, S. 358 f.; Nechutová, Die lateinische Literatur, S. 266–269; Hergemöller, Prager Köpfe, S. 145–153.

182 Tříška, Životopisný slovník, S. 275 f.; Nechutová, Die lateinische Literatur, S. 275; Hergemöller, Prager Köpfe, S. 100–104.

183 Tříška, Životopisný slovník, S. 259; Coufal, Polemika o kalich, S. 51; Nodl, Das Kuttenberger Dekret, S. 128, 137 f., 140 u.ö.

184 Tříška, Životopisný slovník, S. 16; Nechutová, Die lateinische Literatur, S. 276.

185 Tříška, Životopisný slovník, S. 301.

186 Tříška, Životopisný slovník, S. 343; Nodl, Das Kuttenberger Dekret, S. 140, 164, 168, 174, 181 f. u.ö.

187 Zu ihm oben Anm.126.

188 Lauterer, Matthäus von Königsaal; Kadlec, Řeholní generální studia, S. 104–106; Tříška, Životopisný slovník, S. 358; Nechutová, Die lateinische Literatur, S. 251 f.

189 Machilek, Johannes Hoffmann; Tříška, Životopisný slovník, S. 255; Zilynská, Johann Hoffmann; Krzenck, „Ad Saxoniam contra catholicos", S. 131–136.

190 Zu ihm: De Vooght, Jacobellus; Tříška, Životopisný slovník, S. 196 f.; Spunar, Repertorium I, S. 214–250; Machilek, Jakob (Jacobellus) von Mies; Šmahel, Die Hussitische Revolution I, 604–630 u.ö.; zuletzt: Coufal, *Sub utraque specie.*

191 Zitate nach Coufal, *Sub utraque specie*, S. 158.

192 Kor., Nr. 22, S. 75–79, hier S. 78. – Šmahel, Die Hussitische Revolution I, 605.

putationen oder mit Traktaten als Reformer hervor. Heinrich Totting von Oyta vertrat bereits die These, dass ein in Todsünde lebender Priester nicht predigen dürfe; Konrad von Soltau stellte die Sakramentenspendung unwürdiger Priester in Frage; Matthäus von Krakau äußerte sich schon vor seinem Weggang nach Heidelberg (1390) überaus heftig gegen Missstände in der Kirche.[193] Die Bestellung von Professoren zu Synodalpredigern ist Zeichen der der Prager Universität von Seiten der Bischöfe zugedachten Rolle im Reform- und Formierungsprozess des Klerus.

Der Großteil der bekannten Synodalprediger kam aus dem Kreis der Magister; für den Zeitraum 1377–1407 sind folgende namentlich bekannt: Kuneš von Tebovel (1377, 1378), Matthäus von Krakau (1381 ?, 1384 ?, 1385, 1386), Adalbert Rankonis de Ericinio (1385), Stephan von Kolin (1393/94 ?, vor 1396 ?), Mauritius Rvačka (vor 1395 ?), Johannes Carmelita (1401, 1404), Andreas von Brod (1403), Jan Hus (1404 ?, 1405, 1407), Stanislaus von Znaim (1405) und Peter von Stupno (1406).[194]

Mit dem Anstieg des Anteils einheimischer Professoren und Studenten gegenüber den fremden nahmen die seit längerem schwelenden Gegensätze zwischen *regnicolae* und *extranei* zu, was sich in den achtziger Jahren des 14. Jahrhunderts in Auseinandersetzungen um die begehrten, bis dahin nichtböhmischen, zum großen Teil deutschen Mitgliedern aus den drei nichtböhmischen Nationen vorbehaltenen Kollegiaturen niederschlug.[195] Als mit der Errichtung der theologischen Fakultät an der Wiener Universität 1384 vier Theologieprofessoren deutscher Herkunft nach Wien abwanderten,[196] forderte die böhmische Universitätsnation eine stärkere Berücksichtigung bei der Vergabe der freigewordenen Kollegiaturen als bisher. Der sich anschließende, mit Vorlesungsboykott und Exkommunikation geführte Streit endete mit einer *concordantia nationum.*[197] Der Exodus von 25 Magistern und Bakkalaren der Prager Artistenfakultät an die neuerrichtete Heidelberger Universität schwächte die Prager Dreifakultätenuniversität und stärkte zugleich die in der Folgezeit stärker hervortretende Konkurrenzrolle der Neugründung.[198] Den Magistern der Artistenfakultät folgte der größere Teil der bisherigen Lehrer der Prager Juristenuniversität nach Heidelberg.[199] 1389 brachen 35 Personen, überwiegend Magister und Bakkalare der Ar-

193 Hilsch, Johannes Hus, S. 35. – Zu ihm: Nuding, Matthäus von Krakau.

194 Hledíková, Synody, S. 124, 129–140; Hledíková, Synodal and Reform Preaching. – Zu Andreas von Brod: Kadlec, Studien und Texte, S. 70, 114–125.

195 Dazu zuletzt: Šmahel, Die Hussitische Revolution II, S. 752–787.

196 Uiblein, Zu den Beziehungen, S. 175.

197 Dazu jetzt grundlegend: Nodl, Das Kuttenberger Dekret, S. 35–122, speziell S. 105–122.

198 Bartoš: Příspěvky.

199 Kejř, Dějiny pražské právnické univerzity, S. 90; Šmahel, Anfänge, S. 21.

tistenfakultät, nach Köln auf.[200] Die Lehrer in Erfurt kamen um 1400 zum überwiegenden Teil aus Prag.[201]

Vorherrschende Lehrrichtung an der Prager Dreifakultätenuniversität war in den letzten Jahrzehnten des 14. Jahrhunderts der Nominalismus. Grundlage bildeten vornehmlich Texte der Pariser Schule des Johannes Buridanus (spätestens 1304/05–1359 oder 1360).[202] Zu den Hauptvertretern zählte bis zu seinem Weggang nach Wien Heinrich Totting von Oyta.[203] Die für die weitere Entwicklung wichtigen Ideen Wyclifs fanden mit dem Anwachsen der böhmisch-englischen Beziehungen im Anschluss an die Heirat Annas († 1394), der Schwester König Wenzels, mit König Richard II. von England (1377–1399) im Jahr 1382 vermehrt Eingang. Zugleich bereitete die Sezession eines großen Teils der deutschen Nominalisten und das Vordringen des Augustinismus den Boden für die seit Mitte der neunziger Jahre überwiegend unter den jüngeren tschechischen Magistern breit einsetzende Rezeption der Ideen Wyclifs, in die 1398 auch Hus eintrat.[204] An den Quodlibetdisputationen um 1400 wird die zunehmende Polarisierung der Anhänger der philosophischen Richtungen an der Universität deutlich.[205] Erst im Lauf der Zeit traten neben dem entstehenden Universalien- und Wyclifstreit die lange Zeit durch die *concordantia nationum* überbrückten Gegensätze zwischen Tschechen und Deutschen beziehungsweise der jungen und älteren Generation hervor.

Den zum größeren Teil der jüngeren Generation angehörenden Verfechtern des extremen Wyclifschen Realismus – Stanislaus von Znaim, Stephan von Páleč, Jan Hus und Hieronymus von Prag – stand in den 1403 offen ausbrechenden Auseinandersetzungen um die Lehre Wyclifs ein großer Kreis gemäßigter Realisten aus allen vier Universitätsnationen gegenüber, die bezüglich der *universalia in re* einen Mittelweg vertraten.[206] Die Disputationen um Wyclif mündeten in Auseinandersetzungen um theologische Konsequenzen und um die Anwendung der Wyclifschen Doktrin für die Reformdiskussion.[207]

200 Svatoš, Obecné učení, S. 80.

201 Šmahel, Prager Universität, S. 116.

202 Zum Prager Streit um die Universalien knapp zusammenfassend: Šmahel, Fakulta svobodných umění, S. 123–127. – Korolec, Základní otázky Buridanovy etiky; Šmahel, Anfänge, S. 31. – Dekarli, „Antiqui“.

203 Krzyżaniakowa, Henryk Totting z Oyty.

204 Herold, Pražská univerzita, bes. S. 148–152. – Zur Bedeutung der Ideenlehre Wyclifs in der Geschichte der Philosophie allgemein: Herold, ebd., bes. S. 15–17, zu Wyclifs Traktat *De ideis*: ebd. S. 67–138.

205 Dazu knapp zusammenfassend: Šmahel, Fakulta svobodných umění, S. 117–119.

206 Šmahel, Universalia; Šmahel, Jan Hus a viklevské pojetí universálií.

207 Zu den Kontroversen um Wyclif zusammenfassend: Šmahel, Die Hussitische Revolution II, S. 788–832..

4. Monastische Reformzentren. Die sogenannte *böhmische Devotio moderna* und die sogenannten *Vorläufer des Hussitentums*

Neben den von bischöflicher Seite getragenen, im Besonderen auf die Reform des Klerus und der Bistumsverwaltung zielenden Maßnahmen und den von reformgesinnten Magistern an der Universität ausgehenden Reforminitiativen prägten zwei weitere Reformströmungen das Bild des religiösen Aufbruchs in Böhmen im 14. Jahrhundert:[208] Zum einen die monastischen Reformen, zum anderen die an die pastoralen Anstrengungen der Erzbischöfe Ernst von Pardubitz und Johannes Očko von Vlašim um die Laien anknüpfenden Reformanstrengungen der bereits genannten, seit František Palacký (1798–1876), dem „Vater der böhmischen Geschichte" als „Vorläufer des Hussitentums" geltenden Predigerpersönlichkeiten Konrad von Waldhausen, Milíč von Kremsier und deren Schüler Matthias von Janov und Thomas Štítný von Štítný (ze Štítného, Thomas von Stüttna) im letzten Drittel des 14. Jahrhunderts.[209]

In den dreißiger Jahren des 20. Jahrhunderts fasste der damalige Prager Kirchenhistoriker Eduard Winter (1896–1982) die Frömmigkeitströmungen seit der Zeit Karls IV. in Böhmen in Anlehnung an die als *Devotio moderna in den Niederlanden* bekannte Frömmigkeits- und Reformbewegung trotz tiefgreifender inhaltlicher und rechtlicher Unterschiede unter der Bezeichnung *Devotio moderna in Böhmen* zusammen.[210] In jüngerer Zeit aufkommende Bedenken gegen die Verwendung des Begriffs *Devotio moderna* für die unterschiedlichen Reformbewegungen in Böhmen und in den Niederlanden fanden ihren Niederschlag in Bezeichnungen wie *Die böhmische Reformbewegung* (so Manfred Gerwing)[211] oder *Die charismatische Spiritualität in Böhmen* (so Jana Nechutová)[212]. Pavel Spunar fasste ihre Vertreter unter der Bezeichnung *Reformatores morum* zusammen.[213] Vilém Herold bewertete die in der Zeit

208 Einen souveränen Überblick über diese Bewegungen bot bereits Novotný, Náboženské hnutí (1915). – Hledíková, Der Weg, S. 354.

209 Palacký, Die Vorläufer des Husitenthums; Palacký, Předchůdcové Husitství; Sedlák, M. Jan Hus, S. 66–75 („Předchůci Husovi" [Die Vorläufer Hussens], darunter auch Wyclifismus und Waldensertum eingereiht); Loserth, Huss und Wiclif, S. 29–51 („Die sogenannten Vorläufer der hussitischen Bewegung"). – Zur Problematik des Begriffs „Vorläufer des Hussitentums": Nechutová, Die lateinische Literatur, S. 252.

210 Winter, Tausend Jahre Geisteskampf; Winter, Frühhumanismus. – Auf Winter aufbauend: Blaschka, Zur Devotio moderna; Schreiber, Devotio moderna in Böhmen; Girke-Schreiber, Die böhmische Devotio moderna. – Šmahel, Die Hussitische Revolution I, S. 48 (weitere Hinweise ebd. in Anm. 50), 548–551. – Zu Winter und seinem Werk jetzt: Luft, Eduard Winter.

211 Gerwing, Malogranatum; Gerwing, Die böhmische Reformbewegung; Gerwing, Die sogenannte Devotio moderna.

212 Nechutová, Die charismatische Spiritualität, S. 415.

213 Spunar, Repertorium I, 162–210.

Karls IV. beginnende Reformbewegung im Verhältnis zum Hussitismus als dessen *preparatory stage*.[214]

Von einigen monastischen Reformzentren in und um Prag gingen besonders kräftige Impulse für das religiöse Leben in der Stadt und im Umland aus. Vorrangig zu nennen sind hier die Konvente der Augustiner-Chorherren der Raudnitzer Observanz in der nördlich von Prag an der Elbe gelegenen bischöflichen Residenzstadt Raudnitz (Roudnice nad Labem) selbst und der Karlshof in der Prager Neustadt, das Kloster der slawischen Benediktiner (Slawenkloster Emmaus) gleichfalls in der Neustadt, die Klöster der Augustinereremiten auf der Prager Kleinseite (St. Thomas), der Kartäuser auf dem Areal des heutigen Prager Bezirks Smíchov (Mariengarten, Hortus beatae Mariae) sowie die Zisterzienser in dem südlich der Stadt an der Moldau gelegenen Kloster Königsaal (Aula Regia, Zbraslav).[215]

Die Stifte der Augustinerchorherren bildeten, wie Eduard Winter nach vorausgehenden Hinweisen als erster dezidiert betont hat, die „eigentlichen Pflanzstätten" der böhmischen *Devotio moderna*..[216] Der Raudnitzer Reformkreis umfasste um 1400 13 Kanonien, darunter das 1349 durch Karl IV. errichtete Stift Karlshof in der Prager Neustadt und vier von Erzbischof Ernst von Pardubitz gegründete Klöster.[217] Das Frömmigkeitsideal der Raudnitzer fand seinen Ausdruck in dem vom Raudnitzer Propst Petrus Clarificator († nach 1406) verfassten *Dietarius observancie regularis*, der eine Anleitung zum geistlichen Leben und zugleich einen Kommentar zu den *Consuetudines Rudnicenses* bot.[218] Das 1347 von Karl IV. in der Prager Neustadt gegründete und im Jahr darauf dem Benediktinerorden übertragene Slawenkloster Emmaus entwickelte sich zu einem Zentrum der kyrillo-methodianischen Tradition in Böhmen; die Mönche feierten die Liturgie nach slawischem Ritus und waren als Übersetzer der Heiligen Schrift in das Tschechische tätig.[219] Das beim Augustinereremitenkloster St. Thomas seit etwa 1300 bestehende Generalstudium des Ordens wurde nach 1348 der Universität inkorporiert. Als besonderer Förderer der Augustinereremiten erwies sich Johann von Neumarkt (Jan ze Středy) (um 1310–1380), der Kanzler Karls IV. und Bischof von Leitomischl und Olmütz. Er stand mit dem Konvent zu

214 Herold, The Spiritual Background, S. 69.

215 Überblick über die monastischen Reformen in Böhmen: Machilek, Beweggründe, S. 22–31.

216 Winter, Tausend Jahre Geisteskampf, S. 71–73, 88–90. – Zur *Devotio moderna* unten in Kap. II/4.

217 Zemek, Die Augustiner-Chorherren, S. 9–47; Machilek, Die Raudnitzer Reform. – Einzelbeschreibungen der Kanonien von Jaroslav Kadlec und anderen in: Zemek, Die Augustiner-Chorherren, S. 49–300.

218 Spunar, Repertorium I, S. 79–82 (zum Dietarius hier S. 80); Nechutová, Die lateinische Literatur, S. 248 f.

219 Machilek, Praga Caput Regni, S. 89; Rothe, Das Slavenkloster; Machilek, Volkssprache, S. 151–153.

Santo Spirito in Florenz in Verbindung und gilt als wichtiger Vertreter der augustinisch-humanistischen Geistigkeit in Böhmen.[220] Aus Mariengarten, wo Michael von Prag, Johannes Castoris und Albert als Prioren im kartäusischen Geist wirkten (1386, 1363–1382, 1382–1392), stammte auch der bereits genannte wortmächtige Kartäuserprior Stephan von Dolein bei Olmütz. Michael von Prag vollendete 1387 für Ruprecht II. von der Pfalz einen nach den vier Kardinaltugenden aufgebauten Fürstenspiegel.[221] Beispiele der verinnerlichten Frömmigkeit aus der Prager Kartause sind die sogenannte *Aggsbacher Marienklage* und eine Betrachtung über Schuld und Erlösung.[222] Im Zisterzienserkoster Königsaal verfasste Abt Peter von Zittau (1260/70–1339) lateinische Predigten und wohl auch die *Formula* [...] *in aedificationem fratris et monachi devoti*, ein Lehrgedicht für einen jungen Mönch seines Ordens.[223] Es spricht viel dafür, dass er auch der Verfasser des umfangreichen Buchs vom Granatapfel (*Malogranatum*) ist, das seinen überragenden Erfolg als spirituelles Handbuch weit über den Zisterzienserorden hinaus allerdings erst nach seinem Tod in der *Devotio moderna* erzielt hat und das geradezu zu einem Grundbuch der böhmischen *Devotio moderna* geworden ist.[224]

Ging es den Reformern in den Orden intern um die Rückkehr zur alten Regel und um die Vertiefung des monastischen Lebens durch Kontemplation und Studium vor allem der Heiligen Schrift, einer Spiritualität, die durch die Schriften von Ordensangehörigen und den mit seelsorglichen Aufgaben in den Pfarreien betrauten Ordensmitgliedern in modifizierter Form auch über den monastischen Bereich hinausgetragen wurde, so den Reformpredigern unter dem Weltklerus um Erfüllung des gestiegenen Verlangens der Laien nach gehobener Predigt und besserer Kenntnis der Heiligen Schrift sowie um Anleitung zu erfahrbarer Frömmigkeit an Stelle der vielfach erstarrten und formalisierten Formen der Frömmigkeit. Sie forderten die Rückkehr der veräußerlichten Kirche zu den Prinzipien der Urkirche, brachten den Gläubigen die Heilige Schrift nahe und forderten sie zu Werken der tätigen Nächstenliebe auf. Der Zulauf zu den Predigern nahm rasch zu, nicht zuletzt vor dem Hintergrund der drängenden sozialen Probleme in der Stadt. Im Rahmen dieser Entwicklungen nahm die Bereitschaft der Laien sowohl zur Verinnerlichung der individuellen Frömmigkeit als auch zur aktiven Mitarbeit am religiösen Leben in den Gemeinden in breitem Umfang zu. Noch

220 Kadlec, Das Augustinerkloster St. Thomas. – Zu Johann von Neumarkt zusammenfassend: Schamschula, Geschichte, S. 138–140; Nechutová, Die lateinische Literatur, S. 176–183; Hergemöller, Prager Köpfe, S. 110–122.

221 Machilek, Praga Caput Regni, S. 84 mit 117, Anm. 155. – Zu Michael von Prag: Nechutová, Die lateinische Literatur, S. 249 f. – Zu Stephan von Dolein: oben Anm. 22.

222 Ohlbaum, Johann Rode, S. 6, 11; Machilek, Reformorden, S. 73.

223 Nechutová, Die lateinische Literatur, S. 155–160.

224 Gerwing, Malogranatum, S. 169 f. und insbes. S. 215. – Zum Malogranatum: Nechutová, Die lateinische Literatur, S. 244–246.

zu ihren Lebzeiten begann der Aufstieg jener Gemeinde, die binnen weniger Jahrzehnte zum Kern der späteren wyclifitisch-hussitischen Gemeinde heranwuchs.[225]

Die Bedeutung der Prediger für die Vertiefung der Frömmigkeit in breiten Kreisen ist seit langem bekannt, doch wird ihr eigenständiges reformerisches Werk und dessen Nachwirken auf die hussitische Reformbewegung heute stärker als früher betont.[226] Noch in der Regierungszeit Kaiser Karls IV. trat der oben bereits genannte Konrad von Waldhausen in der Reihe der herkömmlicherweise als „Vorläufer Hussens" bezeichneten Prediger als erster hervor.[227] Nach den Worten des kaiserlich-königlichen Hofhistoriographen Beneš Krabice von Weitmühl († 1375) wandte sich der von ihm als *egregius predicator* und *vir magne literature et maioris eloquencie* gerühmte Konrad von Waldhausen *intrepide contra usurarios et alios male fide possessores et specialiter contra religiosas personas utriusque sexus, que per symoniacam pravitatem fuerunt ad ordines recepte.*[228] Waldhauser betonte die Autorität der Heiligen Schrift, setzte sich für religiöse Wahrhaftigkeit und gegen Betrug sowie für die wahren Bedürftigen und gegen gewinnsüchtige Bettelmönche ein; die letzteren verklagten ihn wegen angeblicher Apostasie und Verfälschung der wahren Lehre an der Kurie in Rom als Ketzer. Konrad starb vor Ende des daraufhin eröffneten Prozesses; er fand seine letzte Ruhestätte bei der Teynkirche in Prag. Waldhausers Hauptwerk, die vor 1366 zusammengestellte *Postilla studencium sancte universitatis Pragensis*, umfasst 73 Texte in lateinischer Sprache, die aus seiner Predigttätigkeit vor Studierenden der Prager Universität erwachsen sind; die Predigtsammlung diente als Predigthandbuch und wurde nach 1378 auch in alttschechischer Sprache bearbeitet.[229] Hus hat Waldhausers Postille für seine *Dicta de tempore* von 1407/08 in größerem Umfang benutzt.[230]

Ein Nachfolger Konrads als Prediger der Deutschen bei St. Gallus war Johannes von Mies (Stříbro) (vor 1340–1413), dessen erster Pragaufenthalt mit dem religiösen Aufbruch in der Stadt in den sechziger und siebziger Jahren des 14. Jahrhunderts zusammenfiel. Nach kurzem Wirken in Kuttenberg (Kutná Hora) war Johannes von Mies Pfarrer zu St. Gallus und später bei St. Peter am Poříč (Sv. Petra na Poříči). Er verfasste eine Handreichung zur

225 Seibt, Die Zeit der Luxemburger, S. 466.

226 Šmahel, Die Hussitische Revolution II, 718–776; Soukup, Die Predigt als Mittel.

227 Zu Konrads Leben und Werk: Kaminsky, A History, S. 8 f.; Gerwing, Malogranatum, S. 102–108; Machilek, Konrad von Waldhausen; Hilsch, Johannes Hus, S. 23 f.; Šmahel, Die Hussitische Revolution II, S. 727–735; Nechutová, Die lateinische Literatur, S. 253–255; Herold, The Spiritual Background, S. 71–74, Hergemöller, Prager Köpfe, S. 133–137.

228 Emler (ed.), Cronica ecclesie Pragensis, S. 540. Hilsch, Johannes Hus, S. 23.

229 Staročeské zpracování postily studentů, ed. Šimek.

230 Zachová, Waldhauser und Hus.

Spendung des Altarsakraments an die Gläubigen (*Inhibitiones sacramenti eucharistie*, 1394), nahm aber nicht zur Frage der häufigen Kommunion Stellung.[231]

Hauptvertreter der böhmischen *Devotio moderna* im engeren Sinn war der auch als „Vater der böhmischen Reformation“ geltende Milíč von Kremsier.[232] Zwischen 1364 und 1373 berief ihn Erzbischof Johannes Očko von Vlašim dreimal zum Synodalprediger. Die auf umfassender Kenntnis der Heiligen Schrift, der Väter und Theologen basierenden und in einer Edition aus jüngerer Zeit vorliegenden drei Synodalpredigten – *Sacerdotes contempserunt* zu Ez 22,26; *Rex perditus* zu Jer 50,6; *Audite reges* zu Weish 6,2 f. – bieten ein drastisches Bild des Zustands des Klerus.[233] In der Predigt *Rex perditus* hat Milíč ein eindrucksvolles Idealbild eines *pastor bonus spiritualis* entworfen, von dem *castitas, humilitas, frugalitas et moderatus victus* sowie *sciencia* und *caritas* erwartet werden müssten.[234]

In seinen unter dem Eindruck persönlicher Erfahrungen bei Visitationsreisen und der Verkündigung Konrads von Waldhausen stehenden Predigten überschritt Milíč die damals übliche Kritik am anstößigen Leben des Klerus und an kirchlichen Missständen im Allgemeinen, speziell der Simonie, und übte prinzipielle Kritik an der damaligen Kirche und Gesellschaftsordnung. Mit seiner Person ist der Beginn der Tradition der in diesem Geist gehaltenen Predigten verbunden, die eine Generation später bei Hus und seinen Kollegen ihren Höhepunkt erreichte.[235] Die breite Rezeption des kirchenkritischen Denkens Milíčs vor allem unter der tschechischen Bevölkerung hatte nach Jaroslav Mezník (1928–2008) vor allem zwei Gründe: Zum einen war die Kirchenbindung bei den ärmeren tschechischen Einwohnern der Stadt schwächer als bei den deutschen Patriziern, die von der Kirche beträchtliche Vorteile hatten. Zum Anderen wirkten Milíč und später Jan Hus in einem zum großen Teil von Tschechen bewohnten Teil Prags; die Mehrzahl der Deutschen wohnte demgegenüber in der Nähe der Klöster der Dominikaner und Minoriten und damit der entschiedenen Gegner Milíčs und der späteren böhmischen Reformbewegung.[236] Das Denken Milíčs war von eschatologisch-adventistischem Denken geprägt.[237] Als er unter den Zuhörern einer Ansprache den anwesenden Karl IV. als leibhaftigen Antichrist bezeichnete,

231 Machilek, Návody ke zpovědní praxi, S. 565–571.

232 Loskot, Milič z Kroměříže; Kaminsky, A History, S. 9–14; Herold/Mráz, Jan Milič von Kremsier; Hilsch, Johannes Hus, S. 23 f.; Nechutová, Die lateinische Literatur, S. 255–259.

233 Herold/Mráz (Hgg.), Iohannis Milicii de Cremsir Tres sermones synodales, S. 45–126. – Spunar, Repertorium I, S. 179–181.

234 Herold/Mráz (Hgg.), Iohannis Milicii de Cremsir Tres sermones synodales, S. 92–98.

235 Herold/Mráz (Hgg.), Iohannis Milicii de Cremsir Tres sermons synodales, S. 16 f.

236 Mezník, Praha před husitskou revolucí, bes. S. 154–156.

237 Zum Denken von Milíč: De Vooght, L'hérésie I, S. 13–17; Kaňák, Milíč z Kroměříže, S. 23–25; Nechutová, Eschatologie, S. 63–65; Hilsch, Johannes Hus, S. 24; Šmahel:

trug ihm dies zwar eine zeitweilige Kerkerhaft ein, doch blieb ihm die Gunst des Kaisers auch weiterhin erhalten. 1367 reiste Milíč als Begleiter des Kaisers nach Rom, um Papst Urban V. (1362–1370) zu durchgreifenden kirchlichen Reformen zu bewegen; auch hier konnte er seine Antichristvorstellungen vor Papst und Kardinälen vortragen.

Besondere Verdienste erwarb sich Milíč um die Resozialisierung reuiger Dirnen des ehemaligen Bordells *Venedig* im Bereich der heutigen Bartholomäusgasse in der Prager Altstadt; in einem 1372 in dessen Ruinen errichteten Haus *Jerusalem* führte er die bekehrungswilligen Frauen in einer religiösen Gemeinschaft zusammen und verband dieses Haus mit einer Ausbildungsstätte für Reformprediger. Das erfolgreich begonnene Reformwerk fand allerdings bereits zwei Jahre später auf Betreiben seiner Gegner unter dem Prager Klerus ein vorzeitiges Ende: Seinen Gegnern gelang es, ihn wegen dieser Gründung und seiner Kirchen- und Kleruskritik in einen Ketzerprozess zu verwickeln, in dessen Verlauf er sich nach Avignon begab, wo er bald darauf verstarb und in der dortigen Kathedrale beigesetzt wurde.[238] Der mit ihm zur Anzeige gebrachte Pfarrer Nikolaus von Jaroměř wurde mit Predigtverbot belegt, der Ketzerverdacht gegen ihn und weitere Geistliche jedoch – offensichtlich auf Weisung von Erzbischof Johannes Očko von Vlašim – fallen gelassen. Das verwaiste Jerusalem wurde von Karl IV. dem Zisterzienserorden als Domizil für das St. Bernhards-Kolleg seines Generalstudiums überlassen.[239] Das Denken des Milíč von Kremsier lebte in seinen Werken fort, die zum Teil weite Verbreitung fanden; erhalten blieb eine größere Zahl von Predigtsammlungen (*Abortivus, Gratiae Dei, Quadragesimale* u.a.) und Einzelpredigten, theologischen Traktaten, Gebeten und Briefen.[240]

Zum engeren Umkreis von Milíč von Kremsier und mit ihm zu den Vorläufern des Hussitismus bzw. Hussens gezählt wird der gelehrte *Magister Parisiensis* und zeitweilig an der Prager Universität lehrende Matthias von Janov (Matěj z Janova) (um 1350–1393).[241] In den von ihm als Pfarrer von Michelsdorf (Veliká Ves) südwestlich von Saaz (Žatec) vollendeten *Regulae*

Die Hussitische Revolution II, S. 740–743; Herold, The Spiritual Background, S. 76–78.

238 De Vooght, L'hérésie I, S. 17 f.; Šmahel: Die Hussitische Revolution I, S. 386, 538; Rychterová, Konzepte der religiösen Erziehung, S. 223; Herold, The Spiritual Background, S. 79. – Seine Absicht, die Prostitution zu beseitigen, zählt nach Šmahel „zu den edelsten Projekten in der Geschichte der Frauenfrage" (wie zuvor, S. 538).

239 Šmahel, Die Hussitische Revolution II, S. 751 f.

240 Spunar, Repertorium I, S. 171–192.

241 Kybal, M. Matěj z Janova; Kaminsky, A History, S. 14–22; Nechutová, M. Matěj z Janova; Valasek, Das Kirchenverständnis; De Vooght, L'hérésie I, S. 25–38; Spunar: Repertorium I, 162–171; Gerwing, Malogranatum, S. 115–117; Kadlec, Matthias von Janov; Machilek, Matthias von Janov; Hilsch, Johannes Hus, S. 25–27; Šmahel, Die Hussitische Revolution II, S. 766 f., 771–774; Nechutová, Die lateinische Literatur, S. 259–262; Rychterová, Konzepte der religiösen Erziehung, S. 223 f.;

Veteris et Novi Testamenti, seinem Hauptwerk, setzte er sich mit Nachdruck für den Vorrang der Heiligen Schrift gegenüber menschlichen Satzungen und – insbesondere im fünften Buch (*De corpore Christi*) – für die häufige Kommunion der Laien ein.[242] In bis dahin nicht gekanntem Umfang wandte er sich den Frauen zu, die er den Männern als Vorbild vor Augen stellte und deren wachsende Teilnahme am religiösen Leben er verteidigte.[243] Matthias forderte die Menschen zum tätigen Kampf gegen das Werk des Antichrist auf; als Ziel ist ihnen ein nach dem von Gott geschaffenen neuen Menschen geformtes neues Volk verheißen, aus dem neue Kleriker und neue Priester hervorgehen werden, welche die Habsucht und den Ruhm des irdischen Lebens hassen.[244] Milíč von Kremsier und Matthias von Janov „inspirierten unmittelbar nicht nur Johannes Hus, sondern auch die Theologen in der Husnachfolge, wie etwa Jakobellus von Mies, den Initiator der Kommunion unter beiderlei Gestalten."[245]

Unter den sogenannten Vorläufern des Jan Hus nahm der in Verbindung zur Bethlehemgemeinde stehende Laie Thomas von Štitný (ze Štítného) (1331/34–um 1409) eine Sonderstellung ein.[246] Im Sinn von Jan Milíč und Matthias von Janov suchte er durch zahlreiche eigene Erbauungsschriften, tschechische Übersetzungen und Bearbeitungen religiöser und mystischer Schriften, darunter der *Revelationes* der hl. Birgitta von Schweden (1302–1373), vor allem seiner Familie und den Laien seiner Umwelt eine Glaubens-, Sitten- und Ständelehre in der Volksprache zu vermitteln.[247] Nach Pavlina Rychterová war er der einzige Autor, der sich im 14. Jahrhundert in Böhmen systematisch um den Aufbau einer benutzerorientierten religiösen Erbauungsliteratur widmete.[248] Bei der Auswahl seiner Vorlagen richtete er sich vornehmlich nach dem Traditionskanon der Prager Universität und unterwarf seine Schriften stets deren Urteil.[249] Für die zwischen 1375 und 1380 entstandenen Gesprächsreden (*Besední řeči*) diente ihm u.a. das *Malogranatum*

Fudge, Jan Hus. Religious Reform, S. 152 f.; Herold, The Spiritual Background, S. 81–89; Hergemöller, Prager Köpfe, S. 154–158.

242 Matthias von Janov, Regulae Veteris et Novi Testamenti.

243 Šmahel, Die Hussitische Revolution I, S. 538 f. – Zur Frauenfrage und Frauenseelsorge in der böhmischen Reformbewegung allgemein: Kopičková, Ženská otázka; Spunar, Žena; Šmahel, Die Hussitische Revolution I, S. 537–542.

244 Zitat nach Nechutová, Surget novus populus, S. 171, 174.

245 Rychterová, Religöse Erziehung, S. 224.

246 Daňhelka, Tomáš Štítný; De Vooght, L'hérésie I, S. 39–44; Schamschula, Geschichte der tschechischen Literatur I, S., 148–157; Hilsch, Johannes Hus, S. 26 f.; wichtig vor allem: Rychterová, Religöse Erziehung, S. 224–237; zuletzt: Hergemöller, Prager Köpfe, S. 171–177.

247 Verzeichnisse der Schriften: Spunar, Repertorium I, S. 192–210; Schamschula (wie vorige Anm.). – Zjevení sv. Birgity [Offenbarungen der hl. Birgitta]: Spunar, Repertorium I, S. 206.

248 Rychterová, Konzepte der religösen Erziehung, S. 226.

249 Rychterová, Konzepte der religösen Erziehung, S. 225, 227.

aus Königsaal als Vorlage.[250] Thomas von Štitný zeichnete in seinen Werken das Ideal eines christlichen Hausvaters und gab den Lesern Anregungen zur Bewältigung der Aufgaben ihres ledigen, ehelichen oder verwitweten Standes im Sinn der Nachfolge Christi. Wie bei Milíč von Kremsier war auch bei Matthias von Janov und Thomas Štitný die Theologie eschatologisch ausgerichtet.[251]

Die Bedeutung des Milíč-Kreises hat Josef Pekař (1870–1937) in der Zeit zwischen den zwei Weltkriegen in dem Satz zusammengefasst: „Die Lehre des Jan Hus und das hussitische Denken sind ohne drei Komponenten kaum denkbar: Wyclif, die böhmische vorhussitische Reformbewegung und das volkstümliche, sowie auch gelehrte Ketzertum, in der ersten Reihe das Waldensertum."[252] Hus hat die Werke der Reformprediger gut gekannt und intensiv benutzt, sie aber in seinen Schriften nicht namentlich zitiert.[253] Nach den Worten von Jana Nechutová vollendete Hus „das Werk jener in Böhmen wirkenden reformstrebigen Prediger, Lehrer und Denker, die in der zweiten Hälfte des 14. Jahrhunderts die soziale und geistige Krise ihrer Zeit erkannt und mit den ihnen zur Verfügung stehenden Mitteln bekämpft hatten."[254] Die Reformbewegung der „Vorläufer des Hussitentums" war – auf das Ganze gesehen – vom kritischen Reformdenken einzelner geprägt; eine gemeinschaftlich agierende Reformpartei entstand erst nach 1400 im Zug der Auseinandersetzungen um Wyclif und des Einsatzes für ihn.

5. Krisensymptome in Böhmens Staat, Gesellschaft und Wirtschaft, Kirche und Gesellschaft um 1400

Die durch den allgemeinen Verlust politischer und kirchlicher Orientierungvorstellungen bei gleichzeitigen Versuchen zur Neuorientierung gekennzeichnete gesamtgesellschaftliche allgemeine Krise des Spätmittelalters ist in den böhmischen Ländern seit der Mitte des 14. Jahrhunderts in stark ausgeprägter Form zu beobachten.[255]

250 Tomáš ze Štítný, Besední řeči, ed. M. Hattala. – Machilek, Ludolf von Sagan, S. 18; Gerwing, Malogranatum, S. 20; Schamschula, Geschichte der tschechischen Literatur I, S. 151; Rychterová, Konzepte der religösen Erziehung, S. 221 f., 224–226, 228–237.

251 Knapp zusammenfassend: Nechutová, Eschatologie, S. 65–71.

252 Pekař, Žižka a jeho doba I, S. 25.

253 Šmahel, Život a dílo, S. 262 f.

254 Nechutová, Surget novus populus, S. 172.

255 Zur Diskussion um die spätmittelalterliche Krise allgemein: Graus, Das Spätmittelalter als Krisenzeit; Seibt, Die Krise der Frömmigkeit; Seibt/Eberhard (Hgg.), Europa 1400; Müller, Die kirchliche Krise. – Speziell zur Situation in Böhmen: Macek, Jean Hus, S. 34–53; Šmahel, La révolution hussite, une anomalie historique, S. 15–38 (grundlegend); Šmahel, Krise; Šmahel, Die Hussitische Revolution I,

Die extensive Erwerbungspolitik Kaiser Karls IV., die sinkenden Staatsfinanzen, der Münzverfall, der wachsende Steuerdruck und der Bruderkrieg zwischen Karls Söhnen Wenzel IV. und Sigismund belasteten die Gesellschaft, vor allem die ärmere Bevölkerung, in wachsendem Umfang.[256] Die von der marxistischen Forschung nach dem Zweiten Weltkrieg favorisierten, z.T. allzu vereinfachenden Thesen von der Pauperisierung des niederen Adels und der Bereitschaft der städtischen Unterschichten zum Umsturz sind inzwischen durch differenzierte Betrachtungsweisen ersetzt. Eingehende Untersuchungen der Rolle des Hochadels und seiner Verbindungen zu den Reformkreisen haben die bisherigen Kenntnisse von der Bedeutung dieser sozialen Gruppe in den Umwälzungen der Zeit um 1400 verdeutlicht.[257] Mit der Errichtung der Prager Universität wuchsen die Aufstiegschancen für die soziale Ober- und Mittelschicht der Prager Einwohnerschaft an; auf die finanziell schlechter gestellte Schicht wirkte sich die Gründung kaum positiv aus.

Der früh einsetzende Konflikt zwischen König Wenzel IV. von Böhmen (1378–1419) und Erzbischof Johann von Jenstein (1378–1396) verschärfte sich, als der königliche Plan der Errichtung eines westböhmischen Suffraganbistums Kladrau aus den Gütern des dortigen Benediktinerklosters Kladrau am Widerstand des Prager Generalvikars Johannes von Pomuk (Nepomuk) (Jan z Pomuka) scheiterte und dieser im Zug der Auseinandersetzungen den Tod fand (1393).[258] Die Auseinandersetzungen zwischen König Wenzel und den Prager Erzbischöfen hielten auch in der Folgezeit an und erreichten unter Erzbischof Zbyněk von Hasenburg einen Höhepunkt. Das seit 1378 fast vier Jahrzehnte lang andauernde Große abendländische Schisma mit zunächst zwei konkurrierenden Päpsten in Rom und Avignon sowie seit dem Pisaner Konzil von 1409 zusätzlich mit einem von diesem gewählten dritten Papst, die Gegensätze zwischen den sich feindlich gegenüberstehenden Obedienzen dieser Päpste und der überbordende Fiskalismus an den päpstlichen Kurien wirkten sich im Vergleich zu anderen Ländern besonders stark auf die böhmische Kirche und Politik des Landes aus. Die Auseinandersetzungen wegen des Schismas waren eng mit der Vorgeschichte des Kuttenberger Dekrets König Wenzels IV. von 1409 verbunden.[259]

S. 717–787; Polívka, Čechy před husitskou revolucí. – Zu den Auswirkungen auf die Frömmigkeit: Machilek, Die Frömmigkeit; Seibt, Die Krise der Frömmigkeit.

256 Šmahel, Die Hussitische Revolution I, S. 122–146.

257 Šmahel, Die Hussitische Revolution I, S. 219–271. – Für die städtischen Verhältnisse am Beispiel Prags jetzt besonders wichtig: Mezník, Praha před husitskou revolucí.

258 Wie Anm. 134.

259 Zum Kuttenberger Dekret unten Kap. III/11. – Zur Geschichte der Kirchenspaltung zusammenfassend: Müller, Die kirchliche Krise, S. 5–21, und Frenken, Das Konstanzer Konzil, S. 35–47 (jeweils mit Hinweisen auf neuere Literatur). – Zur Spaltung aus der Sicht des Ludolf von Sagan: Machilek, Das große abendländische Schisma.

Der finanzielle Druck auf die kirchlichen Institutionen, die in den böhmischen Ländern nach neueren Schätzungen etwa ein Drittel des nutzbaren Bodens besaßen, wuchs mit den seit der Mitte des 14. Jh. beschleunigt anziehenden Abgaben an die römische Kurie und an die königliche Kammer stetig an.[260] Die Zahl geweihter Priester war überaus hoch: Nach Zdeňka Hledíková gab es an der Wende vom 14. zum 15. Jahrhundert in der Diözese Prag 228 Kanoniker, Würdenträger und andere weltliche Prälaten, 2.084 Inhaber von Pfarrpfründen, 710 Altaristen mit Benefizium, etwa 1200 Vikare ohne Benefizium und etwa 1500 männliche Ordensgeistliche.[261] In die erhaltenen Weiheregister der Jahre 1395–1416 wurden insgesamt 21.449 Weihen eingetragen, darunter 2.706 Priesterweihen und 13.217 Weihen zu Akolythen. Von letzteren hatten nur wenige die Aussicht, später eine Pfründe zu erhalten.[262] Die durch die überhöhte Zahl geweihter Kleriker bedingten Existenzschwierigkeiten hatten teilweise extreme soziale Spannungen innerhalb des Standes zur Folge, die nach 1400 immer deutlicher zu Tage traten: „Aus der zahlreichen Schicht der ‚zornigen jungen' Kleriker und frustrierten Intellektuellen gingen ‚Tribunen radikaler Reformen, strengen Puritanismus' und teils auch revolutionärer Veränderungen hervor."[263] Von den Kirchenpatronaten lagen nur knapp 30% bei der Kirche und mehr als 60% beim Adel, davon knapp 40% beim niederen Adel. Im europäischen Vergleich war die Abhängigkeit des niederen Klerus von den Patronen in Böhmen weit höher als in Deutschland oder England; willkürliche Entlassungen von Geistlichen waren häufig.[264]

Eine Reihe von im Lauf des 14. Jahrhunderts ausgebrochenen Seuchen, vor allem Pestepidemien, mit Häufung in den Jahrzehnten um 1400 verunsicherten die Bevölkerung vor allem in den Städten.[265] Die Pest förderte die Judenfeindlichkeit. Der Pogrom am Karfreitag des Jahres 1389 betraf die als „Außenseiter" am Rand der städtischen Gesellschaft angesehenen jüdischen Einwohner Prags in besonderer Weise; das Morden an den Juden fand nach František Graus bei den christlichen Zeitgenossen nur wenig Beachtung.[266]

260 Zur kirchlichen Situation: Šmahel, Die Hussitische Revolution I, S. 155–167.

261 Hledíková, Struktura duchovenstva, S. 347–349; zitiert bei Doležalová, Weiheregister, S. 225.

262 Doležalová, Weiheregister, S. 225. – Danach zitiert von Krzenck, Johannes Hus, S. 63. – Zur Ämterbesetzung: Doležalová, Herrscher und Kirche, S. 114–116.

263 Šmahel, Krise, S. 69.

264 Šmahel, Die Hussitische Revolution I, S. 168–219.

265 Čechura, Mor, krize a husitská revoluce; Mezník, Mor z roku 1380; Šmahel, Die Hussitische Revolution I, S. 510 f.; Ledvinka (Hg.), Lucemburská Praha, S. 147–153 (Auflistung der Seuchen). – Eine Aufzählung der Pestwellen findet sich in einer aus dem Prager Karlshof stammenden Handschrift der Kirchenbibliothek im mittelfränischen Schwabach: Machilek, Bohemikale Handschriften, S. 438 f.

266 Zum Pogrom: Graus, Struktur, S. 50–60, hier besonders S. 59 f. – Zur älteren Literatur auch Machilek, Ludolf von Sagan, S. 141.

Seit Beginn des 14. Jahrhunderts bildete Böhmen ein Zentrum des Waldensertums. Durch das rigorose Vorgehen der Inquisitoren wuchs in der Folgezeit vor allem in den Städten die Rechtsunsicherheit, zugleich aber auch die Kampfbereitschaft nicht nur gegen das Glaubensgericht selbst, sondern gegen kirchliche Institutionen überhaupt.[267] Die Frage, ob Hus das waldensische Ketzertum bereits in Prachatitz kennen gelernt haben könnte, für welches eine Inquisitionsnachricht vorliegt,[268] lässt sich nicht beantworten. Aus konkretem Anlass setzte sich Hus spätestens 1408 mit den waldensischen Lehren auseinander, doch scheinen diese für ihn als „mögliche Alternative“ zur bestehenden Kirche erst nach 1412 im südböhmischen Exil näher in seinen Gesichtskreis getreten zu sein.[269]

267 Überblicksdarstellungen: Patschovsky, Ketzer und Ketzerverfolgung; Soukup, Die Waldenser; Soukup, Inkvizitoři v Čechách.

268 Hilsch, Johannes Hus, S. 21 mit S. 300, Anm. 15.

269 Molnár, Die Waldenser, S. 239 f. – Dazu auch unten Anm. 525. – Zur Frage des Rückgriffs von Hus auf waldensische Überzeugungen haben sich Nechutová, Husovo kázání „Dixit Martha“, S. 156, und Werner, Der Kirchenbegriff, S. 23, zur Fegefeuerlehre bzw. zur Bilderverehrung negativ geäußert.

III. Leben und Werk des Jan Hus

1. Herkunft und Jugend

Der aus einfachen Verhältnissen stammende Johannes (tschechisch: Jan) Hus wurde um 1372 im südböhmischen Husinec, einem 1359 in einer Lehensurkunde Kaiser Karls IV. für die Herren von Janowitz (Janovice) erstmals als Städtchen erwähnten Ort nordwestlich der Handelsstadt Prachatitz (Prachatice) am Goldenen Steig in Südböhmen geboren.[270] Zur Frage des Geburtsjahres hat František M. Bartoš in jüngerer Zeit auf eine Äußerung des Husgegners Johlin von Wodnian (Johlín z Vodňan) († 1416), eines Kreuzherrn des Prager Heiliggrabklosters unter dem Zderas und gefeierten Predigers, aus dem Jahr 1403 hingewiesen, wonach Hus und andere Aspiranten des Predigtamtes dieses schon vor Erreichen des dafür erforderlichen Lebensalters von dreißig Jahren ausübten. Da Hus im Jahr 1400 die Priesterweihe empfing und 1401 als Prediger an der Pfarrkirche St. Michael belegt ist, lasse sich 1372 – möglicherweise auch 1373 – als Geburtsjahr errechnen.[271]

Hussens Vater namens Michael soll Fuhrmann oder Bauer gewesen sein. Die Mutter brachte ihm mit dem Stoßgebet *Amen, tak bóh daj* [*Amen, so wie Gott es schickt*] nahe, sein Schicksal bis zu seinem Lebensende als gottgewollt anzunehmen.[272] Das Stoßgebet findet sich später mehrfach im Explicit Husscher Schriften wieder, so im berühmten, heute in der Königlichen Bibliothek zu Stockholm aufbewahrten Autograph von 1398 (Cod. Holmensis A 164), welcher die von ihm für seinen südböhmischen Landsmann und Prager Lehrer Christian von Prachatitz (Křišt'an z Prachatic) (vor 1370–1439) kopierten Texte Wyclifscher Schriften enthält:

> *Explicit tractatus de veris universalibus magistri venerabilis Joannis Wycleph* [...] *anno Domini 1398 in die sancti Jeronimi Slavi per manus Hus de Hussynec. Amen, tak bóh day.*[273]

270 Šmahel, Jan Hus. Život a dílo, S. 13, 261.

271 Bartoš, Das Geburtsjahr Hussens, S. 5 f. – Spinka, John Hus, S. 21 f.; Machilek, Ergebnisse, S. 305 (Hinweis auf frühere einschlägige Arbeiten von Bartoš); Šmahel (wie vorige Anm.). – Zu Johlin: Říčan, Johlín z Vodňan; Soukup, Jan Hus as a preacher, S. 120; Rychterová, The Vernacular Theology of John Hus, 171.

272 *A matka má učila mě řiekati: ‚Amen, tak bóh daj‘* [*Meine Mutter lehrte mich zu sagen: ‚Amen, so wie Gott es schickt‘*]: Hus, Menší výklad na Páteř, ed. Daňhelka (MIHO I), S. 392. – Spinka, John Hus, S. 22; Hilsch, Johannes Hus, S. 28; Krzenck, Johannes Hus, S. 20.

273 Zitat nach Vischer, Jan Hus II, S. 245. – Die Stockholmer Handschrift gelangte zu Ende des Dreißigjährigen Krieges als Kriegsbeute nach Schweden. – So auch in

Mit der Datierung auf den hl. Hieronymus, des Slawen, bekannte er ausdrücklich seine ethnisch-nationale Zugehörigkeit zur slawischen „Zunge".[274]

Hussens niedere Herkunft wurde noch auf dem Konstanzer Konzil beredet: Bischof Giacomo Bailardi Arrigoni, Bischof von Lodi OP (1407–1418), setzte Hus in der Schlusspredigt bei der Verurteilung des Hieronymus von Prag am 30. Mai 1416 zusammen mit Hieronymus als *homines viles, plebeo, infimi ortuque ignoti* herab.[275] Der zuletzt in und um Nürnberg wirkende Chronist Sigismund Meisterlin († 1497) gab die wohl allgemein bekannte Aussage wieder: [...] *und was von armen leuten.*[276] Hus hatte einen Bruder und mehrere Neffen; in der zweiten Junihälfte 1415 bat er aus dem Kerker in Konstanz seinen Schüler Martin von Wolin als deren Vormund, dafür Sorge zu tragen, dass jene Neffen ein Handwerk erlernen sollten; *denn ich fürchte, sie würden, wenn sie den geistlichen Stand einschlagen, diesen nicht so halten, wie sie das müssten.*[277]

Hussens in der Prager Universitätsmatrikel seit 1393 belegtem Herkunftsnamen *Iohannes de Hussynecz (Hussinecz)* steht die später (erstmals 1398) von ihm selbst gebrauchte Kurzform *Iohannes Hus* gegenüber. Er selbst und seine Gegner verwendeten später oft Andeutungen auf die tschechische Bedeutung seines Namens (*Hus/a* = die Gans). Auf den Zusammenhang der Namen anspielend sprach er während seiner späteren Haft in Konstanz selbst von sich als der *armen Gans.*[278] In der Reformationszeit wurde er in guter wie in böser Absicht vielfach als „Gans" bezeichnet und in der Ikonographie symbolisch als die in Konstanz gebratene Gans dargestellt.[279]

In Prachatitz (Prachatice) besuchte Hus die unter pfarrlicher Leitung stehende Lateinschule. Rund ein Vierteljahrhundert später erzählt Hus einige Episoden aus seiner Schulzeit.[280] In der Auslegung des Vaterunsers

der Handschrift der *Großen Auslegung* (*Výklad velký*) von 1412 in Ms 2°51, fol. 137v, der ehemaligen Gersdorfschen Bibliothek in Bautzen: Krzenck, Die Bautzener Hussitica, S. 155. – Zu Christian von Prachatitz: Tříška, Životopisný slovník, S. 64 f., Spunar, Repertorium I, S. 116–132.

274 Šmahel, Die Hussitische Revolution, S. 578 f.

275 FRB VIII, S. 494–500 (hier S. 497). – Fudge, Jan Hus. Religious Reform, S. 145; Fudge, The Memory, S. 1, Fudge, Jerome of Prague, S. 11, 329.

276 Zitiert nach Krzenck, Johannes Hus, S. 20.

277 Kor., Nr. 132, S. 276–279, Zitat S. 278. – Bartoš, Leben in Deutschland noch Nachfahren, S. 165; Krzenck, Johannes Hus, S. 20; Šmahel, Jan Hus. Život a dílo, S. 15.

278 So in einem Brief aus dem Gefängnis im Konstanzer Dominikanerkloster an Jan von Chlum vom 24 März 1415: *Si diligitis miserum anserem, provideatis, ut rex de sua curia det custodes vel liberet me de carcere hoc vespere.* Kor., Nr. 121, S. 258. – Brandmüller, Das Konstanzer Konzil I, S. 335. – Zum Wortspiel von der Gans bei Ludolf von Sagan: Machilek, Ludolf von Sagan, S. 151.

279 Treu, Die Gans; Sommer, Der Reformator in der Selbstinszenierung, bes. S. 68–72, 80–82.

280 Sedlák, M. Jan Hus, S. 76 f.; Hilsch, Johannes Hus, S. 28; Krzenck, Johannes Hus, S. 20 f.; Soukup, Jan Hus, S. 16.

(1412) berichtet er von einem Umzug der Schüler am Tag der Unschuldigen Kinder (28. Dezember), bei dem ein als Bischof maskierter Schüler von den Zuschauern verlacht wurde. Er habe damals – da er noch jung an Jahren und Verstand war – unter die „Narren" gezählt, dann jedoch – als ihm Gott die Erkenntnis der Schrift gab – habe er sich aus diesem Kreis zurückgezogen.[281] Die Vigilien hätten die Schüler sehr schnell gesungen, um möglichst bald fertig zu werden; von dem bei dieser Gelegenheit eingenommenen Geld hätten aber nicht alle etwas bekommen. Nach einer Bemerkung in seinen *Büchlein über den Ämterkauf* (*Knížky o svtokupectví*, 1413) habe er als Schüler vorgehabt, *bald Priester zu werden, um eine gute Wohnung und Kleidung zu haben und von den Menschen geschätzt zu werden.* [...] *Aber dieses Begehren erkannte ich als böse, sobald ich die Schrift verstanden hatte.*[282] Hus war der deutschen Sprache mächtig; wohl hat er sie bereits in der ethnisch deutsch-tschechisch geprägten Handelsstadt Prachatitz an der bayerisch-böhmischen Salzstraße gelernt.[283]

2. Studium und Universitätskarriere

Wahrscheinlich auf Vorschlag des Magisters und Landsmanns Christian von Prachatitz bezog Hus vor 1390 die Artistenfakultät an der Prager Universität und wurde an dieser Fakultät 1393, also mit etwa 21 Jahren, zum *baccalarius artium*, 1396 als zehnter von 16 Prüflingen zum *magister artium* promoviert.[284] Zu seinen Lehrern zählten hier u.a. Stephan von Kolin, dem er wahrscheinlich auch längere Zeit im Collegium Carolinum als *famulus* gedient hat,[285] der agile Zisterzienser Johannes Štěkna (Jan Sczekna) (um 1350–vor 20. April 1407) aus dem Kloster Königsaal, der zeitweilig die zweite Predigerstelle an der Bethlehemkapelle innehatte und nach ihm *velut tuba resonans* als herausragender Prediger (*predicator eximius*) wirkte,[286] sowie insbesondere der von ihm als *logicus pocior* gerühmte Stanislaus von Znaim (Stanislav ze Znojma) (um 1365–1414).[287] Hus rangierte bei der Bakkalarsprüfung 1393 auf dem sechsten von insgesamt 22 Plätzen; der Promotor – Johannes von Hohenmauth (Jan z Myta) (um 1365–um 1409) – bestätigte ihm ausdrück-

[281] Hus, Výklad na Páteř, ed. Ryba (MIHO I), S. 342.
[282] Zitiert nach Hilsch, Johannes Hus, S. 28.
[283] Hilsch, Johannes Hus, S. 29; Šmahel, The National Idea, S. 216.
[284] Hierzu und zum Folgenden: Zilynská, Hus und die Prager Universität. – Tabellarische Übersichten zur akademischen Karriere Hussens: Flajšhans, Jan Hus, S. 231 f.; Kejř, Jan Hus známý i neznámý, S. 110–117; ausführlichere Angaben bei Soukup, Jan Hus, S. 81–92; Pavlíček, The Chronology.
[285] Zu ihm: Tříška, Životopisný slovník, S. 489 f.; Spunar, Repertorium I, S. 88–91.
[286] Zu ihm: Kadlec, Řeholní generální studia, S. 102–104; Tříška, Životopisný slovník, S. 314.
[287] Zu ihm: Tříška, Životopisný slovník, S. 488; Spunar, Repertorium I, S. 286–304.

lich Ausdauer im Studium.[288] Nach dem *Chronicon universitatis Pragensis* hörte Hus in dem 1393 gefeierten Heiligen Jahr auf dem Vyšehrad eine Ablasspredigt Štěknas; er legte die zur Ablassgewinnung geforderte Beichte ab, besuchte die drei dazu bestimmten Kirchen und spendete seine letzten vier Groschen.[289] Der unter dem römischen Papst Bonifaz IX. (1389–1404) eingerissene Ablassmissbrauch wurde schon von Zeitgenossen wie Ludolf von Sagan oder Dietrich von Niem rückhaltlos gebrandmarkt; nach den Worten Ludolfs argwöhnten verschiedene Leute, dass der Ablasspraxis ein anderer Grund als die Sorge um das Heil der Seelen zu Grunde läge: In jenen Tagen habe das Geld die Herrschaft geführt.[290] In Prag verfasste Heinrich von Bitterfeld aus Anlass des Jubeljahres 1393 den umfangreichen Traktat *De largicione et virtute indulgenciarum anni iubilei* über den Nutzen und Missbrauch des Jubelablasses.[291] 1393/94 oder 1396 hielt Hussens Lehrer Stephan von Kolin auf der Prager Synode die Predigt *Caute ambuletis*, in der er auch zum Ablass Stellung nahm.[292] Es ist anzunehmen, dass die Wurzeln der späteren Ablasskritik Hussens[293] in damaligen Begegnungen und damals gewonnenen Erfahrungen zu suchen sind.

Vermutlich als Abgeordneter der Universität nahm Hus im Gefolge König Wenzels an dessen Frankreichreise 1398 teil, scheint aber nur bis an den Rhein (Köln ?) gekommen zu sein. Er erwähnt den Aufenthalt in seiner Auslegung des 1. Petrusbriefs (3,1–7), in der er zu allzu luxuriösem Schmuck der Frauen Stellung bezog und dabei erwähnte, solchen Schmuck am Rhein selbst gesehen zu haben. Es wird vermutet, dass er bei dieser Gelegenheit mit Vertretern der niederländisch-rheinischen *Devotio moderna* Kontakt gehabt hat.[294] Fraglich ist, ob seine Erwähnung, dass die Bischöfe am Rhein

288 Spinka, John Hus, S. 33. – Zu Johannes von Hohenmauth: Tříška, Životopisný slovník, S. 281 f.; Spunar, Repertorium I, S. 92–94.

289 *Item magister Stiekna, baccalarius in theologia, pro tunc predicator autenticus in Bethlehem, in Wissegrado predicando populum ad non negligendam tam excellentem graciam multipliciter est hortatus. Et pro tunc magister Johannes Hus, nondum presbyter, deceptus frivole per tales exhortaciones in Wissegrado confessus ultimos quattuor grossos, quos habuit, confessor assignando non habuit nisi panem siccum ad manducandum. Et sic cum ceteris cece est peregrinatus. Qui tamen factus est presbyter et predicator multipliciter doluit et in ambone publice predicando de sua fatua peregrinacione confessus fuit.* Goll (Hg.), Chronicon universitatis Pragensis, FRB V, S. 568. – Spinka, John Hus, S. 32; De Vooght, L'hérésie de Jean Huss, S. 96, Anm. 32; Pavlíček, The Chronology, S. 15; Šmahel, Jan Hus. Život, S. 32.

290 Machilek, Ludolf von Sagan, S. 85.

291 Teilabdruck De Vooght, L'hérésie de Jean Huss, S. 859–871. – Dazu: ebd., S. 855; Machilek, Ludolf von Sagan, S. 17 f. mit S. 81, Anm. 78;

292 Teilabdruck De Vooght, L'hérésie de Jean Huss, S. 871–874. – Dazu: ebd., S. 855 f.

293 Dazu unten Kap. III/17.

294 Bartoš, Ze zápasů české reformace, S. 43; Bartoš, Čechy v době Husově, S. 155; Spinka, John Hus, S. 42 f.; Bartoš, Das Geburtsjahr Hussens, S. 9 f.; Machilek, Ergebnisse, S. 306; Šmahel, Die Hussitische Revolution I, S. 579; Krzenck, Johannes Hus, S. 38 f.

Brustpanzer, Schwerter und Schilder trugen, mit seiner Reise an den Rhein in Verbindung stand. Hus lehnt derartigen wehrhaften Schutz ab; sollte ein Priester von einem Feind angegriffen werden, solle er lieber für diesen beten und wie Jesus den Tod erleiden.[295]

Als *magister regens* wurde Hus im Dezember 1398 an der Prager Universität erstmals zum Examinator für die Bakkalariatsprüfungen bestellt.[296] Von seinen zahlreichen Schülern hat Hus 12 zu Bakkalaren und 11 zu Magistern promoviert.[297] Aus den Jahren 1398/99 liegen seine ersten Promotionsreden vor.[298] Im Wintersemester 1401/02 war Hus Dekan der Artistenfakultät. Neben der dortigen Lehrtätigkeit begann Hus um 1398 mit dem Studium der Theologie. Anfang Juni des Jahres 1400 oder am 18. Dezember 1400 wurde er zum Priester geweiht. Im folgenden Jahr begann er als Prediger bei St. Michael in der Prager Altstadt, wo er durch seine Parteinahme für König Wenzel IV. und gegen den römisch-deutschen König Ruprecht von der Pfalz (1400–1410) einen ihm lange gewogenen Fürsprecher gewann. Am 14. März 1402 wurde Hus zum Rektor der 1391 von dem Altstädter Kaufmann Kříž (Kreuz) († um 1413) und König Wenzels Hofmann Hans von Mühlheim († nach 1400) zur Predigt in tschechischer Sprache begründeten und päpstlich privilegierten Kapelle zu den Unschuldigen Kindern von Bethlehem – kurz Bethlehemkapelle genannt – bestellt.[299] Das Patronatsrecht hatte Hans von Mühlheim inne, die Bestellung der Prediger sollte jedoch auf Vorschlag der drei ältesten böhmischen Magister aus dem Karlskolleg und des Altstädter Bürgermeisters erfolgen, womit die enge Verbindung zur Universität garantiert war.[300] Als Hus das Leitungs- und Predigtamt an der Bethlehemkapelle übertragen wurde, stand er Anfang der dreißiger Jahre. Es ist anzunehmen, dass sich Christian von Prachatitz und vor allem Stephan von Kolin, der die Kapelle selbst in den Jahren 1396–1402 geleitet hatte, für ihn eingesetzt haben. Die Kapelle war als Predigthalle errichtet worden und bot nach jüngsten Erhebungen bis zu 1.500 Zuhörern Platz.[301] Das Priesterhaus und das angeschlossene Haus für arme tschechische Studenten gaben Hus die Möglichkeit, einen Teil seiner universitären Verpflichtungen bei der Kapelle zu erbringen.[302]

295 Spinka, John Hus, S. 209.

296 Eine Zusammenstellung der unter seinem Vorsitz erfolgten Bakkalarsdeterminationen und Magisterinzeptionen bei Flajšhans, M. Jan Hus, S. 232. – Determinationen: Ryba, Nový Hus.

297 Zilynská, Hus und die Prager Universität, S. 38.

298 Hus, Sermones academici, ed. Schmidtová. – Stein, M. Jan Hus jako universitní rektor a profesor, S. 59–67; Nechutová/Fuksová, Husovy promoční promluvy.

299 Druck der Bestallungsurkunde: Kor., Nr. 2, S. 2 f.

300 Nodl, Das Kuttenberger Dekret, S. 147 f.

301 Die bisherigen Schätzungen gingen von einer Kapazität von etwa 3.000 Zuhörern aus.

302 Šmahel, Johannes Hus und Hieronymus von Prag, S. 19.

1404 wurde Hus von der Theologischen Fakultät als *baccalarius biblicus* (*cursor*) angenommen. 1404/05 erklärte er die kanonischen Briefe,[303] 1405/07 die Psalmen,[304] ab 1407 las er über die Sentenzen des Petrus Lombardus (1095/1100–1160) und erscheint damit seit diesem Jahr als *baccalarius sententiarius*; seit 1408 war Hus *baccalarius formatus*.[305] Der mit seinen theologischen Studien angebahnte Weg zum Doktor der Theologie fand im Zuge des gegen ihn angebahnten Verfahrens wegen Ketzerei sein Ende. Zu seinen Lehrern in der Theologie zählte zuerst Nikolaus von Leitomischl[306], den er später als *consiliarius perspicacissimus* rühmte, sowie weiterhin Stephan von Páleč, Nikolaus Stör von Schweidnitž, Johannes de Monte und Matthäus von Königsaal (um 1370–1427) OCist.[307] Nach der Verfassungsänderung des Kuttenberger Dekrets König Wenzels IV. vom 18. Januar 1409, amtierte Hus im Wintersemester 1409/10 als Rektor der Dreifakultätuniversität. Im Januar 1411 fungierte Hus als Leiter der Quodlibet-Disputation, an der mindestens 55 Magister teilnahmen.[308] Nach dem Zeugnis des Augustinereremiten Oswald Reinlein, der in den Jahren 1411–1413 in Prag tätig war, hielt Hus damals täglich zwei Vorlesungen *in scolis*, also in Universitätskollegien wie dem unmittelbar neben der Bethlehemkapelle gelegenen Nazaretkolleg und dem unweit des Collegium Carolinum gelegenen Hedwigskolleg (Litauischen Kolleg).[309] Seit 1411 war Hus als Prediger an der Bethlehemkapelle auch Patron des Hedwigskollegs. An der Urkunde über die Bestätigung der Statuten dieses Kollegs aus dem Jahr 1411 hängt an fünfter Stelle auch Hussens Siegel; es zeigt im Siegelbild eine Darstellung der heiligen Katharina, der Patronin der Philosophen.[310] Die enge Verbindung von Kapelle und Universität spielte eine wichtige Rolle im Wyclifstreit und in der Formung vieler Mitglieder seines Reformkreises.[311]

303 Exegese der kanonischen Briefe: H&M, 1558, fol. 105r–228v. – B/S, Nr. 3, S. 67 f. – Spinka, John Hus, S. 54–56; Pavlíček, The Chronology, S. 21.

304 Kommentar zu den Psalmen 109–118: H&M, 1558, fol. 229r–339v. – Spinka, John Hus, S. 56; Pavlíček, The Chronology, S. 21.

305 Dazu unten S. 98.

306 Spunar, Repertorium I, S. 84–86.

307 Lauterer, Matthäus von Königsaal; Pavlíček, The Chronology, S. 21 f.

308 Hus, Quodlibet, ed.Ryba. – Zilynská, Hus und die Prager Universität, S. 39.

309 Soukup, Jan Hus as a Preacher, S. 107. – Zu den Kollegien: Svatoš, Obecné učení, S. 42–58 (mit Karte S. 57).

310 Svatoš, Obecné učení, S. 51 f., Abbildung des Siegels S. 90.

311 Smrčka, Hus als Prediger, S. 58.

3. Hus, die 45 Wyclifartikel und die Anfänge des Wyclifstreits an der Prager Universität

Die Frage, auf welche Weise Schriften Wyclifs nach Prag gelangt sind, wird generell mit dem Hinweis auf die Aufenthalte böhmischer Studenten in England und speziell in Oxford beantwortet. Mehrfach als früher Überbringer von Wyclifhandschriften genannt wird der spätere Prager Inquisitor Mauritius Rváčka; seine Reise erfolgte um die Mitte der achtziger Jahre des 14. Jahrhunderts. Hieronymus von Prag erwarb während eines ihm mit großer Wahrscheinlichkeit durch ein Stipendium des Adalbert Rankonis de Ericinio ermöglichten Englandaufenthalts in den Jahren 1399/1401 Abschriften von Wyclifs *Dialogus* und *Trialogus*. Nikolaus Faulfiš und Georg von Kněhnice (Jiří z Kněhnice), die in den Jahren 1406/07 in Oxford studierten, brachten bei der Rückkehr Wyclifhandschriften sowie einen Stein vom Grab des *Doctor evangelicus* nach Prag.[312]

Die für Hussens geistigen Werdegang entscheidende Auseinandersetzung mit dem Denken Wyclifs fiel in die Jahre um 1398, als sich auch seine Lehrer Stanislaus von Znaim, Stephan von Páleč, Stephan von Kolin und andere intensiv mit Wyclifs Realismus befassten. Hus hatte sich früh Stanislaus von Znaim, dem führenden Kopf der böhmischen Universitätsnation, angeschlossen. Dieser hatte wahrscheinlich bereits um die Mitte der neunziger Jahre des 14. Jahrhunderts seinen *Tractatus de uniuersalibus rebus* verfasst. Vor 1397 entstand die möglicherweise von Stephan von Páleč verfasste *Expositio* zum gleichen Thema. 1398 schrieb Hus – wie bereits angesprochen – mehrere Traktate Wyclifs für seinen Förderer Christian von Prachatitz ab, darunter *De ideis* und *De universalibus*.[313] Die darin enthaltenen, ihm zugeschriebenen Randbemerkungen gelten als frühes Zeugnis seiner Einstellung zu den Theorien Wyclifs: Berühmt ist der Satz: *O Viklef, Viklef, nejednomu ty hlavu zvikleš* [*O Wyclif, Wyclif, nicht nur einem verdrehst du den Kopf*]. Bei der Randglosse *haha nyemczy, haha ven ven* [*haha, ihr Deutschen, haha, hinaus, hinaus*], die nach Auffassung von Jiří Daňhelka im Sinn einer generell gegen die Deutschen gerichteten Äußerung zu verstehen sei, handelt es sich nach František Šmahel und Ernst Werner um eine rhetorische Aufforderung zur Überwindung des Nominalismus der deutschen Magister durch den philosophischen Realismus

312 Zum Vorausgehenden: Sedlák, M. Jan Hus, S. 114 f. u.ö.; Spinka, John Hus, S. 81 f.; Betts, Essays, S. 132–160 u.ö.; Herold, Pražská univerzita a Wyclif, S. 148–152, 241 f.; Hilsch, Johannes Hus, S. 52; Šmahel/Silagi, Einleitung zu Hieronymus von Prag, Quaestiones, ed. Dies., S. XIII; Van Dussen, From England to Bohemia, S. 61, 68, 70–72 u.ö.; Soukup, Jan Hus, S. 45; Fudge, Jerome of Prague, S. 16–20. – Zur Stipendienstiftung des Adalbert Rankonis für Studien in Oxford und Paris: Kadlec, Leben und Schriften, S. 57–59.

313 Sedlák, M. Jan Hus, S. 78 f.; Herold, Pražská univerzita a Wyclif, S. 148; Šmahel. Die Hussitische Revolution I, S. 578. – Zur Bedeutung des Traktats *De ideis* in der Wyclifrezeption generell: Herold, Pražská univerzita, passim.

der tschechischen Magister.[314] In die gleiche Richtung zielte auch Hussens Randbemerkung zum aristotelischen Averroismus: *Avverroys osra hače* [*Averroës macht in die Unterhosen*].[315] Einer gleichfalls 1398 von ihm gefertigten Abschrift einer in Prag entstandenen anonymen *Replicatio de universalibus*, wahrscheinlich die älteste Polemik mit den *uniuersalia in essendo* in Prag überhaupt, fügte Hus im Explicit ein eindeutiges Bekenntnis zu Wyclif bei.[316]

Die antiwyclifitische Tendenz des von František Šmahel aufgefundenen Quodlibets des der bayerischen Nation angehörenden, buridanistisch eingestellten Artistenmagisters Johann Arsen von Langenfeld († um 1404), das wahrscheinlich 1400 stattfand, macht deutlich, dass die Formierung der philosophisch gegeneinander agierenden Parteien bereits weit fortgeschritten war.[317] Kurz nach der Jahrhundertwende machte Hieronymus von Prag die theologischen Schriften Wyclifs, vor allem den *Dialogus* und den *Trialogus*, in Prag bekannt.[318]

Den zum überwiegenden Teil der jüngeren Generation angehörenden Verfechtern des extremen Wyclifschen Realismus (Stanislaus von Znaim, Stephan von Páleč, Hus und Hieronymus von Prag) stand in den seit 1403 offen ausbrechenden Auseinandersetzungen ein großer Kreis gemäßigter Realisten aus allen vier Universitätsnationen gegenüber, wie sich vor allem den Quaestionen für die Quodlibetdisputationen ablesen lässt. Die Prager Wyclifiten vertraten bezüglich der *uniuersalia in re* einen Mittelweg:

> [...] *universale et suum singulare sunt idem essencialiter et differunt racione sive formaliter* [*das Allgemeine und sein Einzelnes sind wesenhaft dasselbe und unterscheiden sich durch den Wesensbegriff bzw. formal*].[319]

Die um Wyclifs Schriften in Prag geführten Disputationen mündeten nach kurzer Zeit in Auseinandersetzungen um theologische Konsequenzen und um die Anwendbarkeit der Wyclifschen Doktrin für die Reformdiskussionen ein. Das Magistergremium bildete seit den Anfängen der hussitischen Bewegung das Zentrum der gelehrten Reformbemühungen an der Universität, aus

314 Novotný, M. Jan Hus. Život a dílo 1, S. 59–61; Šmahel, Ein unbekanntes Prager Quodlibet, S. 211; Daňhelka, Das Zeugnis; Werner, Jan Hus, S. 74; Šmahel, Die Hussitische Revolution I, S. 578; Šmahel, Johannes Hus und Hieronymus von Prag, S. 17; Šmahel, Instead of Conclusion, S. 374, Anm. 16; Nodl, Das Kuttenberger Dekret, S. 163. – Der Sammelband liegt heute in der Königlichen Bibliothek zu Stockholm; zu ihm: Daňhelka, Das Zeugnis; Šmahel, Instead of Conclusion, S. 374.

315 Zitiert bei Werner, Jan Hus, S. 74; Soukup, Jan Hus, S. 46.

316 Šmahel, Hus und Wyclif, S. 126.

317 Šmahel, Ein unbekanntes Prager Quodlibet; Nodl, Das Kuttenberger Dekret, S. 162–164. – Zu Arsen von Langenfeld: Tříška, Životopisný slovník, S. 217, Nodl, Das Kuttenberger Dekret, S. 137.

318 Fudge, Jerome of Prague, S. 17.

319 Hus, Super IV Sententiarum, ed. Flajšhans I, Dist. XXXIII, 3: Spisy II, S. 150.

ihm rekrutierte sich in der Folgezeit auch der „elitäre Kern von Theoretikern und Sprechern der utraquistischen Kirche“.[320] Durch die Präsentationsrechte der Universität auf eine Reihe von Benefizien, im Besonderen der Bethlehemkapelle, ergaben sich spezielle Möglichkeiten der Einwirkung auf den Reformerkreis um Jan Hus und umgekehrt von diesem auf die Universität.[321] Die Bemühungen der lange allgemein als Wyclifiten (Wyclifisten) bezeichneten Anhänger des Wyclifschen Realismus zielten in wachsendem Maß auf Ausweitung ihres Einflusses und schließlich auf die volle Beherrschung der Universität.

In der Zeit von Erzbischof Zbyněk (Zbinko) Hase von Hasenburg (Zbyněk Zajíc z Hasenburka) (1402–1411), dem Nachfolger von Wolfram von Skworetz, entwickelte sich der Wyclifismus explosionsartig. Der aus einer der bedeutendsten Hochadelsfamilien des böhmischen Herrenstands stammende, erst 26-jährige Zbyněk, zuvor Kaplan von König Wenzel IV., war von diesem als Erzbischof ausersehen worden; er war theologisch wenig geschult, war aber willig, Reformen im administrativen und geistlichen Bereich der Erzdiözese durchzuführen. Bereits 1403 setzte er eine Diözesansynode an.[322]

Die Wyclifgegner griffen im Frühjahr 1403 zu einem aus ihrer Sicht günstigen Zeitpunkt massiv in die anhaltende Ideen- und Lehrdiskussion in Prag ein: Zbyněk von Hasenburg war zwar designiert, aber noch nicht installiert, und König Wenzel befand sich nicht in der Hauptstadt. Im Zug der sich verdichtenden Klagen gegen die Anhänger der Lehren Wyclifs legte der Dominikaner Johannes Hübner aus Schweidnitz, Mitglied der polnischen Nation und Lektor an dem der Prager Universität angegliederten Generalstudium seines Ordens, seit 1401 Bakkalar und 1403 Magister der Theologie,[323] als Sprecher der Wyclifgegner an der Universität über den erzbischöflichen Offizial Johannes Kbel und den Bechiner Archidiakon Wenzel Nos der Universität eine Liste mit 45 Sätzen aus den Schriften Wyclifs zur Stellungnahme vor, von denen 24 bereits von der Londoner Synode 1382 als häretisch verurteilt oder als irrig befunden worden waren. Die zusätzlich von ihm angefügten Artikel hatte Hübner nach eigenem Bekunden selbst aus Werken Wyclifs zusammengestellt. Trotz der Proteste der Wyclifanhänger, im Besonderen von Nikolaus von Leitomischl, vorausgehend zweimaliger Universitätsrektor (1386, 1402/03) und Senior der böhmischen Universitätsnation, Stephan von Páleč, Stanislaus von Znaim und Jan Hus, fasste die Mehrheit der am 28. Mai 1403 im großen Saal des Collegium Carolinum versammelten Magister-

320 Šmahel, Die Hussitische Revolution III, S. 1878.

321 Ebd., S. 776–785.

322 Hledíková, Zbyněk Zajíc von Hasenburg.

323 Zu Hübner: Kadlec, Řeholní generální studia, S. 74 f.; Tříška, Životopisný slovník, S. 257. – Machilek, Die Schlesier, S. 88 f., 91 f.; Kadlec, Řeholní generální studia, S. 74 f.; Machilek, Schlesien, Hus und die Hussiten, S. 113–116; Nodl. Das Kuttenberger Dekret, S. 140, 175 f.

regenten unter dem der bayerischen Nation angehörenden Rektor Walter Harrasser aus Staffelstein, dem Wortführer der Nominalisten, nach stürmischen Diskussionen und nachdem einige Mitglieder der Wyclifpartei diese vorzeitig verlassen hatten, namens der Universität den Beschluss, dass die 45 Artikel fortan niemand mehr öffentlich oder heimlich lehren, predigen oder ihnen zustimmen dürfe.[324] Die erregte Atmosphäre der Versammlung des Jahres 1403 klingt noch in der zehn Jahre späteren Polemik Hussens *Contra Stephanum Palecz* nach, in der Hus die damalige Verteidigung Wyclifs durch seinen früheren Weggefährten schilderte.[325] Ehestens damals fiel die von seinen Gegnern später mehrfach aufgegriffene Äußerung, wonach er hoffte, seine Seele möge einmal dort ruhen, wo sich jene Wyclifs schon befinde.[326]

Die Theologen beider Seiten griffen in den folgenden Auseinandersetzungen in ihren Streitschriften vor allem die an der Spitze der Gesamtliste der 45 Wyclifartikel stehenden Sätze über die Remanenz (Art. 1–2) und die Realpräsenz Christi im Altarsakrament auf (Art. 3). Die Aussagen über die Remanenz in den beiden ersten Artikeln, wonach die *substancia materialis* von Brot und Wein auch nach der Konsekration erhalten bleibe, da die offensichtlich zurückbleibenden Akzidentien von Brot und Wein nicht ohne deren Substanz existieren könnten, nahmen in den theologischen Auseinandersetzungen fortan eine zentrale Stelle ein.[327] Tatsächlich hat sich Hus zu keinem Zeitpunkt der Wyclifschen Remanenzlehre angeschlossen und nahm 1408 in dem kurzen Traktat *De corpore Christi* gegen sie Stellung.[328]

324 Doc., S. 178 f., 327–331; MIHO 22, S. 252, 274, 353 = CC CM 238, 282, 309, 407; Stephan von Páleč, Antihus, ed. Sedlák, S. 436. – Sedlák, M. Jan Hus, S. 92 f.; Novotný, M. Jan Hus. Život a dílo 1, S. 108–111; Molnár, Die Antworten, S. 275; Kaminsky, A History, S. 24, 143 f.; Spinka, John Hus, S. 62–64; Šmahel, 'Doctor evangelicus super omnes evangelistas', S. 22; Machilek, Die Schlesier, S. 91 f.; De Vooght, L'hérésie I, S. 87 f.; Kadlec, Studien und Texte, S. 22–24; Herold, Praská univerzita a Wyclif, S. 149 f.; Šmahel, Fakulta svobodných umění, S. 125; Hilsch, Johannes Hus, S. 53–56; Brandmüller, Das Konzil von Konstanz I, S. 324; Machilek, Polemiky, S. 343 f.; Šmahel, Die Hussitische Revolution II, S. 795–798; Machilek, Kirche und Universität, S. 182; Fudge, Jan Hus. Religious Reform, S. 106; Šmahel/Silagi, Leben und Werk des Hieronymus von Prag, S. XIV; Šmahel, Jan Hus. Život, S. 53 f.; Soukup, Jan Hus, S. 43–45; Pavlíček, The Chronology, S. 23 f.; Herold, The Background, S. 94 f.; Nodl, Das Kuttenberger Dekret, S. 164 f., 178 f. – Zum Prager Universalienstreit allgemein: Šmahel, Verzeichnis der Quellen zum Prager Universalienstreit; Herold, Zum Prager philosophischen Wyclifismus. – Zu Walter Harrasser: Tříška, Životopisný slovník, S. 520.

325 Hus, Polemica, ed. Eršil (MIHO XXII, CC CM 238), S. 282 f. – Spinka: John Hus, S. 64.

326 [...] *spero, quod sit salvatus et timeo, ne sit damnatus, vellem tamen in spe, quod anima mea esset ibi, ubi est anima Joannis Wiclef.* – Zitiert nach Van Dussen, From England, S. 91 mit S. 182, Anm. 19.

327 Zu den um die Remanenz geführten Auseiandersetzungen: Hilsch, Johannes Hus, S. 76–80; Machilek, Polemiky, S. 348–356.

328 Ed. Flajšhans. Inc. *Impugnantibus verba evangelii.*

Die 45 Artikel betrafen folgende Materien: Die bereits von der Londoner Synode als häretisch deklarierten Art. 1–10 vor allem die Sakramentendisziplin, Art. 1–3 und 5 speziell die Remanenz in der Eucharistie und die Konsekration in der Messfeier. Nach Art. 4 sind eine Ordination, eine Konsekration, der Vollzug eines Sakraments und eine Taufe eines Priesters oder Bischofs, der sich im Zustand der schweren Sünde befindet, ohne Wirkung. Nach Art. 5 ist es im Evangelium nicht begründet, dass Christus die Messe angeordnet hat. Nach dem aus den Betrachtungen Wyclifs über Ursprung und Ziel des Bösen hergeleiteten Art. 6 muss auch Gott dem Teufel gehorchen. Nach Art. 7 ist für einen reuigen Menschen jedes äußere Bekenntnis überflüssig und unnütz. Nach Art. 8 hat ein Papst, wenn er ein Vorhergewusster (*praescitus*) und Böser und daher ein Glied des Teufels ist, keine Vollmacht über die Gläubigen. Der Sinn von Art. 9, wonach nach Papst Urban VI. niemand als Papst anzuerkennen sei, ist nicht klar. Gemäß Art. 10 widerspricht es der Heiligen Schrift, dass Kirchenmänner Temporalien besitzen.

Die den zweiten Block bildenden Artikel 11–24) waren von der Londoner Synode als irrig erklärt worden: Art. 11–13 betrafen die Exkommunikation, Art. 14 die Erlaubnis zur freien Predigt eines Diakons oder Priesters ohne apostolische oder bischöfliche Autorisierung. Nach dem berühmten Art. 15 ist keiner ein weltlicher Herr, Prälat oder Bischof, solange er sich im Zustand der Todsünde befindet. Nach Art. 16 können weltliche Herren denen, die gewohnheitsmäßig sündigen, nach ihrem Belieben zeitliche Güter entziehen. Nach Art. 17 können Leute aus dem Volk Herren, die sich verfehlen, nach ihrer Einschätzung zurechtweisen. Laut Art. 18 sind Zehnten reine Almosen. Nach Art. 19 bewirken besondere Fürbittgebete nicht mehr als allgemeine Gebete. Art. 20–24 betrafen den Stand der Ordensangehörigen.

Die von Hübner zusammengestellten Artikel 25–45 griffen zum Teil Materien aus den beiden ersten Blöcken auf. Nach Art. 25 sind jene Simonisten, die sich verpflichten, für andere zu beten; nach Art. 26 ist das Gebet eines von Gott Vorhergewussten (*praescitus*) wertlos. Laut Art. 29 nutzen Universitäten, Studien, Kollegien sowie akademische Graduierungen und Verleihungen von Lehrämtern der Kirche so viel wie der Teufel. Nach Art. 30 ist die Exkommunikation durch den Papst oder einen Prälaten als Werk des Antichrist nicht zu fürchten. Die Art. 31, 34–35 und 44–45 waren gegen das Ordensleben gerichtet. Den Klerus zu bereichern widerspricht nach Art. 32 der Vorschrift Christi. Die Art. 33, 36 und 39 betrafen die weltliche Macht der Kirche und ihren Reichtum. Nach Art. 37 ist die römische Kirche die Synagoge des Satans und der Papst nicht der unmittelbare Stellvertreter Christi und der Apostel; nach Art. 40 ist die Wahl des Papstes durch die Kardinäle vom Teufel eingeführt worden. Nach Art. 38 sind die Dekretalen unecht (*apokryphae*); sie führen vom Glauben weg, Kleriker, die sie studieren, sind töricht. Nach Art. 41 ist es nicht heilsnotwendig, zu glauben, die römische Kirche sei die höchste unter den Kirchen. Laut Art. 42 ist es einfältig, den Ablässen des

Papstes und der Bischöfe zu glauben. Nach Art. 43 sind Eidesleistungen, die zur Bekräftigung menschlicher Verträge und im Handelsverkehr erfolgen, unerlaubt.[329]

Eine Reihe der vorgelegten Sätze stimmte in der zum Teil stark verkürzten Form mit Wyclifs tatsächlichen Aussagen nicht überein, was neben anderen Hussens Lehrer Nikolaus von Leitomischl und Hus selbst zu scharfen Erwiderungen veranlasste. Nach Hus verdiene ein Verfälscher von Büchern die gleiche Strafe wie ein kurz zuvor verbrannter Safranfälscher.[330] Gerade wegen ihrer Kürze fanden die Sätze in der Folgezeit rasch Aufnahme und Verbreitung. Hübner hat mit der Liste nach den Worten von František Šmahel „für die Zukunft den häretischen Kern der Lehre Wyclifs definiert".[331]

Die sogenannte *Chronik der Prager Universität* fasste den Beginn der offenen Kontroversen zwischen den Anhängern der Lehren John Wyclifs und deren Gegnern im Jahr 1403 in einem lapidaren Satz zusammen:

> *Im Jahr des Herrn 1403 begann im Klerus des Königreichs Böhmen unter Magistern, Priestern und Prälaten wegen einiger, aus den Büchern des englischen Doktors Johannes Wicleff nicht gut ausgezogener Artikel ein bemerkenswerter Streit.*[332]

Stephan von Dolein äußerte sich zu den sich aus den Auseinandersetzungen des Jahres 1403 ergebenden Folgen in seiner fünf Jahre später niedergeschriebenen *Medulla tritici* (*seu Antiwikleffus*) in äußerst polemischer Weise:

> *Ich habe gestaunt, wie einige unsinnige Magister, Leute der Wyclifschen Richtung und des Schismas, von hündischer Wut erregt, durch profane und gotteslästerliche Tendenzen und durch mit teuflischer List verfasste Artikel den Ritus und die bestehende Kirchenordnung verunzieren und mit frevelhaftem Wagnis die nichtswürdigsten Fabeleien in unverschämter Weise in die Öffentlichkeit tragen.*[333]

329 Drucke: Die Antworten, S. 404–408 sowie in: Denzinger/Hünermann, Enchiridion symbolorum, Nr. 1151–1195, S. 402–406. – Hilsch, Johannes Hus, S. 53–55.

330 Šmahel, Die Hussitische Revolution II, S. 796 f.; Soukup, Jan Hus, S. 44 f. mit S. 244, Anm. 1 (jeweils mit Belegen).

331 Šmahel, Die Hussitische Revolution II, S. 795.

332 *Item anno domini MCCCCIII incepit notabilis dissensio in clero regni Bohemie, magistris, sacerdotibus et prelatis propter quosdam articulos ex Johannis Wicleff, doctoris Anglici, libris non bene extractos.* – Chronicon universitatis Pragensis, ed. Goll, FRB V, S. 569. – Zitiert bei Loserth, Huss und Wiclif, S. 79.

333 Stephan von Dolein, Medulla tritici, ed. Wydemann, col. 158. – Zitiert bei Loserth, Huss und Wiclif, S. 76. – Zum Traktat: Spunar, Repertorium I, Nr. 1020, S. 363.

Die seither zwischen den Parteien mit allen Mitteln der Polemik geführten Auseinandersetzungen um Wyclif bestimmten fortan das geistige Klima an der Universität, strahlten aber bald auch darüber hinaus. Im akademischen Bereich bildete die bereits im Vorfeld der Auseinandersetzungen an der Prager Universität hochentwickelte Kultur der Disputationen eine wichtige Voraussetzung zur weiteren Ausformung der Streitstrategien.[334]

Im Anschluss an die Ereignisse des Jahres 1403 entstand eine Flut von Traktaten, Invektiven und Apologien, Pasquillen und Satiren, Streitgedichten und Liedern, in welchen Befürworter und Gegner des Wyclifismus ihre Standpunkte artikulierten.[335] Die Predigten wurden in wachsendem Maß zu einem Mittel der Agitation;[336] die Bildpolemik trat als wirksames Medium hinzu.[337] Mit der Zunahme radikaler Auffassungen auf beiden Seiten traten neben die Darlegung philosophischer Einstellungen und theologischer Überzeugungen immer häufiger persönliche Angriffe, Verunglimpfungen und Verleumdungen. Die den Polemiken innewohnende Eigendynamik beschleunigte den Prozess der Mobilisierung und Polarisierung zwischen den Parteien.[338] Nationale Fragen spielten in den frühen Auseinandersetzungen um Wyclif nach Martin Nodl „noch keine wesentliche Rolle", erst die Ereignisse des Jahres 1403 öffneten nach ihm „dem modernen Nationalismus nebenbei die Tür"; der „wirkliche" Nationalismus brach nach Nodl erst im Konflikt um das 1409 von König Wenzel IV. erlassene Kuttenberger Dekret aus.[339] Die früheren Aktivitäten der Wyclifiten wurden von Seiten ihrer Gegner in später niedergeschriebenen Aussagen verschiedentlich in nationalem Sinn interpretiert, eine Deutung, die von der Geschichtsschreibung bis in jüngste Zeit übernommen wurde. Nach der Darstellung in einer Nürnberger Handschrift (Cent. I, 78) seien die *Bohemi* des Prager Studiums stets darauf bedacht gewesen, etwas Besonderes zu finden, um sich von den anderen [Universitäts-]Nationen zu unterscheiden; so sei Mauritius Rvačka, der späte-

334 Zum Disputationswesen an der Prager Universität: Kejř, Z disputací na pražské universitě; Kejř, Kvodlibetní disputace; Šmahel, Ein unbekanntes Prager Quodlibet; Kejř, Verzeichnis der Quellen zum Prager Universalienstreit.

335 Zu polemischen Gedichten von und über Studenten: Kraus, Husitství, S. 1–23. – Zu den Polemiken zur Zeit Hussens allgemein: Machilek, Polemiky; Nechutová/ Fuksová (Hgg.), Mistr Jan Hus v polemice a za katedrou.

336 Zur Bedeutung der Predigt im Werk Hussens insbesondere: Anežka Vidmanová, Hus als Prediger, in: Communio viatorum 19 (1976), S. 65–81, und Soukup, Jan Hus, S. 24–42.

337 Bredekamp, Kunst als Medium, hier vor allem Teil III/Kap. II: Revolution und Bilderkampf, S. 251–273, und Teil III/IV: Die neue Bildkultur „von unten": Spätmittelalterliche Agitationskunst, S. 304–330; Royt. Hussitische Bildpropaganda.

338 Machilek, Polemiky, S. 344.

339 Nodl, Das Kuttenberger Dekret, S. 165. – Zur Entwicklung des tschechischen Nationalbewußtseins seit Ausgang des 14. Jahrhunderts: Seibt, Hussitica, S. 58–124; Šmahel, The Idea of a „Nation"; Šmahel, Idea národa; Graus, Die Nationenbildung; Šmahel, Die Hussitische Revolution I, S. 297–327.

re Doktor der Theologie, nach Oxford gegangen und habe von dort erstmals Bücher des Ketzers Wyclif nach Böhmen gebracht.[340]

In einem wahrscheinlich kurz nach der Quodlibetdisputation am 3. Januar 1404, zu der Hübner am 23. Juni 1403 in „demonstrativer Wahl" – so František Šmahel – als Quodlibetar gewählt worden war,[341] und dessen Beitrag zu dieser Quodlibetdisputation wahrscheinlich in der in einer Breslauer Handschrift überlieferten Quaestio *Utrum voluntas divina omnium rerum* vorliegt,[342] verwahrte sich Hus in einem wohl im Januar 1404 verfassten, ausführlichen Schreiben an Hübner vehement gegen eine Reihe von Angriffen auf die Wyclifiten. Obwohl weder Absender noch Empfänger des Briefs namentlich genannt sind, handelt es sich mit an Sicherheit grenzender Wahrscheinlichkeit um einen der frühesten erhaltenen Briefe Hussens überhaupt.[343]

Der Adressat – eben Hübner – habe jüngst Wyclif als Häretiker bezeichnet, weil er in seinen Büchern Häretisches geschrieben habe; dann müssten auch Augutinus, Petrus Lombardus oder Thomas von Aquin Häretiker gewesen sein, da sie sich zu Häresien geäußert haben. Weiter habe jener Wyclif die heilige Mutter Kirche eine Synagoge des Satans genannt. Wyclif habe jedoch die Kurie, nicht die Mutter Kirche als Synagoge Satans bezeichnet; die römische Kirche habe sich von der heiligen Mutter Kirche getrennt. In Anspielung auf dir Herkunft des Adressaten zitiert Hus das damals gängige Wort: *Der Deutsche – ein Ketzer, der Tscheche – von Natur aus ein Dieb* (*Teutonicus hereticus, Boemus fur naturaliter*). Ähnliches gelte auch bei Wyclif mit dem Wort vom Engländer und dem sächsischen Idiom.[344] Die von Hübner aufgestellten Sätze entsprächen nicht Auffassungen Wyclifs, sondern seien fingiert, eine Auffassung, die Hus auch noch vor dem Konstanzer Konzil konsequent vertrat. Hübners Forderung, dem Papst sei schlichtweg (*simpliciter*) zu gehorchen und er dürfe in keinerlei Weise getadelt werden, hielt Hus entgegen, dass mehrere Päpste bis hin zur Absetzung als Häretiker befunden worden seien,[345] im Besonderen wegen manifester Simonie als der herausragendsten

340 Bartoš, Husitství a cizina, S. 255; Nodl, Das Kuttenberger Dekret, S. 175.

341 Šmahel, Obecné učení, S. 118. – Allgemein: Kej, Kvodlibetní disputace.

342 Kejř, Kvodlibetní disputace, S. 72, 115. – Machilek, Die Schlesier, S. 91 f.

343 Kor., Nr. 6, S. 11–15. – Dazu Sedlák, M. Jan Hus, S. 102 f., 108 f., 130, S. 94*; Spinka, John Hus, S. 65; Machilek, Die Schlesier, S. 92; De Vooght, L'hérésie de Jean Huss I, S. 92; Hilsch, Johannes Hus, S. 56 f.; Patschovsky, Pravda a poslušnost, S. 159; Šmahel, Jan Hus, Život a dílo, S. 54 mit S. 240, Anm. 78; Šmahel, Instead of Conclusion, S. 377.

344 Kor., S. 12. – Das geflügelte Wort vom häretischen Deutschen bezog sich auf die Tatsache, dass zu jener Zeit in Böhmen zu Ketzern erklärte Personen wie Waldenser oder Beginen in der Regel deutscher Herkunft waren.

345 Zur Frage der umstrittenen Absetzbarkeit eines Papstes: Frenken, Die Erforschung des Konstanzer Konzils, S. 123–144 (historischer Befund), S. 144–166 (kanonistischer Befund). Unter anderen hat sich dazu Ludolf von Sagan in seinem *Soliloquium*

Häresie überhaupt. Dazu zitierte er eine lange Passage aus Wyclifs Traktat *De simonia* nahezu wörtlich. Hus warf Hübner vor, pauschal zu urteilen: Sei es nicht falsch, dass alle, die Wyclifs Bücher besitzen, lesen, öffentlich machen, disputieren oder verteidigen, zu Ketzern zu erklären?[346] Der Brief schloss mit der eindringlichen Aufforderung:

> *Lasst also, guter Herr Magister, Eure Ausflüchte und äußerlichen Kommentare und verkündet in wahrer Liebe mit Jesus Christus die Armut, wie sie dieser unser Herr durch Wort und Beispiel gelehrt hat.*[347]

4. Hus als Prediger an der Bethlehemkapelle. Verkündigung in der Volkssprache

Hus, der in den Auseinandersetzungen um Wyclif zunächst im Hintergrund und damit außerhalb der direkten Angriffe der Wyclifgegner gestanden hatte, gewann als Reformprediger rasch Ansehen und eine stetig wachsende Gemeinde für sich.[348] In der Bethlehemkapelle predigte Hus in der Regel an Sonntagen zwei-, gelegentlich auch dreimal, unter der Woche an Heiligenfesten ein- bis zweimal, in der Fastenzeit täglich, oft zweimal, und auch in der Adventszeit vermehrt. Auf der Grundlage seiner Sammlung der Bethlehmpredigten (*Sermones in Bethlehem*) wurde für 1410/11 ein Durchschnitt von 278 Predigten pro Jahr errechnet. Die Zahl der in rund zehnjähriger Tätigkeit an der Bethlehemkapelle insgesamt von ihm gehaltenen Predigten wird auf über 3.000 geschätzt. Dazu kamen Predigten, die Hus an anderem Ort hielt, wie die frühen Predigten in St. Michael (1401), die Synodalpredigten in der erzbischöflichen Residenz (1405, 1407) und die Universitätspredigten u.a. in der Teynkirche (1404–1411).[349] Hus war überzeugt, die Verpflichtung zur Predigt von Gott selbst erhalten zu haben, der ihm *die Kunst und Sprache und den Wunsch dazu* gegeben habe.[350] In diesem Sinn vertrat Hus gegenüber Erzbischof Zbyněk von Hasenburg seine Auffassung vom Predigtamt in seiner Antwort auf die Anklagen aus dem Prager Klerus wegen seiner Predigt im

schismatis zum Pisaner Konzil 1409 ausführlich geäußert: Machilek, Ludolf von Sagan, S. 86–104 (mit Vergleichen zu anderen Autoren).

346 *De hiis vero, qui libros suos habent, legunt, publicant, disputant et defendant, si vera sunt, a spiritu sancto sunt, si falsa et scolastice fiunt, ymo cum protestacione, quomodo potestis hos dicere hereticos, nisi false?* Kor., S. 12.

347 Kor., S. 14.

348 Überblicksdarstellungen zu seiner Predigttätigkeit insgesamt: Vidmanová, Hus als Prediger; Soukup, Jan Hus, S. 25–42; Soukup, Jan Hus as a Preacher; Fudge, Jan Hus. Religious Reform, S. 57–73.

349 Vidmanová, Hus als Prediger; Šmahel, Die Hussitische Revolution I, S. 522; Soukup, Jan Hus as a Preacher, S. 106 f.; Ders., Jan Hus, S. 16, 28.

350 Šmahel, Das Ideal einer gerechten Ordnung, S. 204.

Herbst 1408: Als Verkündiger der Heiligen Schrift predige nicht er, sondern der Heilige Geist durch ihn.[351]

Durch seine im Geist Milíčs gehaltenen charismatischen Predigten, in denen Hus Missstände in der Kirche ansprach, die bestehende Kirche der apostolischen Kirche Jesu Christi gegenüberstellte, den weltlichen Besitz der Kirche und den Reichtum des höheren Klerus anklagte, zog Hus eine immer größere Menschenmenge aus allen Schichten der Prager Bevölkerung bis hin zur Wittelsbacherin Sophia von Bayern-München (1379–1425), der zweiten Gemahlin König Wenzels IV., an. Mit Papst Alexander V. (1409, † 1410) setzte sie sich für die freie Predigt Hussens, ihres *Kaplans*, in der Bethlehemkapelle ein.[352] Insgesamt war der Anteil der weiblichen Zuhörerinnen groß, darunter einer Reihe namentlich bekannter Ehefrauen adliger Hus-Anhänger; andere bekannten trotz ablehnender Einstellung der Ehegatten ihre Neigung zu Hus. Zahlreich vertreten waren die Schwestern aus den umliegenden Beginenhäusern.[353] Der Augustinereremit Oswald Reinlein von Nürnberg, früher Prediger bei St. Thomas in Prag, berichtet, dass gleichsam die gesamte Prager Einwohnerschaft seine Predigten besucht habe.[354] Hus nutzte alle ihm zur Verfügung stehenden rhetorischen Mittel, um die Zuhörer in Bann zu ziehen. In den Predigttexten finden sich gelegentlich Bemerkungen, wie die Leser seiner Predigttexte verfahren sollten, um in diesem Sinn wirken zu können; so zum Beispiel: *Und dann, je nachdem es zu passen scheint, sprich zum Volk gegen den Götzendienst*, oder *Das ist der Sinn des Briefes und ihn dann, je nach Aufmerksamkeit des Volkes, weiter ausbreiten.*[355]

Hus hat selbst viele seiner Predigten in nicht weniger als 14 Sammlungen zusammengefasst, die im Folgenden chronologisch aufgeführt werden: die *Predigten des ersten Jahres* (*Sermones de primo anno predicacionis*) (1401)[356], die *Puncta* (Winter 1400/01 – Sommer 1403)[357], die *Böhmischen Feiertagspredigten* (*Česká kázání sváteční*) (1403/05, 1413)[358], die Zeitpredigten (*Sermones de tempore qui Collecta dicuntur*) – nach dem Inc. auch bekannt als *Collecta Ad te levavi* (Ps 123,1: Ich erhebe meine Augen zu Dir) (Ende November 1404 – Ende

351 *Cum enim sanctam scripturam predico, non ego, sed principaliter spiritus sanctus et demum propheta Christus vel apostolus suus illam dicit*: Kor., Nr. 12, S. 30–41, hier S. 40. – Werner, Jan Hus, S. 105.

352 Spinka, John Hus, S. 51, Anm. 9; Werner, Jan Hus, S. 105; Polívka, Hussens Adel, S. 83.

353 Nähere Angaben bei Polívka, Hussens Adel, S. 83, und Šmahel, Die Hussitische Revolution I, S. 539 f.

354 Molnár, Jan Hus testimone della verità, S. 19.

355 Novotný, M. Jan Hus. Život a dílo 2, S. 131, Anm. 4; Kaminsky, A History, S. 40; Lambert, Häresie, S. 308.

356 B/S, Nr. 86, S. 137.

357 Ungedruckt. – B/S, Nr. 87, S. 138. – Soukup, Jan Hus as a Preacher, S. 102, 114; Rychterová, The Vernacular Theology, S. 171, 176; Šmahel, Instead of Conclusion, S. 383, 385, 397.

358 B/S, Nr. 122, S. 169 f.

November 1405)[359], die *Predigten über das Evangelium und die Briefe* (*Reportata super evangelium et epistolas*, Inc. *Dominica prima*) (1405/07)[360], die *Passionspredigten* (*Passio Christi*) (um 1407)[361], die *Sermones de sanctis* (*Heiligenpredigten*) (1407/08)[362], die *Zeitpredigten* (*Dicta de tempore*) (1407/08)[363], das in einen Winter- und Sommerteil *zweigeteilte Buch der Lesungen* (*Leccionarium bipartitum*) (1408/09)[364], die *Fastenpredigten* (*Quadragesimale*) (1410)[365], die *Predigten in Bethlehem* (*Sermones in Bethlehem*) (1410/11)[366], die *Predigten über den Gehorsam* (*De oboedientia*) (vielleicht 1410/11)[367], die *Skizzen einer Predigtsammlung* (*Postilla adumbrata*) – früher unter der Bezeichnung *Handpostille (Postilova příručka)* bekannt (1411/12)[368] und die *Tschechische Sonntagspostille* (*Česká nedělní postila*) (1412/13)[369]. Ein Teil der Predigtsammlungen sollten vor allem als Hilfsmittel zur Schulung für die an der Bethlehemkapelle eingesetzten Studierenden und seine Nachfolger dienen.[370]

Die Hinführung der Zuhörer zum Glauben stand im Mittelpunkt der Predigten Hussens. In der zweiten Osterpredigt der *Sermones de tempore qui Collecta dicuntur* bot Hus ausgehend von Kol 3,1 (*Wenn ihr mit Christus auferweckt seid, sucht das, was oben ist, wo Christus zur Rechten sitzt*) eine konzise Darstellung der traditionellen Auferstehungstheologie.[371] In der Predigt zum Pfingstfest bot er ausgehend von Apg 2,4 (*Alle wurden mit dem Heiligen Geist erfüllt und begannen, in fremden Sprachen zu reden*) hervor, was sich bei der Predigt an die in Jerusalem versammelten Völkerschaften als unentbehrlich erwiesen hatte – *begründetes Wissen, fester Mut und deutliche Sprache*[372] – und was er sich offenbar

[359] Hus, Sermones de tempore qui Collecta dicuntur, ed. Schmidtová (MIHO VII, 1959). – B/S, Nr. 88, S. 139 f.

[360] B/S, Nr. 89, S. 140.

[361] Hus, H&M 1558, II, fol. 7a. – B/S, Nr. 90, S. 141 f.

[362] Hus, Sermones de sanctis, ed. Flajšhans, 1907. – B/S, Nr. 96, S. 146–148.

[363] Hus, Dicta de tempore, ed. Zachová (MIHO XIV, CC CM 239, 239 A). – B/S, Nr. 91, S. 142.

[364] Hus, Leccionarium bipartitum – Pars hiemalis, ed. Vidmanová-Schmidtová (MIHO IX A, 1988); Pars aestivalis: Edition in Vorbereitung. – B/S, Nr. 92, S. 142–144.

[365] Ungedruckt. – B/S, Nr. 97, S. 148 f.

[366] Hus, Sermones in Bethlehem, ed. Flajšhans, ersch. 1938–1947. – B/S, Nr. 93, S. 144 f.

[367] B/S, Nr. 83, S. 132 f.

[368] Hus, Postilla adumbrata, ed. Ryba (MIHO XIII, [1]1975; CC CM 261, [2]2015). – B/S, Nr. 94, S. S. 145 f. – Schamschula, Geschichte der tschechischen Literatur I, S. 172.

[369] Hus, Česká nedělní postila, ed. Daňhelka (MIHO II, 1992). – B/S, Nr. 123, S. 170–173. – Schamschula, Geschichte der tschechischen Literatur I, S. 172; Čornej, Praha po Husovi, S. 24 f.

[370] Šmahel, Die Hussitische Revolution I, S. 517.

[371] Hus, Sermones de tempore qui Collecta dicuntur, ed. Schmidtová, XXXIV, S. 177–182.

[372] Hus, Sermones de tempore qui Collecta dicuntur, ed. Schmidtová, IL, S. 257–262 (zum Pfingstfest), hier S. 257 f.: *Hec enim tria in predicacione gentibus erant necessaria: sciencia vera, audacia firma, lingua diserta. Si enim scienciam non habuissent apostoli,*

selbst für seine eigene Predigt zum Ziel gesetzt hatte. Zweck der Predigt sei es, wie er später in seiner tschechischen Sonntagspostille ausgeführt hat, den Verstand zu klären, die Sehnsucht im Menschen aufzurichten, Begierden zu vertreiben, ihn von der Bosheit zu lösen, von der Sünde zu befreien und für das Wirken der Gnade Gottes zu öffnen.[373]

In vielen Predigten seiner *Collecta* finden sich Beispiele harscher Kritik am Verhalten des Klerus:[374] Gewisse Kleriker würden zwar mit ihrem Mund für Christus kämpfen und vorgeben, auch den Tod für ihn erleiden zu wollen, ihn aber in ihren Taten verneinen.[375] Es gehe ihnen um ihren Bauch und um überflüssige Kleider.[376] Pharisäer, Priester, Brüder und Mönche ergingen sich nur in möglichst langen Gebeten.[377] Viele, vor allem Kleriker, seien vom Geschwür der Habgier befallen; viele könnten diese nicht bezähmen, um möglichst eine größere Zahl von Benefizien in Besitz zu bringen; andere würden Sakramente verkaufen, wieder andere dem Volk mit Hilfe von Lügen, Heuchelei und vorgetäuschten Spielereien Schaden zufügen.[378] Kritisch sah Hus auch den Rückzug vieler Mitglieder des Klerus in das Privatleben.[379] Seine Kritik an der Kirche setzte zunächst nicht an der Institution selbst, sondern bei deren Amtsträgern an, die er auf ein Leben nach den Evangelien verwies.

Kritik an Missständen unter dem Klerus waren zu Hussens Zeit weit verbreitet; Hus, der selbst ein vorbildliches Leben geführt hat, sah sich offensichtlich dazu berufen, sich jener Kritik anzuschließen, um säumige Amtsbrüder aufzurütteln und öffentlich bekannte Sünder zu priesterlichem Leben zurückzuführen. Zudem wurde er dafür von Seiten des Erzbischofs ausdrücklich gelobt. Die Kritik war nicht rhetorisch gemeint, war aber bei ihm wie bei anderen Kritikern zu einer Gewohnheit geworden. Gegenüber den Klagen über den Klerus finden sich positive Äußerungen Hussens über diesen selten. So hob er 1408 in einem Brief an Erzbischof Zbyněk von Hasenburg hervor, dass er viele Priester kenne, die weder nach Geld oder Gut gierten, sondern sich mit dem, was ihnen zustehe, begnügen würden.[380]

quomodo predicassent? Si scienciam habuissent et audaces non fuissent, defecissent. Si genere locucionis caruissent, quomodo tam disparibus linguarum gentibus predicassent? Unde propter hec tria repleti sunt omnes Spiritu sancto et sic facti scientes, fortes et facundi. Ceperunt loqui variis linguis, prout Spiritus sanctus dabat eloqui illis.

373 Liguš, Hussens Schriftbegriff, S. 129.

374 Die folgenden Beispiele nach Werner, Jan Hus, S. 77.

375 Hus, Sermones de tempore qui Collecta dicuntur, ed. Schmidtová, XVI (Predigt zum Sonntag Septuagesima), S. 104.

376 Ebd., XIX (zum Sonntag Quinquagesima), S. 116.

377 Ebd., LXXV (zum 11. Sonntag nach Trinitatis), S. 433.

378 Ebd., LXXXIII (zum 15. Sonntag nach Trinitatis), S. 478; ebd., LXXXVII (zum 17. Sonntag nach Trinitatis), S. 511 f.

379 Ebd., LXXXVIII (zum 18. Sonntag nach Trinitatis), S. 517.

380 Kor., Nr. 12, S. 35. – Werner, Jan Hus, S. 77.

Nahezu gleichzeitig mit der Kritik Hussens in den *Collecta* hat auch der etwa acht Jahre ältere Andreas von Brod 1403 in seiner Synodalpredigt Missstände unter dem Klerus beklagt: Es gäbe Prälaten und Kanoniker, an die wenig Denkwürdiges erinnere. Einer, der vier oder sechs Benefizien besaß, habe nicht Bücher (*libros*), sondern Kinder (*liberos*) hinterlassen.[381]

In den Bethlehempredigten steht drastischen Warnungen vor der Sünde die Aufforderung zur Nachfolge Christi gegenüber:

> *Prag! Prag! Wenn du doch die Hurereien, Ehebrüche, Simonie und anderen ungeheuren Sünden von Herzen und innerlich erkannt hättest und wenn Du die ewige Verdammnis, die Dich und deine Glieder erwartet, voll erkennen würdest, du würdest gewiß weinen!*[382] – *Es wird Sodom und Gomorra an jenem Tag erträglicher gehen.* [Mt 10,15, 24; Lk 10,12]. [...]. *Weh Dir, Prag!*[383] *Wer aber nach dem Beispiel Christi in Armut, Demut und geduldigem Leiden lebt, wird nicht zum Anstoß.*[384]

Wie aufgeheizt die Atmosphäre in der Bethlehemkapelle mitunter war, geht aus einer Nachricht über die Anwesenheit von im Auftrag des Erzbischofs tätigen Spähern und Denunzianten während einer Predigt am 25. Juni 1409 hervor, in der sich Hus gegen die Weisung Zbyněks von Hasenburg wandte, die Wyclifschriften zu verbrennen. Auf Hussens Frage an die Zuhörer – *Hört, ich habe gegen die Mandate des Erzbischofs appelliert und wiederhole diese Berufung jetzt von neuem: Wollt Ihr mir beistehen?* – riefen sie auf Tschechisch (*in vulgari Bohemico*) im Chor: *Wir wollen Dir beistehen!*[385]

Die hohe Bedeutung, die Hus der Bethlehemkapelle als Predigtstätte zumaß, klingt noch aus einem in der Nacht vom 9. auf den 10. Juni 1415 aus der Konstanzer Kerkerhaft an seine Anhänger in Prag geschriebenen Brief an, als er bereits sein Todesurteil erwartete:

> *Behaltet Bethlehem lieb, solange Gott dort die Predigt seines Wortes gewährt! Auf diese Stelle ist der Teufel ergrimmt, gegen sie hat er Pfarrer und Kanoniker aufgestachelt, da er sah, dass an dieser Stelle seine Herrschaft untergraben*

[381] Kadlec, Studien und Texte zum Leben und Wirken des [...] Andreas von Brod, S. 120.

[382] *Praga! Praga! Si tu cognvisses cordialiter et intrinseco fornicaciones, adulteria, symonias et cetera enormia peccata, que in te comituntur [...], certe et tu fleres:* Hus, Sermones in Bethlehem, ed. Flajšhans, 1941, Sermo 222, S. 341. – Benrath, Wyclif und Hus, S. 207.

[383] Hus, Sermones in Bethlehem, ed. Flajšhans, 1942, Sermo 258, S. 114. – Benrath, Wyclif und Hus, S. 207.

[384] Hus, Sermones in Bethlehem, ed. Flajšhans, 1942, Sermo 248, S. 79 f. – Benrath, Wyclif und Hus, S. 207.

[385] Doc., S. 405. – Novotný, M. Jan Hus. Život a dílo I, S. 408, II, S. 844; Šmahel, Die Hussitische Revolution I, S. 582.

wurde. Ich hoffe zu Gott dem Herrn, er werde diese Stätte nach seinem Willen erhalten und dort durch andere Prediger als durch mich Unzulänglichen einen größeren Nutzen geben.[386]

1413 berichtete Hus über einen, vornehmlich von bewaffneten deutschen Bürgern aus der benachbarten Pfarrei St. Philippus und Jacobus unter Führung eines der Patrone dieser Kirche namens Bernhard Chotek unternommenen Versuch, die Kapelle während seiner Predigt zu stürmen: *Einige weltliche Leute, besonders Deutsche und einige Tschechen, strebten danach, den Ort, wo das Brot* [des Gotteswortes] *verteilt wird, niederzureißen, nämlich die Bethlehemkapelle.*[387] Der Versuch scheiterte, offenbar auch weil diese – wie Hus angab – unter dem Schutz des Königs stand. In Agitationsliedern, die auf den Straßen und in Gasthäusern gesungen wurden, verspotteten die Hussiten ihre Gegner und empfahlen ihnen, zur Bethlehemkapelle zu ziehen, um aus den dortigen Wandinschriften die wahre biblische Botschaft zu erfahren:

Němci jsú zúfalí,	[*Die Deutschen sind wie verrückt*
na Betléma běhali	*nach Bethlehem gerannt*
v neděli na posviecenie,	*am Sonntag zur Kirchweih,*
připravivše s v oděnie	*ausgerüstet mit Waffen*
jakžto na Ježíše.	*wie gegen Jesus.*
Chtie-lit' Písmo uměti,	*Wenn ihr die Schrift verstehen wollt,*
musiet' do Betléma jíti,	*müsst ihr nach Bethlehem gehen*
na stěnách se učiti	*und an den Wänden lernen*
ježto kázal napsati	*aus der Predigt, die dort anschreiben ließ*
mistr Jan u Husince.	*der Magister Jan aus Husinetz*].[388]

In den Predigtsammlungen Hussens sind zahlreiche Predigten an den Festen der Landesheiligen überliefert, die jedoch zumeist keine speziellen Angaben zu jenen enthalten.[389] Eine Ausnahme bietet die Wenzelspredigt zu Mt 16, 24–28 (*Si quis vult venire post me*) in der 1412 vollendeten *Postilla adumbrata*, in

386 Kor., Nr. 129, S. 269–273 (Zitat S. 272 f.); Schamschula, Jan Hus. Schriften, Nr. 25, S. 140–142 (Zitat S. 142); Jan Hus deutsch, Nr. 31/III/VII, S. 620–622 (Zitat S. 622).

387 Zitat bei Soukup, Jan Hus, S. 27. – Zum Überfall: Hilsch, Johannes Hus, S. 187 f.; Šmahel, Die Hussitische Revolution II, S. 882.

388 Höfler, Geschichtschreiber I, S. 624; Kraus, Husitství v literatuře, S. 9; Betlemské texty, ed. Ryba, S. 20; Smrčka, Hus nach seinem erzwungenen Abgang, S. 103. – Spunar, Repertorium II, Nr. 281, S. 150. – Nejedlý, Dějiny husitského zpěvu III, S. 350–352; Šmahel, The National Idea, S. 224; Spěváček, Václav IV., S. 503; Šmahel, Die Hussitische Revolution I, S. 518, II, S. 882; Pavlíček, The Chronology, S. 53; Šmahel, Instead of a Conclusion, S. 386 f.; Šmahel, Jan Hus. Život a dílo, S. 150.

389 Hus Sermones de sanctis, ed. Flajšhans; Sermones in Bethlehem 1410–1411, ed. Flajšhans. – Machilek, Böhmens Landespatrone, S. 91.

der Hus den Heiligen als konsequenten Nachfolger von Jesus Christus besonders rühmt.[390]

Als Verwalter des speziell für die tschechische Bevölkerung der Hauptstadt gestifteten Predigtamtes setzte sich Hus in besonderer Weise für die Verwendung und Verbesserung der tschechischen Sprache und Schrift ein. Die für die Vereinfachung und Vereinheitlichung der tschechischen Schrift wichtige *Orthographia bohemica*, deren Verfasserschaft lange diskutiert wurde, weist nach Walter Schamschula „mit vielen Merkmalen so eindeutig auf ihn [d.h. auf Hus] hin, daß seine Autorschaft als gesichert angenommen werden kann." František Šmahel hat diese Zuschreibung mit weiteren Argumenten bestätigt; nach ihm dürfte Hus den Traktat um 1412 im Zusammenhang mit seiner systematischen Katechisierungskampagne in tschechischer Sprache im Exil niedergeschrieben haben, doch dürften Überlegungen dazu von Hus bereits früher gefasst worden sein. Hus führte in der *Orthographia* für die Schreibung der im Lateinischen nicht vorkommenden Laute im Tschechischen eigene Zeichen ein, so z.B. für das bis dahin gebrauchte „cz" ein „ċ", welches später durch das bis heute verwendete „č" mit Häkchen (*háček*) ersetzt wurde. Wichtig war auch die Einführung des Längenzeichens an Stelle von Doppelvokalen. Hus hat die neuen Zeichen in seinen tschechischen Schriften selbst angewendet. Die *Orthographia* stellt die erste Beschreibung des phonetischen Systems einer Sprache überhaupt dar.[391] Nicht zuletzt erleichterte sie wesentlich die Transkription der tschechischen Bibel.[392]

Hussens Beteiligung an der Redaktion bereits vorliegender tschechischer Bibelübersetzungen (seit 1406)[393] und seine Werke in tschechischer Sprache (1409 ff.) zeugen von intensiver Beschäftigung mit Wort und Schrift. Der Wiener Kirchenhistoriker Thomas Prügl (* 1963) hat in einem Vortrag *Von der Sprengkraft der Theologie des Jan Hus* anlässlich des Gedächtnisses zum 600. Todestag in der Katholischen Akademie in Bayern 2015 auf den eigentlichen Sinn von Hussens Einsatz für die tschechische Bibel und die tschechische Schrift hingewiesen; im Hintergrund standen theologische Motive: Sprache

390 Hus, Postilla adumbrata, ed. Ryba/Silagi (CC CM 261), S. 456–46, hier S. 456 und 462: *Martyr talis fuit patronus noster, sanctus Venceslaus. Cuius memoriam agens (sancta mater ecclesia) memoria debet ipsius Dominum Iesum Cristum solennius venerari.* – Schlusssatz: *Unde beatus Venceslaus, Cristum imitatus in castitate, humilitate, patiencia, morte et affectu pro Cristo et in effectu secundum innocenciam, in paupertate benivola, quia pauper in diviciis, castus in deliciis, refulget etc.* – Machilek, Böhmens Landespatrone, S. 91.

391 Schröpfer, Hussens Traktat; Spinka, John Hus, S. 75 f.; Vidmanová, Ke spisku Orthographia Bohemica; Schamschula, Geschichte der tschechischen Literatur I, S. 169 f.; Fudge, Jan Hus. Religious Reform, S. 14; Soukup, Jan Hus, S. 185 f.; Šmahel, Instead of Conclusion, S. 398–401;

392 Voleková, Jan Hus a česká bible, S. 187.

393 B/S, Nr. 136, S. 181. – Bartoš, Počátky české bible; Spinka, John Hus, S. 78 f.; Schamschula, Geschichte der tschechischen Literatur I, S. 208–212; Kyas, Česká bible; Šmahel, Die Hussitische Revolution I, S. 181, 532–534; Voleková, Jan Hus a česká bible; Machilek, Volkssprache in der Liturgie, S. 163.

und Schrift dienten der Verbreitung des Wortes Gottes und der Erfüllung des Gesetzes Gottes.[394] Als es im Herbst des Jahres 1411 in der Gemeinde zu Pilsen (Plzeň) zu Auseinandersetzungen kam, wandte sich Hus gegen das Verbot der Bibellesung in tschechischer bzw. deutscher Sprache durch einige Priester: Wenn Markus lateinisch, Johannes griechisch, Matthäus jüdisch, Simon persisch oder Bartholomäus jüdisch geschrieben oder gepredigt haben, so solle dem Volk nicht verboten werden, das Gesetz Gottes in tschechischer oder deutscher Sprache zu lesen.[395]

Im Gegensatz zur restriktiven kirchlichen Praxis in der Frage des volkssprachlichen Kirchenlieds setzte sich Hus für dessen Pflege an der Bethlehemkapelle ein und verfasste beziehungsweise redigierte selbst einige Lieder.[396]

Eine Nachricht in den Alten tschechischen Annalen zeigt, dass Hus nicht nur als Universitätslehrer und Prediger tätig war, sondern von Erzbischof Zbyněk gelegentlich auch mit seelsorgerlichen Sonderaufgaben betraut wurde. 1404 begleitete er den zusammen mit einer fünfzigköpfigen Gefolgschaft als schädlichen Placker zum Tod verurteilten Niederadligen Jan Zoul (Zúl) von Ostředek zum Galgen. Dieser bereute auf Hussens Fürsprache seine Untaten und bat das zur Hinrichtung versammelte Volk, für sein Seelenheil zu beten.[397]

5. Das Schrift- und Wahrheitsverständnis Hussens – das in der Heiligen Schrift enthaltene Gesetz Gottes (*lex Dei*) und die durch Christus geoffenbarte Wahrheit als Grundlagen seiner Theologie

Hus hat sein Leben strikt nach der Heiligen Schrift und speziell an der Botschaft des Neuen Testaments ausgerichtet. Die Heilige Schrift hatte für ihn nicht nur einen christologisch-soteriologischen, sondern als *lex Dei* und *lex Christi* auch einen normativ-ethischen Sinn.[398] Er selbst berichtete später, dass ihm vor allem Wyclif den Weg zu dem in der Heiligen Schrift enthaltenen Gesetz Gottes und der darin geoffenbarten Wahrheit eröffnet hat.[399] Thomas Prügl hat das Problem mit folgenden Worten knapp umschrieben:

394 Prügl, Von der Sprengkraft, S. 18.

395 Kor., Nr. 35, S. 104–108, hier S. 107; Johannes Hus deutsch, Nr. 18, S. 243–254, hier S. 246 f. – Spinka: John Hus, S. 77 f.; Machilek, Volkssprache in der Liturgie, S. 163 f.

396 Nejedlý, Dějiny husitského zpěvu III, S. 398 f., 402 f; VI, S. 208 f.; Spěváček, Václav IV., S. 502; Smrčka, Hus als Prediger, S. 59.

397 Staré letopisy české, ed. Šimek, S. 5. – Sedlák, M. Jan Hus, S. 104, Anm. 4; Spinka, John Hus, S. 67; Šmahel, Die Hussitische Revolution I, S. 269, II, S. 798; Fudge, Jan Hus. Religious Reform, S. 13 f. – Zu Jan Zoul: Spvaček, Václav IV., S. 357 f.

398 Liguš, Hussens Schriftbegriff, S. 128 (mit Hinweis auf ein Zitat in Hussens tschechischer Sonntagspostille von 1413).

399 Werner, Jan Hus, S. 146; Töpfer, Lex Christi; Šmahel, Das Ideal; Šmahel, Johannes Hus und Hieronymus von Prag, S. 19; Prügl, Von der Sprengkraft, S. 18; Dekarli,

> „Jan Hus akzeptierte als Grundlage seiner Theologie und Kirchenkritik nur die Hl. Schrift, die er als hinreichend für eine kirchliche Ordnung ansah. Dabei war sein Schriftverständnis durch und durch mittelalterlich und wurde von vielen seiner Zeitgenossen geteilt. Im Gegensatz zum späteren ‚sola scriptura' hatte der Begriff ‚sacra scriptura' im Mittelalter eine viel breitere Bedeutung. Er meinte nicht nur den Text des biblischen Kanons, sondern auch die darin enthaltene Offenbarung und ihre reflektierte Weitergabe, sodass ‚sacra scriptura' Botschaft, Auslegung und auch Theologie bedeutete."[400]

Die Verkündigung des Wortes Gottes in der Predigt ist für Hus durch die souveräne Autorität der Wahrheit Gottes legitimiert und steht daher über allen Ge- und Verboten kirchlicher oder weltlicher Autoritäten.[401]

Hus verwendete die Begriffe *sacra Scriptura* und *lex Dei* synonym. Das in der Heiligen Schrift niedergelegte Gesetz Gottes ist der autonome Wille Gottes, den er als Anspruch an die Menschen richtet; es schließt das natürliche Sittengesetz ein und überragt jede andere positive Rechtsordnung. Die für den Menschen verbindliche Antwort ist die Erfüllung des Gesetzes Gottes durch ein wahrhaft tugendhaftes christliches Leben.[402] Nach Hussens Worten in der *Postilla* ist die *lex Dei* das natürlichste, leichteste, kürzeste und nützlichste Gesetz, das Gott erließ und das gebenedeit sei in Ewigkeit.[403] Hus hat die im Lauf der Zeit von ihm fortentwickelte Doktrin vom Gesetz Gottes später in seiner für das Konstanzer Konzil ausgearbeiteten Quaestio *De sufficiencia legis Christi* im Einzelnen dargelegt.[404]

Das Gesetz Christi war für Hus die Wahrheit schlechthin; diese sei, so hob er 1405 unter Rückgriff auf das (apokryphe) Esdrasbuch (3 Esd 4, 38 f. Vlg: *veritas manet* [...] *in aeternum*) im Psalmenkommentar hervor, stärker als alle anderen Wesenheiten.[405] „Wie die ‚lex Dei' so ist auch die Wahrheit bei Hus mit einem Imperativ konnotiert, auch sie muss umgesetzt werden: ‚Die

The Law of Christ.

400 Prügl, Von der Sprengkraft, S. 18.

401 Lochman, Zum Wahrheitsverständnis, S. 123; Coufal, Jan Hus als Wahrheitsprediger.

402 Eng angelehnt an Prügl, Von der Sprengkraft, S. 18. – Hinweise auf die *Lex Dei* im Werk Wyclifs bei Kaminsky, A History, S. 32 f.

403 Zitat nach Krzenck, Johannes Hus, S. 135.

404 Wie Anm. 858. – Zur Entwicklung des Begriffs *Gesetz Gottes*: Kalivoda, Revolution und Ideologie, S. 31–33.

405 Hus, Enarratio psalmorum, ed. Nechutová/Krmíčková u.a., 2, S. 138 (zu Ps 116). – Molnár, Réflexion; Fudge, Jan Hus. Religious Reform, S. 46. – Zum Rückgriff auf das Esdra-Zitat auch Werner, Jan Hus, S. 146.

Worte Christi sind Wahrheiten, die nicht vergehen, bevor sie nicht zu ihrer Zeit ausgeführt sind‘.“[406]

Dušan Coufal hat in einem Forschungsbericht die in der Vergangenheit vorgetragenen Deutungsansätze des Husschen Wahrheitsbegriffs und dessen Vielschichtigkeit nachgezeichnet.[407] Danach wurde die volle Bedeutung der Wahrheit bei Hus als „Prinzip seines Denkens, seiner Persönlichkeit und endlich auch seines Gerichtsprozesses erst in den letzten Jahrzehnten voll geschätzt.“[408] Während František Michálek Bartoš unter der Wahrheit bei Hus die Gerechtigkeit als „höchste(n) Wert des moralischen und religiösen Ideals“ verstand, war sie für Amedeo Molnár „identisch mit der Person und dem Werk Jesu Christi“; Ernst Werner und Josef Seifert hoben die philosphischen Intentionen stärker hervor, während Jan Milič Lochman dem sozialen Aspekt besondere Aufmerksamkeit widmete.[409] Nach Lochman nahm Hus auch in Lebensgefahr an den Schicksalen seiner Brüder und Schwester teil und entschied sich, als ihm in Konstanz der Widerruf bisheriger Überzeugungen nahegelegt wurde, die „gemeinsam gesuchte und bezeugte Wahrheit [nicht] durch taktischen Widerruf [zu] kompromittieren“.[410] Dušan Coufal hat in seinem Bericht darauf hingewiesen, dass für Hus zwischen Wahrheit und Liebe eine enge Verbindung bestand.[411] In einem Brief an den Wiener Magister Johannes Sywort (Sibart) de Septem Castris (Siebenbürgen) OCart kritisierte er am 1. Juli 1413, dass dieser durch Verleumdungen gegen Hieronymus von Prag gegen das Gebot der Liebe verstoßen habe:

> *Du bist sicher falsch in der Theologie der Liebe gelehrt worden; gebe Dir Gott den Geist der Wahrheit, damit Du sprichst, was heilig und was richtig vor dem Herrn ist* [...].[412]

406 Prügl, Von der Sprengkraft, S. 18.

407 Jan Hus als Wahrheitsprediger. – Bartoš, Z dějin hesla pravda; Molnár, Réflexion sur la notion; Werner, Jan Hus, S. 145–157; Lochman, Zum Wahrheitsverständnis von Hus; Patschovsky, Pravda a poslušnost; Seifert, Pravda jako fundament svobody; Kejř. Husova pravda; Kejř, Hus známý a neznámý, S. 72; Kejř, Jan Hus sám o sobě, S. 24 f.

408 Coufal, Jan Hus als Wahrheitsprediger, S. 33.

409 Bartoš, Z dějin hesla Pravda vítězí, S. 17 f.; Molnár, Réflexion sur la notion; Werner, Jan Hus, S. 146 f.; Seifert, Pravda jako fundament svobody; Lochman, Zum Wahrheitsverständnis von Hus, S. 124.

410 Lochman, Zum Wahrheitsverständnis von Hus, S. 124.

411 Coufal, Jan Hus als Wahrheitsprediger, S. 41.

412 Kor., Nr. 67, S. 173–175 (Zitat S. 174). – B/S, Nr. 203, S. 211. – Coufal, Jan Hus als Wahrheitsprediger, S. 41. – Zu dem Brief näher: Werner, Jan Hus, S. 91, Fudge, Jerome of Prague, S. 109 f.

Die *Auslegung des Credo* (*Výklad víry, Výklad na vieru*) von 1412 enthält das berühmte, von Joh 8,32 ausgehende Bekenntnis Hussens zur Wahrheit, das gemeinhin als Schlüssel zu seiner überlegenen, schließlich den Tod nicht scheuenden Haltung angesehen wird:

> *Darum frommer Christ, suche die Wahrheit, höre die Wahrheit, lerne die Wahrheit, liebe die Wahrheit, sage die Wahrheit, halte dich an die Wahrheit, verteidige die Wahrheit bis zum Tod, denn die Wahrheit wird dich von der Sünde, vom Teufel, vom Tod der Seele und endlich vom ewigen Tod befreien, der den ewigen Abschied von der Gnade Gottes und von aller Glückseligkeit bedeutet. Diese Glückseligkeit aber erlangt der, welcher an Gott und an Jesus Christus, den wahren Gott und wahren Menschen, glaubt.*[413]

Die im Jahr darauf in einem Brief Hussens an Johannes Cardinalis von Reinstein geäußerte Überzeugung vom Sieg der Wahrheit über alles (*Super omnia vincit veritas*)[414] wurde in der abgeleiteten Form „Pravda vítězí" (*Die Wahrheit siegt*) 1918 offizieller Wahlspruch der Tschechoslowakischen Republik und nach der Samtenen Revolution 1990 in der lateinischen Version *Veritas vincit* seit 1992 Wahlspruch der heutigen Tschechischen Republik. Er ist nationale, in der Verfassung verankerte Devise des Staates.[415]

6. Hus als theologischer Gutachter im Streit um das Wilsnacker „Wunderblut" (1404/05). Sein Traktat zur Verherrlichung des Blutes Christi

Hussens Berufung als theologischer Gutachter im Streit um das „Wunderblut" im brandenburgischen Wilsnack (Diözese Havelberg) zeigt, wie sehr Erzbischof Zbyněk von seinen theologischen Fähigkeiten überzeugt war. Als Mitglied der von Erzbischof Zbyněk von Hasenburg eingesetzten Theologenkommission zur Klärung des Streits um das nach einem angeblichen Hostienwunder von 1383 verehrte Wunderblut trug er zusammen mit Sta-

413 Hus, Výklad víry, ed. Daňhelka (MIHO I), S. 69. – Werner, Jan Hus, S. 147; Lochman, Zum Wahrheitsverständnis von Hus, S. 122; Hilsch, Johannes Hus, S. 210 f.; Fudge, Jan Hus. Religious Reform, S. 28 f.; Coufal, Jan Hus als Wahrheitsprediger, S. 33; Coufal, Jan Hus als Theologe, S. 17. – Zur Frage des menschlichen Glücks bei Hus: Dekarli, Queritur, utrum homo possit dici vere felix.

414 Kor., Nr. 63, S. 169–171, hier S. 170.

415 Bartoš, Z dějin hesla Pravda vítězí. – Die verkürzte Form des Hus-Zitats geht auf einen Entwurf des späteren Staatspräsidenten Tomáš Garrigue Masaryk von 1916 zurück. – Ein eklatantes Beispiel der Profanierung der Devise ist die Verwendung als Slogan auf dem Sonderstempel des „Sonderpostamts Eger 2" nach dem Anschluss des Sudetenlandes an das Großdeutsche Reich 1938: „Die Wahrheit hat gesiegt": Jaworski, „Wir sind frei", S. 29.

nislaus von Znaim und Stephan von Kolin maßgeblich zur Entlarvung und zu dem 1405 ausgesprochen Verbot der weiteren Wilsnackwallfahrten durch den Erzbischof bei.[416] In einem in Form einer scholastischen Quaestio aufgebauten Traktat *De sanguine Christi glorificato* (1405/06) ging Hus ausführlich auf die in der Heiligen Schrift geoffenbarte Heilswirkung des Blutes Christi ein; die Gläubigen sollen nicht auf falsche Zeichen und Wunder setzen, wie es in Wilsnack geschah, sondern allein auf die Heilige Schrift.[417] Hus führt eine Reihe weiterer Orte und Diözesen an, an welchen *boshafte Geister durch boshafte Priester aus Habgier vorgebliches Blut zur Schau stellen und das Volk durch Lügen verführen.*[418] Der gegen den Betrug durch habgierige Kleriker und Laien gerichtete Traktat wurde – wie ein Nachsatz ausweist – durch die Universität und Erzbischof Zbyněk von Hasenburg ausdrücklich autorisiert.[419] Die Annahme liegt nahe, dass es sich bei dem Traktat um das überarbeitete Gutachten Hussens zum Wilsnacker Wunderblut handelt.

7. Hus als Synodalprediger (1405, 1407). Eschatologische Ausrichtung seiner Theologie

Hus wurde wegen seiner Reformgesinnung von Erzbischof Zbyněk von Hasenburg lange hoch geschätzt; mehrfach bestellte ihn dieser zum Prediger bei Klerusversammlungen, speziell auf den Prager Diözesansynoden.

Ganz dem Typus einer Synodalpredigt entspricht die von Hus am 30. November oder 1. Dezember 1404 in der St. Galluskirche vor Klerus und Universitätsangehörigen gehaltene Anprache über Röm 13,12: *Abiciamus opera tenebrarum* (*Lasst uns die Werke der Finsternis ablegen*).[420] Obwohl in Handschriften zum Teil als Synodalpredigt bezeichnet und thematisch einer solchen durchaus nahe, handelte sich offensichtlich nicht um eine Ansprache dieser Art; dagegen sprechen allein schon der von den üblichen Terminen

416 Kadlec, Synods of Prague, S. 251–253; Polc/Hledíková (edd.), Pražské synody, S. 274.

417 Hus, De sanguinis Christi glorificato, ed. Flajšhans, in. Spisy M. Jana Husi, Bd. I/III, S. 3–37 (Inc.: *Utrum Christus omnem sanguinem*); Johannes Hus deutsch, Nr. 4, S. 37–69. – B/S, Nr. 60, S. 108 f. – Spinka, John Hus, S. 68 f. – Zur Wallfahrt: Sedlák, M. Jan Hus, S. 105 f. (S. 106, Anm. 5 Korrekturen zur Edition von Flajšhans); Boockmann, Der Streit; Werner, Das Altarsakrament, S. 329 f.; Werner, Wort und Sakrament, S. 5 f.; Hilsch, Johannes Hus, S. 70 f.; Hrdina, Braniborské poutní, S. 233–236; Šmahel, Jan Hus, S. 58 f.; Pavlíček, The Chronology, S. 25 f.; Nodl, Das Kuttenberger Dekret, S. 180, 187. Fudge, Jan Hus. Religious Reform, S. 27 f.

418 So Bologna, Prag, Chrudim, das böhmische Kutnisgebirge, die Diözesen Krakau in Polen und Pozoni in Ungarn: Johannes Hus deutsch, S. 61 f. – Werner, Wort und Sakrament, S. 5.

419 Johannes Hus deutsch, S. 69.

420 Edition: Hus, Positiones, ed. Schmidtová, S. 99–113. – B/S, Nr. 22, S. 82 f. – Sedlák, M. Jan Hus, S. 104 f.; Werner, Jan Hus, S, 75.

der Synoden und deren Abhaltungsort (der bischöflichen Residenz) abweichende Zeitpunkt und Tagungsort. Den Predigtanlass bildete mit großer Wahrscheinlichkeit das Gedächtnis an Karl IV.,[421] wozu sich im Text allerdings keine Anhaltspunkte finden.[422] In dem in zwei Fassungen überlieferten Text stellt Hus den Werken der Finsternis (den Sünden) die Waffen der Liebe (die Tugenden) gegenüber. Schuld am lamentablen Zustand der Kirche sei vor allem der Klerus, der das Volk mit Märchen, Lügen und Verleumdungen gegen die apostolische Lehre aufbringe. Schon Paulus habe prophezeit, dass nur wenige Kleriker gerettet würden.[423]

Im Herbst des Jahres 1405 trat Hus mit einer großen zweiteiligen Predigt als theologischer Lehrer und moralischer Mahner des Klerus zum ersten Mal auf der Prager Diözesansynode auf.[424] Vom Schriftwort *Diliges Dominum Deum tuum ex toto corde tuo* (*Du sollst Gott, deinen Herrn, lieben von ganzem Herzen*) (Mt 22,37/Mk 12,30) ausgehend, suchte Hus im ersten Teil der Predigt durch eine intensive Darstellung des Begriffs und Wesens der Kirche die liebende Zuwendung der Versammelten zur Kirche als mytischem Leib Christi zu stärken. In Anknüpfung an die auf der Herbstsynode des Jahres 1403 von Andreas von Brod gehaltene allgemeine Exhorte zu einem standesgemäßen Leben des Klerus[425] geißelte Hus im umfangreicheren zweiten Teil seiner eigenen Synodalpredigt vor allem Konkubinat und Unzucht vieler Kleriker und stellte dazu gleich auch die dafür drohenden Strafen vor.

Der erste Teil der Predigt gibt detailliert Aufschluss über das von Hus in den ersten Jahren seiner Tätigkeit an der Bethlehemkapelle gewonnene Bild von der Kirche und soll daher im Folgenden in ausführlicher Paraphrase wiedergegeben werden:

Nach dem Wort des Apostel Paulus über das auf Christus als Fundament gegründete Werk Gottes (1 Kor 3,10) hat das geistliche Haus der Kirche

- den Glauben an Christus als festen Grund,
- die Hoffnung auf das Leben als Wände und
- die Liebe als festes Dach.

[421] So z.B. Stein, M. Jan Hus jako universitní rektor, S. 74; Spinka, John Hus, S. 66.

[422] Werner, Jan Hus, S. 75, hält die Ansprache für eine Festrede anlässlich des Universitätsjubiläums des Jahres 1404.

[423] Hus, Positiones, ed. Schmidtová, S. 102 f. – Werner, Jan Hus, S. 75.

[424] Edition: H&M II, 1558, fol. 27v–31v. – Deutsche Übertragungen: Kalivoda/Kolesnyk (Hgg.), Das hussitische Denken, S. 117–135; Jan Hus deutsch, S. 71–96. – B/S, Nr. 79, S. 128 f. – Kalivoda, Revolution und Ideologie, S. 25–28; Hilsch, Johannes Hus, S. 71; Krzenck, Johannes Hus, S. 77; Šmahel, Jan Hus. Život a dílo, S. 59 f.; Soukup, Jan Hus, S. 63 f.

[425] Kadlec, Studien und Texte zum Leben und Wirken des [...] Andreas von Brod, S. 114–125. – Dazu: ebd., S. 19 f., 70.

An diesem Bau soll jeder Katholik mitwirken, doch soll sich insbesondere der Klerus dem Bau mit Sorgfalt widmen und eifrig an der Zerstörung seines Gegenteils arbeiten. Ein derartiger Bau besteht nicht im beständigen Erwerb weltlicher Güter, wie habgierige und ehrgeizige Geistliche meinen, sondern in der Anhäufung von Tugenden nach dem Vorbild des Herrn Jesus Christus.[426]

Von der Kirche lasse sich in dreifacher Hinsicht sprechen:

- Zum einen von der Kirche als dem gegenständlichen, Gott geweihten Gebäude für die Menschen, die Gott darin preisen (so als Metropolitankirche, Kathedralkirche, Pfarrkirche, Oratorium oder Kapelle).
- Zum anderen von der Kirche als Gemeinschaft der Menschen in ihr (der geistlichen Diener und Gläubigen, der Priester und Laien). Solche Kirchen gebe es so viele, als es Gemeinden von Gläubigen gebe; so die römische Kirche mit dem Papst und den Kardinälen, wenn diese rechtmäßig durch die Tür eintreten [d.h. ins Amt kommen] und es Christus in den Tugenden gleichtun, die Prager Kirche mit dem Erzbischof und dem höheren Klerus, wenn dieser dem Seelenhirten in Demut, Armut, Keuschheit, Barmherzigkeit und Geduld nachfolgt. Weichen die Kardinäle bzw. der höhere Klerus davon ab, sind sie (gemäß Joh 10,1.8) Diebe und Räuber und demzufolge Kirchen des Antichrist.
- Zum dritten von der Kirche als Gesamtheit der Erwählten, die als mystischer Leib Christi, Braut Christi oder Himmelreich bezeichnet werden.

Letztere besteht für Hus aus drei Teilen:

- Der triumphierenden Kirche als der Menge der Erwählten, die im Vaterland herrschen; sie wird als triumphierende Kirche bezeichnet, weil sie über die Laster Satans triumphiert.
- Der streitenden Kirche als der Schar der Erwählten, die auf dem Weg sind; sie wird als streitende Kirche bezeichnet, weil sie gegen das Fleisch, die Welt und den Teufel den Kriegsdienst für Christi ausübt. Lenker dieser Kirche sind die vom Heiligen Geist erwählten Bischöfe.
- Der schlafenden Kirche als der Menge der Erwählten, die im Fegefeuer schlafen. Sie wird schlafende Kirche genannt, weil sie sich im Zustand des Erwerbs der Seligkeit befindet.[427]

Im Anschluss daran teilt Hus die heilige Mutter Kirche nach ständischer Zugehörigkeit ihrer Glieder in drei Teile:

426 Jan Hus deutsch, S. 75.
427 Zur Fegefeuerlehre in der Zeit Hussens: Šmahel, Die Hussitische Revolution I, S. 511–513.

- Der unterste Teil ist das Volk, das von erlaubter Arbeit lebt; er ist in Sicherheit, wenn er die Gebote Gottes hält und seiner Arbeit treulich nachgeht.
- Der zweite Teil sind die weltlichen Herren. Ihr Amt ist es, das Gesetz Gottes zu verteidigen, die Diener Christi zu schützen und die Anhänger des Antichrist zu vertreiben. Sie tragen gemäß Röm 13,4 das Schwert. Der Stand ist wegen seiner Neigung, von Hochmut, von weltlicher Begierde und von entnervender körperlicher Lust überwältigt zu werden, gefährdet.
- Der dritte und beste Teil der Kirche ist der Klerus, wenn er in wirksamer Weise dem Amt vorsteht. Er soll die Welt verlassen und Christus möglichst streng nachfolgen. Wenn er aber abfällt, ist er wahrlich der Antichrist selbst, denn je höher der Stand, desto schwerer der Fall, wozu Hus auf Luzifer, die Priester, die Jesus gekreuzigt haben, und Judas verweist.

Der in der Predigt von Hus verwendete Begriff der Kirche als Gesamtheit der Erwählten (*universitas predestinatorum*) basierte auf der Kenntnis von Wyclifs Traktat *De ecclesia* und dessen *Dialogus* und der darin enthaltenen Lehre von der Prädestination, wonach die Gesamtgemeinde der zum Heil Vorherbestimmten (der *predestinati*) die Kirche bildet.[428] „Das Kriterium der Kirchengliedschaft war damit nicht mehr Taufe und Glaubensbekenntnis, sondern die eschatologische Entscheidung Gottes, einen Menschen am Ende seines Lebens als Gerechten in die Schar der Heiligen aufzunehmen, ein Kriterium, das allerdings im gegenwärtigen Leben nicht sicher erkannt werden kann."[429] Hus hat seine Auffassung von der Prädestination später im Sentenzenkommentar näher dargelegt, in der am 19. Januar 1410 als Universitätsrektor gehaltenen Universitätspredigt *Ite et vos in vineam meam* [*Geht auch ihr in meinen Weinberg*] zu Mt. 20,4.7 öffentlich vorgetragen[430] und 1413 in seinem Hauptwerk *De ecclesia* (*Über die Kirche*) in ausführlicher Weise theologisch begründet und entschieden verteidigt.[431]

Nach dem zweiten, vom Konkubinat und anderen Formen von Unzucht unter dem Klerus handelnden Teil der Synodalpredigt von 1405 trifft einen unzüchtigen Kleriker die Strafe in vierfacher Weise:

428 Krzenck, Johannes Hus, S. 77.

429 Prügl, Von der Sprengkraft, S. 19 f.

430 Editionen: Sedlák, M. Jan Hus, S. 116*–126* (als *Sermo de ecclesia*); Hus, Positiones, recommendationes, sermones, ed. Schmidtová, S. 131–139. Inc. *Reverendi magistri et domini. Constat ex serie evangelii.* – B/S, Nr. 25, S. 85. – Sedlák, M. Jan Hus, S. 181 f.; Werner, Jan Hus, S. 107; Töpfer, Lex Christi, S. 159; Soukup, Jan Hus, S. 166.

431 Dazu unten Kap. III/23.

Die erste ist die Trennung von Christus, somit von der allerheiligsten Dreifaltigkeit und von der Kirche,
die zweite das verdiente Verbot, den Gottesdienst zu feiern,
die dritte der Entzug des Himmelreichs,
die vierte die Auferlegung der ewigen Strafe im Feuer, das wie Schwefel brennt.
Wenn du, Kleriker, diesen Strafen entgehen willst, fliehe die Unkeuschheit, sowohl des Leibes als auch der Seele, denn nur so liebst du Gott, deinen Herrn, von ganzem Herzen, von ganzer Seele und von ganzem Gemüt.[432]

Konkret hat Hus später den ihm besonders nahestehenden geistlichen Schüler und Freund Martin von Wolin vor den von einer Frau drohenden Gefahren gewarnt.[433]

Mehrfach zitiert Hus in der Synodalpredigt von 1405 den heiligen Bernhard von Clairvaux, den er auch sonst häufig als Autorität heranzieht.[434]

In der Predigt auf der Herbstsynode des Jahres 1407 (am Lukastag, 18. Oktober) im erzbischöflichen Hof zum Thema *State succincti lumbos vestros in veritate* [*Steht fest und umgürtet eure Lenden mit Wahrheit*] (Eph 6,14) übte Hus scharfe Kritik am Klerus und zählte dazu sieben unter dem Klerus häufig vorkommende Laster auf: nur wegen materiellen Gewinns oder Ruhms Priester zu werden, ein unwürdiges Leben zu führen, den Mitmenschen Ärgernis zu geben, zum Lehren nicht fähig sein, die Untergebenen zu unterdrücken, zu prahlen und sich unbußwillig zu verhalten. Der Klerus solle die Vorhut des christlichen Heeres im Kampf gegen die Mächte des Antichrist bilden. Wer mit seinem Lebenswandel und in der Erfüllung seines priesterlichen Dienstes Christus nicht nachfolgt, wird zum Antichrist. Sodomiten, Blutschänder, Vergewaltiger und Hurer mit gottgeweihten Jungfrauen seien als Häretiker zu betrachten. Erzbischof Zbyněk von Hasenburg und Generalvikar Adam von Nežetice lobten Hus nach der Synodalpredigt, die zudem auch in den Synodalstatuten erwähnt wurde.[435] Jana Nechutová nennt sie „eines der großartigen Stücke von Hussens Predigtschaffen überhaupt".[436]

Das Auftreten Hussens als Synodalprediger machte ihn unter der Geistlichkeit der Prager Diözese allgemein bekannt und trug damit wesentlich zu seinem Aufstieg in der Reformbewegung bei.[437]

[432] Kalivoda/Kolesnyk (Hgg.), Das hussitische Denken, S. 124; Jan Hus deutsch, S. 82.

[433] Näher dazu S. 172. – Beispiele von Frauenfeindlichkeit zur Zeit Hussens bei Nechutová, Frauen um Hus.

[434] Z.B. in: Hus, De ecclesia. – Dazu allgemein: De Vooght, L'hérésie de Jean Huss II, S. 1014 (Reg.); Hilsch, Johannes Hus, S. 86, 154, 210.

[435] Hus, H&M II, 1558, fol. 32r–36v. – B/S, Nr. 80, S. 129 f. – Kalivoda, Revolution und Ideologie, S. 25 f.; Hilsch, Johannes Hus, S. 77 f.; Fudge, Jan Hus. Religious Reform, S. 64.; Soukup, Jan Hus, S. 62 f., 65 f.

[436] Nechutová, Reform- und Bussprediger, S. 251.

[437] Šmahel, Die Hussitische Revolution I, S. 173.

8. Hussens Sentenzenkommentar

Hussens Beschäftigung mit dem Sentenzenwerk des Petrus Lombardus setzte 1405 ein; seit 1407 hielt er darüber die im Rahmen des Theologiestudiums obligatorischen Vorlesungen. Der 1409 abgeschlossene Kommentar ist Hussens umfangreichstes Werk;[438] Václav Flajšhans und Marie Komínková, die ihn herausgaben, bezeichneten ihn als Hussens bestes Werk. Sein Wert sei vom Standpunkt eines Theologen nicht allzu groß, aber für die Kenntnis der Lehre, Tätigkeit und seiner Sprache nicht hoch genug anzuschlagen; er schildere Hussens Gedankenwelt so anschaulich, vollständig und richtig wie kein anderes seiner Werke.[439] Demgegenüber fand Paul De Vooght 1960 dafür nur äußerst kritische Worte: Es handle sich um einen Kommentar ohne Seele, der die Lehren Milíčs und Janovs über gewisse Spekulationen aus Eitelkeit völlig außer Acht gelassen habe. De Vooght vergleicht ihn mit einer von flüchtigen Blitzen durchzuckten schwarzen Nacht; man käme nicht darum herum, ihn gedanklich als banal anzusprechen; es mangle ihm an Tiefe und bisweilen sogar an Genauigkeit.[440] Matthew Spinka hat De Vooghts Bewertung von Hussens Kommentar schon kurz danach in Anknüpfung an das Urteil der Editoren korrigiert: „It is indeed the best [work] in the sense that it represents the mature and systematic exposition of his theological views, while it is at the same time his longest work. As such, it may be regarded as a standard treatise."[441] Wenige Jahre nach Spinka stellte der frühere Freiburger Dogmatiker Helmut Riedlinger (1923–2007) fest, dass viele Seiten des Werkes den Eindruck vermitteln, Hus habe die Sentenzen in der längst eingespielten akademischen Erklärungs- und Befragungstechnik abgehandelt.[442] Ähnlich urteilte auch František Šmahel: Nicht einmal hier habe der Kandidat für den Grad eines Bakkalars der Theologischen Fakultät die eingefahrenen Gleise verlassen, vermutlich auch aus Rücksicht auf die konservativen Positio-

438 Hus, Super IV Sententiarum, ed. Flajšhans/Komínková. – B/S, Nr. 5, S. 68–71. – Zum Kommentar: Novotný, M. Jan Hus. Život a dílo 1, S. 194, 196–198; Bartoš, Hus' Commentary on the Sentences; Spinka, John Hus, S. 57 f., 146; De Vooght, L'hérésie I, S. 61–63; Riedlinger, Ekklesiologie; Wernisch, Ratio voluntatis; Kolesnyk, Hussens Eucharistiebegriff, S, 197 f.; Hilsch, Johannes Hus, S. 79 f.; Krzenck, Johannes Hus, S. 60 f., Fudge, The Memory and Motivation of Jan Hus, S. 71 f., 75 f., u.ö.; Šmahel, Jan Hus. Život a dílo, S. 60 f., 263; Pavlíček, The Chronology, S. 21; eingehend jetzt: Lahey, The Sentences Commentary.

439 Hus, Super IV Sententiarum I, 1904, S. XIX f., XXXIX f. – Wernisch, Ratio voluntatis, S. 139, Anm. 2.

440 „[...] un commentaire sans âme et de n'avoir pas tout à fait négligé les leçons de Milíč et de Janov sur la vanité de certaines speculations. Mais ce sont là que des éclairs fugitivs déchirant parfois la nuit noire. On ne peut esquiver l'évidence: la pensée de Huss est banale": De Vooght, L'hérésie de Jean Huss, [1]1960, S. 56; wörtlich übernommen, ebd. [2]1975, S. 64.

441 Spinka, John Hus, S. 57.

442 Riedlinger, Ekklesiologie, S. 48 f.

nen der Mitglieder der Prüfungskommission.[443] Für Stephen Edmund Lahey spiegelt der Kommentar die praktisch-pastorale und auf die Rezeption des augustinischen Denkens ausgerichtete Seite der Theologie Hussens wider: „Its contents indicate a mind well equipped to craft masterful sermons, provide wellgrounded scripture interpretation, and reach as well as offer fruitful pastoral care – all the duties of a practicing theologian and leader among the clergy. If noteworthy at all, Hus's *Sentences* commentary appears to be a throwback to early fourteenth-century commentaries, before Gregory of Rimini introduced a textually rigorous approach to using Augustine's thought."[444] Nach Martin Wernisch nimmt Hussens Sentenzenkommentar theologisch eine „Mittelstellung zwischen den Epochen ein: nach beiden Seiten offen, wenn auch mit einem gewissen Übergewicht des Vorhergehenden."[445] Die zu Beginn der einzelnen Abschnitte des Sentenzenkommentars jeweils vorgetragene *Laudatio Sacrae scripturae* war jedenfalls in jeder Hinsicht traditionell.[446]

Peter Hilsch vermutete beim Sentenzenkommentar Hussens eine Beeinflussung durch den Kommentar seines Lehrers Stanislaus von Znaim von 1401/02; eine Überprüfung ist allerdings kaum möglich, da jener nur ganz bruchstückhaft erhalten ist.[447] An vielen Stellen seines Kommentars zitiert Hus aus Werken Wyclifs.[448] Ein ausdrückliches Bekenntnis zu Wyclif findet sich in der XX. Distinctio zum vierten Sentenzenbuch.[449] In seinen späteren Werken greift Hus selbst vielfach auf seinen eigenen Sentenzenkommentar zurück.[450] Matthäus von Königsaal, der gleichzeitig mit Hus die Sentenzen las, setzte sich in den Prinzipien mit jenen Hussens auseinander; umgekehrt befasste sich Matthäus im III. Prinzip seines Kommentars mit den Auffassungen Hussens.[451] In Konstanz trafen die beiden später noch einmal zusammen; zuletzt wohnte Matthäus der Degradation Hussen bei.[452]

Wenn Hus im Sentenzenkommentar nach Riedlingers Beobachtung „Darlegungen der traditionellen Fragen und Antworten manchmal mit der Bemerkung abbricht, sie möchten in Frieden ruhen, so kommt darin wohl etwas wie theologische Melancholie [...] zum Ausdruck. Johannes Hus empfand offenbar, daß manche Lehren, die er vorzutragen hatte, schon tot

443 Šmahel, Die Hussitische Revolution I, S. 579.
444 Lahey, The Sentences Commentary, S. 132.
445 Wernisch, Ratio voluntatis, S. 139.
446 Hus, Super IV Sententiarum, S. 1–20, 189–194, 375–377, 501–508. – Benrath, Wyclif und Hus, S. 208.
447 Hilsch, Johannes Hus, S. 80. – Spunar, Repertorium I, S. 286 f.
448 Einige Hinweise bei Riedlinger, Ekklesiologie, S. 48, Anm. 4.
449 Krzenck, Johannes Hus, S. 61.
450 So insbesondere in seinen tschechischen Výklady (Auslegungen) von 1412. – Hilsch, Johannes Hus, S. 80.
451 Lauterer, Matthäus von Königsaal 1964, S. 95, 1967, S. 174. – Machilek, Ergebnisse, S. 305 f.
452 Lauterer, Matthäus von Königsaal 1964, S. 98.

waren. Es war ihm wohl nicht mehr möglich, sich mit solchen Lehren zu identifizieren. Aber er scheint andererseits weder das Vermögen, noch den Willen gehabt zu haben, aus dem traditionellen Gehäuse der Sentenzendeutung zu Neuem, Lebendigem auszubrechen.“[453] Auch der Prager Historiker und Theologe Martin Wernisch (* 1962) sah in einem 1997 veröffentlichten grundlegenden Aufsatz über die Rolle von Vernunft und Willen in der Lehre Hussens im Abbrechen seiner Darlegungen an vielen Stellen des Kommentars eine mangelnde Bereitschaft, über Dinge zu logisieren, über die Informationen fehlen.[454] Hussens Kommentar stelle einen Typus dieser Gattung mit Übergewicht der primär theologischen Gesichtspunkte über die philosophischen – ja auch gegen sie – dar, wobei diese grundsätzlich nicht abgelehnt werden, „im Gegenteil wird ein völliger Einklang beider vorausgesetzt, wo sie richtig angewendet werden.“[455] Wernisch sieht bei Hus im Verhältnis zwischen Vernunft und Willen einen eindeutigen Vorrang der ersteren vor dem Willen nur darin, „daß *non movet voluntatem, nisi apprehendatur sub racione boni vel mali.*“[456] Doch sei wiederum die Vernunft ohne Bewegung, wenn kein Wille stattfindet.[457] In der dem Verhältnis der beiden Größen gewidmeten XXV. Distinktion des zweiten Buches harmonisiert Hus diese.[458] Wenn er über Gott spricht, tritt an wichtigen Stellen der Wille in den Vordergrund.[459]

Endgültige Aussagen über die Bedeutung von Hussens Sentenzenkommentar lassen sich nach Riedlinger erst treffen, wenn das vielschichtige Material erschöpfend durchforscht ist und die Kommentare der Zeitgenossen eingehend mit dem Husschen Werk verglichen sind.[460] Nach den von ihm vorgenommenen Vergleichen zur Christologie und Ekklesiologie in den Sentenzenkommentaren Heinrich Tottings von Oyta, Konrads von Soltau und Jakobs von Soest kam Riedlinger jedoch zum Schluss, dass

> „die zunächst belanglose erscheinende Variation, die die Hussche Rezeption und Formung des vorliegenden Stoffes vom Verfahren seiner Vorgänger unterscheidet, [...] doch von einem Grundgedanken bestimmt (scheint), der Christologie und Ekklesiologie aneinander bindet und in beiden Bereichen zu durchaus parallelen Konsequenzen führt. Dieser unausgesprochene Grundgedanke, der konsequent durchgehalten scheint, läßt sich in die beiden Sätze zusam-

453 Riedlinger, Ekklesiologie, S. 48 f.
454 Wernisch, Ratio voluntatis, S. 140.
455 Ebd.
456 Hus, Super IV Sententiarum, S. 294.
457 Wernisch, Ratio voluntatis, S. 149.
458 Hus, Super IV Sententiarum, S. 299–301.
459 Ebd., S. 175. – Wernisch, Ratio voluntatis, S. 149 f.
460 Riedlinger, Ekklesiologie, S. 49. – Zu Prager Sentenzenkommentaren aus der Zeit vor und neben Hus: ebd., Anm. 5; Lauterer, Matthäus von Königsaal; Herold, Zum Prager philosophischen Wyclifismus, S. 136.

menfassen: Das Vollendete ist das einzig Wahre, Wesentliche, Reale. Das Unvollendete, das auf dem Weg befindliche, das Geschichtliche ist letztlich unwahrer, unwesentlicher, irrealer Schein."[461]

Die Hypothese, dass der darin ausgesprochene Grundgedanke die Hussche Interpretation der Wahrheit Jesu Christi und der Wahrheit der Kirche leitet, fand Riedlinger durch eine kursorische Analyse des Husschen Kommentars zur Distinctio XIII des dritten Sentenzenbuchs des Petrus Lombardus bestätigt. Im Einzelnen untersucht Riedlinger dabei die Fragen der Gnadenfülle Christi, der Geschichtlichkeit der Kirche und damit auch der Prädestination des Menschen bei Hus. Danach lässt sich bei ihm hier ein in der Nachfolge Wyclifs und im Einklang mit auch im Prolog des Kommentars vorgetragenen Thesen „einseitig an der Vollendungsidee orientiertes Grundkonzept erkennen, das dem geschichtlich freien Handeln Jesu und der Kirche Sinn und Wirklichkeit völlig zu entziehen droht."[462]

Nach Dušan Coufal treten im Sentenzenkommentar von Hus wie schon zuvor in dessen Auslegung der kanonischen Briefe und der in besonderer Weise auf Christus gedeuteten (sogenannten „christologischen") Psalmen 109–118 (Vlg) spezifische Züge seiner Arbeitsweise hervor. Bei der Psalmenauslegung stützte er sich in herkömmlicher Weise vor allem auf Augustinus, Petrus Lombardus, Nikolaus von Gorran († 1295) und Nikolaus von Lyra († 1349), berief sich aber auch auf einen Predigttext Wyclifs. Gleichzeitig brachte er aber auch eigene Überzeugungen zum Ausdruck, etwa wenn er betonte, dass zur Nachfolge Christi und der Apostel die Bereitschaft gehöre, das Leiden einschließlich des Todes zu ertragen.[463] Die in seinen Werken in zahllosen Zitaten zutage tretende Bedeutung des hl. Augustinus für die Kirche und damit auch für seine Theologie wird von Hus später selbst im Traktat über die Kirche zum Ausdruck gebracht:

Unde non dubium, quin beatus Augustinus plus profuit ecclesie quam multi pape et in doctrina forte plus quam omnes cardinales a primis usque iam currentes. Ipse enim scriptura Christi in regimine ecclesiastico plus cognovit, diffinivit materiam katholicam, purgando et corrigendo errores hereticos ab ecclesia.[464]

[461] Riedlinger, Ekklesiologie, S. 49 f. Zur Bewertung der Auffassung Riedlingers: Frenken, Die Erforschung, S. 278 f.

[462] Ebd., S. 50–53 (Zitat S. 53).

[463] Coufal, Jan Hus als Theologe, S. 14 f.

[464] Hus, De ecclesia, ed. Thomson, S. 121. – Zur Bedeutung des Kirchenvaters Augustinus für Hus u.a.: De Vooght, L'hérésie II, inbes. S. 611–622; Leff, Wyclif and Hus, S. 123; Herold, Master Jan Hus and St. Augustine; Patschovsky, Ekklesiologie, S. 176 f. u.ö.

9. Der Streit um das Eucharistieverständnis und Hussens Einstellung zur Remanenzlehre

Im Streit um die 45 Wyclifartikel spielte die Eucharistiefrage von Anfang an eine zentrale Rolle.[465] Zwischen den Theologen der beiden Seiten umstritten blieben vor allem die an der Spitze der Artikelreihe stehenden Aussagen über die Remanenz (Art. 1–2) und die Realpräsenz Christi im Altarsakrament (Art. 3). Die Beschuldigung, die Remanenz zu verfechten war – wie Wenzel Flajšhans 1904 formuliert hat – „schon im Anfang des XV. Jahrhunderts eine bequeme Waffe gegen die unbequemen Wiclifiten geworden – auch gegen Hus bewährte sie sich vortrefflich."[466] Wenige Wochen nach der Verurteilung der 45 Wyclifartikel erhob Hussens Lehrer Stephan von Kolin in seiner Synodalrede *Homo quidam fecit cenam magnam* am 24. Juni 1403 Widerspruch gegen die Auffassung des Stanislaus von Znaim zur Remanenzlehre[467], die dieser bereits in seinem Sentenzenkommentar von 1401/02 als rechtgläubig erklärt hatte.[468] Im Herbst 1403 ging Stanislaus mit seinem *Tractatus de corpore Christi* speziell auf die Remanenzfrage ein.[469] Den Hintergrund der Position des Stanislaus bildete nun die damals erst wenige Monate zurückliegende Verurteilung der 45 Wyclifartikel. Stanislaus verteidigte die Remanenzlehre Wyclifs der Art. 1 und 2, bekannte sich aber im Gegensatz zu Art. 3 zur Realpräsenz Christi im Altarsakrament. Er vertrat damit wie zu seiner Zeit u.a. auch Pierre d'Ailly die Konsubstantiation.[470] Ausgehend von der Forderung, dass jede Erörterung über das Altarsakrament von den darüber vorhandenen Glaubensentscheidungen der römischen Kirche auszugehen habe, somit vor allem vom Glaubensbekenntnis des Berengar von Tours von 1079 und dem Dekret *Firmiter* des IV. Laterankonzils von 1215[471], legte Stanislaus von Znaim eine eigene Interpretation des Begriffs der Transsubstantiation vor; diese sei von der Kirche bisher offiziell nicht definiert worden. Im Hinblick darauf stellte Stanislaus unter Einbeziehung des Partizipationsbegriffes die Hypothese auf, dass sich das Brot bei der Konsekration zwar in den Leib Christi

465 Sousedík, Učení o eucharistii, S. 38–67.

466 Hus, De corpore Christi, ed. Wenzel (Václav) Flajšhans (Mag. Joannis. Hus Opera omnia, Tom. I, fasc. 2), Prag 1904, S. III.

467 Kadlec, Studien und Texte, S. 24, Anm. 50; Spunar, Repertorium I, S. 90; Werner, Das Altarsakrament, S. 318 f.

468 Sedlák, M. Jan Hus, S. 108; De Vooght, L'hérésie de Jean Huss I, S. 96; Spinka, John Hus, S. 64; Nodl, Das Kuttenberger Dekret, S. 179. – Zum Kommentar: Spunar, Repertorium I, S. 286 f.

469 Ediert als erster Teil von Sedlák, Eucharistické traktaty Stanislava ze Znojma. – Zur Überlieferung: Spunar, Repertorium I, S. 287 f.

470 Kadlec, Studien und Texte, S. 22. – Zur Konsubstantiationslehre: Hans Jorissen, Konsubstantiation, in: LThK 6, [3]1997, Sp. 323 f.

471 Zur Lehre des Berengar von Tours: Jean de Montclos, in: Theologische Realenzyklopädie, Bd. 5, Berlin/New York 1980 (1993), S. 598–601.

verwandle, dass es aber auch weiterhin Brot sei; durch die Verbindung mit dem Leib Christi sei es aber ontisch ein auf unendlich höheres Niveau erhobenes Brot. Stanislaus von Znaim nahm damit bezüglich des Verbleibs der Materie von Brot und Wein den Standpunkt der Neutralität ein, eine Auffassung, die nicht der damals anerkannten kirchlichen Lehre entsprach.[472] In neuerer Zeit wiesen vor allem Stanislav Sousedík und Jaroslav Kadlec auf die darin gegenüber der Remanenzlehre Wyclifs enthaltenen eigenständigen Denkansätze des Stanislaus in der Remanenzfrage hin.[473]

Obgleich sich Stanislaus darauf berufen konnte, dass kirchlicherseits über die Remanenzlehre keine definitive Entscheidung vorlag, stieß er mit seiner Hypothese auf nachhaltigen Widerstand von Seiten der Wyclifgegner. 1404 oder 1405 kehrte Johannes Štěkna OCist, sein ehemaliger Prager Universitätskollege, der inzwischen einige Jahre in Krakau am Neuaufbau der theologischen Fakultät der dortigen Universität mitgewirkt hatte, mit Unterstützung der über die Resonanz der Auffassungen des Stanislaus unter den polnischen Studenten beunruhigten polnischen Bischöfe, nach Prag zurück.[474] Es wird angenommen, dass Štěkna hier mit Stanislaus von Znaim über die Eucharistiefrage disputiert hat,[475] wobei es offenbar zu keiner Annäherung der Standpunkte kam. Unklar ist die Entstehungszeit von Štěknas Traktat *De remanentia panis*, den Štěkna 1406 dem schlesischen Magister und damaligen Rektor Johannes Hoffmann von Schweidnitz überreicht hat,[476] den er aber wohl schon 1405 verfasst hatte. In einer Predigt zum Thema *Caro mea vere est cibus* (Joh 6,56)[477] nahm Štěkna öffentlich gegen die Eucharistieauffassung des Stanislaus von Znaim Stellung[478], erklärte dessen Remanenzlehre als Häresie und zeigte ihn bei Erzbischof Zbyněk von Hasenburg an.[479] Dieser war wegen der Ereignisse im Mai 1403 inzwischen von Papst Innozenz VII. mit einer Bulle vom 25. Juni 1405 zu Maßnahmen gegen den Wyclifismus aufgefordert worden[480]. Durch Štěknas Intervention gedrängt, setzte der Erzbischof eine Kommission zur Untersuchung des Eucharistietraktats des Stanislaus ein. Auf Grund der Prüfung des Traktats beantragte die Kommission, dass Stanislaus vor den versammelten Magistern Widerruf leiste.[481] Stanislaus

472 Kadlec, Studien und Texte, S. 24, 30.

473 Zum Traktat: Sedlák, Miscellanea husitica, S. 100–118 (Erstdruck 1906); Sedlák, M. Jan Hus, S. 109 f.; De Vooght, L'hérésie I, S. 96; Kadlec, Studien und Texte, S. 22–24; Sousedík, Učení o eucharistii, S. 38–67.

474 Sedlák, M. Jan Hus, S. 110.

475 Wünsch, Konziliarismus, S. 39.

476 Tříška, Literární činnost, S. 139; Machilek, Johannes Hoffmann aus Schweidnitz, S. 98.

477 Kadlec, Studien und Texte, S. 24.

478 Kadlec, Studien und Texte, S. 24; Machilek, Johannes Hoffmann, S. 98.

479 Spinka, John Hus, S. 70.

480 Sedlák, M. Jan Hus, S. 110.

481 Ebd., S. 111.

selbst war bereit, dem vorliegenden Text, in dem er sich zur Remanenz nur in hypothetischer Form (*per modum disputationis*) geäußert habe, einen zweiten Teil anzufügen, in dem er die traditionelle Lehre vortragen werde, die auch die seine sei, und gab vor der Universität eine entsprechende Erklärung ab. Erzbischof Zbyněk von Hasenburg verzichtete unter diesen Umständen auf den durch die Kommission beantragten Widerruf.[482] Noch 1405 schrieb Stanislaus die erste Fassung des zweiten Teils seines Traktats (Kap. 4–9) nieder; zu Anfang des Jahres 1406 stellte er eine Gesamtfassung aller Kapitel (1–9) her. Stanislaus durfte die revidierte Endfassung Ende Februar 1406 im Collegium Carolinum Erzbischof Zbyněk vortragen.[483] Bereits der Einleitungssatz weist die Schrift nun als nichtremanentistisch aus. Sie fand in der bereinigten Fassung weite Verbreitung.[484]

Erzbischof Zbyněk ging in der Folgezeit mit Verboten gegen die Remanenzlehre vor (1406, 1408). Im Juni 1406 wurde die Eucharistiefrage auf der Synode in grundsätzlicher Weise behandelt: Zbyněks Anordnungen zielten darauf ab, den wesentlichen Inhalt der Transsubstantiationslehre in seinem Sprengel möglichst rasch in knapper und verständlicher Form bekannt zu machen: Nach den Konsekrationsworten sei in der Hostie der wahre Leib und im Kelch das wahre Blut Christi gegenwärtig. Der Klerus wurde vom Erzbischof angewiesen, in dieser Weise am Fronleichsnamstag und an den darauffolgenden Sonntagen zu den Gläubigen zu predigen.[485]

Wohl noch 1406, spätestens 1407, verfasste der zum Kern der wyclifistischen Reformgruppe zählende Jakobell von Mies den Traktat *Confiteor antiquam fidem*, der als Antwort auf den Rückzug seines Lehrers Stanislaus von Znaim in der Remanenzfrage und auf die von Erzbischof Zbyněk von Hasenburg ergriffenen Maßnahmen zu verstehen ist.[486] Jakobell vertrat darin die eucharistische Lehre entsprechend jener des Stanislaus von Znaim von 1403; er verteidigte die Remanenz, aber auch die Realpräsenz. Die Remanenzlehre erklärte er als Glauben der Kirche, der schon vor dem Dekret *Firmiter credimus* des Papstes Innozenz III. 1215 gegolten habe.[487] Gerade wegen seines Festhaltens an der Remanenzlehre Wyclifs wurde Jakobell von

482 Spinka, John Hus, S. 70; Kadlec, Studien und Texte, S. 24 f.

483 Sedlák, M. Jan Hus, S. 111. – Zur Angelegenheit insgesamt: Sedlák, Eucharistické traktaty Stanislava ze Znojma; kurz auch Šmahel/Silagi, Leben und Werk des Hieronymus von Prag, S. XXX.

484 Spunar, Repertorium I, S. 287 f.; De Vooght, Jacobellus de Stříbro, S. 98.

485 Doc., S. 332 f., 335; Kadlec, Synods; S. 261, 268 f. – Sedlák, M. Jan Hus, S. 111, 127; Spinka, John Hus, S. 70 f.; Kadlec, Studien und Texte, S. 25; Kolesnyk, Hussens Eucharistiebegriff, S. 199; Sousedík, Učení o eucharistii; Kejř, Die Causa Johannes Hus, S. 17 mit S. 37, Anm. 2.

486 Edition des Traktats: De Vooght, Jacobellus de Stříbro, S. 319–350.

487 Dazu Novotný, M. Jan Hus. Život a dílo 1, S. 172 f.; Spinka, John Hus, S. 72 f., 80; De Vooght, Jacobellus de Stříbro, S. 95–108; Kadlec, Studien und Texte, S. 27; Spunar, Repertorium I, S. 232.

den Gegnern der Reformbewegung schon früh als besonders gefährlicher Häretiker angesehen.[488]

Aus Sorge über das Festhalten der Wyclifiten an den Auffassungen des Oxforder Magisters und die Verbreitung seiner Schriften, speziell des *Dialogus* und des *Trialogus* sowie der Schriften *De corpore Christi*, forderte Andreas von Brod 1407 Erzbischof Zbyněk von Hasenburg unter Hinweis auf dessen Hirtenamt und die daraus resultierende Aufgabe, Irrende zu korrigieren und auf den rechten Weg zurückzuführen, in einem Brief mit beschwörenden Worten dazu auf, gegen den Wyclifismus, speziell gegen die Lehre der Remanenz, vorzugehen. Dem Brief legte Andreas von Brod einen gegen Stanislaus von Znaim gerichteten *Tractatus contra errorem remanentiae* bei, in dem er die mit der Transsubstantiation und Remanenz zusammenhängenden Fragen in Form einer Quaestio – *Utrum in venerabili sacramento eukaristie post consecracionem manet panis* – darlegte.[489] Andreas von Brod war in der Folgezeit als Professor der Theologie an der Prager und später an der Leipziger Universität einer der profiliertesten Gegner Hussens und des Wyclifismus.[490]

1408 griff Hus, dessen einvernehmliches Verhältnis mit Erzbischof Zbyněk von Hasenburg inzwischen zerbrochen war, als nunmehriger *baccalarius formatus* mit einem am Fronleichnamstag (14. Juni) vor Klerus und Volk in tschechischer Sprache vorgetragenen und in lateinischer Sprache überlieferten Traktat *De corpore Christi* (Inc. *Impugnantibus verba evangelii et ignorantibus*) in die Diskussion um die Eucharistiefrage ein.[491] Unmittelbarer Anlass für die Abfassung war offensichtlich die feierliche Abschwörung der Remanenz durch den Magister Matthias von Knín gen. Pater (Matěj z Knína řeč. Pater) († 1410), einen Schüler Hussens, am 14. Mai 1408 und die Wiederholung der Verurteilung der Wyclifartikel von 1403 durch eine auf Veranlassung des Erzbischofs zusammengetretene Versammlung der böhmischen Universitätsnation am 24. Mai 1408, welche Nichtmagistern, somit Bakkalaren, den Besitz und die Lektüre des Wyclifschen Eucharistietraktats *De corpore Christi* verbot. Matthias von Knín wurde im erzbischöflichen Hof eingekerkert, kam jedoch, da der Ketzervorwurf nicht bestätigt werden konnte, frei.[492] Hus nahm in seinem, der Wyclifschen Schrift vielfach folgenden Traktat in verdeckter Form

488 Spinka, John Hus, S. 80.

489 Edition: Kadlec, Studien und Texte, S. 125–129 (Brief), 129–158 (Traktat). – Dazu: Kadlec, Studien und Texte, S. 25 f.

490 Zu ihm insbes. Kadlec, Studien und Texte; Spunar, Repertorium I, S. 271–286; zuletzt: Traxler, Früher Antihussitismus.

491 Hus, De corpore Christi, ed. Flajšhans. – B/S, Nr. 61, S. 110 f.

492 Sedlák, Učil Hus remanenci? S. 459–461; Sedlák, M. Jan Hus, S. 136 f.; Spinka, John Hus, S. 71 f.; De Vooght, L'hérésie I, S. 71, 108 f.; II, S. 779–807 (darin passim); Werner, Jan Hus, S. 100; Kolesnyk, Hussens Eucharistiebegriff, S. 198 f.; Hilsch, Johannes Hus, S. 80; Sousedík, Učení o eucharistii, S. 22; Machilek, Polemiky, S. 353; Nodl, Das Kuttenberger Dekret, S. 193–201; Krzenck, Johannes Hus, S. 81 f.; Šmahel, Jan Hus. Život a dílo, S. 240, Anm. 86.

zu den zwei Jahre zurückliegenden Anordnungen von Erzbischof Zbyněk zur Eucharistiefrage Stellung. In der Umschreibung des Themas ging Hus davon aus dass es Menschen gebe, welche die Gegenwart Christi im Brot verneinten.[493] In scharfen Worten wandte er sich gegen die verkürzenden Aussagen in jener Anordnung, wobei er unter anderem von Blasphemie sprach.[494] Der Begriff *Remanenz* kommt in seinem Traktat nicht vor, zur Bezeichnung der Sache sprach Hus von der *großen Häresie* Berengars.[495] Die darin enthaltenen theologischen Aussagen zur Transsubstantiation lassen aber eine Einstellung zur Remanenzlehre erkennen, die zwar gegenüber der ursprünglichen Auffassung von Stanislaus von Znaim differenziert war, aber im Kern dessen ursprünglichem Neutralitätsstandpunkt nahestand. Das Brot, das vor den Wandlungsworten materiell nur Brot war, wird nach Hus nach der Konsekration zu einem *panis supersubstancialis.*[496] Der Christ sehe mit dem leiblichen Auge die Hostie, mit dem geistigen Auge aber, weil er glaube, den Leib und das Blut Christi.[497] Das Altarsakrament übersteige jede menschliche Fassungskraft.[498] Neben vielen anderen Gewährsleuten berief sich Hus auf Thomas von Aquin, dessen Fronleichnamshymnus *Lauda Sion salvatorem* er mehrfach zitierte.[499]

Die Wyclifgegner erlitten durch Hussens Traktat in ihren Bemühungen einen Rückschlag; die Umarbeitung des Traktats des Stanislaus von Znaim war damit gewissermaßen außer Kraft gesetzt. In der Auseinandersetzung um die Remanenz begann damit eine neue Phase. Anhänger wie Gegner Wyclifs verfügten mit den zwischen 1403 und 1407/08 verfassten Traktaten über Zusammenstellungen der einschlägigen Schriftzitate und Reservoirs der wichtigsten Stellen aus den Schriften der Väter und späteren Theologen, auf die fortan in Wort und Schrift immer wieder zurückgegriffen werden konnte.

In einem im Spätsommer 1408 an Erzbischof Zbyněk von Hasenburg gerichteten Brieftraktat wehrte sich Hus gegen eine Reihe von Vorwürfen von Seiten der Prager Pfarrer, die sich unter anderem auch auf die Rema-

493 *Sunt enim quidam volentes negare Christum esse panem* [...]: Hus, De corpore Christi, ed. Flajšhans, S. 3.

494 Ebd., S. 9.

495 Ebd., S. 11.

496 Ebd., S. 8 f. – Werner, Jan Hus, S. 100; Kolesnyk, Hussens Eucharistiebegriff, S. 198.

497 *Videt ergo fidelis Christianus oculo corporali hostiam, sed videt oculo mentis, quia credit corpus et sanguinem Domini Jesu Christi, sicud per Sanctorum dicta est superius declaratum* [...]: Hus, De corpore Christi, ed. Flajšhans, S. 24. – Kolesnyk, Hussens Eucharistiebegriff, S. 198.

498 *Supponendum est* [...], *quod misterium sacramenti altaris transcendit puri hominis sensum et ingeniosum, cum nec ad plenum potest ab ipso puro homine vivante sentiri nec intelligi, ut dicit sanctorum concors sentencia.* – Hus, De corpore Christi, ed. Flajšhans, S. 18. – Kolesnyk, Hussens Eucharistiebegriff, S. 198.

499 Hus, De corpore Christi, ed. Flajšhans, S. 6, 21.

nenz bezogen.[500] Im Rahmen der immer heftigeren Angriffe der Husgegner gehörte der Vorwurf des Remanentismus fortan zu den immer wiederkehrenden, von Hus aber stets zurückgewiesenen Anklagepunkten.[501] Eine entscheidende Rolle kam dabei den gegen ihn aufgebotenen Zeugen zu, deren Aussagen in mehrere Klage- bzw. Anklageschriften einflossen. Vor allem die 1409 bzw. 1412 erhobenen Klagen aus dem Prager Klerus, angeführt durch Jan Protiva von Neudorf (z Nové Vsi) († 1430), seinen Vorgänger an der Bethlehemkapelle und damaligen Pfarrer von St. Clemens im Poříč, bzw. Michael von Deutsch Brod gen. de Causis (Michal z Německého Brodu řeč. de Causis), den damaligen Pfarrer von St. Adalbert unter dem Zderas in der Prager Neustadt, an Erzbischof Zbyněk von Hasenburg bzw. an die Kurie trugen zur Verfestigung des Remanenzvorwurfs gegen ihn bei.[502] Bei Michael de Causis, der wohl bereits früher an den Anklagen gegen Hus mitgewirkt hatte, „handelte es sich [...] um einen gebildeten, geschickten und sein Ziel geradlinig vefolgenden Mann, dessen Gedankengänge von keinen Zweifeln beeinträchtigt waren und der auch einen Hang zu Zornesausbrüchen zeigte. Über die Glaubensprobleme diskutierte er nicht und der Glaube war ihm über alles erhaben, sonst hätte er nicht ungefähr zwanzig Jahre lang das Amt eines Promotors *in causus fidei* versehen können."[503] Jan Protiva und Michael de Causis überschritten durch ihre Tätigkeit und Bedeutung das übliche Niveau des Prager Pfarrklerus, als dessen Sprecher sie auftraten.[504]

Im Frühjahr 1409 brachte Ludolf von Einbeck, der seit seinem Studium an der Prager Juristenuniversität eng mit Prag verbundene Abt des Augustiner-Chorherrenstifts im niederschlesichen Sagan (Zagań) († 1422), die Remanenzfrage vor das Forum des Pisaner Konzils; im Rahmen seiner für die Wiederherstellung der Einheit der Kirche werbenden Konzilspredigt zum Fronleichnamsfest nahm er auch gegen die wyclifitische Remanenzlehre Stellung.[505]

Die anhaltende Diskussion zur Remanenzfrage bewog Hus in seinem 1410 entstandenen *Quadragesimale* dazu, seinen Anhängern zu empfehlen, auf die Frage, was er vom Abendmahl halte, zu antworten, dass er nur das glaube, was Christus eingesetzt und Paulus gelehrt habe. Von diesem Prinzip wolle er sich weder durch einen neuen Lehrsatz noch durch Drohungen

500 Inc. *Quia pater reverendissime, coram paternitatis vestre gracia*: Kor., Nr. 12, S. 30–42, hier S. 38 f. – B/S, Nr. 157, S. 191 f.

501 U.a.: Kor., Nr. 101, S.225–234, hier S. 226 (Nov. 1411).

502 Doc., S. 164–169 (1409), 169–174 (1412); Sousedík, Huss et la doctrine eucharistique „rémanentiste", S. 392–394; Hledíková, Hussens Gegner und Feinde, S. 93, 96; Kolesnyk, Hussens Eucharistiebegriff, S. 193.; Fudge, The Role of Michael de Causis. – Zu Jan Protiva: Tříška, Životopisný slovník, S. 293; Spunar, Repertorium I, Nr. 842–854, S. 304–308.

503 Hledíková, Hussens Gegner und Feinde, S. 96 f.

504 Ebd., S. 97.

505 Loserth, Beiträge III, S. 375; Machilek, Ludolf von Sagan, S. 105.

abbringen lassen; der rechte Glaube sei, dass Christus das Brot nahm und sprach: *Das ist mein Leib.*[506] Am 1. September 1411 verwahrte er sich in einem vor Simon von Tischnowitz, dem Rektor der Universität, im Karlskolleg ausgefertigten Schreiben an Papst Johannes XXIII. in feierlicher Form gegen die über ihn verbreiteten Anschuldigungen, er habe dem Volk gelehrt, im Altarsakrament verbleibe die materielle Substanz des Brotes, und gegen eine Reihe weiterer Anschuldigungen.[507] Knapp zwei Wochen später schloss Hus eine Apologie Wyclifs gegen den Lizenziaten John Stokes aus Cambridge ab, der sich in diplomatischer Mission an den Höfen Sigismunds in Ofen (Buda) und Wenzels IV. in Prag aufgehalten und gegen den Wyclifismus agiert hatte.[508] 1413 kam Hus wegen der nicht aufhörenden Anschuldigung, der Remanenzauffassung anzuhängen, in einem Brief an Johannes von Reinstein gen. Cardinalis (Jan z Rejnštejna řeč. Kardinál) auf die lange zurückliegende Abschwörungsaffäre des Stanislaus von Znaim zurück, in die er seinerzeit in nicht näher bekannter Weise involviert gewesen war: Stanislaus habe die Remanenzlehre tatsächlich verkündet, dieser aber dann vor Erzbischof Zbyněk abgeschworen; aus Furcht vor dem Erzbischof habe er ausgesagt, der Traktat sei noch gar nicht vollendet. Hus ging davon aus, dass Stanislaus noch vor dessen Vollendung abschwor und ihm die von der ursprünglichen Fassung abweichende Bedeutung gab, wofür er auch ihn (Hus) vergeblich zu gewinnen versucht habe. Stanislaus habe also kein Recht, ihn in irgendeiner Weise des Irrglaubens zu bezichtigen.[509] Auf dem Konstanzer Konzil trat John Stokes während Hussens Verhör am 7. Juni 1415 unter den Zeugen mit der Behaup-

506 Zitiert nach Werner, Jan Hus, S. 100. – Sedlák, Učil Hus remanenci? S. 462, 456. – Zum Quadragesimale Anm. 365. – Bartoš, Literární činnost M. J. Husi, Nr. V.A.8, S. 35 f.; B/S, Nr. 97, S. 148 f.;

507 *False siquidem detulerunt et deferunt, quod docuerim populum, quod in sacramento altaris remanet substancia panis materialis. False, quod quando elevatur hostia, tunc est corpus Christi, et quando ponitur, tunc non est. False, quod sacerdos in peccato mortali non conficit* [...]: Kor., Nr. 31, S. 95–100, hier S. 96 (wie unten S. 128). – B/S, Nr. 173, S. 198. – Fudge, Jan Hus. Religious Reform, S. 50.

508 Edition: Hus, Contra Iohannem Stokes, in: Polemica, ed. Eršil, CC CM 238 (2010)), S. 45–61. – B/S, Nr. 9, S. 73. – Loserth, Huss und Wiclif, S. 101 f.; Spinka, John Hus, S. 127 f.; Van Dussen, From England to Bohemia, S. 78, 88, 100–102; Nechutová, De non comburendo libros, S. 157–159.

509 *Et scio certitudinaliter, quod Stanislaus tenuit et in scripto sentencialiter scripsit de remanencia panis: et a me quesivit, antequam disturbium incepit, si vellem idem secum tenere. Ecce postea iuravit et abiuravit, et post duos annos, quando Stiekna venit cum suo tractatu, postquam timuit archiepiscopum, nesciens subterfugere, dixit per iuramentum, quod tractatum illum non perfecit. Et antequam fuit vocatus ad curiam archiepiscopi, dixit: ‚Oportet, quod Stiekna monachus flectat ante me genua et petat, quod parcam, quod ausus est tractatum meum novam plantacionem erroneam annotare.' Quomodo ergo possum eis credere, quod non libenter facerent contra conscienciam? Et estne eis salvum pro consciencia, quod nos vocant infideles, perfidos, insensatos, a tota fide Christi deviantes et maledictum clerus? Deus hoc iudicet*: Kor., Nr. 63, S. 169–171 (Zitat S. 170 f.). – Zur Abschwörungsaffäre des Stanislaus jetzt ausführlich: Nodl, Das Kuttenberger Dekret, S. 178–190, zu Hussens

tung auf, er habe seinerzeit persönlich einen Hus zugeschriebenen Traktat zur Verteidigung der Remanenz gesehen, was Hus als unwahr zurückwies.[510]

Die Frage nach Hussens Einstellung zur Remanenzlehre wird bis in jüngste Zeit kontrovers diskutiert. Dabei zeichnet sich die Tendenz ab, Hus habe jener gegenüber der damals herrschenden Lehre nahe gestanden, was den gravierenden, bis zuletzt im Konstannzer Prozess erhobenen Vorwurf der Remanenz erklärt. Für Paul De Vooght war Hussens Auffassung rechtgläubig.[511] Stanislaus Sousedík kam nach Überprüfung der dazu vorgetragenen Ansichten zur Auffassung, dass Hus die Remanenz keineswegs gelehrt, in der Verkündigung aber den offiziellen kirchlichen Standpunkt nicht eindeutig vertreten habe.[512] Nach den Worten von Jaroslav Kadlec stand Hus „prinzipiell [...] auf dem Neutralitätsstandpunkt, wie ihn einst Stanislav [von Znaim] verkündete. [...] Hussens Ansicht über das Altarsakrament war entschieden nicht kirchlich rechtgläubig. Außerdem stand Hus nur prinzipiell auf dem Neutralitätsstandpunkt, näher stand ihm die widersprüchliche Lehre von der Remanenz."[513] Walter Brandmüller schloss sich der Auffassung von Kadlec im Wesentlichen an; nach ihm nahm Hus „hinsichtlich der Remanenz zunächst eher eine neutrale Position ein, später näherte er sich mehr der Remanenzlehre Wyclifs."[514] Nach Hans Jorrissen hat Hus „trotz starker Beeinflussung durch Wyclif [...] dessen Ablehnung der Transsubstantiation nicht geteilt und auf dem Konzil von Konstanz entsprechende Vorwürfe ausdrücklich zurückgewiesen."[515]

Die von den sogenannten Vorläufern Hussens vieldiskutierte Frage der Häufigkeit des Kommunionempfangs der Laien hat Hus 1407 in seiner Predigt *Passio domini nostri Jesu Christi* (*Das Leiden unseres Herrn Jesu Christi*) distanziert behandelt: Die tägliche Kommunion sei mit Augustinus bzw. Gennadius weder zu loben, noch zu tadeln, es sei aber möglich sie nach Wunsch jeden Sonntag zu empfangen.[516] In der Predigt zum 1. Adventssonntag der *Sermones in Bethlehem* wies er zur Frage des Kommunionempfangs im Advent darauf hin, dass die tägliche Kommunion in der Urkirche zwar üblich ge-

Stellungnahme insbes. S. 183 f., 185 f. – Zu Johannes Reinstein gen. Cardinalis: Tříška, Životopisný slovník, S. 229.

510 *Et Stokes Anglicus dixit: ‚Ego vidi Prage unum tractatum, qui huic Hus ascribebatur, in quo posuit expresse, quod post consecracionem in sacramento remaneat panis materialis.' Et Magister dixit: ‚Salva reverencia, non est verum':* Rel., S. 76; Ber., S. 163. – Loserth, Huss und Wiclif, S. 102; Fudge, Jan Hus, S. 50; Šmahel, Jan Hus. Život, S. 208.

511 De Vooght, L'hérésie II, S.779–807 (1975).

512 Sousedík, Učení o eucharistii, S. 37–67.

513 Kadlec, Studien und Texte, S. 30.

514 Brandmüller, Das Konzil von Konstanz I, S. 335.

515 LThK 1 (^{3}1993), Sp. 38.

516 *Nec laudo, nec vitupero*: Hus, Passio Domini nostri Iesu Cristi, ed. Vidmanová-Schmidtová (MIHO VIII), 1973, S. 76. – Werner, Das Altarsakrament, S. 324; Werner, Wort und Sakrament, S. 8; Kolesnyk, Hussens Eucharistiebegriff, S. 199.

wesen sei, die Kirche die Kommunionspendung aber mit dem Rückgang des Glaubenseifers später auf wöchentlichen beziehungsweise pro Jahr viermaligen Empfang festgesetzt habe.[517] In der Auslegung des Vaterunsers von 1412 nannte er die häufige Kommunion gut, riet aber trotzdem nicht zum täglichen Empfang. Der Gläubige solle zuvor prüfen, ob er bereit sei, Christus, zu dessen Tisch er herantrete, auch nachzufolgen.[518] Entsprechend betonte er in der Fronleichnamspredigt (I) zu Joh 6,56–59 seiner *Postilla adumbrata* von 1411/12, dass es vor allem darauf ankomme, das Sakrament würdig zu empfangen.[519]

10. Der Streit um die Inhalte der Predigten und zur Autorisierung des Predigers

Hussens immer konsequentere Verteidigung der Lehren Wyclifs gegen die kirchliche Obrigkeit und seine immer schärferen Predigten gegen die Habsucht und das unmoralische Leben des Klerus hatten seit 1406/07 zur Entfremdung und schließlich zum Bruch zwischen ihm und Erzbischof Zbyněk von Hasenburg geführt. Wahrscheinlich auf Grund einer an Erzbischof Zbyněk gerichteten Eingabe des Klerus, mit der dieser den Oberhirten dringend zum Einschreiten gegen Hus aufgefordert hatte, da ihn dieser in seinen Predigten angeschwärzt und vor dem Volk verächtlich gemacht habe, verbot die Prager Synode am 16. Juni 1408 die öffentliche Kritik am Klerus.[520] Der Klerus hatte sich in der Eingabe konkret auf eine Predigt Hussens in der Bethlehemkapelle vom 17. Juli 1407 und Hussens Aussagen zu dem kurz zuvor verstorbenen Kanoniker Petrus Wšerub (Petr ze Všerub)

[517] *Nota:* [...] *Prius homines in ecclesia primitiva cottidie communicabant, quia fuerant in fervore magno; postea omni septimana, quia minuebant fervorem caritatis; post quater in anno, iam semel et alii solum in morte [...], ut Gallici*: Hus, Sermones in Bethlehem, 1938, Nr. XVI, S. 98–102, hier 100. – Werner, Das Altarsakrament, S. 324; Kolesnyk, Hussens Eucharistiebegriff, S. 199.

[518] Hus, Výklady, ed. Daňhelka, 1975 (MIHO I), S. 368. – Werner, Das Altarsakrament, S. 325.

[519] *Manducare sacramentaliter et spiritualiter simul est digne recipere venerabile sacramentum sive manducare in gracia*: Hus, Postilla adumbrata, ed. Ryba, CC CM 261 (2015), Nr. 64, S. 265–276, hier S. 270. – Kolesnyk, Hussens Eucharistiebegriff, S. 199 f.

[520] *Contra predicatores clerum confundentes: Item ad audienciam domini nostri archiepiscopi pervenit, qualiter nonnulli predicatores civitatis et diocesis Pragensis per verba inutilia et scandalosa Christi fideles animas offendunt et corda inficiunt indiscrete descibendo statum clericorum et prelatorum ut presumitur ex dicti Wikleph opinionibus. Unde mandat dominus archiepiscopus, quod de cetero scandalosa contra statum prelatorum et clericorum et ecclesie Romane non predicent vulgariter in ambonibus populo Christiano*: Höfler (Hg.) Concilia Pragensia, S. 52. – Hus nahm darauf Bezug: Kor., Nr. 12, S. 39; Johannes Hus deutsch, S. 140. – Zur grundsätzlichen Einstellung Hussens zum Empfang der Eucharistie: Kolář, Husovo učení.

bezogen, wonach dieser ein guter Christ und treuer Verfechter des Glaubens gewesen sei. Zugleich verdächtigten sie Hus als Anhänger der bei vielen in der Stadt immer noch lebendigen Wyclifschen Remanenzlehre.[521] Hus wies die Anschuldigungen in einer an den Erzbischof gerichteten ausführlichen Apologie zurück. Unter Hinweis auf Joh 8,44 und Mt 12,39 bestritt er den Vorwurf, maßlos gepredigt zu haben:

> *Denn ich habe weder gegen das Mandat* [das Verbot vom 16. Juni 1408] *gehandelt, noch habe ich maßlos* (*excessive*) *gegen den Klerus gepredigt, denn maßlos predigen heißt: falsch, schmeichlerisch oder ängstlich zu predigen. Gemäß dem Gesetz des Herrn in der Schrift und den heiligen Canones heißt es doch, die Sünden der Geistlichen zur Erbauung von Klerus und Volk aufzudecken und wahrhaftig, gerecht, nicht schmeichlerisch und nicht ängstlich zu predigen; anders hätte ja auch unser Erlöser maßlos gegen den Klerus gepredigt* [...]. *Seht! Die Gesetzeslehrer, Schriftgelehrten und Pharisäer haben die Predigt des höchsten Predigers, unseres Erlösers, verleumdet: Erstens, indem sie sagten: Du beschimpfst uns, zweitens, weil sie ihm mit Härte entgegentraten, drittens, weil sie begannen, ihn am Reden zu hindern, viertens, weil sie ihm mit Hinterlist begegneten, und fünftens, indem sie etwas aus seinem heiligen Mund erhaschen wollten, um ihn anzuklagen. Weil ich aber als Sünder nicht über jenem Prediger stehe, da der Schüler nicht über seinem Lehrer und der Knecht nicht über seinem Herrn steht* [Mt 10,24], *den sie verfolgt haben, was Wunder, wenn sie mich wegen meiner Predigten verfolgen?*[522]

Neben der Frage nach der Erlaubtheit exzessiver Angriffe gegen den Klerus in der Predigt traten in den Auseinandersetzungen zwischen den kirchlichen Amtsträgern und der Reformbewegung die grundsätzlichen Fragen nach dem Lehrinhalt der Predigten, dem Predigtort und – unter Bezug auf Röm 10,15 (*Wie können sie verkündigen, wenn sie nicht gesandt sind?*) – der Autorisierung des Predigers verstärkt in den Vordergrund.[523] Bereits 1406 hatte Erzbischof Zbyněk auf der Synode angeordnet, dass nur ein von ihm oder seinem Vikar beauftragter Priester zum Predigtamt legitimiert sei. 1408 wiederholte er diese Anordnung unter Hinzufügen des Verbots der Predigt an unüblichen Orten. Gleichzeitig beschloss die Synode, dass nur das gepredigt werden dürfe, was mit der Lehre der Kirche in Einklang stehe.[524]

Hussens Einsatz für den in einem Verhör vom Vikar des Erzbischofs des Waldensertums beschuldigten Priester Nikolaus von Velenovice (Mikuláš z

[521] Doc. S. 153–155; Johannes Hus deutsch, S. 123–127.

[522] Kor., Nr. 12, S. 30–42 (Zitat S. 39 f.); Johannes Hus deutsch, S. 129–142 (Zitat S. 140 f.).

[523] Zu den Auseinandersetzungen um unbefugtes Predigen: Kejř, Die Causa Johannes Hus, S. 28–31; Soukup, "Jak mohou zvěstovat, nejsou-li posláni?"

[524] Kejř, Die Causa Johannes Hus, S. 28 f.

Velenovic) gen. Abraham, Prediger an der Prager Heilig-Geist-Kirche, im Frühsommer 1408 trug zur Verschärfung der Differenzen in der Predigtfrage bei. Nikolaus war vorgeworfen worden, für die Laienpredigt eingetreten zu sein. Hus, der bei dem Verhör zugezogen worden war, verteidigte Nikolaus; er erinnerte sich später an seine damals abgegebene Erklärung: *Siehe da, ihr seid bereit, diesen Priester wegen waldensicher Irrlehren zu verurteilen, auch wenn er vor euch im Namen Gottes geschworen hat. Ist das gerecht?*[525] Michael de Causis bezichtigte diesen später auf dem Konstanzer Konzil, alle Ketzer – ausdrücklich nennt er die Leonisten, Runkarier und Waldenser – auf seiner Seite zu haben, indem er ihre Irrlehren unterstütze; sie alle hielten die kirchliche Disziplin nicht ein und hassten die Autorität der römischen Kirche.[526] Michael de Causis ging es bei seiner Anschuldigung wohl vor allem darum, Hus wegen seiner Wanderpredigt während des Exils als Verfechter der waldensischen Ketzerei zu diffamieren.

In einem zwischen 6. und 16. Juli 1408 abgefassten aufrüttelnden Brief an Erzbischof Zbyněk spielte Hus an das Verfahren gegen Abraham von Velenovice an: Während unzüchtige und auf vielerlei Weise schuldig gewordene Personen (*incestiosi et varie criminosi*) ohne strenge Zurechtweisung wie ungezähmte Stiere und geile Hengste (Jer 5,8) mit hochgereckten Hälsen frei herumlaufen dürfen, würden demütige Priester (*sacerdotes humiles*), die sich nicht von Habgier leiten lassen, sondern für Gott gerne die mühevolle Verkündigung des Evangeliums erfüllen, als Häretiker in Kerkerhaft gehalten werden:

> *Achtet die Guten, behaltet die Schlechten im Blick! Die Prunksüchtigen und Habgierigen sollen Euch nicht schmeicheln, die Demütigen und Freunde der Armut Euch freuen! Treibt die Pflichtvergessenen zur Arbeit an, hindert diejenigen nicht, die in der Ernte des Herrn treu ihre Arbeit tun!*[527]

Auf einer auf Wunsch des Königs für den 16. Juli 1408 vom Erzbischof einberufenen außerordentlichen Synode musste dieser bestätigen, im Land keine Ketzerei vorgefunden zu haben.[528]

Gegenüber den durch den Wyclifismus ausgelösten Kontroversen an der Universität bedeutete für Bischof Johannes den Eisernen von Leitomischl das öffentliche Ansprechen der gegensätzlichen Auffassungen in kirchlichen

[525] Doc., S. 342 f. – Loserth, Huss und Wiclif, S. 82 f.; Spinka, John Hus, S. 85; Molnár, Die Waldenser. S. 239; Hilsch, Johannes Hus, S. 81 f.; Šmahel, Die Hussitische Revolution I, S. 525; Kejř, Die Causa Johannes Hus, S. 29; Krzenck, Johannes Hus, S. 86; Fudge, Jan Hus. Religious Reform, S. 109; Pavlíček, The Chronology, S. 29.

[526] Doc., S. 198. – Molnár, Die Waldenser, S. 241. – Zu Michael de Causis und seiner späteren Rolle als päpstlicher Prokurator: Novotný, M. Jan Hus. Život a dílo 1, S. 466–468; Hledíková. Hussens Gegner, S. 96 f.; Kejř, Die Causa, S. 69–71 u.ö.

[527] Kor., Nr. 11, S. 28–30; Johannes Hus deutsch, Nr. 7, S. 119–122. – Krzenck, Johannes Hus, S. 85 f.

[528] Novotný M. Jan Hus. Život a dílo 1, S. 250; Zilynská, Hussitische Synoden, S. 60.

Angelegenheiten in Hussens Predigten vor dem Volk eine große Gefahr für die Kirche. Hus und seine Anhänger müssen, so die Forderung des Bischofs im Jahr 1413, von Bethlehem entfernt werden; Hus dürfe dort nicht mehr wie ein Wolf predigen.[529]

11. Das Eingreifen der römischen Kurie in den Wyclifstreit, der Stimmenstreit an der Prager Universität und das Kuttenberger Dekret König Wenzels IV.

Seit dem Aufenthalt des Nuntius des römischen Papstes Gregors XII., Bischof Jacopo Arrigoni Baillardi von Lodi, am Prager Hof 1407 sowie einer durch den der sächsischen Universitätsnation zugehörigen Magister Ludolf Meistermann aus Lübeck vertretenen und durch die Heidelberger Universität mit einem Gutachten vom 18. Januar 1408 unterstützten Anklage gegen die Wyclifiten an der römischen Kurie, in der Stanislaus von Znaim auf der Grundlage der ersten Fassung des Remanenztraktats und unter Verschweigen der von ihm inzwischen vorgenommenen Revision durch die Anführung gegen die Remanenz zeugender Autoritäten schwer belastet wurde,[530] eskalierten die Auseinandersetzungen zwischen den kirchlichen Amtsträgern und der böhmischen Reformpartei. Die Aktionen Meistermanns überschritten bewusst die Kompetenzen Erzbischof Zbyněks in der Wycliffrage und durch die Einbeziehung der vom römisch-deutschen König Ruprecht von der Pfalz, dem Rivalen Königs Wenzel IV., unterstützten Heidelberger Universität auch die böhmischen politischen Interessen.[531]

Der bis dahin im Wesentlichen auf die Prager Universität und die Kurie des Erzbischofs begrenzte Wyclifstreit wurde damit zu einer römisch-kurialen und eminent politischen Angelegenheit. Die Zuständigkeit in dieser übertrug Papst Gregor XII. an Kardinal Francesco Uguccione, der mit Mandat vom 20. April 1408 allen Geistlichen und Laien verbot, sich weiterhin zu Wyclifs Lehren zu bekennen, sie zur Abgabe der Wyclifschriften an die kirchlichen Behörden verpflichtete und Stanislaus von Znaim aufforderte, binnen 60 Tagen vor dem Gericht des Kardinals zu erscheinen. In Prag wiederholte die bereits erwähnte Versammlung der böhmischen Universitätsnation am 24. Mai 1408 die Verurteilung der Wyclifartikel aus dem Jahr 1403, jedoch

[529] Doc., S. 502. – Soukup, Jan Hus as a Preacher, S. 126.

[530] Nodl, Das Kuttenberger Dekret von 1409, S. 188. – Zu Meistermann: Tříška, Životopisný slovník, S. 343.

[531] Hierzu und zum Folgenden: Kejř, Die Causa Johannes Hus, S. 17–46. – Zur wichtigen Rolle Meistermanns in Heidelberg und Rom: Spinka, John Hus, S. 80–83; Hilsch, Johannes Hus, S. 77, 83; Šmahel, Die Hussitische Revolution II, S. 804 f.; Šmahel, Jan Hus. Život a dílo, S. 63 f.; zuletzt insbesondere Nodl, Das Kuttenberger Dekret, S. 181 f., 188–190 u.ö. – Zu sonstigen Aktivitäten Meistermanns: Zilynská, Johann Hoffmann, S. 83 f.

mit der Einschränkung, dass die Artikel nicht in ketzerischem, irrigem oder anstößigem Sinn gelehrt oder verteidigt werden dürften. Das Studium der Wyclifschriften durch Magister war damit nicht ausgeschlossen. Dagegen wurde Bakkalaren der Besitz und die Lektüre von Wyclifs *Dialogus*, *Trialogus* und *De corpore Christi* ausdrücklich verboten. Knapp zwei Monate später, am 17. Juli 1408, befahl Erzbischof Zbyněk auf der Prager Synode die Auslieferung aller Wyclifschriften. Im Herbst 1408 begaben sich Stanislaus von Znaim und Stephan von Páleč der früheren Vorladung Papst Gregors XII. an die Kurie folgend und zugleich mit Aufträgen König Wenzels betraut nach Rom, wurden aber auf Anordnung des vom Papst abgefallenen Kardinals Baldassare Cossa, des späteren Papstes Johannes XXIII., in Bologna ergriffen und eingekerkert.[532] Hus, Hieronymus von Prag, Jan von Jessenitz, Christian von Prachatitz und wohl auch Johannes von Reintein gen. Cardinalis setzten sich für die Rückkehr der beiden Universitätskollegen ein. Beide kehrten allerdings erst im Juni 1409 nach Prag zurück; beide traten in der Folgezeit als entschiedene Wyclifgegner auf.[533]

Während des Aufenthalts des als Gesandter König Karls VI. von Frankreich (1380–1422) am Prager Hof weilenden führenden Magisters des Navarrakollegs Jacques de Nouvion (um 1372–1411), der zu Verhandlungen mit König Wenzel über eine Aufkündigung der Obedienz für die beiden Päpste nach Prag gereist war, im Juni 1408 luden der Rektor, Hus, Jakobell von Mies und die anderen Universitätskollegen der böhmischen Nation Nouvion zu einem Festbankett mit Disputation über die Quaestio *Utrum viris ecclesiasticis seu clericis liceat aliquid possidere* ein. Dabei äußerten sie sich in scharfer Form gegen Besitz und Herrschaft der Kirche, im Besonderen des hohen Klerus. Der Pariser Gelehrte sah sich während der Disputation – wohl mit Rücksicht auf die kirchenpolitische Einstellung Erzbischof Zbyněks von Hasenburg und des Prager Konsistoriums zu Gregor XII. – zur Zurückhaltung veranlasst, nahm jedoch in einem bald danach verfassten Traktat gegen die von den Prager Magistern vorgetragenen, die Armutsforderung Christi stützenden Argumente Stellung und betonte, dass Christus die Armut nicht gefordert, sondern geraten habe; die Priester seien nicht daran gebunden, alle Räte Christi einzuhalten.[534] Ausdrücklich wandte sich Nouvion in dem Traktat gegen den Vorwurf, dass die Kirche wegen der Besitztümer als Kirche des

532 Hilsch, Johannes Hus, S. 88.

533 Ebd., S. 90 f, 96.

534 *Et cum contra hoc arguunt adversarii, quia Christus nichil consuluit clericis, ad quod non teneantur, hoc est negandum. Multa enim Christus dedit consilia, que non obligant, sed super erogacionis est ea implore.* Jacobi de Noviano Disputatio cum Hussitis, S. 20 f. – Zur französischen Mission und der Disputation in Prag: Sedlák, Miscellanea husitica, S. 82–97 (Erstdruck 1909); Bartoš, Čechy v době Husově, S. 296 f.; De Vooght, L'hérésie I, S. 100–103, II, S. 634–638; Hilsch, Johannes Hus, S. 83; Šmahel, Die Hussitische Revolution II, S. 822 f.; Šmahel/Nodl, Kuttenberger Dekret nach 600 Jahren, S. 39; Soukup, Jan Hus, S. 88, 124.

Satans bezeichnet werden dürfe.[535] Nach Matthew Spinka lässt der Bericht die zwischen den beiden Parteien bestehenden Kontroversen mehr als sonst erkennen: „[...] whether Christ's teaching and practice were the supreme rule of the life of Christians or whether the Church's decision overrode even the plain command of Christ. This was not a conflict between the 'heresy' of the Czech masters and the Church's rightful authority, nor did Nouvion treat it as such. It was a fundamental contradiction in the two concepts of the very essence of the Christian religion".[536]

Die Kontroversen zwischen den Parteien spitzten sich zu, als sich der erst kurz zuvor unter Ketzerverdacht stehende Matthias von Knín Mitte Juni 1408 als Leiter des Quodlibets zu Beginn des folgenden Jahres zur Verfügung stellte und damit dessen wyclifitische Ausrichtung von vorneherein abzusehen war. In provokativer Wahl wurde Matthias von Knín mit Stimmenmehrheit zum Quodlibetar bestellt.[537] Einige Professoren der nichtböhmischen Nationen – insbesondere Walter Harrasser, Peter Storch aus Zwickau (um 1370–nach 1430) und Johannes Hoffmann aus Schweidnitz – ließen wissen, sie wollten lieber Prag verlassen, als an einer Disputation eines der Ketzerei verdächtigen Magisters teilzunehmen.[538]

In einem im August oder September 1408 verfassten Brief an Erzbischof Zbyněk von Hasenburg nahm Hus zu den Anschuldigungen aus dem Pfarrklerus Stellung, darunter zu den Angriffen wegen seines Kirchenverständnisses und des Auftrags der Kirche für das Volk.[539]

Wahrscheinlich Anfang des Jahres 1409 befahl Erzbischof Zbyněk allen Besitzern von Wyclifschriften diese bei der erzbischöflichen Kurie abzuliefern.[540]

Die Bewunderung, die Hus wegen seines Auftretens, seiner intellektuellen Gaben und seines Erfolgs selbst bei einem Gegner des Wyclifismus erwecken konnte, spricht aus dem langen Brief, den ihm der etliche Jahre ältere Magister und inzwischen ins Kloster eingetretene Bruder Johannes von

535 *Ex dictis autem satis apparet, quod ecclesia presens non est ecclesia Sathane propter habet possessions, sed multi clerici sunt de ecclesia Sathane propter suos malos mores, tam inter illos, qui habent possessiones, quam inter illos, qui non habent*: Jacobi de Noviano Disputatio cum Hussitis, S. 24.

536 Spinka (1968), S. 90 f. (Zitat S. 91).

537 Šmahel, Fakulta svobodných umění, S. 126.

538 Hieronymus von Prag, Quaestiones, Polemica, Epistulae, ed. Šmahel/Silagi, Einleitung, S. XXXVI; Fudge, Jerome of Prague, S. 88 f. – Die beiden Letztgenannten folgten dann jedoch der königlichen Verpflichtung zur Teilnahme der Angehörigen der landfremden Nationen an der Disputation. – Zu Peter Storch: Tříška, Životopisný slovník, S. 462.

539 Kor., Nr. 12, S. 30–41, hier insbesondere S. 31 f. und 41. – Patschovsky, Pravda a poslušnost v Husově chápání církve, S. 159 f.

540 Soukup, Jan Hus, S. 51.

Rakonitz (Jan z Rakovníka) gegen Ende des Jahres 1408 als seinem treuen Freund (*fideli amico*) geschrieben hat:[541]

> *Ihr habt das, was anderen versagt ist. Wenn ich mich nicht täusche, so lebt der Geist Daniels, der über die Alten zu Gericht saß und die schamlosen Greise verdammte* [Dan 15,45–62], *in Eurer Brust.* [...] *Ihr habt die Zahl der Jahre des vollendeten Alters noch nicht erreicht, zerreibt Euch aber schon in jungen Jahren an den Alten. Ihr zwingt die Berge des göttlichen Wortes zu rauchen* [Ps 144,5]. *Ihr seid in der Tat zum Licht für die Völker gesetzt, wie ein Licht auf einen Leuchter Gottes gestellt wird, damit es im Haus leuchtet* [Mt 5,15].[542]

Hus möge die Ohren öffnen und auf das Geschrei in den Städten hören; schon werde ihm der Beiname Wyclif gegeben; unter dem Volk gäbe es überall Gerüchte und Aufruhr; vor allen anderen gelte er als Fahnenträger Wyclifs.[543] Eindringlich appellierte Johannes von Rakonitz an Hus, zum Nutzen der Kirche die Verteidigung des *verworfenen Wyclif* (*reprobati Wykleff*), dessen Beinamen er trage, aufzugeben:

> *Animadvertite et verba oris mei aure pietatis percipite et auscultate, an iusto procedant ex dolore, ipse iudicate* [...]. *Perpendite: Vos estis sal terre. Sale deficiente, in quo salietur?* [Mt 5,13] *Ad Vos gentis vota respiciunt* [...].[544]

Hieronymus von Prag von Prag goss am Vorabend der Quodlibetdisputation mit einer *Quaestio de convertibilitate et suppositione terminorum,* in der er die Wyclifgegner schmähte und die Klugheit seines *socius* Matthias von Knín hervorhob, Öl ins Feuer.[545] Auf der von einem Teil der nominalistisch gesinnten deutschen Magister boykottierten Quodlibetdisputation des Matthias von Knín im Januar 1409 bekannten sich die Magister der böhmischen Nation in Anwesenheit einer französich-brabantischen Gesandtschaft und der Schöffen des kurz zuvor tschechisch gewordenen Altstädter

541 Kor., Nr. 14, S. 44–52; Sedlák (Hg.), Miscellanea, S. 211–219. – Sedlák, List Jana z Rakovníka; Bartoš, Čechy v době Husově, S. 318 f., 325; Spinka, John Hus, S. 88 f.; Tříška, Životopisný slovník, S. 294; Spêváček, Václav IV., S. 426, Anm. 1; Hilsch, Johannes Hus, S. 85 f.; Šmahel, Die Hussitische Revolution II, S. 824 f.; Krzenck, Johannes Hus, S. 87 f.; Šmahel, Jan Hus. Život a dílo, S. 68.

542 Kor., S. 45.

543 Ebd.

544 Kor., S. 48 f. – Der Brief ist wegen dieser Stellungnahme als *Epistola contra Johannem Hus* bekannt.

545 Edition: Hieronymus von Prag, Quaestiones, Polemica, Epistulae, ed. Šmahel/Silagi, S. 71–95. – Dazu: Šmahel/Silagi, Leben und Werk des Hieronymus von Prag, S. XXXIV.

Rats öffentlich zum Wyclifschen Realismus.[546] Am Schluss der Disputation hielt Hieronymus von Prag seine oft zitierte, patriotisch zugespitzte und antideutsch ausgerichtete Rede zum Lob der freien Künste (*Recommendatio artium liberalium*), in der er Wyclif als *Doctor evangelicus* und König Wenzel als Bewahrer der heiligen Stadt Prag rühmte.[547] Kein reiner Tscheche sei jemals ein Ketzer gewesen oder werde jemals ein solcher sein; dies im Unterschied zu den fremden Zuwanderern – eine Anspielung auf die zumeist deutschen Waldenser –, die in den böhmischen Ländern zu Recht auf dem Scheiterhaufen geendet hätten.[548] Er selbst (Hieronymus) habe aus den Büchern Wyclifs viel Gutes gelernt;[549] Lehrer und die von Hus ausdrücklich angesprochenen Studierenden hätten die Pflicht, die Wahrheit zu suchen: *Die Wahrheit ist niemals der Lüge gewichen und wird ihr niemals weichen, denn die Wahrheit siegt über alles!*[550] Die Ansprache „verlieh dem aufkeimenden tschechischen Nationalismus einen selbstreflexiven ideellen Entwurf und eine konzeptionell überzeitliche Durchschlagskraft."[551]

Mitten in der durch das Quodlibet aufgewühlten Atmosphäre forderte König Wenzel die Universität zu unverzüglicher Äußerung über die Einladung zu dem von den römischen und avignonesischen Kardinälen zur Beendigung des Schismas für Frühjahr 1409 nach Pisa einberufenen Konzil auf, nicht zuletzt um durch seine Entscheidung für das Konzil seine Stellung gegenüber dem Gegenkönig Ruprecht von der Pfalz zu stärken. Während er selbst am 26. November 1408 seine Bereitschaft zur Beschickung des Konzils erklärt hatte und die Magister der böhmischen Universitätsnation zur Teilnahme bereit waren, wollten Erzbischof Zbyněk und sein Konsistorium sowie die drei anderen Universitätsnationen an der Obedienz des römischen Papstes Gregor XII. festhalten. Als böhmischer Herrscher erwartete Wenzel nun dringend die Zustimmung der Universität zu seiner Entscheidung.[552] Führende Vertreter der wyclifitischen Partei erkannten angesichts dieser Konstellation eine Möglichkeit, ihren langgehegten Wunsch um Stärkung

546 Kejř, Kvodlibetní disputace, S. 77–83; Šmahel, Fakulta svobodných umění, S. 126 f.; Herold, Pražská univerzita, S. 155–157; Hilsch, Johannes Hus, S. 91–95; Soukup, Jan Hus, S. 88; eingehend zuletzt: Nodl, Das Kuttenberger Dekret, S. 239–249.

547 Edition: Hieronymus von Prag, Quaestiones, Polemica, Epitulae, ed. Šmahel/Silagi, S. 199–222; englische Übersetzung: Fudge, Jerome of Prague, S. 303–312. – B/S Nr. 333, S. 279. – Dazu: Šmahel, Idea národa (1971), S. 39–44; Šmahel, Die Hussitische Revolution II, S. 828 f.; Šmahel/Silagi, Leben und Werk des Hieronymus von Prag, S. XXXVIII–XL; Nodl, Das Kuttenberger Dekret, S. 244–249, 260; Fudge, Jerome of Prague, S. 88–100.

548 Hieronymus von Prag, Quaestiones, Polemica, Epitulae, ed. Šmahel/Silagi, S. 212 f.

549 Ebd., S. 214.

550 Ebd., S. 216: *Veritas autem nusquam cessit neque cedet mendacio, cum ‚super omnia vincit veritas'!* [III Esdr 3,12].

551 So Šmahel/Silagi, Leben und Werk des Hieronymus von Prag, S. XXXVIII.

552 Zum Kontext: Machilek, Das Große abendländische Schisma, besonders S. 54–61.

ihrer Position zu realisieren. In Kuttenberg (Kutná Hora), dem damaligen Aufenthaltsort Wenzels und seines Kronrats, gelang es Hieronymus von Prag und Jan von Jessenitz, in Geheimverhandlungen mit dem als *der Reiche* bekannten königlichen Rat Nikolaus Augustini und weiteren Mitgliedern des Kronrats den über das Verhalten der nichtböhmischen Nationen verärgerten König Wenzel für das sogenannte *Kuttenberger Dekret* vom 18. Januar 1409 zu gewinnen, kraft dessen die böhmische Nation bei allen Beratungen, in den Gerichtssitzungen, in den Prüfungskommissionen und bei den Wahlen sowie bei anderen Verhandlungen in den Ratsgremien fortan über drei, die drei landfremden Nationen zusammen nur mehr über eine Stimme verfügten.[553] Die offizielle, mit je zwei Vertretern aus den vier Universitätsnationen besetzte Delegation der Universität wurde bei ihrem Eintreffen in Kuttenberg am 18. Januar 1409 mit der bereits ergangenen Entscheidung des Königs überrascht. Hus, der wegen einer ernsthaften Erkrankung an der folgenschweren Entwicklung um die Jahreswende 1408/09 persönlich nicht beteiligt war, wurde von den unmittelbar Beteiligten jedoch über den Erlass Wenzels umgehend informiert. Als die beiden Vertreter der *natio Bohemica* – die Theologieprofessoren Johannes Eliae von Bischofteinitz und Andreas von Brod – aus Kuttenberg nach Prag zuirückkehrten und Hus aufsuchten, um ihm das Ergebnis der Verhandlungen mitzuteilen, hatte dieser schon eine ihm von Hieronymus von Prag und Jan von Jessenitz überbrachte Abschrift in Händen. Offiziell wurde das Dekret erst am 26. Januar an der Universität verkündet.[554] Hus erklärte später (Anfang September 1411) in einem Schreiben an das Kardinalskollegium, dass er sich seinerzeit für den Anschluss an die Kardinäle eingesetzt habe.[555]

Die durch das *Kuttenberger Dekret* bewirkte Stärkung des Einflusses der Wyclif-Partei an der Universität wurde bald darauf durch die unter Protest vollzogene Sezession von etwa 700–800 deutschen Magistern und Studenten an andere Universitäten, insbesondere an die in diesem Zusammenhang neu begründete Leipziger Universität, weiter erhöht.[556]

Die Wyclifgegner in und außerhalb Böhmens wiesen in der Folgezeit unablässig auf den Zusammenhang zwischen dem Streit um die Universalien und dem Rückgang der Universität hin und bezeichneten die Sicht der Universalien im Sinn Wyclifs als Grund der Heterodoxie in Böhmen. In der bereits erwähnten antihussitischen Messparodie wurden die Namen der

553 Zum Kuttenberger Dekret jetzt umfassend: Nodl, Das Kuttenberger Dekret (2010), eine tschechische Fassung des Buchs erschien bereits 2009. – Dazu auch: Fudge, Jerome of Prague, S. 100–111.

554 Kadlec, Studien und Texte, S. 9 f.; Šmahel, Die Hussitische Revolution II, S. 831 f.

555 Kor., Nr. 32, S. 101. – Machilek, Das große abendländische Schisma, S. 62. – Zur Einordnung Hussens in die Ereignisse um das Kuttenberger Dekret: Svatoš, Obecné učení, S. 85–99.

556 Zu den Folgen des Dekrets knapp zusammenfassend. Zilynská, Das Kuttenberger Dekret, S. 54.

führenden Wyclifisten unter Hervorhebung der am *Kuttenberger Dekret* persönlich oder ideell Beteiligten in der Prosa nach dem Alleluia in folgender Weise aufgeführt:

Ut Hus et eius complices
dantes erroris calices,
qui circumveniunt simplices,
et nequam Au[gu]*stini,*
Knyn, Symon, Jessenicz sequitur,
De Messlik, Habart additur,
Jeronymus non tollitur,
quamvis additur fini.[557]

Jan von Jessenitz verteidigte das Kuttenberger Dekret in seiner *Defensio mandati*, die als hervorragende Leistung der böhmischen Jurisprudenz im Mittelalter gilt.[558]

In der Folgezeit lag die Führungs- und Sprecherrolle in der Reformbewegung eindeutig bei Hus. Während sich Hieronymus mehrfach längere Zeit außerhalb Böhmens für die Verbreitung und Verteidigung der Wyclifschen Ideen einsetzte (1410 in Buda und Wien, 1413/14 in Krakau, Litauen und Weißrussland),[559] übernahm Jan von Jessenitz die Rolle des geschickt taktierenden Anwalts Hussens, die er bis zu dessen Tod innehatte. Die durch Hieronymus von Prag und Jan von Jessenitz vorgetragenen Begründungen der nationalen tschechischen Belange hatten für die Ausbildung des hussitischen Selbstverständnisses und Sendungsbewusstseins zunehmende Bedeutung.[560] Als Folge der Sezession vorwiegend deutscher Magister und Scholaren der Artistenfakultät dominierten an dieser fortan die Wyclifisten; an der Theologischen Fakultät wurden die Entscheidungen zunächst noch durch die Wyclifgegner bestimmt, die einige Jahre die Mehrheit behielten.[561]

Die Hus zugefallene Führungsrolle in der Reformbewegung schlug sich erst seit dem Konstanzer Konzil in der Bezeichnung seiner Anhänger unter den Gegnern nieder. Waren jene bis dahin als *Wyclifite* oder *Wyclifiste* bezie-

557 Lehmann, Die Parodie, S. 219. – Kraus, Husitství I, S. 4; Nejedlý, Dějiny husitského zpěvu III, S. 369–375; Kejř, Husitský právník, S. 21 f.; Spinka, John Hus, S. 64; Šmahel, 'Doctor evangelicus super omnes evangelistas', S. 24; Šmahel/Nodl, Kuttenberger Dekret vor 600 Jahren, S. 52. – Zu Augustini: Krzenck, Johannes Hus, S. 92, 94. – Die Einbeziehung der Kelchspender ist Zusatz zur ursprünglichen Fassung.

558 Doc., S. 350–363. – Kejř, Husitský právník, S. 15–17, 156; Kejř, Dějiny pražské právnické univerzity, S. 67; Šmahel/Nodl, Kuttenberger Dekret vor 600 Jahren, S. 51.

559 Zu ihm die in Anm. 34 angeführte Literatur.

560 Seibt, Hussitica, ^{2}1990, S. 69.

561 Kaminsky, A History, S. 67.

hunsgweise als wyclifistische oder wyclifitische Ketzer bezeichnet worden, so nun vor allem als *Hussite* oder *Husoniste*, letzteres vor allem in den Schriften des Stephan von Dolein und Ludolf von Sagan.[562]

12. Hus als Rektor der Prager Universität (1409/10)

Die Universität befand sich nach der Änderung der Universitätsverfassung durch das Kuttenberger Dekret und dem Abzug von etwa zwei Dritteln seiner Magister und Studenten in ihrer bislang schwersten Krise. Um diese zu überwinden bedurfte es höchster Anstrengungen. Nach außen sichtbar wurden diese vor allem in den während seines Rektorats im Wintersemester 1409/10 bei festlichen Anlässen von Hus gehaltenen Ansprachen sowie bei der Quodlibetdisputation im Januar 1411, deren Leitung er nach Absagen der Magister Stephan von Páleč und Simon von Tischnowitz freiwillig übernommen hatte.[563]

In seiner Antrittsrede als Universitätsrektor vom 20./24. Oktober 1409 zum Thema *Multi sunt vocati* [*Viele sind gerufen*] (Mt 22, 14) spielte Hus mit einem Zitat aus dem (ersten) Esra-Buch über die Neuordnung der Gemeinde in Jerusalem auf die aktuelle politische Situation an:

> *Doch über jeden, der das Gesetz deines Gottes und das Gesetz des Königs nicht befolgt, halte man streng Gericht und verurteile ihn je nachdem zum Tod, zum Ausschluss* [*aus der Gemeinde*], *zu einer Geldstrafe oder zu Gefängnis* (Esra 7,25).[564] Am 3. November 1409 predigte Hus zum Schriftwort Phil 1,10 [Ut] *probetis pociora* [*Damit ihr beurteilen könnt, worauf es ankommt*].[565]

Einen Monat später (am 3. Dezember 1409) gedachte Hus in der St. Clemenskirche in feierlicher, von der Aufforderung im Jakobusbrief 5,8 – *Confirmate corda vestra* [Macht eure *Herzen stark*] – ausgehender Rede Kaiser Karls IV. als Universitätsgründer. Den Anlass selbst streifte Hus nur relativ kurz; in den Mittelpunkt stellte er im ersten Teil im Anschluss an das Schriftwort Jak 5,8 Gedanken über die nahende Ankunft des Herrn und die Gewissheit des Todes, im zweiten Teil im Anschluss an Koh (Pred) 1,2 und 12,8 über die

562 Šmahel, 'Doctor evangelicus super omnes evangelistas', S. 24; Seibt, Hussitica, S. 10–15; Machilek, Ludolf von Sagan, S. 151 f.; zuletzt eingehend: SoukupThe Waning of the "Wycliffites", 2017.

563 Kejř, Die Causa Johannes Hus, S. 35 f.

564 Hus, Positiones, recommendationes, sermones, ed. Schmidtová, S. 21–25 (Zitat S. 24 f.). – B/S, Nr. 42, S. 95 f. – Soukup, Jan Hus, S. 86.

565 Hus, Positiones, recommendationes, sermones, ed. Schmidtová, S. 26–34. – B/S, Nr. 43, S. 96.

Eitelkeit aller Dinge: Abschließend forderte er die Zuhörer auf, im Blick auf die zu erwartende Ankunft des Herrn die Herzen in Geduld zu stärken. Unvermittelt beantwortete Hus zu Beginn des zweiten Teils der Rede die rhetorische Frage, was wohl der verstorbene Kaiser oder die von ihm ausgewählten früheren Magister und Professoren der Theologie auf die Frage nach der Eitelkeit der Welt gesagt hätten, mit den ihnen zugeschriebenen Worten: *Eitelkeit über Eitelkeit, und alles ist Eitelkeit!* Die von Hus jeweils kurz nach ihren Fähigkeiten charakterisierten Magister und Professoren waren ausnahmslos noch vor dem Erlass des Kuttenberger Dekrets Mitglieder der böhmischen Universitätsnation gewesen: Nikolaus Biceps, ein Disputant voller Scharfsinn, Adalbert Rankonis de Ericinio, ein Redner von kristallener Klarheit, Genko, ein unschlagbarer Rechner, Nikolaus Rakovnik, ein Dichter von höchstem Format, Nikolaus von Leitomischl, ein Ratgeber von klarstem Verstand, Stephan von Kolin, ein Patriot von glühendstem Eifer, Johannes von Štěkna, der wie eine Tuba dröhnende Prediger sowie Peter von Stupna, ein Schöpfer der süßesten Tonkunst und eifrigster Prediger. Unter den Genannten waren mit Biceps und Štěkna auch zwei profilierte Gegner der Reformpartei. Mit dem Blick auf die glorreiche Vergangenheit der Universität und der Aufzählung ausschließlich einheimischer böhmischer Gelehrter wollte Hus den Zuhörern offensichtlich andeuten, dass mit dem Kuttenberger Dekret und dem Wegzug der deutschen Magister und Scholaren die Universität keineswegs an Bedeutung verloren habe.[566]

In den anderen Universitätspredigten Hussens aus jener Zeit standen die auch sonst von ihm bevorzugten theologischen Themen im Vordergrund: Am 19. Januar 1410 griff er ausgehend von Mt 20,4 *Ite et vos in vineam meam* auf die von ihm seit langem vertretene Auffassung von der Kirche als Gemeinschaft der Prädestinierten zurück und stellte sie in den Mittelpunkt seiner Darlegungen.[567] Am Ende seiner Amtszeit als Rektor hielt Hus am 14. Mai 1410 – wohl beim Gottesdienst am Schluss des Wintersemesters – die Predigt zum Thema *Spiritum nolite extinguere* [*Löscht den Geist nicht aus*] (1 Thess 5,19).[568]

Bei König Wenzel stand Hus zu jener Zeit noch in hohem Ansehen: Wenzel bezeichnete ihn in einem Brief an den Papst vom 30. September 1410 als *capellanus noster fidelis devotus dilectus*.[569] Trotz der Einmaligkeit der Erwähnung

[566] Hus, Positiones, recommendationes, sermones, ed. Schmidtová, S. 119–130. – B/S, Nr. 23, S. 83 f. – Dazu: Loserth, Huss, S. 59 f.; Hilsch, Johannes Hus, S. 105; Pavlíček, The Chronology, S. 35 f.; Šmahel, The National Idea, S. 222; Soukup, Jan Hus, S. 86; Nodl, Das Kuttenberger Dekret, S. 153.

[567] Wie oben Anm. 430. – Ausführlich zu dieser Predigt: De Vooght, L'hérésie I, S. 142–144, nach De Vooght „un grand sermon dogmatique et moral sur l'Église", S. 142.

[568] Edition: Hus, Positiones, recommendationes, sermones, ed. Schmidtová, S. 140–148 (*Sermo in missa universitatis*). – B/S, Nr. 26, S. 86.

[569] Doc., S. 422. – Hlaváček, Überlegungenn zum Kapellanat, S. 143.

dürfte Hus bei seinen bisherigen engen Beziehungen zum königlichen Hof diese Funktion schon früher innegehabt zu haben.[570]

13. Der Streit um die Wyclifschriften und deren Verbrennung. Das „erste Wyclifturnier“

Im Lauf des Jahres 1409 überschlugen sich die Ereignisse.[571] Die Gegner der wyclifistischen Reformpartei beantworteten die Vorgänge um das Kuttenberger Dekret mit vermehrten Aktionen an der Kurie. Erzbischof Zbyněk ergriff verstärkt Maßnahmen gegen die Wyclifiten, im Besonderen zur Ablieferung der Wyclifbücher. Noch vor der Absetzung des römischen Papstes Gregors XII. (5. Juni 1409) appellierten – vermutlich angestiftet durch Hieronymus von Prag – von Seiten der Universität fünf Studenten Anfang Juni 1409 beim päpstlichen Stuhl gegen die Herausgabe der Wyclifschriften; ihre Vertretung übernahm Magister Markus von Grätz (Marek z Hradce) († um 1420).[572] Mitte Juni ordnete Erzbischof Zbyněk auf der St. Veitssynode offiziell die Ablieferung der Wyclifschriften an.[573] Hus wies später in Konstanz die Behauptung zurück, sich der Anordnung widersetzt zu haben und erklärte, bei der Abgabe den Erzbischof gebeten zu haben, ihn auf darin enthaltene Irrlehren aufmerksam zu machen.

Erzbischof Zbyněk wechselte im September 1409 zur Obedienz des auf dem Pisaner Konzil neugewählten Papstes Alexander V. (1409–1410) und unterrichtete diesen gleichzeitig unter Hinweis auf den Autoritätsverlust der Kirche und die Konfiskation von Kirchengut durch König Wenzel IV. über die Ausbreitung des Wyclifismus. Wohl im September 1409 musste sich Hus vor Mauritius Rvačka, dem Inquisitor des Metropolitankapitels, gegen die bereits angesprochenen Anschuldigungen aus den Reihen des Prager Klerus, insbesondere des Jan Protiva und Michael de Causis, unter anderem zur Frage der durch einen Priester im Stand der schweren Sünde gespendeten Sakramente und gegen den Vorwurf, das Volk durch aufreizende Predigten gegen den Klerus aufzuhetzen, verantworten, konnte sich aber rechtfertigen.[574]

Papst Alexander V. forderte daraufhin Erzbischof Zbyněk mit einer bereits am 20. Dezember 1409 erlassenen und am 9. März 1410 in Prag publizierten Bulle zu entschlossenem Vorgehen gegen die Wyclifisten auf. Das darin enthaltene Verbot der Predigt an dafür nicht autorisierten Plätzen war offenkundig gegen Hussens Predigt in der Bethlehemkapelle und damit gegen den Kern

570 So Hlaváček (wie vorige Anm.).
571 Hierzu und zum Folgenden: Kejř, Die Causa Johannes Hus, S. 17–46.
572 Ebd., S. 31 f., 33–35; Nodl, Das Kuttenberger Dekret, 332 f.
573 Kejř, Die Causa Johannes Hus, S. 34 f.
574 Ebd., S. 28.

seiner Wirksamkeit gerichtet.[575] Hus antwortete auf die päpstliche Bulle mit einer vor dem 3. Mai 1410 verfassten Appellation an den besser zu informierenden Papst[576] und seiner programmatischen Schrift *De libris hereticorum legendis* [*Über das Lesen häretischer Bücher*] vom 25. April 1410, in der er den Sinn der Lektüre solcher Bücher mit den darin auch enthaltenen Wahrheiten begründete.[577] Unter Berufung auf Augustinus definiert Hus in dem Traktat das Wesen eines Häretikers; ein solcher sei für ihn ihm im eigentlichen Sinn nur jemand, der dem Wort der Heiligen Schrift durch Wort, Schrift oder Tat hartnäckig widerspricht: *Hereticus proprie et solum talis est, qui Scripture sacre verbo, scripto vel opere pertinaciter contradicit.*[578] Unter Rückgriff auf eine lange Reihe von Zitaten aus Väter-, Theologen- und Kanonistenschriften verteidigte Hus das Recht derer, die mit häretischen Lehren befasst sind, auf Lektüre und Kenntnis häretischer Schriften. Es sei erlaubt, gemeinsam über den christlichen Glauben zu disputieren, nicht um des Unglaubens oder eines Tumults willen, sondern um die (eigentlichen) Ketzer auszutilgen und die Wahrheit des Glaubens zum Leuchten zu bringen.[579]Amedeo Molnár hat schon 1969 die Aussagen Hussens für eine freie Disputation im Bereich der Theologie zusammengestellt und Hus als „Lehrer des Dialogs" („Hus – učitel dialogu") bezeichnet.[580]

Am 16. Juni 1410 wiederholte Erzbischof Zbynk auf der Prager St. Veitssynode das Verbot der Wylifschriften unter Berufung auf die päpstliche Autorität in rigoroser Form.[581] Wenige Tage später (am 21. Juni) sprach sich die Universität gegen Zbyněks Anordnung aus.[582] Am Tag darauf erhob Hus in einer Predigt zur Berufung der Jünger Jesu (Lk 5,1: *Cum turbe irruerunt ad Jesum, ut audirent verbum Dei*) scharfen Protest gegen das Predigtverbot in Kapellen, die durch apostolische Autorität bestätigt seien.[583] Drei Tage

575 Den Ablauf der folgenden Schritte hielt Jan von Jessenitz in dem von ihm zusammen mit Hus verfassten *Ordo procedendi* fest: Kor., Nr. 101, S. 225–234, hier S. 225–227. – Kejř, Husovo odvolání, S. 19; Kejř, Die Causa Johannes Hus, S. 32–35; Kejř, K pramenům Husova procesu.

576 Ihr Text ist nicht bekannt. Hus erwähnt sie später selbst mehrfach, so 1412: *A qua bulla appellavi ad informacionem meliorem ipsius Alexandri*, Kor., Nr. 43, S. 123–125 (Zitat S. 124), und im Traktat *De ecclesia* 1413 (ed. Thomson, S. 165): *Unde ab illo mandato ad ipsum Alexandrum pro meliori ipsius informacione appellavi.* Kejř, Husovo odvolání, S. 20; Kejř, Die Causa Johannes Hus, S. 33 f.; Šmahel, Jan Hus. Život, S. 83.

577 Hus, De libris hereticorum legendis, in: Polemica, ed. Eršil, ²2010 (MIHO XXII = CC CM 238), S. 1–22. – B/S, Nr. 7, S. 72. – Spinka, John Hus, S. 109 f.; Hilsch, Johannes Hus, S. 110; Nechutová, De non comburendo libris, bes. S. 152–154.

578 Hus, De libris hereticorum legendis, S. 18.

579 *Licet namque in communitatibus de fide cristiana disputare, non causa perfidie vel tumultus, sed ad confundendum hereticos et ad veritatem fidei dilucidandam*: wie vorige Anm., S. 19. – Machilek, Die hussitische Forderung, S. 509.

580 Machilek, Die hussitische Forderung, S. 510.

581 Kejř, Die Causa Johannes Hus, S. 34 f.; Soukup, Jan Hus, S. 104.

582 Doc., S. 386.

583 Sedlák, M. Jan Hus, S. 159*–164*. – B/S, Nr. 83, S. 112 f. – Kejř, Die Causa Johannes Hus, S. 47; Soukup, Jan Hus, S. 104 f.

danach (am 25. Juni) appellierte Hus, zugleich im Namen von sieben Mitstreiten, Magister Sdislaus von Zvířetic (Zdislav ze Zwířetic, Zweretitz) (von Wartenberg/de Wartemberg/z Vartenberka), einem Schüler Hussens,[584] und weiterer Universitätsangehöriger, sowie im Namen aller Anhänger auf Seiten des Adels, in den Städten und Dörfern in feierlicher Form in der Bethlehemkapelle an den inzwischen durch Johannes XXIII. (1410–1411), den Nachfolger Alexanders V., besetzten apostolischen Stuhl gegen die Behinderung der Predigt und die angekündigte Bücherverbrennung.[585] Jemand, der die Verkündigung des Evangeliums verbietet, kennt – so Hus in weiter Auslegung von Mk 16,15 – den Auftrag Jesu Christi an seine Schüler nicht, überall auf der Welt zu predigen, in Synagogen und Dörfern, auf Straßen und Feldern, am Strand und auf dem Meer sowie unter den Dächern von (Privat-) Häusern.[586] Mit der Appellation an den Papst setzte Hus seinen Streit mit der Kurie selbst offen in Gang – „einen Streit, in dem er bald vom Appellator zum Angeklagten wurde."[587]

Ungeachtet der Proteste ließ Zbyněk am 16. Juli 1410 rund 200 Handschriften im erzbischöflichen Hof öffentlich verbrennen und verhängte am 18. Juli 1410 als Erzbischof, Legat des apostolischen Stuhls und Kanzler der Universität von Raudnitz aus die Exkommunikation über Hus und seine Anhänger.[588] In der Stadt brachen heftige Tumulte aus. Nach den Worten eines Husgegners habe sich Hus damals selbst von der Kanzel der Bethlehemkapelle an die Gemeinde gewandt; seine Frage, ob diese bereit sei, ihm zu folgen, sei spontan bejaht worden, woraufhin er sie folgendermaßen angesprochen habe:

> *Entweder muss ich predigen oder ich werde aus dem Land verbannt oder ich sterbe im Kerker. Auch die Päpste können lügen und sie lügen, Gott aber lügt nicht.* [...] *Fürchtet nicht eine Exkommunikation, wenn ihr* [...] *mit mir appelliert.*

Etwas später bemerkt Hus:

584 Zu ihm: Tříška, Životopisný slovník, S. 542; Van Dussen, From England to Bohemia, S. 63, 65–67.

585 Das gemeinsam mit Jan von Jessenitz angefertigte Notariatsinstrument: Kor., Nr. 17, S. 56–69. – Spinka, John Hus, S. 110–111; Hilsch, Johannes Hus, S. 109 f.; Kejř, Die Causa Johannes Hus, S. 47; Soukup, Jan Hus, S. 105 f.

586 *De prohibicione evangelisacionis manifestum est, quod non sapit viam Iesu Cristi, qui precepit in universo mundo predicare, tam opera predicans quam sermone in sinagogis, in vicis, in plateis, in campestribus, in littore et in mari, et precepit discipulis predicare super tecta*: Hus, Defensio libri de Trinitate, in: Polemica, ed. Eršil, ^{2}2010 (CC CM 238), S. 34. – Werner, Wort und Sakrament, S. 10.

587 Funda, Jan Hus, S. 229.

588 Doc., S. 397–399; Johannes Hus deutsch, Nr. 11, S. 159–163. – Hilsch, Johannes Hus, S. 111; Fudge, Jan Hus. Religious Reform, S. 118.

> *Es könnte notwendig werden, dass jeder, der das Gesetz Gottes verteidigen will, wie es im Alten Testament durch Moses vorgeschrieben ist, sich mit dem Schwert gürten und dazu bereit sein solle; lasst uns also gürten und das Gesetz Gottes verteidigen!*[589]

Als Antwort auf die Maßnahmen des Erzbischofs veranstalteten Hus und seine Anhänger vom 27. Juli bis 6. August 1410 eine in der Forschung als erstes „Wyclifturnier" bezeichnete provokante Vorlesungsreihe an der Universität, in der neben ihm eine Reihe ihm gegenüber meist jüngerer Magister zu einzelnen Wyclifschriften Stellung nahmen: Hus selbst zu Wyclifs *De Trinitate* (*Defensio libri de trinitate, Über die Dreifaltigkeit*), Jakobell von Mies zu *De mandatis divinis* (*Über die göttlichen Gebote*), Simon von Tischnowitz zu *De probacionibus proposicionum* (*Über die Beweise der Propositionen/Thesen*), Prokop von Pilsen zu *De ideis* (*Über die Ideen*), Sdislaus von Zvířetic zu *De universalibus* (*Über die Universalien*) und Jan (Andree) von Jičin (Gyczin) (Jan z Jičína) zu *De materia et forma* (*Über die Materie und die Form*).[590] Hussens vom sogenannten *Comma Johanneum* (zu 1 Joh 5,7 f.: *Tres sunt, qui testimonium dant in celo: Pater, Verbum et Spiritus sanctus, et hii tres unum sunt*) ausgehende Vorlesung zielte darauf ab, Wyclifs Werk aus drei Gründen zu verteidigen: um die Ehre des allmächtigen Gottes vermehrt aufleuchten zu lassen, zum Schutz und zur Zurückweisung der durch Falschheiten unterdrückten Wahrheit sowie zur Ehre des allerchristlichen Königreichs Böhmen. Ein wahrer Böhme sei niemals als hartnäckiger Ketzer erfunden worden. Das folgende Bekenntnis Hussens ist eine seiner meistzitierten persönlichen Aussagen:

> [...] *sollte ich einmal etwas hartnäckig behaupten oder verteidigen, was gegen die Heilige Schrift oder überhaupt irrig wäre, sei es durch Unkenntnis oder durch einen Versprecher, so bin ich bereit, es demütig zu widerrufen und, wenn mich irgendeine Person der Kirche durch die Heilige Schrift oder ein vernünftiges Argument belehren würde, bereitwillig zuzustimmen. Denn von Beginn meines Studiums an habe ich mir zur Regel gesetzt, dass ich, so oft ich – in welcher Sache auch immer – eine vernünftigere Meinung wahrnahm, freudig und demütig von der zuvor gehegten abging in dem Wissen, dass das, was wir wissen, gegenüber dem, was wir nicht wissen, überaus gering ist, wie Themistius sagt.*[591]

589 Doc., S. 405, 281. – Zitiert bei Hilsch, Johannes Hus, S, 111.

590 Sedlák, M. Jan Hus, S. 177–181; Novotný, M. Jan Hus. Život a dílo 1, S. 418–429; Herold, Pražská univerzita a Wyclif, S. 158–162; Hilsch, Johannes Hus, S. 112; Šmahel, Die Hussitische Revolution II, S. 845 f., 879 f.; Kejř, Die Causa Johannes Hus, S. 35; Šmahel, Jan Hus. Život, S. 86 f.; Soukup, Jan Hus, S. 98.; Van Dussen, From England to Bohemia, S. 63. – Zu Jan von Jičin: Tříška, Životopisný slovník, S. 245.

591 Hus, Defensio libri de Trinitate, in: Polemica, ed. Eršil, 2010 (CC CM 238), S. 23–43 (hier S. 25 f.): [...] *intendo a aliquid pertinaciter asserere vel defendere, quod esset sacre Scripture contrarium vel quovismodo erroneum. Quod si aliquid talium ex ignorancia vel*

Die von Wyclif im Traktat *De Trinitate* vertretenen Lehren sah Hus als rechtgläubig an. Durch die von Erzbischof Zbyněk angeordnete Bücherverbrennung seien viele Wahrheiten und gute Sentenzen vernichtet, im Volk Zwietracht, Neid, Hass und Mord gesät und das Königreich Böhmen in üblen Ruf gebracht worden. *Ich* [aber], erklärte Hus,

> *will die Wahrheit, die zu erkennen, mir Gott gegeben hat, und besonders die Wahrheit der Heiligen Schrift bis zum Tod verteidigen, im Wissen, dass die Wahrheit bleibt und für ewig erstarkt* (2 Esdras 4) [= 3 Esdr 4, 38 f.].[592]

Simon von Tischnowitz verteidigte in seiner ironisch gehaltenen Vorlesung die Unverfänglichkeit der Wyclifschen logischen Beweisführung und äußerte sich darüber verwundert, dass Zbyněk Ratschlägen zur Verbrennung der Wyclifbücher gefolgt sei, was aber bei seiner geringen Bildung möglicherweise entschuldbar sei.[593] Auf den Straßen verspottete das Volk Erzbischof Zbyněk wegen seiner Unbildung:

Sbýněk biskup abeceda	[*Zbyněk, ‚Bischof Abeceda',*
spálil kniehy a nevěda,	*verbrannte Bücher, ohne zu wissen,*
co je v nich napsáno.	*was darin geschrieben steht.*][594]

lapsu lingue dicerem, paratus sum revocare humiliter et, si aliqua persona ecclesie me Scripura sacra vel racione valida docuerit, paratissime consentire. Nam a primo studii mei tempore hoc michi statui pro regula, ut quocienscunque saniorem sentenciam in quacunque materia perciperem, a priori sentencia gaudenter et humiliter declinarem sciens, quoniam illa, que scimus, sunt minima illorum, que ignoramus, ut ait Themistius. – B/S, Nr. 8, S. 72 f. – Bartoš, Das Geburtsjahr Hussens, S. 11; Machilek, Die hussitische Forderung, S. 509 f.; Hilsch, Johannes Hus, S. 112 f.; Kejř, Jan Hus sám o sobě, S. 19 mit S. 42, Anm. 82; Pavlíček, The Chronology, S. 15; Coufal, Jan Hus als Theologe, S. 18. – Die Kernaussage hat Hus entweder direkt oder über Stanislaus von Znaim aus Wyclifs *De universalibus* übernommen: Werner, Jan Hus, S. 146; Pavlíček, wie zuvor, S. 15, Anm. 32; Coufal, wie zuvor, S. 21, Anm. 10. – Themistius (um 317–388) war als Rhetor, Rat und Philosoph am Kaiserhof in Konstantinopel tätig und ist als Verfasser eines Aristoteles-Kommentars bekannt.

592 [...] *volo veritatem, quam michi Deus cognoscere concesserit, et presertim veritatem Scripture divine usque mortem defendere sciens quia ‚veritas manet et invalescit in eternum [...]' 2 Ezdre 4°"*: Hus, Defensio libri de Trinitate (wie vorletzte Anm.), S. 31 f. – Nechutová, De non comburendi libros, S. 154–156.

593 Zitiert bei Kejř, Die Causa Johannes Hus, S. 35.

594 Sedlák, M. Jan Hus, S. 176, Anm. 3; Flajšhans, Jan Hus. S. 184; Kraus, Husitství I, S. 6; Spěváček, Václav IV., S. 503; Spunar, Repertorium II, Nr. 277, S. 149; Van Dussen, From England to Bohemia, S. 63 mit S. 173, Anm. 7; Smrčka, Hus als Prediger, S. 61.

oder:

Sbyněk kniehy spálil,	[*Zbyněk ließ die Bücher verbrennen,*
Zdeněk je podpálil.	*Zdeněk hat sie angezündet.*
Učinili křivdu Čechóm,	*Sie haben den Böhmen Unrecht getan,*
běda bude všem těm popóm!	*Wehe all diesen Pfaffen!*
Vizte Čechové!	*Seht, ihr Böhmen!*][595]

Hus selbst verschärfte gegenüber den Gegnern den Ton; beispielhaft dafür ist die Predigt zu Mt 5,20 (*Amen, dico vobis, nisi habundaverit iusticia vestra*) aus dem Jahr 1410: Pharisäisch und heuchlerisch ersönnen sie Zensuren, verböten die Verkündigung des Evangeliums in Kapellen, sprächen den Kirchenbann aus und verschlössen den Gläubigen das Hören des Evangeliums in der Predigt. Sie belasten die Armen, anstatt auf sie zu achten. Da sie sich wenig um das Volk sorgten, seien sie blinde Führer, welche die einfachen Christen auf sophistischen Wegen vom Heil wegführen.[596]

Der Zitation an die päpstliche Kurie folgte Hus nicht; als seine Prokuratoren im folgenden römischen Prozess (1410/11) fungierten Markus von Grätz, Nikolaus von Stojčín und immer stärker hervortretend Jan von Jessenitz, der Hus auch später vor dem Konstanzer Konzil als Anwalt vertrat.[597]

Die Hus von jeher bedrängenden Fragen nach der Wirkung der Sünde in der Kirche bewogen ihn, angesichts der Ereignisse um die Verbrennung der Wyclifschriften öffentlich dazu Stellung zu nehmen und den jüngst verstorbenen Papst Alexander V. als Antichrist zu bezeichnen:

> *Seht, es erfüllt sich die Prophezeiung Jakobs von Theramo, dass im Jahre 1409 ein Mann sich erheben wird, der das Evangelium, die Apostelbriefe und den Glauben Christi verfolgen wird, nämlich der unlängst verstorbene Papst.*[598]

Die andauernden Auseinandersetzungen und die trotz Verbots von Hus fortgesetzte Predigttätigkeit hatten ein starkes Anwachsen der Anhängerschaft Hussens und der wyclifitischen Reformpartei zur Folge. Bei dem unter dem Namen *Sermones in Bethlehem* der Jahre 1410/11 bekannten Predigtcorpus handelt es sich um eine Sammlung der von Hus in jenen Jahren in tschechischer Sprache gehaltenen und im zweiten Viertel des 15. Jahrhunderts offenbar von zwei Schülern nach den ihnen von jenem überlassenen Aufzeichnungen redigierten, in Latein übertragenen Predigten, wobei sie eigene

595 Flajšhans, Jan Hus. S. 184; Kraus, Husitství I, S. 6; Smrčka, Hus als Prediger, S. 61.

596 Edition: Sedlák, M. Jan Hus, S. 164*–168*. – Hilsch, Johannes Hus, S. 112.

597 Zum Kontext: Hilsch, Johannes Hus, S. 116–146; Kejř, Die Causa, S. 54–61; Šmahel, Jan Hus. Život, S. 83–85.

598 Sedlák, Jan Hus, S. 342*. – Ebd., S. 177; Holeček Hussens Kirchenverständnis, S. 186 f.

Notizen einfließen ließen.[599] Die Sammlung ist in zwei handschriftlichen Versionen überliefert; sie bietet trotz der skizzierten Entstehungsgeschichte einen „gewissen Eindruck von den eigentlich vorgetragenen Predigten".[600]

14. Hus als Leiter der Quodlibetdisputation des Jahres 1411

Seit Sommer 1410 hatte Hus die unter seiner Leitung stattfindende Quodlibetdisputation im Januar 1411 vorbereitet. Nachdrücklich bemühte er sich, Bedenken wegen des durch das Kuttenberger Dekret verursachten Umbruchs in der Verfassung und im Leben der Universität entgegenzuwirken und durch hohe Beteiligung der Magister und anspruchsvolle Quästionen den hohen wissenschaftlichen Rang der Hohen Schule und deren Bedeutung für Prag und das Königreich Böhmen zu betonen. In der Vorrede des von ihm ausgearbeiteten Handbuchs nennt Hus als Gründe für die Übernahme der Leitung des Quodlibets:

> *Ich jedoch, der ich dazu weniger* [als die dafür zuvor vorgesehenen Magister Stephan von Páleč und Simon von Tischnowitz] *geeignet bin, wollte die Mühe gerne tragen, damit unsere lebensspendende Universität ohne Übung in den Wissenschaften nicht unfruchtbar würde und durch die bellenden Feinde die Gelegenheit verloren ginge, sich der mühsamen Arbeit der Disputation im Quodlibet zu unterziehen* [...].[601]

Von den 67 am Quodlibet teilnehmenden Magistern trat die Mehrzahl als antike, einige wenige als mittelalterliche Philosophen auf, der amtierende Rektor Jacobus von Soběslav als Sokrates, der amtierende Dekan der Artistenfakultät Petrus von Polič als Plato, Magister Paulus von Prag als Apostel Paulus.[602] In seiner Vorrede bezog Hus fiktiv auch Christus, den er als moralischsten und besten Philosophen ansprach, in die Disputation mit ein. In seiner eigenen Proposition verteidigte er die Schöpfung der Welt als bewundernswertes Werk Gottes in traditioneller Weise. Die Übernahme der Leitung des Quodlibets ist mit Jiří Kejř als „manifeste [...] Äußerung

599 Hus, Sermones in Bethlehem, ed. Flajšhans. – B/S, Nr. 93, S. 144 f. – Soukup, Jan Hus, S. 33 f.; Rychterová, The Vernacular Theology, 177 f.

600 Soukup, Jan Hus, S. 34.

601 Hus, Quodlibet, ed. Bohumil Ryba (CC CM 211), Turnhout 2006, S. 6. – Zum Qodlibet: B/S, Nr. 21, S. 80–82. – Sedlák, M. Jan Hus, S. 194; Spinka, John Hus, S. 120–122; Kejř, Kvodlibetní disputace, S. 90–94, 137–148; Hilsch, Johannes Hus, S. 121–123; Fudge, Jan Hus. Religious Reform, S. 33; Šmahel, Jan Hus. Život, S. 110–114; Soukup, Jan Hus, S. 91; Pavlíček, The Chronology, S. 41.

602 Zu den genannten Magistern: Tříška, Životopisný slovník, S. 288, 438, 458; zu Paulus von Prag auch: Spunar, Repertorium I, Nr. 972–990, S. 349–352.

des Widerstands der wyclifistischen Partei" gegen die Entscheidungen von Erzbischof Zbyněk zu verstehen.[603]

15. Die Verbindungen Hussens und seiner Partei zu den englischen Lollarden in den Jahren 1410/11

Die um die Rezeption Wyclifs in Böhmen geführten Auseinandersetzungen wurden von den englischen Lollarden aufmerksam beobachtet. In den Jahren 1410/11 kam es darüber zu einem intensiven Gedankenaustausch mit der böhmischen Reformpartei. Als Antwort auf nach England übersandte Berichte über die sich unter Erbischof Zbyněk von Hasenburg seit Sommer 1410 verschärfende Lage für die hussitische Partei bekundeten zwei führende Lollarden am 8. September 1410 den Brüdern in Böhmen in ausführlichen, in lateinischer Sprache verfassten Botschaften ihre Solidarität, spendeten Trost und ermunterten sie, in ihrem Einsatz für die *lex Christi* nicht nachzulassen.[604] John Oldcastle, Lord of (Summus de) Cobham (1378–1417), richtete sein Schreiben aus Cooling Castle in Kent an den königlichen Burggrafen Wok von Waldstein (Voksa z Valdštejna) oder – falls dieser abwesend sei – an Zdislav von Zvířetice[605], der Prediger Richard Wyche, Schüler Wyclifs, aus London an Hus und Jakobell von Mies[606].

Hus, der den Brief Wyches erst Anfang des Jahres 1411 erhielt, beantwortete ihn nach Mitte März, wie aus einer Anspielung auf den am 15. März verkündeten päpstlichen Bann wegen seines Nichterscheinens an der Kurie belegt.[607] Stolz ließ Hus Wyche wissen:

603 Kejř, Die Causa Johannes Hus, S. 35 f.

604 Sedlák, Jan Hus, S. 197–202; Loserth, Huss und Wiclif, ²1925, S. 97 f., 198 f., 205–212; Bartoš, Husitství a cizina, S. 109 f., 135; Spinka, John Hus, S. 117 f.; De Vooght, L'hérésie I, 1975, S. 163–165; Seibt, Revolution in Europa, S. 200–201, Werner, Jan Hus, S. 105; Hilsch, Johannes Hus, S. 149 f.; Šmahel, Die Hussitische Revolution III, S. 1915 f.; Van Dussen, From England to Bohemia, S. 65–67; Šmahel, Jan Hus. Život a dílo, S. 96 f. – Zu den englischen Lollarden allgemein: Lambert, Häresie im Mittelalter, S. 252–293.

605 Kor. Nr. 21, S. 73–75. – De Vooght, L'hérésie I, 1975, S. 164; Van Dussen, From England to Bohemia, S. 65 f. – Oldcastle, der 1414 die gescheiterte lollardische Revolte gegen den König anführte, starb drei Jahre später den Feuertod.

606 Kor., Nr. 22, S. 75–81 (altstschechische Übertragung: Nr. 22*, S. 79–81). – De Vooght, L'hérésie I, 1975, S. 164 f.; Van Dussen, From England to Bohemia, S. 65 f., 74–77, 81. – Wyche starb 1440 auf dem Scheiterhaufen.

607 Hussens Brief an Wyche: Kor., Nr. 24, S. 83–85; Johannes Hus deutsch, S. 169–173. – Spěváček, Václav IV., S. 437; Van Dussen, From England to Bohemia, S. 72–85.

> *Wisse geliebtester Bruder, dass das* [hiesige] *Volk nichts hören will als die Heilige Schrift, besonders das Evangelium und die Briefe, und wo immer in einer großen oder kleinen Stadt, in einem Dorf oder auf einer Burg ein Prediger heiligen Lebenswandels erscheint, strömt das Volk in Scharen zusammen, während es den unordentlichen Klerus verschmäht. ‚Und also hat sich Satan erhoben'* [Mk 3,26], *weil er durch den Schweif des Behemot (= des Nilpferds) bewegt wurde* [Ijob 40,12]. *Es bleibt somit, dass der Herr Jesus Christus sein Haupt zertritt* [Gen 3,15]. *Obwohl ich sein Haupt nur leicht berührt habe, hat er seinen Rachen geöffnet, um mich mit meinen Brüdern zu verschlingen. Bald wütet er, bald verketzert er mich mit lügnerischem Wort, bald schmeichelt er, bald lässt er die Flamme der Zensur auflodern und trägt die Fackel des schrecklichen Blitzes in die Territorien der umliegenden Diözesen, nur zuhause* [in Böhmen] *wagt er nicht, meinen Scheitel zu berühren. Noch ist die Stunde nicht gekommen, noch hat der Herr mich und meine Brüder, die er im Voraus für ein Leben in der Glorie erwählt hat, seinem Rachen nicht entrissen; bis dahin wird er aber denen, die das Evangelium verkündigen, die Tapferkeit verleihen, die durch den Schweif des Behemot erzeugten Drangsalen zu ertragen.* [...].
> *Gib uns* [allmächtiger Herr] *Hilfe in der Bedrängnis, denn das Heil der Menschen ist eitel, auf Dich sei unsere Hoffnung gerichtet, zu Dir möge uns das dreifache Seil ziehen* [Koh 4,12], *das der Antichrist nicht zerreißen kann, weil es der Herr Jesus Christus geknüpft hat. Er selbst, geliebtester Bruder, möge Dir und Deinen Helfern ein unversehrtes Leben in Gnade gewähren, damit Du noch lange leben und die verirrten Schafe zum Weg der Wahrheit hinführen kannst.*
> *Unser Herr König und sein ganzer Hof, die Königin, die Barone und das gemeine Volk sind für das Wort Jesu Christi.*
> *Die Kirche Christi von Böhmen grüßt die Kirche Christi in England mit dem Wunsch, teilzuhaben am Bekenntnis des heiligen Glaubens in der Gnade des Herrn Jesus Christus* (*Salutat Christi ecclesia de Bohemia ecclesiam Christi in Anglia, optans esse participes confessionis sancte fidei in gracia domini Ihesu Christi*).[608]

Hus bezeichnet an dieser Stelle die christozentrischen Gemeinschaften seiner Anhänger in Böhmen und jene der lollardischen Brüder in England erstmals als eigenständige, in Gegensatz zum Rest der (römisch-)kirchlichen Gesellschaft stehende Gruppen.[609]

[608] Zitiert nach Hilsch, Johannes Hus, S. 150.
[609] Holeček, Hussens Kirchenverständnis, S. 188.

16. Die Eskalation der Auseinandersetzungen um die Reformbewegung in den Jahren 1411/12

Die Jahre 1411/12 wurden zu entscheidenden Wendejahren in den Auseinandersetzungen um das weitere Vorgehen der amtskirchlichen Institutionen gegen Hus und die Reformbewegung.[610] Kardinal Oddo Colonna (1368–1431), der spätere Papst Martin V. (1417–1431) lud Hus vor die Kurie. Als dieser der Vorladung nicht folgte, belegte ihn der Kardinal im Februar 1411 mit dem Kirchenbann, den Erzbischof Zbyněk am 15. März in den Kirchen der Erzdiözese Prag verkünden ließ. Hus missachtete die Exkommunikation und setzte die Predigt in der Bethlehemkapelle im Vertrauen unter anderem auf Unterstützung von Seiten König Wenzels fort; Hussens Gönner Christian von Prachatitz verkündete die Exkommunikation in seiner Pfarrkirche St. Michael nicht.[611] Etwa gleichzeitig forderte der Kuriale Dietrich von Niem (um 1340–1418) im März 1411 im Auftrag der Prokuratoren Erzbischof Zbyněks – an der Spitze Michaels de Causis – die Verantwortlichen mit einem Gutachten *Contra damnatos Wiclefistas Prage* aus Bologna zur Ausrottung der Wyclifie in Böhmen auf, gegebenenfalls auch durch einen Kreuzzug.[612]

Hus nahm entschieden Stellung gegen den nach seiner Auffassung in ungerechter Weise verhängten Bann. In einem im Frühjahr (Mai?) 1411 versandten Brief an den als rosenbergischer Kaplan im südböhmischen Krummau (Český Krumlov) wirkenden Freund Johannes Bradáček (Johannes Barbatus) und die in Anfechtungen befindlichen Krummauer zeigte er sich entschlossen, weiterhin zu predigen. Der Brief schließt mit der Versicherung, gemäß dem Auftrag Christi, in die Welt zu gehen und zu predigen (Mk 16,15) und nicht dem Papst, dem Erzbischof und den übrigen gegnerischen Satrapen zu gehorchen. Er habe den Brief geschrieben, damit sie den Hunden des Teufels (dyaboli canibus) zu widerstehen wüssten.[613]

König Wenzel, der über den schlechten Ruf, in den das Königreich wegen der wyclifitischen Ketzerei geraten war, und über die aus seiner Sicht unzulänglichen Maßnahmen Erzbischof Zbyněks – vor allem die Bücherverbrennung – zunehmend verstimmt war, befahl Zbyněk im Frühjahr 1411, die Besitzer der Bücher zu entschädigen. Als Zbyněk darauf nicht einging, ließ Wenzel während der unter großem Zulauf des Volkes stattfindenden Heiltumsweisung am 24. April 1411 in spektakulärer Weise die Konfiskation

610 Zum Folgenden: Machilek, Hus/Hussiten, S. 716 f.; Hilsch, Johannes Hus, S. 148–175; Krzenck, Johannes Hus, S. 112–129; Soukup, Jan Hus, S. 117–147.

611 Šmahel, Die Hussitische Revolution II, S. 854 f.

612 Edition: Sedlák, Studie a texty I, S.45–55. – Dazu: Heimpel, Dietrich von Niem (1932), S. 69, 117, 293; Kejř, Die Causa Johannes Hus, S. 59 mit S. 83, Anm. 88; Fudge, Jan Hus. Religious Reform, S. 123.

613 Kor., Nr. 28, S. 89–82. – B/S, Nr. 170, S. 197. – Bartoš, Jan Bradáček z Krumlova; De Vooght, L'hérésie I, ^{2}1975, S. 483, Anm. 68; Hilsch, Johannes Hus, S. 150; Soukup, Jan Hus, S. 155.

der Einkünfte aller Kanoniker der Domkirche und der Allerheiligenkapelle, Vikarier, Altaristen und aller Pfarrer verkünden, die durch Nichtbefolgen seiner Befehle dem Königreich Schmach zugefügt hätten.[614] Zu Exekutoren der Aktion bestellte er den Vyšehrader Burggrafen Racek Kobyla von Dvorec und den mit Hus in Verbindung stehenden Kommandanten der königlichen Hofwache Voksa von Waldstein. Als Begründung der Maßnahmen werden in den Quellen gravierende Missstände unter dem Klerus angeführt. Als Erzbischof Zbyněk daraufhin am 2. Mai die Exekutoren und Ratsherren der Prager Städte mit dem Bann belegte, ließ Wenzel die Reliquien und Kleinodien der Prager Kathedrale zusammentragen und nach der königlichen Burg Karlstein verbringen. Die Aneignung von Kirchengut, deren Begründung und die königlichen Übergriffe gegen den Klerus lösten in der Stadt Krawalle, Plünderungen und entwürdigende Übergriffe einer aufgebrachten Volksmenge gegen viele Geistliche aus, die sich, wenn sie Konkubinen hatten, nackt auf dem Pranger verspotten lassen mussten, mit Schmutz beworfen oder in die Flüsse getrieben beziehungsweise aus den Prager Städten verwiesen wurden.[615] Ungeachtet der Tatsache, dass König Wenzel offenkundig in egoistischen und auf sein Königtum gerichteten politischen Interessen gehandelt hat und nicht auf Geheiß von Predigern, setzten die zumeist antiwyclifitisch gefärbten Quellen die Vorgänge mit den Säkularisierungsvorstellungen Wyclifs und Hussens priesterfeindlichen Predigten in Kausalkonnex.[616] Für Hus und die wyclifistische Partei hatte Jakobell von Mies gewaltsame Säkularisationsmaßnahmen gegen den Klerus bereits 1407 in dem auf einer in St. Michael gehaltenen Predigt *Magne sanctitatis ille vir* basierenden *Tractatus de auferendis temporalibus et emendando cleri in Bohemia* begründet.[617] Darin und in einem im Mai 1411 an der Universität gehaltenen Vortrag, in dem er die Konfiskationen Wenzels billigte, da der Klerus durch die Anhäufung von Eigentum dem Königreich Schaden zugefügt habe, schöpfte Jakobell aus den Schriften Wyclifs.[618] Hus selbst äußerte sich in seiner Predigt *Ait dominus servo suo* zu Lk 14,23 am 21. Juni 1411 in

614 [...] *rex Wenceslaus* [...] *fecit in Ostensione reliquiarum publice intimari in populo in turri, que eminet in ecclesia Corporis Christi in Nova Civitate, quod ea de causa intromittit se de censu et bonis canonicorum ecclesie Pragensis et capelle Omnium Sanctorum, vicariorum, altaristarum, plebanorum omnium, quia sunt ei inobedientes et quod infamassent ei regnum*: Zitat aus der *Kurzen Ostrover Chronik* in: Sedlák, M. Jan Hus, S. 204, Anm. 1.

615 Die vorausgehende Darstellung folgt im Wesentlichen Soukup, Jan Hus, S. 117–119 mit S. 250, Anm. 1. – Dazu weiterhin: Swdlák, Jan Hus, S. 203–205; Novotný, M. Jan Hus. Život a dílo 1, S. 478–482; Spinka, John Hus, S. 124 f.; Werner, Jan Hus, S. 106 f.; Hilsch, Johannes Hus, S. 126–128; Šmahel, Die Hussitische Revolution II, S. 855 f.; Krzenck, Johannes Hus, S. 112 f.

616 Soukup, Jan Hus, S. 119.

617 Spunar, Repertorium I, Nr. 619, S. 232. – Sedlák, M. Jan Hus, S. 204, Anm. 3; Šmahel, Die Hussitische Revolution, S. 803, Anm. 100, S. 856.

618 Soukup, Jan Hus, S. 120.

der Bethlehemkapelle im Sinn Wyclifs zu Gunsten König Wenzels. Dieser habe das Recht, die Reichtümer der Kleriker sicherzustellen, um diese zur Ausübung ihrer Pflichten zu zwingen.[619] Nach Pavel Soukup lässt sich „keine direkte Einflussnahme Hus' und seiner Kollegen auf die Entscheidungen des Königs nachweisen," doch „ist es offensichtlich, dass die Interessen des Hofes und der Wyclifisten hier verschmolzen."[620] Für Wenzel bedeutete die Entscheidung einen entscheidenden Schritt auf dem Weg zur Erlangung kirchenhoheitlicher Rechte.

Der Versuch von Erzbischof Zbyněk von Hasenburg, durch Verhängung des Interdikts über Prag und den näheren Umkreis der Stadt (zwischen 12. und 19. Juni 1411) den weiteren Machtverlust aufzuhalten, blieb wirkungslos; König Wenzel setzte neue willige Geistliche ein, die das Interdikt unterliefen. Hus rief zur Wiederaufnahme von Predigt und Gottesdienst auf. In der für Zbyněk unhaltbar gewordenen Situation gelang es dem Vyšehrader Propst und Patriarch von Antiochien Wenzel Králík von Buřenitz und dem Olmützer Bischof Konrad von Vechta, den Kurfürsten Rudolf III. von Sachsen und den Diplomaten König Sigismunds Stibor von Stibrowitz (ze Stibořic), die sich gerade in der Stadt aufhielten, als Vermittler im Streit zwischen dem Erzbischof und dem König zu gewinnen, wobei die Führungsrolle Wenzels Hofmeister Lacek von Krawarn zufiel. Anführer und Vertreter der verfeindeten Parteien tagten am 3. Juli an zwei verschiedenen Orten: im Minoritenkloster St. Jakob die proköniglich-hussitische Partei, der neben Simon von Tischnowitz, dem amtierenden Rektor der Universität, Thomas von Lysa, dem Dekan der Artistenfakultät, und Hus weitere Magister und Bakkalare, darunter Stephan von Páleč und Johannes Cardinalis von Reinstein, sowie mehrere Herren und Ritter angehörten, im Bischofspalast auf der Kleinseite Erzbischof Zbyněk mit einer Reihe ihm anhängender Domkapitulare und Priester. Wohl dank der Vermittler erklärte sich Zbyněk bereit, die Entscheidung des Königs und Kronrats zu akzeptieren. Der drei Tage darauf ergangene Schiedsspruch bedeutete für Zbyněk die völlige Niederlage seiner bisherigen Politik: Er solle sich dem König unterwerfen, das Interdikt aufheben, dem Papst mitteilen, von keinen Irrtümern im Land zu wissen, und um Absolvierung der Gebannten zu bitten; alle an der Kurie eingereichten Anklagen sollen zurückgezogen werden. Wenn Zbyněk die Auflagen erfülle, wofür ihm eine Frist bis Weihnachten 1411 gesetzt wurde, werde König Wenzel die konfiszierten Kirchengüter zurückgeben.[621] Zbyněk begab sich zu Bischof Johannes von

619 M&H II, fol. 47r–48r. – B/S, Nr. 28, S. 87 f. – Sedlák, M. Jan Hus, S. 206; Novotný, M. Jan Hus. Život a dílo 1, S. 483–488; Šmahel, Die Hussitische Revolution II, S. 860 (hier auch zu Schmähungen Zbinkos durch Hieronymus von Prag); Soukup, Jan Hus, S. 120; Šmahel, Jan Hus. Život a dílo, S. 105; Pavlíček, The Chronology, S. 43.

620 Soukup, Jan Hus, S. 120.

621 Doc., S. 437–439. – Hierzu und zum Vorausgehenden: Sedlák, M. Jan Hus, S. 207–209; Novotný, M. Jan Hus. Život a dílo 1, S. 491–494; Hilsch, Johannes Hus,

Leitomischl und wollte anschließend bei König Sigismund am ungarischen Hof Rat über das weitere Vorgehen einholen. Aus Leitomischl beschwerte er sich bei Wenzel, dass dieser die strittigen Fragen nicht mit ihm selbst beraten habe; er sehe sich deshalb nicht mehr in der Lage, die Prager Kirche zu leiten.[622] Auf dem Weg dorthin ereilte ihn am 28. September 1411 bei Preßburg (Bratislava) der Tod.[623]

Die beiden auf Druck König Wenzels vom Metropolitankapitel gewählten Nachfolger auf dem erzbischöflichen Stuhl waren ergebene Parteigänger des Königs: Für kurze Zeit war dies Wenzels Leibarzt Albík von Mährisch Neustadt (Albík z Uničova) (1411–1412), ein Witwer mit zwei Töchtern und ohne kirchliche Weihen;[624] ihm folgte schon 1412 als Administrator und 1413 als Erzbischof Wenzels Unterkämmerer und bisheriger Olmützer Bischof Konrad von Vechta (1413–1421).[625] Hatte Hus als Folge des Dauerstreits zwischen Wenzel und Zbyněk bisher weitgehende Unterstützung von Seiten des Königs erfahren, so standen ihm nun zwei königsnahe Amtsträger gegenüber. Während Konrad von Vechta in Wenzels Sinn mit der Abhaltung von Diözesansynoden, außerordentlichen Klerusversammlungen und antihussitischen Erlassen gegen die hussitische Reformbewegung vorging,[626] bemühte sich Hus angesichts der neuen Machtverhältnisse darum, das gute Verhältnis zum Adel als wichtiger politischer Kraft auszubauen. Vor allem aber sah er es als immer dringendere Aufgabe an, gegen die ihm und der Reformpartei von Seiten der römischen Kurie drohenden antiketzerischen Maßnahmen anzukämpfen, zumal Papst Johannes XXIII. das Verfahren gegen ihn Kardinal Odo Colonna entzogen und nach dem 6. Juni 1411 einer vierköpfigen Kommission der Kardinäle Antonio de Caietanis von Aquileja, Tommaso Brancaccio, einem Neffen Johannes XXIII., Francesco Lando von Venedig und dem hoch angesehenen Kanonisten und Bischof von Florenz Francesco Zabarella, (1410/11–1417) übertragen hatte, von welcher Hus hoffen mochte, sie sei – bedingt durch die Argumentation des in Rom weilenden Jan von Jessenitz – seiner Sache gegenüber als Jurist weniger voreingenommen als die zuvor verantwortlichen Theologen.[627] Tatsächlich bestand für Hus die

S. 127 f.; Krzenck, Johannes Hus, S. 114 f.; Soukup, Jan Hus, S. 120, 126.

622 Doc., S. 443–445. – Sedlák, M. Jan Hus, S. 210.

623 Sedlák, M. Jan Hus, S. 210. – Nach Stephan von Dolein lautete das Urteil Hussens über Zbinko äußerst abfällig; so das Zitat aus dem *Antihussus* von 1412 bei Sedlák, M. Jan Hus, S. 211, Anm. 4. – Werner, Jan Hus, S. 112. – Zu Stephans *Antihussus*: Spunar, Repertorium I, Nr. 1021, S. 364.

624 Milfait, Zikmund Albík z Uničova; Šmahel, Die Hussitische Revolution II, S. 863 f.

625 Zu ihm oben Anm. 33.

626 Zum Hintergrund: Zilynská, Hussitische Synoden, S. 62 f.

627 Sedlák, M. Jan Hus, S. 191 f.; Kejř, Husitský právník, S. 52–64; Spinka, John Hus, S. 124; Šmahel, Die Hussitische Revolution II, S. 864 f.; Kejř, Die Causa Johannes Hus, S. 67 f.; Šmahel, Jan Hus. Život a dílo, S. 131 f.

Aussicht auf Dispensierung von der persönlichen Zitation an die Kurie und zügige Behandlung der Frage seiner Rechtgläubigkeit.[628]

In einer vor dem 15. August 1411 verfassten kurzen Quaestio *De credere* nahm Hus Stellung zu Fragen des Glaubens. Zu glauben sei nicht an die Kirche oder an die Heiligen oder an die Jungfrau Maria, sondern allein an Gott und an Jesus Christus; dem Papst sei nur als Stellvertreter Christi zu glauben und auch nur, wenn er selbst Christus folgt.[629] In der Quaestio übernahm er nahezu wörtlich seine eigenen Ausführungen aus dem Sentenzenkommentar.[630]

Am 1. September 1411 gab Hus im Collegium Carolinum in Anwesenheit von Simon von Tischnowitz, dem Rektor der Universität, und einer langen Reihe namentlich genannter Zeugen für Papst Johannes XXIII. eine Erklärung ab, in der er nach dem Bekenntnis seines orthodoxen Glaubens die gegen ihn und die Anhänger der Reform gerichteten Anschuldigungen in knappen Sätzen zurückwies:

> *False, siquidem detulerunt et deferunt, quod docuerim populum, quod in sacramento altaris remanet substancia panis materialis.*
> *False, quod quando elevatur hostia, tunc est corpus Christi, et quando ponitur, tunc non est.*
> *False, quod sacerdos in peccato mortali non conficit.*
> *False, quod domini a clero auferant temporalia, quod decimas non solvant.*
> *False, quod indulgencie nichil sunt.*
> *False, quod gladio materiali swaserim clerum percuttere.*
> *False, quod predicaverim vel tenuerim aliquos vel aliquem errores vel errorem vel aliquam heresim, vel seduxerim a via veritatis populum quoquo modo.*
> *False, quod causa extiterim, quod quidam magistri theutonici expulsi de Praga fuerint, cum ipsi, nolentes alme universitatis studii Pragensis tenere fundacionis privilegium, nec serenissimi principis et domini domini Wenceslai, Romanorum regis semper Augusti et Bohemie regis, volentes parere mandatis licitis, putantes, quod absque eorum presencia non valeret Pragensis universitas subsistere, nullo pellente ad propria, vel quo ipsis placuit, recesserunt.* [...].
> *False, denique suggesserunt, quod capella Bethleem foret locus privatus, cum ipsa sit ab ordinario locus in beneficium ecclesiasticum confirmatus, cuius destruccio honorem Dei aliquantulum in populo tolleret, animarum profectum minueret, causaret scandalum et populum contra destructores non modice provocaret.*[631]

628 Kejř, Die Causa Johannes Hus, S. 68.

629 Hus, Questiones, ed. Kejř (MIHO XIX A, CC CM 205), S. 57–66. – B/S, Nr.16, S. 77. – Sedlák, M. Jan Hus, S. 223; Spinka, John Hus, S. 147 f.; De Vooght, L'hérésie des Jean Huss II, S. 639; Pavlíek, The Chronology, S. 46.

630 Spinka, John Hus, S. 148.

631 Kor., Nr. 31, S. 95–100 (Zitat S. 96 f.). – Sedlák, M. Jan Hus, S. 212. – Gleichzeitig oder kurz danach wandte sich Hus an die Kardinäle und erklärte sich auch ihnen

Der persönlichen Vorladung an die Kurie habe er an sich demütig Folge leisten wollen, doch wegen Morddrohungen, vor allem von deutscher Seite, habe er an seiner Stelle Advokaten und Prokuratoren dorthin entsandt; der Papst möge ihn von der persönlichen Vorladung entbinden, da er durch die Barmherzigkeit König Wenzels und den Schiedsspruch der Vermittler mit dem Erzbischof bereits vollständig übereingestimmt (*totaliter concordatus*) habe – eine zweifellos sehr einseitige Interpretation des Schiedsspruchs. Hus erklärte sich bereit, sich gegenüber allen Vorwürfen zu rechtfertigen, im Besonderen beim gegenwärtigen Treffen vor der Universität und allen anwesenden Prälaten, und sich gegebenenfalls auch unter Androhung des Feuers zu bessern. Eine notarielle Abschrift der Erklärung erhielt Jan von Jessenitz in Rom, der sie dort gegen das Vorgehen des Michael de Causis einsetzte.[632] Jessenitz wurde jedoch einige Monate später in Haft genommen, wodurch die bisherige Verteidigung Hussens an der Kurie keine Fortsetzung mehr fand. Jessenitz konnte aus dem Gefängnis fliehen, galt jedoch fortan als der Ketzerei verdächtig.

Den Aufenthalt des englischen Wyclifgegners John Stokes in Prag im September 1411 und dessen heftige antiwyclifitische Attacken nutzte Hus zu ebenso heftiger Zurückweisung unter eingehender Begründung seines Einstehens für den Oxforder Reformator. Stokes' Behauptung, dass jeder, der Wyclifs Bücher lese und studiere, im Lauf der Zeit in Häresie verfalle,[633] hielt Hus in seiner polemischen Schrift *Contra Iohannem Stokes* entgegen, dass er nicht glaube und annehme, dass Wyclif ein Ketzer sei, sondern hoffe, dass er kein Ketzer sei, und vielmehr zu denen zähle, die gerettet werden.[634] Hus nennt anschließend sechs Beweggründe für sein Festhalten an Wyclif:

gegenüber bereit, vor der Universität, den Prälaten und dem ganzen Volk seinen Glauben zu bekennen: Kor., Nr. 32, S. 101 f. – Sedlák, M. Jan Hus, S. 213 f.

632 Šmahel, Die Hussitische Revolution II, S. 865.

633 *Quia quidam advena, Johannes Stokes de Anglia* [...], *trahens moram in hac domo, asseruit, quod quicumque legeret libros magistri Johannis Wikleff vel studuerit in eisdem, eciam sit quomodocumque dispositus a natura vel radicatus in bona fide, ex processu temporis involvetur in heresim.* So nach Hussens *Intimacio,* die öffentlich *in foris ecclesie Pragensis* angeschlagen wurde: Kor., Nr. 33, S. 102–104 (Zitat S. 103). – Hierzu und zum Folgenden: Sedlák, M. Jan Hus, S. 216 f.; Loserth, Huss und Wiclif, S. 160, 209; Bartoš, Husitství a cizina, S. 25; Spinka, John Hus, S. 127 f.; Töpfer, Lex Christi, S. 162 f.; Krzenck, Johannes Hus, S. 117; Van Dussen, From England to Bohemia, S. 100–102; Šmahel, Jan Hus. Život a a dílo, S. 208; Soukup, Jan Hus, S. 51 f., 124.

634 *Ego autem non credo, nec concedo, quod magister Iohannes Wigleff sit hereticus, sed nec nego, sed spero, quod non est hereticus, cum in occultis de proximo debeo meliorem partem eligere. Unde spero, quod magister Iohannes Wigleff est de salvandis*: CC CM 238, S. 51.

1. Christi Worte Mt 7,1: *Richtet nicht, damit ihr nicht gerichtet werdet,* und Lk 6,37: *Richtet nicht, dann werdet auch ihr nicht gerichtet werden;* weiterhin das Pauluswort 1 Kor 4,5: *Richtet nicht vor der Zeit, wartet bis der Herr kommt, der das im Dunkeln Verborgene ans Licht bringen und die Absichten der Herzen aufdecken wird.*
2. Das Gebot der Liebe Lk 10,27: *Du sollst deinen Nächsten lieben wie dich selbst.*
3. Wyclifs Ruf bei den guten Priestern der Universität Oxford und beim Volk.
4. Wyclifs Schriften, in welchen es darum geht, alle Menschen zum Gesetz Christi zu führen, und vor allem den Klerus dazu zu bringen, der weltlichen Herrschaft zu entsagen und gemäß den Aposteln in der Nachfolge Christi zu leben.
5. Die in seiner Lehre immer wieder erneuerte Zeugenschaft (seine *protestaciones*).
6. Wyclifs Leidenschaft (*affectus*) für das Gesetz Christi und zu dessen Wahrheit, von der er kein Jota abweicht, sowie sein Buch *De veritate Sacre Scripture,* in dem er das Gesetz des Herrn bis zum Letzten unter Beweis stellt.[635]

Die Bedeutung der Streitschrift liegt in Hussens Reflexion über seine Einstellung zu John Wyclif und zum Kern der Lehre vom Gesetz Christi.

Trotz der 1411 auf ihn eindringenden Ereignisse fand Hus gegen Ende des Jahres Zeit für Predigt und schriftstellerische Tätigkeit. In dem aus einer Universitätspredigt entstandenen Traktat *Dixit Martha ad Iesum* vom 3. November 1411 wandte sich Hus gegen den bei Beerdigungen üblichen Pomp und gegen Missdeutungen der Lehre vom Fegefeuer, stellte aber letzteres nicht in Frage.[636] Im letzten Viertel des Jahres 1411, möglicherweise auch zu Beginn des Jahres 1412, schrieb Hus zwei weitere kürzere Traktate: *De matrimonio* (*Über die Ehe*)[637] und *De quinque officiis sacerdotis* (*Über die fünf Pflichten des Priesters*). Letzterer besteht im Wesentlichen aus einer kurzen Aufzählung mit Angaben zu einschlägigen Bibelstellen. An erster Stelle steht die Predigt des Evangeliums; es folgen das Gebet für das Volk, die Verwaltung der Sakramente, das Studium der Heiligen Schrift und das Beispiel der guten Werke.[638]

Anfang des Jahres 1412 verdichteten sich die Kontakte Hussens nach Mähren. Auf die von einem seiner Anhänger in Olmütz vor dem 3. März

[635] CC CM 238, S. 51 f. – Eindrucksvoll beginnen die einzelnen Sätze im lateinischen Text jeweils mit einem *Movet me* bzw. einem *Movent me.* – Šmahel, 'Doctor evangelicus super omnes evangelistas', S. 27 f.

[636] Hus, Positiones, ed. Schmidtová, S. 157–178. – B/S, Nr. 29, S. 88 f. – Nechutová, Husovo kázání „Dixit Martha"; Pavlíček, The Chronology, S. 45. – Zu Hussens Aussagen über die Suffragien: De Vooght, L'hérésie, S. 926–928.

[637] B/S, Nr. 65, S. 113.

[638] H&M, 1558, I, fol. 154r. – B/S, Nr. 64, S. 112 f. – Spinka, John Hus, S 141; Machilek, Návody, S. 563 f.; Pavlíček, The Chronology, S. 45.

1412 an ihn herangetragenen Fragen – über das Papstamt und zur Erlangung des ewigen Heils; die Frage, ob ein Mann, der vor seinem Tod nicht mehr gebeichtet habe, oder ob einige Menschen, die im Roten Meer oder in Sodom zu Tode gekommen seien, das Heil erlangen könnten – antwortete Hus in enger Anlehnung an seine frühere Quaestio *De credere* in einem kurzen Traktat *De tribus dubiis factis in Holomutz* mit grundsätzlichen Ausführungen über den Glauben: Zu glauben sei allein an Gott, nicht an den Papst, der nur Stellvertreter Christi sei; bezüglich der Rettung der Menschen gelte die Heilszusage Jesu für die an ihn Glaubenden (Joh 6,40).[639] Etwa um die gleiche Zeit griff Stephan von Dolein in seinem umfangreichen *Antihussus* Hus und dessen Überzeugungen scharf an.[640] Hus beklagte sich in einem wohl zwischen März und Mai 1412 abgefassten Brief an den Konvent der Doleiner Kartause über die von Seiten des Priors gegen ihn erhobenen Anwürfe und verwies dazu auf das Lukaswort (6,37): *Richtet nicht, dann werdet auch ihr nicht gerichtet werden; verurteilt nicht, dann werdet auch ihr nicht verurteilt werden.*[641] Wohl gleichzeitig oder kurz danach lieferte der Benediktinermönch Johannes von Holleschau (Jan z Holešova) (um 1366–1436) aus dem Kloster Břevnov bei Prag mit der gegen Hus gerichteten Quaestio *An credi possit in papam* einen wichtigen Beitrag zur Verteidigung der traditionellen kirchlichen Lehre über die Stellung des Papstes.[642]

Hus, der sich seit längerem als anerkannter geistiger Führer und Sprecher der Reformpartei fühlen mochte – er hatte im Februar oder März 1411 sogar stellvertretend für sein ganzes Volk (als *servus utilis cum toto populo*) dem polnischen König Władysław Jagiełło II. (1386–1434) zu dem am 15. Juli 1410 errungenen Sieg über den Deutschen Orden in der Schlacht bei Grunwald (Tannenberg) beglückwünscht,[643] musste rund ein Jahr später erfahren, dass Papst Johannes XXIII. Kardinal Zabarella den Prozess gegen ihn entzog, nachdem dieser kurz zuvor dazu aufgerufen hatte, die ungerechtfertigte Vorladung Hussens vor der Kurie aufzuheben, und die

639 Hus, H&M, ed. Franciscus Illyricus, 1558, I, fol. 169^{v}–170^{v}. – Zur Entstehungszeit: Kor., Nr. 40, S. 118 f. – Sedlák, M. Jan Hus, S. 223; Loserth, Huss und Wiclif, S. 103; Spinka, John Hus, S. 146 f.; De Vooght: L'hérésie de Jean Huss II, S. 639; Šmahel, Jan Hus. Život a dílo, S. 118.

640 Spunar, Repertorium I, Nr. 1021, S. 364.

641 Kor., Nr. 41, S. 120 f. – B/S, Nr. 180, S. 201. – Sedlák, M. Jan Hus, S. 223; Machilek, Ludolf von Sagan, S. 152; Spinka, John Hus, S. 147.

642 Johannes von Holleschau, An credi possit in papam, in: Sedlák, Miscellanea husitica, ed. Polc, S. 521–542. – Sedlák, M. Jan Hus, S. 224 f.; Spinka, John Hus, 147 f.; De Vooght, L'hérésie I, S. 639; II, S. 639–644; Machilek, Monastische Beziehungen, S. 142 f. – Johannes von Holleschau vollendete u.a. 1397 einen Traktat über das dem heiligen Adalbert zugeschriebene Lied *Hospodine pomiluj ny* und um 1400 einen Traktat über die Volksbräuche am Heiligen Abend

643 Kor., Nr. 25, S. 86 f. – An der Schlacht waren zahlreiche Kämpfer aus Böhmen beteiligt gewesen. – Machilek, Böhmen, Polen und de hussitische Revolution, S. 408, Anm. 32; Kras, Husyci, S. 39; Fudge, Jerome of Prague, S. 105.

Prozessführung dem für seine Härte bekannten Kardinal Rinaldo Brancaccio († 1427) zu übertragen.[644]

17. Der Ablassstreit und die Formierung des radikalen hussitischen Flügels

Hus hatte bereits mehrfach gegen simonistische Ablasspraktiken Stellung bezogen,[645] als der Passauer Domdekan Wenzel Tiem von Nikolsburg (Václav Tiem z Mikulova) als Kommissar Papst Johannes XXIII. seit Ende Mai 1412 mit Zustimmung König Wenzels IV. die von diesem im Kampf gegen König Ladislaus von Neapel als Beschützer des abgesetzten Papstes Gregor XII. am 9. September 1411 erlassene Kreuzzugs- und Ablassbulle in Prag verkündete, damit Hus zu aktuellem Einschreiten veranlasste und zum Auslöser des von den Befürwortern und Gegnern des Ablasses außerst heftig geführten Streits wurde.[646] Hus wandte sich von der Kanzel, in Streitschriften *Contra cruciatam* (*De indulgentiis*)[647] und mit der Quaestio *Utrum secundum legem Iesu Christi licet et expedit pro honore Dei et salute populi ac pro commodo regni bullas pape de ereccione crucis contra Ladislaum regem Apulie et suos complices christifidelibus approbare* in öffentlicher Disputation im Collegium Carolinum (17. Juni 1412)[648] gegen den Inhalt der päpstlichen Bulle, wobei er insbesondere gegen die Kriegserklärung durch den Papst und gegen den Missbrauch von Ablässen allgemein Stellung bezog. In einem wohl noch im Sommer 1412 von Hus niedergeschriebenen Bericht über den bisherigen Verlauf des gegen ihn geführten Rechtsstreits erwähnte er kurz auch den Ablassstreit.[649] In der Hauptstadt

644 Šmahel, Die Hussitische Revolution II, S. 866.

645 Belege aus den Sermones in Bethlehem, ed. Flajšhans, zusammengestellt von Benrath, Wyclif und Hus, S. 210, Anm. 47.

646 Druck der Bulle: Acta summorum pontificum 1, ed. Eršil, Nr. 561, S. 361–363; Beglaubigungsschreiben Johannes' XXIII. für Wenzel Tiem und Empfehlungsschreiben ebd. Nr. 604–607, S. 378–381. – Zum Auftreten von Wenzel Tiem in Prag: Spinka, John Hus, S. 133 f. – Zum Ablassstreit: Sedlák, M. Jan Hus, S. 231–241; Sedlák, Husovy spisy proti bulle odpustkové; Loserth, Huss und Wiclif, S. 101–112; Novotný, M. Jan Hus. Život a dílo 2, S. 61–121; Spinka, John Hus, S. 132–141, 137–140, 151; De Vooght, L'hérésie de Jean Huss, S. 203–218, 817–848; Acta summorum pontificum 2, ed. Eršil, S. 880 (Reg.); Hilsch, Johannes Hus, S. 160–175; Šmahel, Die Hussitische Revolution II, S. 867–878 (zum politischen Hintergrund der Zustimmung Wenzels zur Ablasskampagne bes. S. 868 f.); Holeček, „Ministri dei possunt", S. 228 f.; Soukup, Jan Hus, S. 131–147; Pavlíček, The Chronology, S. 48–52 (mit weiteren Literaturhinweisen); Šmahel, Jan Hus. Život a dílo, S. 121 f.

647 Hus, Contra cruciatam I–III, in: Polemica, ed. Eršil, CC CM 238, S. 133–144. – Dazu: Ebd., Einleitung, S. 12–14 bzw. XX–XXII. – B/S, Nr. 54, S. 104; Nr. 182, S. 202; Nr. 183, S. 202.

648 Quaestio de indulgentiis (de cruciata), ed. Kejř, CC CM 205, S. 67–155. – B/S, Nr. 17, S. 77 f. – Spinka, John Hus, S. 157.

649 Kor., Nr. 43, S. 123–125, hier S. 124.

waren drei Sammelstellen für die Ablassgelder eingerichtet worden: in der Kathedrale St. Veit, in der Teynkirche und bei St. Jakob. An den in der Stadt aufkommenden Krawallen war Hieronymus on Prag maßgeblich beteiligt.[650] In den Spottgedichten auf den Ablassprediger wird auch Hus ausdrücklich als Gegner der Kampagne genannt:

Legat przigel de Prahy	[*Der Legat kam nach Prag*
Zbudil kanowniky	*und rief die Kanoniker auf,*
byt kniemu przistupili	*sich auf seine Seite zustellen,*
Krale s obci lupili	*den König mit der Gemeinde zu berauben*
Po vssi czeske zemi.	*im ganzen böhmischen Land.*
Mistrowi Husowi to diwno	*Magister Hus verwundert es,*
Swatemu Pismu protiwno	*da es der Heiligen Schrift zuwider ist,*
Zie se Bohem czini czlowiek.	*dass sich ein Mensch zu Gott macht.*
A negsa buduczywiek	*Und es wird kein Jenseits*
Zde wtomto swietie.	*hier auf dieser Welt geben.*][651]

Hus verlor die Gunst des Königs, der an dem Ablassgeschäft finanziell beteiligt war und von seiner Zustimmung zur Ablasskampagne in Italien Unterstützung für die von ihm angestrebte Kaiserkrönung erwartete; gleichzeitig hatte der Streit den endgültigen Bruch zwischen Hus und den Magistern Stanislaus von Znaim und Stephan von Páleč zur Folge, die mit der Mehrzahl der Theologen bereit waren, Johannes XXIII. zu unterstützen.[652] „Il est indéniable que cet acte de révolte lui [Hus] fut fatal et non moins sûr que sa position doctrinale fut correcte," so Paul De Vooght.[653] Ausgehend vom Kreuzzugsablass des Papstes zog Hus in der *Quaestio* und in den folgenden Traktaten *Contra Stephanum Palecz*[654] und *Contra Stanislaum de Znoyma*[655] der päpstlichen Gewalt enge Grenzen und betonte, dass bei Nichteinhaltung der *Lex Dei* auch der Papst irre[656].

Auf einer Ende Juni 1412 durch König Wenzel in das etwa halbwegs zwischen Prag und Pilsen gelegene Städtchen Bettlern (Žebrák) unterhalb der dortigen königlichen Burg einberufenen Versammlung des Kronrats zur Schlichtung der Differenzen zwischen Hus und der Theologischen Fakultät setzten die Unterzeichner der letzteren – die acht Doktoren Stephan von Páleč, Stanislaus von Znaim, Peter von Znaim, Johannes Eliae, Johannes von

650 Fudge, Jerome of Prague, S. 105 f.

651 Zitiert bei Hilsch, Johannes Hus, S. 164.

652 Einzelheiten.in der in Anm. 646 aufgeführten Literatur.

653 De Vooght, L'hérésie de Jean Huss, S. 817.

654 Hus, Contra Stephanum Palecz, in: Polemica, ed. Eršil, CC CM 238, S. 259–303. – Dazu: ebd., Einleitung, S. XXIV f.

655 Hus, Contra Stanislaum de Znoyma I–III, in: Polemica, ed. Eršil, CC CM 238, S. 305–425. – Dazu: ebd., Einleitung, S. XXV f.

656 Fudge, Jan Hus. Religious Reform, S. 36 f.

Hildesheim, Andreas von Brod, Hermann von Mindelheim und Matthäus von Königsaal – eine erneute Verdammung der 45 Wyclifartikel sowie sieben weiterer Artikel von Hus durch.[657]

Trotz Hussens Fürsprache wurden am 11. Juli 1412 drei junge Männer namens Martin, Jan und Stašek (Stanislaus), die den Predigern des Ablasses widersprochen und ihn einen Betrug genannt hatten, wohl auf Weisung König Wenzels an den Rat der Altstadt, öffentlich hingerichtet.[658] Nach Stephan von Dolein wischten Beginen das Blut der Enthaupteten mit ihren Schleiern zusammen und leckten es vom Boden auf.[659] Magister Jan von Jičin und weitere Universitätsangehörige führten den Leichenzug unter Beteiligung einer großen Volksmenge und dem Singen der Antiphon *Isti sunt sancti* zu den Märtyrerfesten zur Bethlehemkapelle, wo die Toten beerdigt wurden. Sie wurden fortan als erste Märtyrer der Reformbewegung verehrt.[660] Weder Hus, noch Hieronymus von Prag, noch Jakobell von Mies nahmen an den Trauerfeierlichkeiten teil. Ob Hus mit Rücksicht auf das gespannte Verhältnis zu König Wenzel oder wegen Abwesenheit von Prag zu dem Vorfall erst knapp zwei Wochen später in einer Predigt Stellung nahm, nachdem ihm das Schweigen dazu zum Vorwurf gemacht worden war, ist offen; nun rühmte er die Toten und ihren Lebenwandel und rief das Volk dazu auf, sich nicht vom Gesetz Gottes abbringen zu lassen.[661]

Auf einer fünf Tage später auf Initiative Wenzels in das Altstädter Rathaus einberufenen Versammlung der Universität und des Prager Klerus wiederholte der päpstliche Inquisitor Bischof Nikolaus von Nazaret die früheren Verurteilungen der Wyclifartikel. Markus von Königgrätz und Prokop von Pilsen bestanden darauf, dass diese auch in akzeptablem Sinn ausgelegt werden könnten. Hus, der an diesem Tag nicht in Prag war, organisierte Ende Juli/August 1412 zusammen mit Jakobell von Mies und dem von Hieronymus von Prag aus Heidelberg nach Prag gelockten Nonkonformisten Friedrich (von) Eppinge († wohl 1412) eine Disputationsreihe über ausgewählte Wyclifartikel im Collegium Carolinum, die den Nachweis erbringen sollte, dass jene nicht häretisch oder irrig seien. Hus exponierte sich vor allem durch gesellschaftspolitische Stellungnahmen; diese galten

[657] Doc., S. 451–456; Spinka, John Hus' Concept of the Church, Appendix. – Spinka, John Hus, S. 152–154, 156; De Vooght, L'hérésie de Jean Huss, S. 220–222; Soukup, Jan Hus, S. 101; Šmahel, Jan Hus. Život a dílo, S. 127 f.

[658] Rel., S. 106 f.; Ber., S. 233–235.

[659] Der Bericht Stephans von Dolein über die damaligen Vorgänge in Prag im Antihussus, ed. Pez, vol. IV, pars 2, col. 380 f.

[660] Hilsch, Johannes Hus, S. 174 f.

[661] Sedlák, M. Jan Hus, S. 243 f.; Novotný, M. Jan Hus. Život a dílo 2, S. 116–119; Loserth, Huss und Wyclif, S. 107; Kaminsky, A History, S. 81 f.; Spinka, John Hus, S. 154 f.; Nechutová, Frauen um Hus, S. 77 f.; Hilsch, Johannes Hus, S. 174 f.; Šmahel, Jan Hus. Život a dílo, S. 126.; Soukup, Jan Hus, S. 132 f., 139 ; Fudge, Jerome of Prague, S. 151.

der freien Predigt im Fall der Exkommunikation (Art. 13), der nichtautorisierten Predigt (Art. 14), der Rechtmäßigkeit der Ausübung weltlicher und geistlicher Macht durch einen Inhaber, der sich im Stand der Todsünde befindet (Art. 15), dem Recht der weltlichen Gewalt auf Einzug von Kirchenvermögen (Art. 16), dem Einzug von Zehnten (Art. 18).[662] Friedrich Eppinge setzte sich als Kanonist mit der Exkommunikation auseinander (Art. 11),[663] Jakobell verteidigte Art. 32 über das Besitzstreben des Klerus.[664] Mit der öffentlichen Verteidigung Wyclifscher Sätze leitete Hus selbst die letzte Phase seiner Auseinandersetzungen mit seinen Gegnern ein.

Noch im August 1412 fasste Hus seine Disputationsbeiträge in der *Verteidigung einiger Artikel des Johannes Wyclif* (*Defensio quorundam articulorum Iohannis Wiclef*) zusammen;[665] diese vermittelt nach Armin Kohnle einen Eindruck von der Wyclif-Rezeption Hussens in der reifen Phase seiner theologischen Entwicklung und illustriert zugleich seine akademisch-scholastische Argumentationstechnik.[666] Die bei dieser Gelegenheit zutage tretende Anwendung Wyclifscher Doktrin auf die praktische Politik ist nach Jiří Kejř „der eigene Beitrag des hussitischen Denkens".[667]

Ausführlich ging Hus in der *Defensio* auf den bereits von der Londoner Synode 1382 verurteilten Wyclif-Art. 15 – *Nullus est dominus civilis, nullus est prelatus, nullus est episcopus, dum est in mortali peccato* – ein.[668] Dabei übernahm er aus Wyclifs Traktat *De civili dominio* die Auffassung von den drei Formen des Rechts: dem allein von Gott gesetzten *ius divinum*, dem *ius canonicum* und dem zur Rechtfertigung der staatlichen Gewalt dienenden *ius civile*; da das menschliche Recht ursprünglich auf dem göttlichen Recht beruhe, sei eine gerechte Herrschaft nur auf der Grundlage des göttlichen Rechts denkbar. Indem er der Wyclifschen Formulierung *nullus est dominus civilis* unter Rückgriff auf 1 Dan 3–6 ein *digne et iuste* einfügte, schwächte er die ursprüngliche Aussage in entscheidender Weise ab. Die Auffassung, dass ein Herrscher in Todsünde vor Gott nicht in rechter Weise (eben *digne et iuste*) König sei,

[662] Sedlák, M. Jan Hus, S. 249–253; Kaminsky, A History, S. 83 f.; De Vooght, L'hérésie I, S. 235–240; Hilsch, Johannes Hus, S. 178–181; Mutlová, Die Dresdner Schule, S. 265; Soukup, Jan Hus, S. 98.

[663] Text inseriert in Hus, Tractatus responsivus, ed. Thomson, S. 103–133. – De Vooght, L'hérésie I, S. 240: Šmahel, Jan Hus. Život a dílo, S. 130. – Zu Friedrich Eppinge: Kejř, Právnické dílo M. Friedricha Eppinge.

[664] Text inseriert in Hus, Tractatus responsivus, ed. Thomson, S. 30–53. – De Vooght, L'hérésie I, S. 241; Ders., Jacobellus de Stříbro, S. 42.

[665] Hus, Polemica, ed. Eršil, [2]2010 (CC CM 238), S. 145–257. – B/S, Nr. 10, S. 74.

[666] Johannes Hus deutsch, S. 256.

[667] Kejř, Zur Entstehungsgeschichte, S. 52.

[668] Hus, Polemica, ed. Eršil, [1]1966, MIHO XXII, S. 145–257; [2]2010, CC CM 238, S. 224–255. – Auszüge (Art. 15 und 4) in deutscher Übersetzung in: Johannes Hus deutsch, Nr. 20/I, S. 255–280. – Seibt, Nullus est Dominus; De Vooght, L'hérésie I, S. 236–239; Töpfer, Die Wertung, S. 67 f.; Hilsch, Johannes Hus, S. 179 f.; Šmahel, Jan Hus. Život a dílo, S. 129 f.

wurde Hus wenige Jahre später im Konstanzer Verhör am 8. Juni 1415 zum Verhängnis, als er dies in Anwesenheit König Sigismunds feststellte.[669]

Die Verkündigung der Ablassbulle Papst Johannes XXIII., die Hinrichtung der drei Ablassgegner und zweifellos auch die Stellungnahmen Hussens lösten unter dessen Anhängern in Prag eine Welle der Empörung aus, die ihren Ausdruck in öffentlichen Demonstrationen, Inszenierungen und Aufzügen in der Stadt fanden. Nach mehreren Berichten zogen Studenten mit Nachbildungen der Ablassbulle durch die Straßen. Nach einem Bericht saß auf einem von zwei Pferden gezogenen Wagen ein als Hure verkleideter Student, der den Zuschauern Ablässe zum Kauf anbot; nach einem anderen Bericht hingen einer auf dem Wagen sitzenden Hure Ablassbullen an den Brüsten. Am Ziel des Zuges wurden die Nachbildungen der Bulle verbrannt. Die Veranstaltungen dieser Art hinterließen unter der Bevölkerung starke Eindrücke. Eine wichtige Rolle kam dabei auch den Schmähliedern zu, die bei vielen im Gedächtnis haften blieben. In Konstanz wurde wohl zu Recht Hieronymus von Prag mit den Aktionen in Verbindung gebracht.[670]

Hieronymus repräsentierte zusammen mit den an der Prager Burse *Zur Schwarzen Rose* am Graben lehrenden deutschen Magistern Peter von Dresden (auch von Drossen) († 1421/26 ?) und Nikolaus von Dresden († um 1417), der Jakobell von Mies bei der Einführung des Laienkelchs unterstützte, sowie Friedrich Eppinge, die nun immer agressiver agierende radikale Richtung innerhalb der hussitischen Reformbewegung.[671] Die antithetischen *Tabule novi et veteris coloris seu Cortina de Antichristi* (*Die Tafeln der neuen und alten Farbe oder Der Vorhang des Antichrist*) des Nikolaus von Dresden spiegeln die erregte Stimmung des Jahres 1412 wider.[672]

669 Hus, Defensio articulorum Wyclif, ed. Eršil, MIHO XXII, S. 216 = CC CM 238, S. 238; Molnár, Die Antworten, S. 412. – Töpfer, Die Wertung, S. 67–69.

670 Die vorausgehende Passage folgt weitgehend Soukup. Jan Hus, S. 110 f. Zu den Tumulten in Prag: Kaminsky, A Revolution, S. 85 f.; Hilsch, Johannes Hus, S. 187; Šmahel, Die Hussitische Revolution II, S. 852. – Zum Angriff auf die Bethlehemkapelle oben S. 80.

671 Zu den angeführten Mitgliedern der *Dresdener Schule*: Girgensohn, Peter von Pulkau, S. 129–138; Tříška, Životopisný slovník, S. 446, 388; Machilek, Deutsche Hussiten, S. 271 f..; Šmahel, Die Hussitische Revolution I, S. 568–574; Mutlová, Die Dresdner Schule; Machilek, Aufschwung und Niedergang, S. 287, 289; Machilek, Von der ‚Dresdener Schule', S. 59–63. – Zu Nikolaus von Dresden: Nechutová, Místo Mikuláše z Drážďan (hierin insbes. auch Vergleiche zur Kirchenlehre Hussens); zuletzt: Mutlová, Nicolai Dresdensis Apologia.

672 Kaminsky, A History, S. 40 f.

18. Hussens Appellationen an Christus und an das Landesgericht

Der von Papst Johannes XXIII. an Kardinal Pietro Stefaneschi degli Annibaldi († 1417) übertragene Husprozess an der päpstlichen Kurie war im Zug der Prager Ereignisse durch Michael de Causis, dem Prokurator der Prager Kurie in Rom, und dem Inquisitor Mauritius Rvačka in Prag weiter forciert worden.[673] Wegen Nichterscheinens vor dem Gericht in Rom und damit wegen des Verstoßes gegen die Prozessordnung sprach Kardinal Stefaneschi im Juli 1412 über Hus den verschärften Kirchenbann (*aggravacio sentencie excommunicacionis*) aus, der am 18. Oktober 1412 auf der Prager Synode feierlich verkündet wurde.[674] Als Antwort appellierte Hus noch am gleichen Tag in ebenso feierlicher Form an Christus als dem höchsten und gerechtesten Richter. Nach Anrufungen an Gott als Zuflucht der Bedrückten und über die Wahrheit wachender Herr fährt Hus fort:[675]

> *Gestützt auf das überaus heilige und fruchtbare Beispiel des Erlösers appelliere ich wegen schwerer Unterdrückung, ungerechter Sentenz und vorgegebener Exkommunikation von Seiten der Hohenpriester, Schriftgelehrten, Pharisäer und Richter, die auf dem Stuhl des Moses sitzen, an Gott, dass er sich meiner Sache annehme.*

Hus nennt dazu Johannes Chrysostomus (um 350–407), der an ein Konzil der Bischöfe und Kleriker, und die Bischöfe Andreas von Prag (1215–1224) und Robert Grosseteste von Lincoln (1235–1253) als Beispiele, die

[673] Zum Kontext: Hilsch, Johannes Hus, S. 183–185; Šmahel. Die Hussitische Revolution II, S. 881 f.; Soukup, Jan Hus, S. 156–158.

[674] Šmahel, Die Hussitische Revolution II, S. 881; Fudge, Jan Hus. Religious Reform, S. 118.

[675] Edition des Appellationsinstruments: Kor., Nr. 46, S. 129–133 (lateinischer Text), Nr. 46*, S. 134–136 (tschechischer Text); Molnár (ed.), Husitské manifesty, S. 43–47 (tschechische Übersetzung); Johannes Hus deutsch, Nr. 19, S. 249–254. – Erwähnungen der Appellation: Hus, De ecclesia, ed. Thomson, XVIII, S. 165; Anklagen in Konstanz: Rel., S. 78 (Konstanz, 7. Juni 1415), 92 (ebd., 8. Juni 1415), 114 f. (ebd., 6. Juli 1415); Ber., S. 169, 200 f., 248. – Zur Appellation: Sedlák, M. Jan Hus, S. 261; Spinka, John Hus, S. 162 (Anklagen in Konstanz: S. 263, 268, 286); Molnár, Jan Hus, testimone della verità, S. 32–38; De Vooght, L'hérésie I, S. 226 f.; Kejř, Johannes Hus als Rechtsdenker, S. 223 f., Kejř, Husovo odvolání od soudu papežova (grundlegend); Hilsch, Johannes Hus, S. 185–187; Šmahel, Die Hussitische Revolution II, S. 881 f.; Wernisch, Husitství, S. 45; Kejř, Die Causa Johannes Hus, S. 90–94; Fudge, Jan Hus. Religious Reform, S. 129 f.; Krzenck, Johannes Hus, S. 128; Soukup, Jan Hus, S. 148–151; Wernisch, Husitství, S. 45; Šmahel, Jan Hus. Život a dílo, S. 133, 135; Pavlíček, The Chronology, S. 52 f.; Kolář, Imitatio, S. 95–98.

> *in ihrer widerrechtlichen Bedrückung demütig und heilsam gegen den Papst an den höchsten und gerechtesten Richter appelliert haben, der nicht durch Furcht erschüttert, nicht durch Vorlieben gelenkt, nicht durch ein Geschenk bestochen und nicht durch falsche Zeugen getäuscht wird.*[676]

Ausdrücklich wandte sich Hus an die Mitglieder des Adels und das Volk, seine bewährten Beschützer, sich für ihn einzusetzen:

> *Ich wünsche, dass alle Christgläubigen, insbesondere Fürsten, Barone, Ritter, deren Hintersassen und alle anderen Einwohner des Königreichs Böhmen wissen und mit mir leiden, der ich durch eine vorgegebene Exkommunikation schwer unterdrückt bin, die vor allem durch den Anstifter und meinen Gegner Michael de Causis, den einstigen Pfarrer der Kirche des heiligen Adalbert in der Prager Neustadt, und mit Zustimmung und Hilfe der Kanoniker der Prager Kirche erwirkt und durch Petrus, Kardinaldiakon der römischen Kirche St. Angelo und vom römischen Papst Johannes XXIII. deputierten Richter verhängt und hinausgeschleudert wurde. Fast zwei Jahre wollte dieser meinen Advokaten und Prokuratoren keine Audienz geben, wie sie nicht einmal einem Juden, Heiden oder Häretiker verweigert werden darf. Auch wollte er weder eine vernünftig begründete Entschuldigung wegen meines persönlichen Nichterscheinens akzeptieren, noch Zeugnisse der Universität Prag mit anhängendem Siegel und Beglaubigung öffentlicher, zur Bezeugung berufener Notare mit väterlicher Milde gütig annehmen.*[677]

Die Appellation schließt mit den Worten:

> *Ich, Johannes Hus aus Husinetz, Magister der freien Künste und baccalaureus formatus der heiligen Theologie an der hohen Universität zu Prag, Priester und bestellter Prediger an der genannten Bethlehemkapelle, richte diese Appellation an den Herrn Jesus Christus, den gerechtesten Richter, der eines jeden Menschen gerechte Sache kennt, schützt, beurteilt, offenbart und fehlerlos belohnt.*

676 Näher zu den Genannten: Kejř, Husovo odvolání od soudu papežova, S. 28–31.

677 *Opto igitur, ut omnes Christi fideles, et presertim principes, barones, milites, clientes et ceteri regni nostri Boemie incole, sciant et compaciantur michi, per excomunicacionem pretensam oppresso tam graviter, acquisitam specialiter per instagatorem et adversarium meum Michaelem de Causis, quondam plebanum ecclesie sancti Adalberti in Nowa civitate Pragensi, de consensu et auxilio canonicorum Pragensis ecclesie et datam et fulminatam per Petrum, sancti Angeli Romane ecclesie dyaconum cardinalem, deputatum iudicem per Romanum pontificem Johannem XXIII, qui fere per duos annos nullam voluit meis advocatis et procuratoribus dare audienciam, que non debet eciam Iudeo, pagano et heretico denegari, nec voluit cuiquam racionabili excusacioni de non comparicione mea personali acquiescere, vel universitatis studii Pragensis testimonia cum pendente sigillo et attestacione publicorum publicorum natariorum et testimonium vocatorum pietate paterna benigniter acceptare.* Kor., Nr. 46, S. 131. – Zur hussitischen Forderung nach öffentlichem Gehör: Machilek, Die Forderung, S. 510 f.

Hus schlug den Text des entgegen mehrfach geäußerter Auffassung ohne juristischen Beistand des Jan von Jessenitz entstandenen Appellationsinstruments in der Nähe der erzbischöflichen Residenz am Kleinseitener Brückenturm an, so dass er für die Teilnehmer der Synode unmittelbar zugänglich war.[678] Hus hat öffentliche Anschläge auch später mehrfach als Medium seiner Reformpolitik benutzt.[679] Nach den Worten des Kartäuserpriors Stephan von Dolein soll Hus seine Anhänger in der Bethlehemkapelle damals mit den Worten angesprochen haben: *Seht, geliebte Söhne und Töchter, ich erkläre heute vor euch, dass ich gegen diesen schlechten Papst, der sich nur Papst nennt, an Christus appelliere.*[680]

Die Berufung auf Christus als im Kirchenrecht nicht vorgesehene Instanz bedeutete eine eklatante Missachtung kirchlicher Autorität; nach seinem Kirchenverständnis war Christus selbst das Haupt der Kirche, nicht der Papst.[681] Sie lässt sich als Akt des Notrechts im Rahmen der auf die konkrete kirchenpolitische Situation ausgerichteten Ekklesiologie Hussens erklären.[682] Amedeo Molnár charakterisierte sie als ein an das Volk gerichtetes Manifest.[683] Die Appellation war zweifellos einer der folgenschwersten Schritte im Leben Hussens und in seiner Auseinandersetzung mit den kirchlichen Institutionen. Für Jiří Kejř ist der Akt als „Inbegriff der Lehre Hussens vom Recht und seiner moralischen Gebundenheit im Gegensatz zur legitimistisch-juristischen Konzeption" zu verstehen.[684] Die Appellation war nach Kejř „gewiss das Ergebnis einer spontanen Reaktion von Hus auf die niederschmetternde Nachricht von der Verschärfung des Banns. Sie war sein Aufschrei aus einem Gefühl der Ungerechtigkeit, eines ihm geschehenen Unrechts. [...] Hus [...] wandte sich vom kirchlichen Gericht ab, verweigerte ihm Gehorsam und Respekt in der Überzeugung, er handle in Übereinstimmung mit dem Willen Gottes. Er äußerte damit sein Misstrauen gegen die hierarchisch-juristische Gerichtsbarkeit, lehnte sie ab und ersetzte sie durch das Prinzip des übergeordneten göttlichen Gesetzes."[685] Nach den Worten von Ansgar Frenken brachte die Appellation Hus in Konstanz später „um seine letzte Chance".[686] Sie zählte auf dem Konstanzer Konzil, zuletzt noch vor der Verlesung des Schlussurteils, zu den gravierenden Anklagepunkten des Konzilsgerichts.[687]

678 Kejř, Die Causa Johannes Hus, S. 92. – Jan von Jessenitz befand sich zum damaligen Zeitpunkt in Bologna, wo er den juristischen Doktortitel erwarb.

679 Šmahel, Reformatio und Receptio; Studt, Papst Martin V., S. 40 f.

680 Zitiert bei Soukup, Jan Hus, S. 148.

681 Hilsch, Johannes Hus, S. 186 f.

682 Machilek, Ergebnisse, S. 213, Kotowski, Ansätze, S. 356.

683 Molnár, Jan Hus, testimone della verità, S. 35.

684 Kejř, Die Causa Johannes Hus, S. 90.

685 Ebd., S. 91.

686 Frenken, Die Erforschung, S. 291; auch zitiert bei Kejř, Husovo Odvolání, S. 53, Anm. 183.

687 Rel., S. 78, 92, 114 f.; Ber., S. 169, 200 f., 248. – Spinka, John Hus, S. 268, 286.

Da Prag wegen der Bannung von Hus unter Interdikt stand, verließ dieser zunächst wohl nur vorübergehend die Stadt. Um seine Sache weiter voran zu bringen, appellierte er unter Hinweis, dass die Verhängung des Interdikts auch die kaiserlichen Rechte beschneide, vor dem 14. Dezember 1412 an die in Prag zum Landesgericht (*Zemský soud*) versammelten höchsten Dignitäre des Königreichs Böhmen, zum Wohl des Landes zu handeln und dafür zu sorgen, dass die Einstellung des Gottesdienstes wieder aufgehoben und er das Wort Gottes wieder frei verkündigen könne.[688] Es war das erste Mal, dass er sich als Führer der hussitischen Reformbewegung nicht unmittelbar an den König, sondern an die Repräsentanten der Herrschaft des Königreichs wandte.[689]

Auch dieser Schritt erfolgte ohne Beteiligung von Jan von Jessenitz, der am 18. Dezember 1412, einen Tag nach dem Zusammentreten des Landesgerichts in Prag in einer an der Universität vorgetragenen umfangreichen Stellungnahme (*Repetitio pro defensione causae Magistri Ioannis Hus*) die Ungültigkeit des Urteils des geistlichen Gerichts gegen Hus und die Rechtswidrigkeit der Exkommunikation der übrigen Beteiligten mit juristischen Argumenten zu beweisen suchte. Mit der Überreichung der *Repetitio* an den künftigen Prager Erzbischof Konrad von Vechta beabsichtigte er, den Rechtsstreit von der Kurie abzuziehen und wieder nach Böhmen zurückzuholen. Bei der Kurie fand die *Repetitio*, wie er selbst voraussah, kein Echo, sie verfehlte jedoch auf Seiten der Hus-Partei in Prag nicht ihre Wirkung.[690] Nach Jiří Kejř stellt „die Tatsache, dass ein weltliches Gericht gebeten wird, sich mit einer Sache zu befassen, die vor ein Gericht einer Kirche gehört, [...] die konsequente Vollendung von Hussens Appellation an Christus dar."[691]

19. Hus und die Deutschen

Im Gegensatz zu den in breiten Schichten der städtischen und ländlichen Bevölkerungskreise in Böhmen anzutreffenden unreflektierten Formen des frühnationalen Bewusstseins äußerten sich die tschechischen Lehrer an der Prager Universität seit Beginn des 15. Jahrhunderts zumeist ausgehend von aktuellen Problemen in reflektierender Form zu ethnischen und nationalen

688 Kor., Nr. 54, S. 157 f.; Johannes Hus deutsch, Nr. 21, S. 287 f. – B/S, Nr. 191, S. 206. – Kaminsky, A History, S. 91; Kejř, Die Causa Johannes Hus, S. 94–97.

689 Šmahel, La revolution hussite, une anomalie historique, S. 39.

690 Edition: H&M I, fol. 324v – 333r. – Dazu: Sedlák, M. Jan Hus, S. 269 f.; Novotný. M. Jan Hus. Život a dílo 2, S. 224–226; Kejř, Husitský právník, S. 68–72, 157 f.; Kejř, Dějiny pražské právnické univerzity, S. 67; De Vooght, L'hérésie de Jean Huss I, S. 269–271; Hilsch, Johannes Hus, S. 192 f.; Kejř, Die Causa Johannes Hus, S. 101; Šmahel, Jan Hus. Život a dílo, S. 137 f. – Zu der Antwort eines unbekannten Gegners auf die Argumente des Jan von Jessenitz: Kejř, Die Causa Johannes Hus, S. 102 f.

691 Kejř, Die Causa Johannes Hus, S. 101.

Fragen, wobei die Äußerungen vor allem in der Entschiedenheit der Formulierungen voneinander abweichen.[692] Hus hatte aus konkretem Anlass – nach dem Einfall bayerischer und meißnischer Truppen in Böhmen 1401 und den im Zusammenhang damit in der Umgebung Prags erfolgten Plünderungen und Bluttaten – in einer Predigt die Tatenlosigkeit des Adels getadelt und zur Verbesserung der Position der einheimischen Truppen im Land aufgerufen: Die böhmische Nation solle hier Haupt und nicht Schwanz sein. Die Böhmen sollen im Land die ersten sein wie die Franzosen in Frankreich und die Deutschen in ihren Ländern, und sollen dort ihre Untertanen (*subditos*) regieren. Sei denn ein Böhme, der nicht Deutsch verstehe, in Deutschland ein Pfarrer oder Bischof? Er wäre dann doch so wenig wert wie ein Hund, der in der Herde nicht bellen könne. Genau so wenig nütze umgekehrt den Tschechen ein Deutscher.[693]

Die Hus während des Prozesses in Konstanz von dem Notar Wenzel von Voděrady im Zusammenhang mit dem Exodus der deutschen Professoren und Studenten zugeschriebene Äußerung – *Kinder, gelobt sei Gott der Allmächtige, dass wir die Deutschen verabschiedet und das von uns erstrebte Ziel erreicht haben. Wir haben gesiegt!* – hat Hus mit großer Wahrscheinlichkeit nicht in dieser Form getroffen.[694] In Konstanz verteidigte er sich später gegen den Vorwurf, *er* habe die Deutschen aus Prag vertrieben mit dem Hinweis auf eine von den drei nichtböhmischen Universitätsnationen getroffene Vereinbarung zum Auszug für den Fall, dass König Wenzel das die böhmische Nation begünstigende Kuttenberger Dekret nicht zurücknehme. In gleicher Weise verwahrte er sich gegen die in Konstanz gegen ihn erhobene Anschuldigung, die Böhmen gegen die Deutschen aufgehetzt zu haben.[695]

1412 beteuerte Hus in der tschechischen Auslegung der Zehn Gebote (*Výklad desatera*):

> *Ich sage es meinem eigenen Gewissen: Wenn ich einen tugendhaften Fremden von irgendwoher kennen würde, der Gott mehr liebt und das Gute mehr schätzt als mein eigener Bruder, wäre er mir lieber als mein eigener Bruder, und darum sind mir die guten englischen Priester lieber als die unbeherzten tschechischen Brüder und ein guter Deutscher lieber als ein böser tschechischer Bruder.*[696]

692 Šmahel, Die nationale Frage, S. 80.

693 Aus Hussens Anklageartikel in Konstanz: Doc, S. 177 f. – Spinka, John Hus, S. 76 f.; Šmahel, Idea národa, S. 34 mit Anm. 60; Werner, Jan Hus, S. 87.

694 *Pueri, laudetur Deus omnipotens, quia Teutonicos exclusimus* [...]: Hus, Depositiones testium, in: Constanciensia, ed. Krmíčková u.a. (MIHO XXIV = CC CM 274), S. 227–237, hier S. 227. – Sedlák, M. Jan Hus, S. 143; Šmahel, Idea národa, S. 33; Šmahel, Die nationale Frage, S. 80; Machilek, Ergebnisse, S. 308 f.; Šmahel, Johannes Hus und Hieronymus von Prag, S. 16; Krzenck, Johannes Hus, S. 95 f.

695 Belege: Werner, Jan Hus, S. 86; Šmahel, Idea národa, S. 34.

696 Hus, Výklady, ed. Daňhelka (MIHO I), S. 210. – Macek, Die hussitische revolutionäre Bewegung, S. 43; Spinka, John Hus, S. 78; Macek, Jean Huss, S. 71; Šmahel,

In der Auslegung des Glaubensbekenntnisses (*Výklad na vieru*) warnte er Obrigkeit und Volk im Fall einer Heirat zwischen einem Tschechen und einer Deutschen vor zweisprachiger Erziehung der Kinder. Diese sollten sofort die tschechische Sprache lernen; schon Kaiser Karl IV. habe als böhmischer König den Pragern befohlen, ihren Kindern die tschechische Sprache zu lernen und auf dem Rathaus nur tschechisch zu sprechen und zu prozessieren.[697]

Gegenüber den im Ganzen gemäßigten Aussagen Hussens äußerte sich Hieronymus von Prag „in der Art eines modernen Radikalnationalisten".[698] In seiner *Recommendatio artium liberalium* von 1409 überhöhte Hieronymus die *natio Boemica* zur *sacrosancta natio Bohemica*. Nur der wahre Böhme (*purus Boemus*) gehört für ihn zu jener Glaubens- und Sprachgemeinschaft. Ein *purus Boemus* konnte nach Hieronymus niemals ein Ketzer gewesen sein.[699] Jan von Jessenitz begründete die besonderen Vorteile der Gemeinschaft der wahren Böhmen in den Räten, in der Regierung und in den führenden Posten im Königreich mit naturrechtlichen und historischen Argumenten.[700] In der von ihm Ende Februar/Anfang März 1409 verfassten Verteidigung des Kuttenberger Dekrets (*Defensio mandati*) übernahm Jan von Jessenitz das schon von Hus benutzte Bild der tschechischen Nation als Haupt des Landes und begründete die Forderung nach übergeordneter Stellung dieser Nation im Einzelnen mit Argumenten aus der Heiligen Schrift, dem Decretum Gratiani, den Dekretalen Gregors IX. und dem römischen Recht.[701] Die damals auf hussitischer Seite entwickelten Vorstellungen erlangten in der Folgezeit zum Teil weitreichende politische Bedeutung. Das Bewusstsein der Auserwähltheit bestimmte fortan das nationale Bewusstsein der Hussiten.[702] Auch Hus betonte mehrfach die besondere Stellung des *regnum Bohemiae*, so u.a. in seiner Replik gegen Johannes Stokes von 1411: Als *natus incola* des *regnum Bohemiae* und als Alumnus der Prager Universität wolle er den Ruf des Königreichs wie seinen eigenen wahren und verteidigen.[703] In der Schlussansprache seines Quodlibets von 1411 häufte er höchstes Lob auf Böhmen, Prag und die Prager Universität.[704] Auf deutscher Seite war ein

Die nationale Frage, S. 80; Graus, Die Nationenbildung, S. 104, Anm. 130; Šmahel, Johannes Hus und Hieronymus von Prag, S. 10.

697 Hus, Výklady, ed. Daňhelka, MIHO I, S. 189. – Werner, Jan Hus, S. 88.

698 Moraw, Das Mittelalter, S. 162. – Zur Argumtationsweise des Hieronymus von Prag allgemein: Šmahel, Univerzitní kvestie a polemiky.

699 Seibt, Hussitica, S. 79 f.; Idea národa, S. 40 f.; Graus Die Nationenbildung, S. 105, 107, 181; Werner, Jan Hus, S. 91 f.

700 Kejř, Husitský právník M. Jan z Jesenice; Kaminsky, A History, S. 60–70.

701 Kejř, Husitský právník M. Jan z Jesenice, S. 18 f.; Kaminsky, A History, insbesondere S. 68.

702 Graus, Die Nationenbildung, S. 107 f.

703 Hus, Contra Iohannem Stokes, in: Polemica, ed. Eršil, ²2010 (CC CM 238), S. 45–61, hier S. 47. – Werner, Jan Hus, S. 88.

704 Hus, Quodlibet, ed. Ryba, S. 210, 216. – Machilek, Praga Caput Regni, S. 95.

entsprechendes nationales Bewusstsein nicht vorhanden, was sich nach Peter Moraw u.a. schon aus dem geringeren geographischen und mundartlichen Zusammenhalt im Land erkläre.[705]

20. Hussens volkssprachliche Auslegungen des Glaubensbekenntnisses, der Zehn Gebote und des Vaterunsers (*Výklad na vieru, Výklad na desatero, Výklad na Páteř*). Seine Stellungnahme in der Bilderfrage

Hus hielt sich wohl bis zum Inkrafttreten der Exkommunikation und des Interdikts über Prag am ersten Adventssonntag (27. November) des Kirchenjahres 1412/13 noch in Prag auf.[706] Am 10. November 1412 schloss er die im Wesentlichen noch hier verfassten tschechischen Auslegungen (*Výklady*) des Apostolischen Glaubensbekenntnisses, der Zehn Gebote und des Vaterunsers (Credo: *Výklad na vieru, Výklad Věřím v Boha*; Dekalog: Výklad na desatero, *Výklad Desatera*; Vaterunser: *Výklad na Páteř, Výklad modlitby Páně, Výklad Otčenáše*) ab, welche die wichtigsten Glaubensinhalte in sprachlich einfacher Form zusammenfassten.[707] Er selbst stellte bald darauf zwei voneinander abweichende Kurzfassungen der Auslegungen her.[708] Nach seinen Worten *muss jeder verständige Christ, der erlöst werden will, glauben, Gottes Gebote erfüllen und zu Gott beten.*[709] Die zu seinen Hauptwerken zählenden Auslegungen waren zum großen Teil Bearbeitungen entsprechender Schriften Wyclifs. Wie auch sonst lieferte Hus dabei im Einklang mit der damals in Gelehrtenkreisen üblichen Verfahrensweise keine bloßen Abschriften. Nach den Worten von Peter Hilsch wählte er „das aus, was auch seinen Erfahrungen und Ansichten entsprach" und brachte „mit dieser Schrift Wyclif in das Volk, er popularisierte im besten Sinn des Wortes nicht alle, aber die meisten von ihm als Wahrheit angesehenen Vorstellungen des englischen Magisters, ohne ihn auch nur ein einziges Mal zu nennen!"[710]

705 Moraw, Das Mittelalter, S. 162.

706 Soukup, Jan Hus, S. 176.

707 Hus, Výklady, ed. Daňhelka (MIHO I), Praha 1975. – B/S, Nr. 109, S.155–157 (Výklad velky, Große Auslegung). – Spinka, John Hus, S. 194–218 (ausführliche Analysen); De Vooght, L'hérésie I, S. 258–261; Hilsch, Johannes Hus, S. 210–213; Soukup, Jan Hus; S. 181; Rychterová, The Vernacular Theology, S. 183–185; Šmahel, Jan Hus. Život a dílo, S. 137, 144–146; Machilek, Návody, S. 561. – Zu einer Handschrift der Auslegungen in der Kirchenbibliothek zu Neustadt an der Aisch (Mittelfranken): Daňhelka, Die Neustädter Handschrift.

708 B/S, Nr. 110, S. 157 f. (Výklad menší, Kleine Auslegung).; Nr. 111, S. 158 f. (Výklad krátký, kurze Auslegung). – Auszüge aus der Kleinen Auslegung (zum Credo: Kap. 26; zum Dekalog: Kap. 79) in: Johannes Hus deutsch, Nr. 22, S. 291–295, bzw. Nr. 23, S. 297–301.

709 Johannes Hus deutsch, S. 291.

710 Hilsch, Johannes Hus, S. 211.

Die Auslegung des Credo bietet wichtige Anhaltspunkte zur Einstellung Hussens in der zu jener Zeit in Prag vieldiskutierten Bilderfrage. Anders als Matthias von Janov, Jakobell von Mies, Nikolaus von Dresden oder Hieronymus von Prag, die – den alttetamentlichen Bilderverboten in den Büchern Exodus und Deureronomium folgend – bildliche Darstellungen mehr oder weniger radikal ablehnten, zählte Hus zur großen Gruppe der Magister an der Prager Universität, die – gestützt vor allem auf Bernhard von Clairvaux – Bilder als *scriptura laicorum* ansahen und die Bilderverehrung – zum Teil unter gewissen Vorbehalten – grundsätzlich akzeptierten.[711] Im Gegensatz zur schwankenden Einstellung Wyclifs in seinen Betrachtungen über die Kunst trat Hus für die Benutzung von Bildern im sakralen Raum ein: Auf die Frage, ob es sich zieme, vor einem Bild zu beten, antwortete er, es sei eine Sache, sich vor dem Bild zu verneigen und zu beten, und eine andere, das Bild zu machen. Deswegen sollten die Bilder nicht verschmäht werden. Nach einem Ausspruch des heiligen Gregor pflegen in der Kirche Bilder zu sein, damit die der Schrift Unkundigen wenigstens an den Wänden lesen könnten, was sie in Büchern nicht zu lesen vermöchten.[712] Wie Bernhard von Clairvaux wusste Hus um die expressive Wirkung eines Kunstwerks und damit die mögliche Beeinflussung der unvollkommenen Sinne:

> *Auch wir haben viel dummes und einfältiges Volk zu schützen, das – sobald es den Glauben und die Anforderung der geistlichen Dinge verlässt – seine Sinne allzu sehr schweifen lässt.* [...] *Und so vergeudet der einfache Mann seine Zeit in der Kirche, und wenn er dann zu Hause ist, wird er den ganzen Tag darüber sprechen und nicht über Gott.*[713]

Mit Blick auf die Madonnen des sogenannten Schönen Stils hat Hus für die Beschauer die Gefahr gesehen, dass die schönen Marienbilder bei jenen „böses Verlangen" wecken könnten.[714]

In der Auslegung des Credo kommt Hus erstmals auf das im Spätmittelalter, vor allem seit der Chronik des Martin von Troppau († 1278), oft erwähnte angebliche Pontifikat der Päpstin Johanna zu sprechen. Sie war für ihn Zeichen der gestörten Ordnung in der Kirche. Hus hat die Legende von der Päpstin in seinen Polemiken gegen Stephan von Páleč und Stanislau von Znaim noch mehrfach für seine Argumentationen herangezogen.[715]

[711] Hierzu und zum Folgenden: Royt, Bernard z Clairvaux a Jan Hus; Royt, Die Hussiten und ihr Verhältnis zur Kunst.

[712] Die vorausgehenden Zitate nach Royt, Die Hussiten und ihr Verhältnis zur Kunst. S. 316 f

[713] Zitiert nach Royt (wie vorige Anm.), S. 317.

[714] Royt (wie vorletzte Anm.), S. 315.

[715] Hlaváček, Žena jako znamení porušeného řádu.

In der tschechischen Auslegung der Zehn Gebote (*Výklad desatera*) stellte Hus den christlichen Lebenswandel eines Menschen über dessen nationale Zugehörigkeit:

> *Ich sage es meinem eigenen Gewissen: Wenn ich einen tugendhaften Fremden von irgendwoher kennen würde, der Gott mehr liebt und das Gute mehr schätzt als mein eigener Bruder, wäre er mir lieber als mein eigener Bruder; und darum sind mir die guten englischen Priester lieber als die unbeherzten tschechischen Priester und ein guter Deutscher lieber als ein böser Bruder.*[716]

Ausgehend von alttestamentlichen apokalyptischen Visionen zum physischen Kampf der Priester kommt Hus bei der Auslegung des fünften Gebots auf die Notwendigkeit des geistigen Kampfes in der Verkündigung des Wortes zu sprechen:

> *Die Priester im Alten Testament haben zum Kampf geblasen; dieses Blasen ist die große Verkündigung des Wortes Gottes, damit die Menschen zum geistigen Kampf mit den Rittern des himmlischen Königs vorbereitet sind, der bis zum Jüngsten Gericht dauern wird, an dem der König kommt, um den Kampf zu Ende zu führen und um sie [d.h. die Ungerechten] in das ewige Feuer zu stoßen. Ich bin erstaunt, dass die Priester zwar physisch kämpfen wollen, aber nicht zum Kampf blasen wollen, weder geistig noch physisch.*[717]

Neben den Auslegungen (Výklady) vollendete Hus in Prag auch noch die bereits erwähnte *Postilla adumbrata*, seine die Predigten des Kirchenjahres 1411/12 umfassende letzte Predigtsammlung in lateinischer Sprache.[718] Wohl am 27. November 1412 oder kurz danach verließ er unter dem Druck der Ereignisse und wohl auf Geheiß König Wenzels die böhmische Hauptstadt. Sein Weggang aus Prag war „eine Frage des nackten Überlebens“; „[...] seine Gegner knirschten vor Wut mit den Zähnen, doch Hus schien wie vom Erdboden verschwunden.“[719]

716 M. Jana Husi Sebrané spisy české I, ed. Erben, S. 156. – Macek, Die hussitische revolutionäre Bewgung, S. 43; Spinka, John Hus, S. 78; Graus, Die Nationenbildung, S. 104, Anm. 130.

717 Hus, Výklad delší na desatero přikázantie, MIHO I (1975), S. 223. – Zitiert nach Holeček, Hussens Kirhenverständnis, S. 189.

718 Wie oben Anm. 368.

719 So Šmahel, Die Hussitische Revolution II, S. 883 f.

21. Antihussitische Polemik

War die Gegnerschaft zur Reformbewegung zunächst ganz allgemein gegen Wyclif und den sich rasch ausbreitenden Wyclifismus gerichtet, so gerieten seit 1408 immer häufiger Hus und sein engerer Umkreis gezielt zur Zielscheibe der antihussitischen Polemik. Zu den Traktaten dieser Art zählen die bereits *genannte Medulla tritici* (*seu Antiwikleffus*), der *Antihussus* und der *Dialogus volatilis inter aucam et passerem* des Kartäuserpriors Stephan von Dolein[720] (von 1408, 1412 beziehungsweise 1414) oder die von Stephan von Páleč seit 1412 vorgelegten antihussitischen Traktate: *Tractatulus de aequivocatione nominis ecclesia* (1412)[721], *Tractatus gloriosus* (1412)[722], *Replicatio contra quidamistas* (1413)[723], *De ecclesia* (1413)[724], *Antihus* (1414)[725]. Im Traktat *De ecclesia* warf Stephan seinem früheren Freund Hus vor, einen neuen Glauben und eine neue Religion zu predigen.[726]

Die nicht endenden Auseinandersetzungen begünstigten das Entstehen und die Verbreitung von zahlreichen gegeneinander gerichteten Kampf- und Spottgedichten, Spottliedern, Satiren und Parodien.[727] Schon früh kursierten Gedichte, die den hl. Wenzel um Hilfe gegen die Irrtümer Hussens anriefen, darunter das von Ludolf von Sagan überlieferte auf die unheilbringende Gans (*infelix auca*) Hus:

> *Land der Böhmen, einst die Blume unter den Blumen,*
> *Warum, so frage ich, gingst du unter, als du*
> *den höchsten Grad der Ehre erreicht hattest?*
> *Und wirst nun wahrhaftig eine Lehrerin des Irrtums genannt.*
> *Diese unheilbringende Gans, die nur wenig Wahres verkündet,*

720 *Medulla*: Pez IV/2a, S. 151–360. – De Vooght, L'hérésie I, S. 244–246. – *Antihussus*: Pez IV S. 362–430. – De Vooght, L'hérésie I, S. 246. – *Dialogus volatilis*: Pez IV S. 433–502 – Spunar, Repertorium I, Nr. 1020–1022, S. 363 f.

721 Ed. Sedlák, in: Ders., Miscellanea husitica, ed. Polc, 1996, S. 356–363. – Spunar, Repertorium I, Nr. 924, S. 333 f. – De Vooght, L'hérésie II, S. 647; Soukup, Jan Hus, S. 161.

722 Loserth, Beiträge IV, 330–339. – Spunar, Repertorium I, Nr. 919, S. 330.

723 Loserth, Beiträge IV, 344–361. – Spunar, Repertorium I, Nr. 920, S. 330.

724 Stephan von Páleč, De ecclesia, ed. Sedlák, in: Ders., M. Jan Hus, S. 202*–304* (ausgewählte Teile). – Dazu: Sedlák, Pálčův spis proti Husovu traktátu „De ecclesia"; De Vooght, L'hérésie I, S. 312–314; Werner, Jan Hus, S. 113 f.

725 Stephan von Páleč, Antihus, ed. Sedlák, in: Ders., Miscellanea, S. 366–514. – Spunar, Repertorium I, Nr. 921, S. 331; Sedlák, Pálčův *Antihus*.

726 Stephan von Páleč, De ecclesia, ed. Sedlák, S. 296*. – Kejř, Die Causa Johannes Hus, S. 200, Anm. 44.

727 Spunar, Repertorium II, S. 105–109 (Satirae et invectivae), 109–111 (Lamentaciones et accusationes), 149–151 (Satirae, parodiae et versus impetuosi).

Hat dich besudelt und deinen Namen beschmutzt,
Gott im Himmel und heiliger Wenzel,
Lasst diesen Dummkopf nicht ohne Strafe entkommen![728]

Stephan von Dolein warf Hus 1412 im Antihussus vor, den hl. Wenzel mit verleumderischen Worten wegen dessen nur geringem Märtyrertum beleidigt zu haben. Hus habe Priester und Mönche unverfroren lächerlich gemacht, indem er in seinen Predigten zweifelhafte Reliquien anpries, obwohl von diesen bekannt sei, dass sie keine größere Verehrung als die Knochen beliebiger Leichen verdienten.[729] Tatsächlich nahm Hus zur Heiligen- und Reliquienverehrung eine sehr kritische Haltung ein.[730]

Einen lebendigen Eindruck der Anfeindungen, denen Hus zu jener Zeit ausgesetzt war, und seiner Reaktion bietet seine eingehende Replik *Contra occultum adversarium* [*Gegen einen verborgenen Gegner*] von Ende August oder dem folgenden September 1411.[731] Hus hat den durch seine Predigt über die Zerstörung Jerusalems und die Vertreibung der Händler aus dem Tempel vom 16. August 1411 ausgelösten Brief am Beginn seiner Antwort vollinhaltlich wiedergegeben;[732] Absender war der Magister und Inquisitor Mauritius Rvačka. Hus hatte in der Predigt das sündhafte Leben des Klerus scharf angegriffen und verteidigte seine Angriffe nun im Einzelnen. So sah er unter anderem die Tempelreinigung durch den König Christus als Vorbild für das Vorgehen König Wenzels, durch den nach seiner Hoffnung die Kirche gebessert werden könnte. Mit Bernhard von Clairvaux verglich er unwürdige Priester mit Judas Ischariot.[733] Wegen der überaus heftigen Angriffe auf unwürdige Priester war diese Schrift die einzige, die er neben seinem Traktat über die Kirche später in Konstanz nicht in den Händen seiner Ankläger wissen wollte. Als ihm seine Freunde mitteilten, die Schrift

[728] *Terra Bohemorum flos quondam maxime florum | Cur sic queso peris, ut summum culmen honoris. | Doctrix erroris veraciter intitularis? | Infelix auca narrans verissima pauca. | Hic te fedavit nomenque tuum maculavit. | Deus in celis et Wenceslae fidelis | Hunc hominem stultum non dimitatis inultum* (Tract., S. 434). – Kraus, Husitství ve literatuře I, S. 4; Machilek, Ludolf von Sagan. S. 156,

[729] [...] *dicens, quod s. Wenceslaus modico martyrio, id est fratricidio, regnum promeruit martyria et hic cum aliis sanctis, quod sacerdotes et monachi habent unius sancti multa capita, multa brachia et diversa ossa, que utique non sanctorum, sed vilium cadaverum ossa pocius reputantur.* Stephan von Dolein, Antihussus, ed. Pez, Vol. IV, S. 381. – Šmahel, Die Verehrung des hl. Wenzel, S. 105.

[730] Horničková, In Heaven and on Earth, S. 137–144.

[731] Hus, Contra occulrum adversarium, in: Polemica, ed. Eršil, ²2010 (CC CM 238), S. 63–108; Johannes Hus deutsch, Nr. 17, S. 205–241. – B/S, Nr. 51, S. 102 f.

[732] Hus, Contra occulrum adversarium, in: Polemica, ed. Eršil, ²2010, S. 65 f.

[733] Hilsch, Johannes Hus, S. 153.

wieder nach Prag zurückgebracht zu haben, äußerte er sich beruhigt: *Valde gratus sum, quod Occultus est occultus.*[734]

Zu den Hauptangriffspunkten der Gegner Hussens zählte der Wyclifismus, dessen Aufnahme das Entstehen der Ketzerei im Land verursacht habe und der mit allen Mitteln ausgerottet werden müsse. Eines der gehässigsten polemischen Zeugnissen gegen die wyclifitisch-hussitische Reformbewegung war die in mehrfach veränderter Form überlieferte antihussitische Messparodie, die bis über den Tod Hussens hinaus unter den Gegnern des Wyclifismus Verbreitung fand.[735] Als Evangelium wird der *Liber generationis* Jesu Christi (Mt 1,1–17) parodiert, wobei bis auf zwei unbekannte Personen die Namen herausragender Wyclifiten genannt werden:

> *Liber malediccionis omnium hereticorum filiorum diaboli, filiorum Wicleph, Wycleph genuit Suebinam* [hier korrigiert], *Suebina* [hier korrigiert] *genuit Stanislaum, Stanislaus genuit Politz, Politz genuit Hus, Hus genuit Marcum de Grecz, Marcus genuit Sdeniconem, Sdenico genuit Tyssnow, Tyssnow genuit Konoprum, qui fuit baccalarius quadruplex et nequam quintuplex, Konoprus genuit Michalicz, Michalicz genuit Knyn, qui fuit pater nequicie, Knyn genuit Jeronymum athletam Antichristi, Jeronyimus genuit Jessenicz usque ad transmigracionem trium nacionum et post transmigracionem Jessenicz genuit Sdislaum leprosum, cuius contagione infecti sunt multi* [...].[736]

Im Credo werden nur Wyclif und Hus genannt:

> *Credo in Wykleph, ducem inferni, patronum Boemie, et in Hus, filium eius unicum, nequam nostrum, qui conceptus est ex spiritu Luciferi, natus ex matre eius et factus dyabolus incarnatus* [...].[737]

734 Kor., Nr.124, S. 260–262, und Nr. 125, S. 262 f. (Zitat S. 263). – Šmahel, Jan Hus. Život a dílo, S. 207.

735 Lehmann, Die Parodie, S. 217–223 (Zitat S. 219). – Zur Parodie: Kraus, Husitství v literatuře I, S. 3 f.; Lehmann, Die Parodie, S. 87–89; Machilek, Ludolf von Sagan, S. 151.

736 Lehmann, Die Parodie, S. 219 f. (nach der Handschrift der Bibliotheca Vaticana, Ottobonianus Latinus 2087); Varianten bei Šmahel, Miscellanea Bohemica, S. 473–477 (nach den Handschriften der Klosterbibliotheken Hohenfurth/Vyšší Brod, Ms. 28, bzw. Wittingau, A 17, und der Österreichischen Nationalbibliothek Wien, CVP 4.941). – Auf Satan folgen die Namen von Wyclif, Suebina oder Swevia (ein unbekannter Anhänger Wyclifs), Stanislaus von Znaim, Jan Hus, Markus von Hradec, Zdeněk von Laboun, Simon von Tišnov, Peter von Koněprus, Christian von Prachatitz, Michalitz (d.h. Michael von Malenitz), Matthias von Knín, Hieronymus von Prag, Jan von Jessenitz und Zdislaus von Zvířetic.

737 Lehmann, Die Parodie, S. 220.

Das Sanctusgebet lautet:

> *Planctus, planctus, planctus, dominus Wycleph Scarioth. Pleni sunt celi et terra heresi tua. O sedens in profundis, maledictus qui venit numine diaboli, o sedens in profundis.*[738]

Hus selbst hat spätestens 1413 eine frühe Version der Parodie gekannt:

> *Forte meminit iste fictor missae quam Teutonici blaspheme confixerant, in qua per modum libri generationis primo ponitur Stanislaus, qui genuit Petrum de Znoyma et Petrus de Znoyma genuit Paletz et Paletz genuit Hus. Ecce istius mendacii blasphemi fictor quidamista haerens vestigio dicit, ‚extra regnum Bohmiae exeant quidamistae et absque dubio eos propriis nominibus designabunt, quia Stanislaus primum, Petrus Znoyma secundum, Paletz tertium et Hus quartum'.*[739]

Andreas von Brod fügte eine umfassende Kritik an Hussens Forderungen und dessen Auseinandersetzung mit der Kirchenleitung zu den Jahren 1409–1411 wenige Jahre später – Ende 1414 oder Anfang 1415 – mit einer ebenso tiefgreifenden Argumentation gegen die kurz zuvor von Jakobell von Mies und seinem Kreis eingeführte Spendung des Laienkelchs zu einem in Briefform gehaltenen Gesamttraktat zusammen, der mit nahezu hundert bisher bekannten Abschriften die mit Abstand am weitesten verbreitete antihussitische Schrift darstellt. Der jüngst von Christina Traxler eingehend analysierte Brieftraktat war bewußt unbestimmt *An den beredsamen Mann* (*Eloquenti viro*) adressiert und damit von Andreas von Brod nicht an Hus oder Jakobell von Mies allein, sondern an die gesamte sich formierende Reformbewegung gerichtet; durch die in zwei Schritten erfolgte Ausarbeitung des Rahmenteils und des dazwischen eingeschobenen Kelchteils spiegelt die Schrift entscheidende Etappen der theologischen Entwicklung der hussitischen Reformbewegung wider.[740]

738 Lehmann, Die Parodie, S. 222.

739 Zitiert nach Lehmann, Die Parodie, S. 87.

740 Traxler, Früher Antihussitismus.- Zu *Eloquneti viro* zuvor: Bartoš, Husitství a cizina, S. 94–99; Madre, Nikolaus von Dinkelsbühl, S. 20, 252–254; Machilek, Ergebnisse und Aufgaben, S, 328, Anm. 132.

22. Hus im Exil. Eingreifen König Wenzels in die Auseinandersetzungen um die hussitische Reformpartei

Seit Ende November oder Anfang Dezember 1412 lebte Hus – zumeist unter adligem Schutz – in rund zweijährigem Exil,[741] nach unbekanntem erstem Aufenthaltsort seit der zweiten Dezemberhälfte in der Gegend um Saaz (Žatec) in Nordwestböhmen, hier möglicherweise bei seinem Gönner Nikolaus Augustini, dem Besitzer der Burg Egerberg bei Kaaden (Kadaň), seit April 1413 in Südböhmen – zuerst auf der Ziegenburg (Kozí Hrádek) östlich von Sezimovo Ústí an der Luschnitz (Lužnice) unter dem Schutz der Brüder Jan und Ctibor von Kozí, danach kurzfristig in Sezimovo Ústí selbst im Haus der Witwe Anna von Mochov – und seit Juli 1414 auf der Burg Krakovec bei Rakonitz (Rakovník) westlich von Prag in Mittelböhmen bei Heinrich Lefl von Lažany, einem Mitglied des Herrenstandes.[742] Zu Recht konnte er später – während des Verhörs am 7. Juni 1415 auf dem Konzil in Konstanz – gegenüber Kardinal Pierre d'Ailly behaupten, er sei freiwillig in die Konzilsstadt gekommen und es gäbe *viele und mächtige Herren im Königreich Böhmen, die mich lieben; auf deren Burgen hätte ich versteckt bleiben und mich verbergen können, so dass weder jener König dort* [Wenzel IV.], *noch der hier anwesende* [Sigismund] *mich hätten zwingen können, hierher zu kommen.*[743] Auch nach dem Weggang von Prag kehrte Hus mehrfach zu Besuchen dorthin zurück, unter anderem anlässlich des Heiltumsfestes am 20. April 1414.[744]

Aus der Anfangszeit des Exils liegt eine Reihe zumeist tschechischer Briefe ohne Orts- und Datumsangabe vor, die Hussens psychische Verfassung nach dem Weggang von Prag und seine Sorgen um die dortige Reformgemeinde erkennen lassen.[745] In einem wohl im November 1412 von unbekanntem Ort aus an die Mitarbeiter an der Bethlehemkapelle – die Magister Nikolaus von Militschin (Mikuláš z Miličína), Martin von Wolin (Martin z Volyně) und Havlík (Gallus), seinen Stellvertreter, sowie die anderen Brüder – gerichteten Schreiben drückte er unter Hinweis auf die einander widersprechenden Schriftstellen Mt 10,23 und Joh 10,11 f. Zweifel darüber aus, ob seine Entscheidung zum Weggang von Prag richtig gewesen sei,

741 Zu Hus im Exil allgemein: Novotný, M. Jan Hus, Život a dílo 2, S. 186–354; Spinka, John Hus, S. 165–191; Hilsch, Johannes Hus, S. 189–246; Krzenck, S. 130–146; Šmahel, Jan Hus. Život a dílo, S.153–158; Krajíc, Jan Hus na jíhu Čech.

742 Bartoš, Čechy v době Husově, S. 370 f., 378 f.; Anežka Vidmanová, Kdy, kde a jak psal Hus, S. 144–151; Hilsch, Johannes Hus, S. 189; Krzenck, Johannes Hus, S. 130–134; Soukup, Jan Hus, S. 176 f. mit S. 255, Anm. 2; Pavlíček, The Chronology, S. 57 f.

743 Rel., S. 81; Ber., S. 159. – Krzenck, Johannes Hus, S. 133; Šmahel, Jan Hus. Život a dílo, S. 153.

744 Novotný, M. Jan Hus. Život a dílo 2, S. 325, Anm. 3; Šmahel, Die Hussitische Revolution II, S. 907; Soukup, Jan Hus, S. 177.

745 Kor., Nr. 47–55, S. 137–158.

bekannte, nicht zu wissen, was er tun solle und bat um ihr Gebet. Der Brief schließt mit dem Gruß *Ave Maria, gracia plena.*[746] Wohl bald danach forderte Hus seine Anhänger in Prag auf, weiterhin fest in der von ihnen erkannten Wahrheit zu bleiben. Diese Wahrheit werde zwar unterdrückt, werde aber siegen. In Anspielung auf seinen Namen schrieb Hus:

> *Diese Wahrheit hat nun anstatt einer schwachen und kraftlosen Gans viele Falken und Adler nach Prag geschickt, die mit scharfen Augen hoch über die anderen Vögel emporsteigen und diese durch die Gnade Gottes im Flug für Jesus Christus ergreifen. Er wird sie und alle seine Gläubigen kräftigen und stärken.* [...] *Wer für Christus stirbt, siegt, wird von allem Elend bewahrt und erlangt die ewige Freude* [...].[747]

Nach einem wohl gegen Ende des Jahres 1412 an seine Anhänger verschickten Brief hatte Hus seine Zweifel wegen des Weggangs von Prag offensichtlich überwunden; er verglich seinen Schritt nun durch einen Hinweis auf Christus, der sich der Festnahme durch die ihm feindlich gesinnten Juden beim Tempelweihfest durch seinen Weggang aus Jerusalem entzog (Joh 10,39): *Es ist kein Wunder, wenn ich seinem Beispiel folgend geflohen bin.*[748] Die grundsätzliche Frage, ob er als geistlicher Hirte seine Herde verlassen durfte, hat ihn jedoch auch weiterhin beschäftigt.[749]

Die Appellationen Hussens an Christus und an an den im Oktober beziehungsweise Dezember 1412 in Prag versammelten Hochadel trugen dazu bei, dass König Wenzel die für den Ruf des Landes immer schädlicheren Auseinandersetzungen abstellen wollte und eine neuerliche Behandlung des Falls auf einer vom Administrator des erzbischöflichen Stuhl Konrad von Vechta einberufenen Zusammenkunft ausgewählter Mitglieder des Klerus vorsah.[750] Diese tagten vom 6. bis 19. Februar 1413 im erzbischöflichen Palast auf der Prager Kleinseite. Hus ließ dieser Versammlung seine *Conditiones concordiae* vorlegen, in welchen er sich auf die früheren Vereinbarungen

746 Kor., Nr. 47, S. 137–139.

747 Kor. Nr. 49, S. 142–146 (tschechische Fassung), Nr. 49*, S. 146–151 (lateinische Fassung); Johannes Hus deutsch, Nr. 24, S. 303–310 (die Zitate in deutscher Übersetzung nach Nr. 49*, S. 147, 150). – Hilsch, Johannes Hus, S. 189 f.; Kohnle, Vorreformation, S. 80.

748 Kor., Nr. 55, S. 158–160 (Zitat S. 159). – Werner, Jan Hus, S. 150; Soukup, Jan Hus, S. 177.

749 Hus, O svatokupectví, ed. Daňhelka (MIHO IV), S. 160; Hus, Česká nedělní postila bohemica, ed. Daňhelka (MIHO II), S. 220 f. – Hilsch, Johannes Hus, S. 188.

750 Zu den Bemühungen des Königs: Kejř, Die Causa Johannes Hus, S. 102–106; die Versammlung hatte, worauf Kejř besonders hinwies (S. 102), nicht den Rang und die festen Formen einer Synode.

mit Erzbischof Zbyněk berief.[751] Die Gegner des Wyclifismus unter Führung des Stanislaus von Znaim und Stephan von Páleč legten ihrerseits die *Confessio doctorum contra Hus* vor und verdammten zum wiederholten Mal die 45 Wyclifartikel.[752] Die Wyclifiten fassten daraufhin ihre Position in einem neuen Gutachten zusammen (*Consilium doctorum facultatis theologiae studii Pragensis*), in dem sie besonderen Nachdruck auf den Gehorsam gegenüber kirchlichen Autoritäten legten.[753] Das Gutachten bildete Grundlage und Ziel des Angriffs für die in den folgenden Monaten geführten Auseinandersetzungen beider Parteien.

Da die Synode nicht zum Erfolg geführt hatte, setzte König Wenzel im April 1413 eine Kommission unter Leitung des auf Seiten Hussens stehenden Universitätsrektors Christian von Prachatitz sowie dem Magister Zdeněk von Labouň, dem vormaligen Erzbischof Albík von Uničov und dem Protonotar der königlichen Kanzlei Jakob von Duba als Mitgliedern ein. Auch in den folgenden, von je vier Vertretern der Theologischen Fakultät – Stephan von Páleč, Stanislaus und Peter von Znaim, Johannes Eliae von Bischofteinitz (Jan Eliášův z Horšovského Týna) – und der hussitschen Reformpartei – Jakobell, Simon von Tischnowitz, Johannes von Jessenitz und Christian von Prachatitz – geführten Gesprächen, bei denen die Frage nach dem Kirchenbegriff im Vordergrund stand, kam es zu keiner Einigung. Auf Weisung König Wenzels IV. mussten die vier Theologieprofessoren Prag verlassen.[754] Für Hus und die hussitische Reformpartei mochte die Ausschaltung der theologischen Hauptgegner kurzfristig als großer Gewinn erscheinen;[755] indem das Ergebnis der Verhandlungen jedoch nicht den Vorstellungen Wenzels entsprach, der zweifellos eine Einigung zwischen den Parteien erwartet hatte, war es für jene letztlich ein Pyrrhussieg. Wenzel war zu einer weiteren Intervention zu Gunsten Hussens und der Reformpartei nicht mehr bereit. Sie verloren ihren Gönner und für Hus war die Fortsetzung einer kontinuierlichen Arbeit in Prag fortan nicht mehr möglich.[756] Nach dem bereits genannten, sehr persönlich gehaltenen Brief an Johannes von Reinstein gen. Cardinalis von Ende Juni oder Anfang Juli 1413 erklärte sich Hus, von der Wahrheit seiner

751 Doc., S. 491 f. – Spinka, John Hus, S. 169, 171, 174; Šmahel, Die Hussitische Revolution II, S. 887–889.

752 Spinka, John Hus, S. 169; Molnár, Die Antworten, S. 276; Čornej, Praha po Husovi, S. 26. – Am 10. Juni verwarf das in Rom unter Papst Johannes XXIII. tagende Konzil die Wyclifartikel: ACC I, S. 123 f.

753 Doc., S. 475–480. – Spinka, John Hus, S. 169.

754 Doc., S. 510 f.; Chronicon universitatis Pragensis, ed. Goll, FRB V, S. 575–579. – Sedlák, M. Jan Hus, S. 276–278; Novotný, M. Jan Hus. Život a dílo 2, S. 276 f., 302 f.; Bartoš, Čechy v době Husově, S. 365 f.; Kaminsky, A History, S. 94 f.; Soukup, Jan Hus, S. 101.

755 Šmahel, Die Hussitische Revolution II, S. 893–895; Šmahel, Jan Hus. Život a dílo, S. 140.

756 Kaminsky, A History, S. 95.

Auffassungen überzeugt, selbst für den Fall, dass er vor dem Scheiterhaufen stünde, nicht bereit, das *Consilium doctorum* anzunehmen:

> *Es ist besser, gut zu sterben, als schlecht zu leben.* [...] *Das gegenwärtige Leben in Gnade zu beenden, heißt in Barmherzigkeit zu sterben. Wer die Wahrheit spricht, dem wird der Kopf zerschlagen. Wer den Tod fürchtet, verliert die Freuden des Lebens. Die Wahrheit siegt über alles.*[757]

Den Gedanken an den Tod im Interesse des Sieges der höchsten Wahrheit hat Hus seit Ende des Jahres 1412 immer wieder angesprochen.

Hus war im Exil von Anfang an bemüht, den ihm von Gott gegebenen Auftrag zur Predigt gewissenhaft zu erfüllen. Nachdem ihm die Kanzel in der Bethlehemkapelle nicht mehr zur Verfügung stand, war er nun auch zur Verkündigung des Wortes Gottes außerhalb geweihter Orte bereit. In einem um die Mitte des Jahres 1413 anzusetzenden Brief an seine Anhänger in Prag bat Hus um ihr Gebet: Gott möge ihm beim Predigen seines Wortes gutes Gelingen gewähren, an allen Orten, wo es die Notwendigkeit erfordere, in großen und kleinen Städten, in Dörfern, auf Burgen, in Wald und Flur, wo immer er nützlich sein könne, damit das Wort Gottes nicht unterdrückt werde.[758] Den vielfach aus seiner tschechischen Sonntagspostille zitierten Satz –

> *Nun predige ich zwischen den Zäunen nahe der Burg, die Kozí heißt, auf den Landstraßen und auf den Straßen der Städte, denn Christus sagt: Geh auf die Landstraßen und vor die Stadt hinaus*

– hat Hus wohl in der Predigt am dritten Sonntag nach Pfingsten (2. Juli) des Jahres 1413 vorgetragen, an dem im Evangelium das Gleichnis vom Festmahl mit jener Aufforderung (Lk 14,23) verlesen wurde. Nach Aussage der alttschechischen Versannalen hat Hus auch in einer Scheune gepredigt und die Messe gefeiert. Der Priester Věnek habe angefangen, Kinder im Teich zu taufen.[759] In einem kurz darauf – Ende November 1413 am Ende des Kirchenjahres und vor Beginn des Advents – wohl von der Ziegenburg aus an die

[757] *Melius est bene mori, quam male vivere.* [...] *Presentem vitam finire in gracia est exire de miseria.* [...] *Qui veritatem loquitur, caput sibi concutitur. Qui mortem metuit, amittit gaudia vite. Super omnia vincit veritas*: Kor., Nr. 63, S. 169–171, hier S. 170. – Šmahel, Die Hussitische Revolution I, S. 583; Kejř, Die Causa Johannes Hus, S. 107 f.; Šmahel, Johannes Hus und Hieronymus von Prag, S. 21; Krzenck, Johannes Hus (2011), S. 130; Pavlíček, The Chronology, S. 57; Šmahel, Jan Hus. Život a dílo, S. 156.

[758] Kor., Nr. 69, S. 177–179; Johannes Hus deutsch, S. 345–349.

[759] Zu den Predigten auf dem Land und außerhalb kirchlicher Räume: Kaminsky, A History, S. 165; Soukup, Jan Hus, S. 178, Belege ebd., S. 255, Anm. 3. – Dazu auch Machilek, Heilserwartung, S. 67 f. – Über die weiteren Aktivitäten des radikalhussitischen Kreises um Věnek: Kaminsky, A History, S. 166 f.

Prager Freunde gerichteten Brief ermahnt Hus angesichts der bestehenden Lage ausgehend von Jak 5,8 zu eschatologischer Hoffnung auf die Erlösung:

> *Geliebteste, macht eure Herzen stark, denn die Ankunft des Herrn steht nahe bevor* [Jak 5,8]. *Wisst, Geliebteste, dass der Herr Jesus schon einmal kommt. Seid stark in der Gnade und im Leiden, Erdulden und in der Tugend, denn es naht das Gericht des schärfsten, gerechtesten und schrecklichsten Richters* [...]. *Und wenn ihr an etwas leidet, dann schaut auf und erhebt eure Häupter, das heißt euren Sinn, denn es naht eure Erlösung, die Erlösung von allem Elend!*[760]

Hier wie auch in seinem knapp ein Jahr später (am 16. November 1414) in Konstanz verfassten Brief an die Prager und in einem Brief vom 5. März 1415 an Jan von Chlum, in welchen er das kommende Gericht anspricht,[761] findet sich kein Bezug auf einen unmittelbar bevorstehenden oder sogar konkret angesagten Termin wie bei den späteren Vertretern des apokalyptischen Adventismus und Chiliasmus in der Anfangsphase der hussitischen Revolution.[762]

Neben der Predigttätigkeit war Hus im Exil unermüdlich als Verfasser theologischer und pastoraler Schriften tätig. Im nächsten Kapitel soll näher auf seine Schrift über die Kirche, in dem darauf folgenden in einem kurzen Überblick auf seine pastoraltheologischen Schriften der Exilszeit eingegangen werden.

23. Hussens Traktat *De ecclesia* und seine Auseinandersetzungen mit Stanislaus von Znaim und Stephan von Páleč um den Kirchenbegriff

Die mit dem Ablassstreit eingeleiteten Kontroversen um den Kirchenbegriff fanden ihre Fortsetzung im Traktat *De Romana ecclesia* des Stanislaus von Znaim sowie *De aequivocatione nominis ecclesia* und weiteren Traktaten des Stephan von Páleč.[763] Jakobell von Mies beantwortete die Wyclifthesen mit

[760] Kor., Nr. 70, S. 180–182: *Karissimi! Confirmate corda vestra, quoniam adventus Domini appropinquavit. Scitis, karissimi, quia Dominus Ihesus iam semel venit.* [...] *Firmate corda vestra, karissimi, in gracia, paciencia et virtute, appropinquat enim iudicium iudicis sagacissimi, iustissimi et terribilisimi* [...]. *Et si quid patimini, ista intuemini, elevate capita, hoc est intellectus vestros, quia appropinquate redempcio vestra, redempcio a quaque miseria!* – Molnár, Die eschatologische Hoffnung, S. 73; Lochman, Zum Wahrheitsverständnis, S. 125. – Zur Echatologie bei Hus insgesamt: Mazalová, Eschatologie.

[761] Kor., Nr. 100, S. 223–225; Nr. 114, S. 248–250. – Molnár, Die eschatologische Hoffnung, S. 73.

[762] Machilek, Heilserwartung und Revolution.

[763] Stanislaus von Znaim, Tractatus de Romana ecclesia (Quia mysticum est ecclesiasticum compositum tocius ecclesie per orbem terre diffusum), ed. Jan Sedlák, in:

seinem *Tractatus responsivus* (gleichfalls 1412).[764] Stanislaus und Stephan beantworteten Hussens Verteidigung der Wyclifartikel auch in polemischen Predigten von der Kanzel der Teynkirche aus.[765] Die Husgegner haben, so Peter Hilsch „das revolutionäre Potential der betreffenden Wyclifthesen" durchaus erkannt und offenbar auch gefürchtet.[766]

Hus hat seinen Traktat über die Kirche (*De ecclesia*), seinem Hauptwerk, im Spätherbst des Jahres 1412 noch in Prag begonnen und wohl im Mai 1413 auf der Ziegenburg (Kozí Hrádek) abgeschlossen.[767] Der erste Teil (Kap. 1–10) entstand noch bevor das *Consilium doctorum* bekannt geworden war; er setzte sich mit den ekklesiologischen Traktaten von Stanislaus von Znaim und Stephan von Páleč von 1412 auseinander.[768] Der zweite Teil (Kap. 11–23) bildet Hussens polemische Antwort auf jenes *Consilium*.[769] Hus setzte sich in ihm mit der Schlüsselgewalt in der Kirche, der Stellung des Papstes, der Kardinäle und Bischöfe, den kirchlichen Strafen und im Besonderen mit dem Gehorsam auseinander. Der Traktat zählte zu den wichtigsten Unterlagen für die gegen ihn gerichteten Anklagen auf dem Konstanzer Konzil. Die von Stephan von Páleč in seinem Traktat *De ecclesia* überlieferte Nachricht, Hus habe seinen eigenen Traktat *De ecclesia* nach Fertigstellung am 8. Juni 1413 in der Bethlehemkapelle 80 Kopisten diktiert,[770] erscheint nach František Šmahel „ziemlich unwahrscheinlich, wenngleich die Existenz einer dortigen Schreibwerkstatt (*scriptorium*) beim Kolleg armer Kleriker als ziemlich sicher erscheint."[771]

Aufbauend auf dem Römerbrief des Apostels Paulus und dem Johannesevangelium sowie unter Berücksichtigung der Lehren des hl. Augustinus und John Wyclifs entwickelte Hus in seinem Kirchentraktat seine eigene

Sedlák, Miscellanea husitica, neu hg. von Polc, S. 312–322; Spunar, Repertorium I, Nr. 785, S. 289. – Zum Tractatulus De aequivocacione nominis ecclesia (Quid sit ecclesia et quot modis accipitur) oben Anm. 721.

764 Jacobellus von Mies, Tractatus responsivus, ed. Thomson; Spunar, Repertorium I, Nr. 620, S. 232 f. – Spunar, Repertorium I, Nr. 620, S. 232 f.; Soukup, Jan Hus, S. 161.

765 Sedlák, Miscellanea husitica, ed. Polc, S. 323–334 bzw. 335–353. – Sedlák, M. Jan Hus, S. 254–256; Hilsch, Johannes Hus, S. 181 f.

766 Hilsch, Johannes Hus, S. 182.

767 Hus, De ecclesia, ed. Thomson, 1958. – Deutsche Teilübersetzung: Kalivoda/Kolesnyk, S. 155–230 (Kap. 2, 3, 11, 17–21, 23); deutsche Vollübersetzung: Johannes Hus deutsch, S. 352–572. – Dazu (in Auswahl): Spinka, John Hus' Concept oft he Church; Spinka, John Hus, S. 184–187, 265–267 u.ö.; Werner, Der Kirchenbegriff bei Jan Hus; De Vooght, L'hérésie II, ²1975, S. 527–624; Patschovsky, Ekklesiologie; Werner, Jan Hus, S. 157–160; Holeček, Hussens Kirchenverständnis, S. 186 f., 189; Kotowski, Ansätze für einen Vergleich; Hilsch, Johannes Hus, S. 222–234; Moskal, „Aby lud był jeden ...", bes. S. 147–174; Krzenck, Johannes Hus, 136–142; Šmahel, Jan Hus. Život a dílo, S. 168; Soukup, Jan Hus, S. 161–166, 179; Pavlíček, The Chronology, S. 59 f.

768 Hus, De ecclesia, ed. Thomson, S.1–89.

769 Ebd., S. 90–237.

770 Sedlák, Jan Hus, S. 295, Anm. 1; Pavlíček, The Chronology, S. 59.

771 Šmahel, Die Hussitische Revolution, I, S, 516.

Auffassung von der Prädestination, der Vorherbestimmung des Menschen zum ewigen Heil oder zur ewigen Verdammnis.[772] Gerade beim Vergleich von Hussens Traktat *De ecclesia* mit Wyclifs *De ecclesia* erwies sich, dass der Prager Magister nicht „un simple copiste ou commentateur de son maître anglais" war.[773] Angesichts eklatanter Missstände in der Kirche seiner Zeit hat Hus „den waghalsigen Versuch unternommen, die augustinische Prädestinationslehre [...] mit einem ekklesiologischen Reformprogramm zusammen zu denken."[774]

Mit Wyclif definiert Hus die Kirche als Gemeinschaft der Prädestinierten:

> *Die heilige katholische universale Kirche ist die Gesamtheit aller Prädestinierten, nämlich aller gegenwärtigen, vergangenen und zukünftigen Prädestinierten [Ecclesía sancta katholica, id est universalis, est omnium predestinatorum universitas, que est omnes predestinati presentes, preteriti et futuri]*.[775]

Die Gesamtheit der Prädestinierten bildet den mystischen Leib der universalen römischen Kirche *(romana ecclesia)*. Ihr Haupt ist Christus, nicht der Papst und das Kardinalskollegium:[776]

> *Kein Papst ist in dieser katholischen Kirche Person von allerhöchster Würde außer Christus; also gibt es auch kein Haupt dieser katholischen Kirche außer Christus.*[777]

Die von den Kanonisten seiner Zeit vertretene Auffassung von den zwei im Verhaltnis der Unterordnung zueinander stehenden Häuptern – Christus als *caput supremum* und Petrus als Stellvertreter[778] – schränkt Hus dahingehend ein, dass nur ein solcher römischer Papst Vikar Christi sein kann, der – im Sinn der Prädestinationslehre Wyclifs – ein *getreuer, zur Herrlichkeit Jesu Christi erwählter Diener* ist.[779] Das von Christus als Fundament der Kirche (*fundamentum, in quo primo fundatur sancta ecclesia katholica*) handelnde Kap. 9 ist für Hussens Kirchenbild von höchster Bedeutung, wie sich allein schon der Fülle der angeführten Belege aus der Heiligen Schrift, den Vätern und Theologen ablesen lässt.[780]

772 Kučera, Husova nauka o predestinaci.

773 Macek, Jean Hus, S. 40.

774 So Kotowski, Ansätze für einen Vergleich, S. 348.

775 Hus, De ecclesia, ed. Thomson, S. 2.

776 Ebd., S. 43 f., 110.

777 *Nullus papa est persona dignissima illius ecclesie katholice preter Christum, igitur nullus papa est caput eeclesie illius ecclesie katholice preter Christum*: ebd., S. 107.

778 Merzbacher, Wandlungen des Kirchenbegriffs, S. 329.

779 *Sufficeret ergo dicere, quod papa est vicarius Christi, et bene sibi esset, si esset fidelis minister predestinatus ad gloriam capitis Ihesu Christi*: Hus, De ecclesia, ed. Thomson, S. 109.

780 Ebd., S. 57–72 (Zitat: S. 57).

Gegenüber den Prädestinierten als dem mystischen Leib Christi[781] bilden die von Gott Verworfenen (*presciti*) für Hus einen eigenen „Körper" des Teufels (*corpus diaboli*).[782] Die beharrliche Nachfolge Christi in der Liebe ist die Voraussetzung der Mitgliedschaft in der heiligen universalen Kirche.[783] Die *presciti* sind nicht wahrhaft *de Christi ecclesia*:[784] [...] *es ist etwas anderes, in der Kirche, und etwas anderes von der Kirche, oder Teil oder Glied der Kirche zu sein.*[785] Es gibt zwar viele, die als Häupter oder Glieder der Kirche gelten, die aber vor Gott Glieder des Teufels sind:

> [...] *multi secundum famam seculi vocantur ecclesie capita vel membra, licet secundum Dei prescienciam sunt membra dyaboli;* [...] *multi reputative eciam secundum presentem iusticiam dicuntur esse de ecclesia sed non vere secundum predestinacionem ad gloriam* [... *viele werden nach Meinung der Welt Häupter oder Glieder der Kirche genannt, sind indessen nach Gottes Vorherwissen Glieder des Teufels*]; [...] *viele auch gelten nach der gegenwärtigen Gerechtigkeit vermeintlich als zur Kirche gehörig, sind aber in Wahrheit gemäß der Prädestination nicht zur Herrlichkeit* (*berufen*)].[786]

Wenngleich Hus das Papsttum nicht geschont hat, lehnte er es als nützliche, aber reformbedürftige Institution nicht grundsätzlich ab. Mit Blick auf die sogenannte Konstantinische Schenkung stellte Hus in der Polemik *Contra Stanislaum* fest:

> *Es ist allen Christgläubigen bekannt, welch große Irrtümer und Zertrennungen wegen jenes Hauptes in der Kirche entstanden sind und bis heute noch zunehmen. Solange jenes Haupt nicht durch den Kaiser eingesetzt worden war, nahm die Kirche beständig an Tugenden zu; nach der Einsetzung haben sich die Übel, Hochmut, Eitelkeit, Habgier, Simonie, Schismata und Streitigkeiten vervielfacht; diese werden nicht aufhören, solange nicht jenes Haupt mit seinem Körper zur apostolischen Lebensführung [ad apostolorum regulam] zurückgeführt sein wird.*[787]

781 Ebd., S. 7.

782 Ebd., S. 40.

783 [*Ulterius notandum, quod*] *nullus locus vel eleccio humana facit membrum sancta universalis ecclesie, sed predestinacio divina respectu cuiuscunque qui perseveranter Christum sequitur in caritate. Est autem predestinacio secundum Augustinum De Predestnacio sanctorum divine voluntatis per graciam eleccio vel, ut communiter dicitur, predestiancio est preparacio gracie in presenti et glorie in futuro*: ebd., S. 16. – Kolář, *Imitatio*, S. 97

784 [...] *presciti non sunt vere de Christio ecclesia*: Hus, De ecclesia, ed. Thomson, S. 25.

785 [...] *aliud est esse in ecclesia et aliud de ecclesia vel esse partem vel membrum ecclesie*: ebd., S. 35; [...] *nemo nisi predestinatus tempore suo sine macula vel ruga est membrum illius ecclesie*: ebd. S. 36. – Šmahel, The National Idea, S. 245.

786 Hus, De ecclesia, ed. Thomson, S. 39.

787 Hus, Contra Stanislaum de Znoyma, in: Polemica (CC CM 238), ed Eršil, S. 367. – Machilek, Ergebnisse, S. 311.

Unter diesen Umständen sah sich Hus zum Kampf gegen die kirchlichen Oberen bis hin zum Papst genötigt; dieser „große Konflikt seines Lebens" (so De Vooght) bildet den Hintergrund der langen Darlegungen über den Gehorsam in Kap. 17–21 seines Kirchentraktats.[788] Grundsätzlich seien die Untergebenen verpflichtet, auch einer schlechten Obrigkeit Gehorsam zu leisten, soweit diese selbst den Geboten Jesu Christi Folge leistet. Niemand dürfe aber einem Menschen Gehorsam in einer Sache leisten, die dem Gesetz Christi zuwiderläuft und sei sie noch so gering. In Zweifelsfällen sei nach dem Prinzip der menschlichen Vernunft zu verfahren:

> *Wenn mir der Papst befehlen würde, die Pfeife zu spielen, Türme zu errichten, Gewänder zu nähen oder zu weben und Würste in eine Haut zu stopfen, könnte mir da nicht die mir innewohnende Vernunft sagen, dass mir der Papst eine Dummheit verordnet hat? Warum sollte ich in dieser Angelegenheit nicht meiner eigenen Auffassung den Vorrang vor einem Urteil des Papstes geben?*[789]

Hussens Ausführungen zum Gehorsam spiegeln seinen eigenen Kampf um die Reform gegen seine kirchlichen Oberen, den großen Konflikt seines Lebens, wider.[790] Die im Verlauf des Großen abendländischen Schismas vor allem auf französicher Seite gegenüber den gegeneinander konkurrierenden Päpsten diskutierte Theorie eines erlaubten Gehorsamsentzugs,[791] dürfte auch für Hus eine gewisse Rolle gespielt haben.

24. Hussens tschechische Pastoralschriften der Exilszeit

Ein in der Autographensammlung des Pädagogen und Theologen Paulus Jenisius (1551–1612) im sächsischen Annaberg überlieferter Brief Hussens, geschrieben zwischen Dezember 1412 und Sommer 1413,[792] enthält Angaben über die Prager Bethlehemgemeinde, insbesondere über die in der Nähe der Kapelle in Kommunität lebenden, religiös erweckten, zumeist adligen Frauen und Mädchen, darunter Agnes (Anežka), die Tochter des Thomas von Štítný. Wohl für sie schrieb er die zu den ersten Werken im Exil zählende tschechische Schrift *O poznání cěsty pravé k spasení* (*Über die Erkenntnis des rechten Weges zum Heil*), nach der Anrede *Slyš dcerko* (*Höre Tochter*) der angespro-

[788] Hus, De ecclesia, ed. Thomson, S. 148–208.

[789] *Si enim papa preciperet mihi fistulare, turres edificare* [...]. *Cur sensum meum in hoc non preferrem sentencie pape?* (Ebd., S. 199). – Šmahel, Die Hussitische Revolution I, S. 599 f.

[790] De Vooght, Jan Hus beim Symposium Hussianum Pragense, S. 90.

[791] Zur sogenannten Subtraktionstheorie: Machilek, Ludolf von Sagan, S. 98 f.; Machilek, Das große abendländische Schisma. S. 80–82.

[792] Michálek/Němec/Spunar, Jazykovědné a paleografické posouzení; Šmahel, Instead of Conclusion, S. 375.

chenen Leserinnen auch *Dcerka* [*Tochter*] genannt[793], nach Matthew Spinka „one of the best and most eloquent directories to devotional life“[794], nach Thomas A. Fudge „a deeply spiritual work focused on personal piety, a writing which unequivocally transmits the values of the Hussite faith: contempt of the world, spiritual pilgrimage, eschatological awareness, the fulness of eucharistic grace, and union with God[795]. Hus warnte die „Töchter“ vor der Sünde, damit sie Gott in ihrem Herzen beherbergen und heilig werden; sie sollen das Elend der Welt erkennen und verachten und sich vor Leib, Welt und Satan hüten.[796] Im Anschluss an Gedanken Bernhards von Clairvaux und Wyclifs hob er den Vorrang des jungfräulichen Lebens gegenüber der Ehe hervor.[797] Wie sonst ging Hus auch in dieser Schrift auf die Prädestination ein: Bei der Aufzählung der Gründe zur Versuchung des Menschen durch den Satan nennt er an erster Stelle,

> *dass er* [Satan] *dem Menschen einredet, Gott habe ihn zur Verdammnis vorherbestimmt, und was Gott vorhergewusst habe, das muss auch geschehen. Was helfe ihm dann, das Heil zu suchen?* [...] *Ich, ein gewesener Engel, bin wegen eines geringen Gedankens vom Himmel herabgefallen und verdammt, die ungetauften Kinder sind wegen der Vätersünden verdammt, wiewohl sie nie gesündigt hatten, Kain und Saul sind nach der Schrift verdammt, obschon sie weniger als du gesündigt hatten – wie willst du selig werden? – Was immer du tust, du tust alles übel, denn du bist in einer Todsünde; du wähnst dafür Buße zu tun, aber es ist keine Buße, denn du hast nicht richtig gebeichtet und hast die Sünde nicht richtig bereut.*[798]

Scharf wandte sich Hus dagegen, dass viele Geistliche Unzucht, Habgier und Simonie sowie die Mitglieder der anderen Stände Buhlerei, Tänze, Scherze, Spiele und aufgeschnittene Gewänder mit ihrem Gewissen für vereinbar hielten.[799]

In den von ihm an Maria Lichtmess des Jahres 1413 bei einem Aufenthalt in Prag abgeschlossenen, eng an Wyclifs Simonietraktat angelehnten tsche-

793 Hus, Dcerka, ed. Daňhelka (MIHO IV), S. 163–186. – B/S, Nr. 112, S. 159 f. – Machilek, Ergebnisse, S. 310; De Vooght, L'hérésie I, S. 261 f.; Werner, Jan Hus, S. 118 f.; Werner, Das Altarsakrament, S. 326; Soukup, Jan Hus (2014), S. 181, 184.

794 Spinka, John Hus, S. 194.

795 Fudge, The Memory, S. 242 f.

796 Näher ausgeführt bei Werner, Das Altarsakrament, S. 326.

797 Eine eingehende Analyse des Traktats in: Fudge, Jan Hus. Religious Reform, S. 85–94.

798 Hus, Dcerka, ed. Daňhelka (MIHO IV), S. 171 f. – Wernisch, Ratio voluntatis, S. 153, Anm. 64. – Zu Buße und Beichte eingehend: Kejř, Husitské učení o pokání.

799 Hus, Dcerka (wie vorige Anm.), S. 167 f. – Soukup, Jan Hus, S. 184.

chischen *Büchlein über den Ämterkauf* (*Knížky o svatokupectví*)[800] und in dem spätestens am 21. Juni 1413 vollendeten, in lateinischer Sprache verfassten Traktat *Über die sechs Verirrungen* (*De sex erroribus*),[801] beziehungsweise dessen grundlegend überarbeiteter tschechischen Version dieses Traktats (*O šesti bludiech*)[802] nahm Hus zu zwei Grundanliegen seines Reformprogramms – dem Fiskalismus und dem Ämterkauf in der Kirche – Stellung.

Die *Büchlein über den Ämterkauf* enthielten Hussens schärfste Angriffe gegen Mißstände in der Kirche überhaupt. Howard Kaminsky spricht von dem offensichtlich durch den Ablassstreit des vorausgehenden Jahres veranlassten Werk als „masterpiece of applied Wyclifism".[803] Hus hat darin seinen tiefen Abscheu vor dem Ämterkauf mit der Frage der Wahrheit und seinem eigenen Schicksal in Verbindung gebracht und damit zugleich das Ziel seines Reformwillens in eindrucksvoller Weise zum Ausdruck gebracht:

> *Diese Schrift über die Simonie verfasste ich, wohl wissend, dass ich von den habgierigen Priestern und von weltlichen Leuten weder Lob noch Gnade noch einen materiellen Nutzen erhalten werde. Diese Dinge nämlich verlange ich von ihnen nicht, wohl aber göttlichen Lohn und göttliches Heil. Sollte mich aber die Verfolgung und die Folterqual erreichen, die jene mir zugedacht haben, so habe ich für diesen Fall erwogen, dass es besser sei, für die Wahrheit den Tod zu erleiden als für eine Schmeichelei einen zeitlichen Lohn zu erhalten.*[804]

Das christliche Volk und die jeweilige Gemeinde haben nach Auffassung Hussens die Pflicht, im Bedarfsfall für den Lebensunterhalt ihrer Priester zu sorgen. Auf die Frage eines armen Vikars, womit er sich kleiden und die notwendigen Bücher bezahlen solle, wenn ihm der Pfarrer nur zu essen und zu trinken gäbe, gab Hus zur Antwort: *Wenn Du siehst, dass Du dem Volk nützlich bist, hoffe auf seine heilige Gnade, dass er Dich nicht nackt stehen lässt.*[805]

800 Hus, Knížky o svatokupectví, ed. Daňhelka (MHO IV), S. [illegible]; Auszüge in deutscher Übersetzung: Hus, Schriften zur Glaubensreform, ed. Schamschula, S. 67–81. – B/S (1965), Nr. 113, S. 160 f.; Hilsch, Johannes Hus, S. 211–213.

801 Hus, De sex erroribus, ed. Ryba, in: Betlemské texty, S. 39–63; MIHO IV, S. 271–296; Johannes Hus deutsch, S. 311–344; Auszüge in deutscher Übersetzung: Hus, Schriften zur Glaubensreform, ed Schamschula, S. 27–66. – B/S, Nr. 68, S. 115 f.,

802 Hus, O šesti bludiech, ed. Ryba, in: Betlemské texty, S. 65–104. – B/S Nr. 69, S. 117 f.

803 Kaminsky, A History, S. 94.

804 Hus, Schriften zur Glaubensreform, ed. Schamschula, S. 81; Denzler, Reform der Kirche, S. 24.

805 Hus, Knížky o svatokupectví, ed. Daňhelka (MHO IV), S. 233–236. – Zitiert nach Šmahel, Die Hussitische Revolution I, S. 201.

Erwähnenswert ist das im Traktat enthaltene Plädoyer Hussens für die ehedem übliche Wahl der Priester und Bischöfe gemäß dem Willen Gottes.[806]

In seinem Traktat *De sex erroribus* hat Hus die ihm am gravierendsten erscheinenden Verirrungen des Klerus zusammengestellt. Der Text besteht aus einer Sammlung von Belegen zumeist aus der Heiligen Schrift und den Kirchenvätern und nur wenigen Zitaten aus Schriften mittelalterlicher Theologen und Kanonisten. Hussens zusammenfassende Schlussfolgerungen stellen die entscheidende Macht Gottes den von den irrenden Priestern angemaßten Kompetenzen in wenigen Sätzen gegenüber. Im Einzelnen ging es Hus um folgende Sachverhalte:

> *Creare*: Priester verführen das Volk, wenn sie sagen, sie könnten wie der Schöpfer bei der Eucharistiefeier den Leib Christi erschaffen.
> *Credere*: Zu glauben ist nur an Gott, nicht an die selige Jungfrau, an den Papst oder an die Heiligen.
> *Remittere*: Priester können nicht nach ihrem Willen Sünden vergeben und von Strafe und Schuld absolvieren.
> *Obediencia*: Untergebene müssen ihren Oberen in unerlaubten Fällen nicht gehorchen.
> *Excommunicacio*: Es ist ein Irrtum zu sagen, dass jede Exkommunikation, ob gerecht oder ungerecht, den Gebannten bindet und ihn von der Gemeinschaft der Christgläubigen trennt und von der Spendung der kirchlichen Sakramente ausschließt.
> *Simonia*: Der Klerus ist zum größten Teil von der Häresie des Ämterkaufs befleckt.[807]

Die zusammenfassenden Sätze aus dem Traktat wurden zusammen mit Texten aus seinen Schriften über die Zehn Gebote und das Glaubensbekenntnis sowie antithetischen Bildern an den Innenwänden der Bethlehemkapelle angebracht.[808] Von Konstanz aus hat Hus später (nach dem 5. März 1415) gegenüber seinem Schüler und Freund Peter von Mladoniowitz (Petr z Mladoňovic) (um 1390–1451) über das Anbringen der Texte und die Reaktionen Stephans von Páleč berichtet:

> *Und so hoffe ich, dass das Leben Christi, das ich in Bethlehem durch sein Wort in die Herzen des Volkes gemalt habe und das man in Bethlehem zerstören wollte – zuerst durch die Anordnung, man dürfe in den Kapellen und also*

806 Hus, Knížky o svatokupectví, ed. Daňhelka (MHO IV), S. 257 f. – Dazu: Šmahel, Das Ideal einer gerechten Ordnung, S. 207.

807 Nach der Zusammenfassung (Hus, De sex erroribus, ed. Ryba, in: Betlemské texty, S. 63). – Hilsch, Die Theologie, S. 90; Soukup, Jan Hus, S. 109 f.

808 Zur Bedeutung der Wandtexte und -bilder: Šmahel, Die Hussitische Revolution I, S. 518–520; Šmahel, Jan Hus. Život a dílo, S. 150 f.; Soukup, Jan Hus, S. 110.

> *auch in Bethlehem nicht predigen, dann durch den Befehl, Bethlehem dem Erdboden gleichzumachen –, dass dieses Leben Christi viele bessere Prediger als ich zeichnen werden zur Freude des Volks, welches das Leben Christi liebt.* [...] *Die Schrift, die an die Wände in Bethlehem geschrieben ist, wird nicht vergehen; Páleč hat sich gegen sie am meisten erregt und behauptet, durch sie hätte ich Irrtümer unter das Volk gebracht. Derselbe Páleč dringt auch am stärksten darauf, dass die Schrift vernichtet werde, und will mich dadurch am meisten demütigen.*[809]

Ende Oktober 1413 schloss Hus auf der Ziegenburg die tschechische Sonntagspostille *Česká nedělní postila* (auch: *Vyložmie sv. Čtenie nedělních* [*Erklärungen der Sonntagslesungen*]) ab, sein umfangreichstes und nach Auffassung von Peter Hilsch Hussens „wohl persönlichstes Werk" in tschechischer Sprache.[810] Die Postille stellt keine Sammlung tatsächlich von ihm gehaltener Sonntagspredigten dar, sondern wurde von ihm auf der Grundlage eigener früherer Predigten als literarisches Werk verfasst.[811] Als Zielgruppe für die Benutzung könnte Hus an die tschechischen Pfarrer auf dem Land gedacht haben, die keinen Zugang zu Predigthandbüchern oder anderen Nachschlagewerken hatten.[812] Im Vorwort schrieb Hus:

> *Damit du, der du dies lesen wirst, meine tschechische Sprache verstehst, sollst du wissen, dass ich so geschrieben habe, wie ich üblicher Weise spreche; in einer Gegend sprechen die Tschechen so, in einer anderen anders.*[813]

Hus fügte den Predigttexen jeweils die vollständigen Perikopen hinzu, da die Leser gewöhnlich *keine auf Tschechisch geschriebenen Sonntagslesungen zur Verfügung haben.*[814]

In Sezimovo Ústí vollendete Hus Ende Juni 1414 unter dem Titel *Jádro učení křesťanského* (*Das Beste der christlichen Lehre*) eine kurze Anleitung zum geistlichen Leben mit Ratschlägen zum Kampf gegen die Sünde.[815] Im Mittelpunkt des religiösen Lebens soll der Geist der Einheit stehen: In der heiligen Kirche gebe es als Nahrung den Leib Gottes, als Trank das Blut Christi, als ge-

809 Kor., Nr. 116, S. 252 f. (Zitat S. 251)

810 Hilsch, Johannes Hus, S. 213.

811 Hus, Česká nedělní postila, ed. Daňhelka (MIHO II). – B/S, Nr. 123, S. 170–173. – Zur Postille: Spinka, John Hus, S. 197–199 und passim; Soukup, Jan Hus, S. 75 f., 185 f.; ausführlich: Rychterová, The Vernacular Theology, S. 205–210.

812 Soukup, Jan Hus, S. 185. – Zu Anleitungen in der Seelorge und allgemeine Nachschlagewerke, speziell in Böhmen: Machilek, Návody.

813 Zitiert bei Soukup, Jan Hus, S, 185.

814 Soukup, Jan Hus, S, 186.

815 Ed. Daňhelka, MIHO IV, S. 330–333. – B/S, Nr. 115, S. 162. – Spinka, John Hus, S. 194; Fudge, The Memory, S. 24, 64, 69, 74, 219, 221; Pavlíček, The Chronology, S. 59.

meinsames Gewand die Liebe, zur Reinigung die Taufe und Reue, als Meister und Vater Gott. So seien alle Heiligen Söhne Gottes und der heiligen Kirche sowie geistige Brüder und Schwestern und haben auf unterschiedlichen Wegen gemeinsam Anteil an allen spirituellen Gaben.[816] Im Juli oder August 1414 verfasste Hus – entweder noch in Ústí oder bereits auf der Burg Krakovec – die polemischen *Knížky proti knězi kuchmistrovi* (*Büchlein gegen den Priester Küchenmeister*) nieder, Bemerkungen zu einer größeren Zahl von Angriffen, wie sie aus seiner Sicht unwürdige, weltlich gesinnte Priester seit längerem, vor allem aber in jüngst zurückliegender Zeit gegen ihn gerichtet hatten; die Bezeichnung *Küchenmeister* bezog sich mit großer Wahrscheinlichkeit nicht auf einen bestimmten Priester.[817] Hus stellte die Glaubwürdigkeit des von ihm durchgängig als „Bruder" angesprochenen Gegners in Frage und berief sich seinerseits darauf, die Wahrheit Gottes zu verkünden. Der Priester Küchenmeister, der ihn schlechter als Teufel und Beelzebub genannt habe, sei selbst der Teufel.[818] Als er gesehen habe, dass die Wahrheit Gottes beim Papst keinen Platz fand, habe er in seiner Sache an Gott als höchsten Richter appelliert.[819]

25. Hussens Vorstellungen einer gerechten politischen Ordnung und sozialen Harmonie

Den gegen die hussitische Reformpartei erhobenen Vorwurf, das Volk in der Gehorsamsfrage zu verführen, nahm Hus zum Anlass, die von ihm formulierten und von jener „Partei" (*nostra pars*) geteilten Reformvorstellungen seinem Traktat *De ecclesia* (*Über die Kirche*) einzufügen; es sei falsch und eine Lüge, jener Partei zu unterstellen, ihre Anhänger seien Verführer des Volkes.[820] Das Programm nannte vier Ziele:

> [1.] Unsere Partei hat nicht die Absicht, das Volk vom wahren Gehorsam abzubringen, sondern das Volk soll durch das Gesetz Christi einträchtig geordnet sein.
> 2. Es ist die Absicht unserer Partei, das Volk nicht durch antichristliche Maßnahmen zu betören oder von Christus zu trennen, sondern das Gesetz Christi soll zusammen mit der durch das

[816] MIHO IV, S. 331. – Fudge, The Memory, S. 219.

[817] Hus, *Knížky proti knězi kuchmistrovi*, ed. Daňhelka, MIHO IV, S. 312–323. – B/S, Nr. 121, S. 168. – Spinka, John Hus, S. 194 f.; Fudge, The Memory, S. 83–106 (eingehend); Pavlíček, The Chronology, S. 59.

[818] Hus, *Knížky proti knězi kuchmistrovi*, ed. Daňhelka, MIHO IV, S. 312 f.

[819] Ebd., S. 321.

[820] Hus, De ecclesia, ed. Thomson, S. 148 f. – Holeček, Hussens Kirchenverständnis, S. 189; Töpfer, Die Wertung der weltlich-staatlichen Ordnung, S. 73; Šmahel, Die Hussitische Revolution I, S. 637 f. (wiederholt: Šmahel, Die Vier Prager Artikel, S. 229 f.); Wernisch, Husitství, S. 62.

Gesetz des Herrn geltenden Gewohnheit des Volkes dessen Regierung bestimmen.

3. Unsere Partei ist bestrebt, dass der Klerus aufrichtig nach dem Evangelium Jesu Christi lebt und Prunk, Habgier und Zügellosigkeit ablegt.
4. Wünscht und verkündet unsere Partei, dass die kämpfende Kirche in ihren nach der Ordnung des Herrn zusammengesetzten Teilen – nämlich die Priester, die das Gesetz vorbehaltlos einhalten, die zur Einhaltung der christlichen Ordnung verpflichteten weltlichen Herren und das diesen beiden Teilen unterstellte gemeine Volk – dem Gesetz Christi dienen.[821]

Nach František Holeček „ist nicht zu übersehen, daß Hus hier ein eigenartiges ekklesiologisches Modell über das Wesen der Kirche präsentiert, das er gegenüber den vorangegangenen großen spekulativen Theorien über das Wesen der Kirche im Grunde auch reduziert. [...] Es diente ihm auf ethischer Ebene als wirksames Mittel für seine Kritik an der zeitgenössischen Kirche und zur Unterscheidung von Gerechten und Ungerechten oder – falls wir seine beliebte Redewendung benutzen möchten – von 'der Kirche der Schafe' und 'der Kirche der Böcke', also einer Gemeinschaft der zum Heil Vorherbestimmten und einer der falschen Christen, auf die ewige Verdammnis wartet."[822]

Ausdrücklich bejaht Hus die Geltung des Gewohnheitsrechts des Volkes soweit dieses dem Gesetz Gottes nicht widerspricht und – wie schon in seiner Synodalpredigt des Jahres 1405 – die bestehende Drei-Stände-Ordnung anerkannt.[823] Zwischen Hussens Vier-Punkte-Programm von 1413 und den *Vier Prager Artikeln*, der späteren Einigungsformel der hussitischen Parteien von 1420,[824] lassen sich nach František Šmahel mit Ausnahme des Laienkelchs keine bedeutenden inhaltlichen Unterschiede feststellen, da die Freiheit des göttlichen Wortes auch dessen Gesetzeskraft einschließt und das erstrebte

821 [Primo ...] *nostre partis non est intencio seducere populum a vera obediencia, sed quod populus sit unus a lege Christi concorditer regulatus. | Secundo, intencio mostre partis est, quod constituciones antichristiane non infatuent aut dividant populum a Christo, sed quod regnet sincere lex Christi cum consuetudine populi ex lege domini approbata. | Et tercio, intencio nostre partis est, quod clerus vivat sincere secundum evangelium Ihesu Christi, pompa, avaricia et luxuria postergatis. | Et quarto, optat et predicat nostra pars, quod militans ecclesia sincere secundum partes, quas ordinavit dominus, sit commixta, scilicet ex sacerdotibus Christi pure legem suam servantibus, ex mundo nobilibus ad observanciam ordinacionis Christi compellentibus, ex vulgaribus utrique istarum parcium secundum legem Christi ministrantibus. Donent ergo doctores istam iniuriam nostre parti.*

822 Holeček, Hussens Kirchenverständnis, S. 189 f.

823 Töpfer, Die Wertung der weltlich-staatlichen Ordnung, S. 73. – Zur Lehre von der ständischen „Dreiteilung des Volkes": Šmahel, Die Hussitische Revolution I, S. 274–297,

824 Zu diesen: Šmahel, Die Hussitische Revolution I, S. 641–649 u.ö.

Ideal einer gesellschaftlichen Harmonie in Hussens Auffassung eine Ausmerzung der öffentlichen Sünden voraussetzt:

Hus, Vier-Punkte-Programm, 1413	Vier Prager Artikel, 1420
Gehorsam gegenüber der *lex Dei*	Freiheit des göttlichen Wortes
Ablehnung der Ordnung des Antichrist	Abendmahl für Laien unter beiderlei Gestalt
Reform des sündhaften Klerus	Arme Kirche ohne weltliche Macht
Harmonie der Drei-Stände-Ordnung	Bestrafung der manifesten öffentlichen Sünden.[825]

Der ständige kompromisslose Kampf gegen die Verirrungen des Klerus seiner Zeit hatte Hus die Anklage des Ungehorsams gegen die Prälaten eingetragen. Seine Gegner sahen in ihm den Aufwiegler des böhmischen Volkes zum Ungehorsam gegen die Prälaten und zur Respektlosigkeit Papst, Bischöfen und Priestern gegenüber.[826] Stephan von Paleč warnte Hus davor, durch seine Rebellion, seinen Ungehorsam und seinen Hochmut ein schlechtes Vorbild zu sein.[827]

26. Hus und König Sigismund. Hussens Vorbereitungen für den geplanten Auftritt auf dem Konstanzer Konzil

Die Einberufung des Konstanzer Konzils zu Ende des Jahres 1413 leitete eine neue Phase der Auseinandersetzung um die Reformbewegung in Böhmen und des gegen Hus als deren Exponenten geführten Prozesses ein. König Wenzel IV. und sein 1410 zum deutschen König gewählter Halbbruder Sigismund (1410–1437, 1433 Kaiser) strebten auf Grund der immer häufiger erhobenen Forderung nach Eingreifen des weltlichen Arms eine Behandlung der böhmischen Frage vor dem Konzil an, um den durch den Vorwurf der Ketzerei erschütterten Ruf des Landes wiederherzustellen und sich selbst vom Vorwurf der Ketzerbegünstigung zu befreien.[828] Auf Grund einer einge-

825 Gegenüberstellung nach Šmahel, Die Hussitische Revolution I, S. 637.

826 Doc., S. 478.

827 *Time Hussko, ne forte ex tua grandi rebellione et inobediencia crassa et superbia nimis magna malo exagiteris spiritu, cum tot prelatorum proiecta obediencia et tot doctorum sanctorum et patrum doctrina vilipensa quasi equus sine freno discurrens doctrinas, quas apostolus vocat varias et peregrinas*: Stephan von Paleč, Tractatus de ecclesia, ed. Sedlak, Jan Hus, S. 202*–304*, hier S. 298*. – Werner, Der Kirchenbegriff, S. 22.

828 Zum Kontext: Spinka, John Hus, S. 220–223; Kejř, Die Causa Johannes Hus, S. 126 f.; Soukup, Václav IV. a reformní hnutí. – Zum Ruf des Landes: Machilek, Ludolf von Sagan, S. 156–158; Šmahel, Idea národa (1971), S. 44–47 u.ö.

henden Analyse aller einschlägiger Quellen und der vorhandenen Literatur kam Petr Elbel in jüngster Zeit– ähnlich wie František M. Bartoš bereits vor über einem halben Jahrhundert[829] – zu dem Schluss,

> „that the whole course of Hus' stay in Constance points to the fact, that Sigismund anticipated a canonical trial against Hus and his sentencing from the very beginning and that the promise of royal protection and the safety conduct were just mean tricks intendet to lure Hus to Constance. It seems that from the very beginning, Sigismund wanted to free the Kingdom of Bohemia – the core of the Luxembourg hereditary power – of the Wyclifian heresy. In fact, Hus' opponents in Bohemia had been asking him to do this since 1413."[830]

Elbel vermutet, Sigismund habe wohl von Anfang an angenommen, Hus werde die vom Konzil als häretisch angesehenen Artikel widerrufen; er habe Hus deshalb mit Nachdruck gedrängt, dies zu tun, um auf diese Weise das Ende der reformistischen Bewegung zu erreichen.[831]

Faktisch hat Sigismund seit Frühjahr 1414 mit Hus über sein Kommen nach Konstanz verhandeln lassen und ihm dafür offensichtlich weitreichende Zusagen zukommen lassen, vor allem die Ausstellung des Geleitbriefs, der allerdings – ausgefertigt am 18. Oktober 1414 – erst zwei Tage nach Hussens Ankunft in Konstanz eintraf. Ob der an alle Amtsträger und Untertanen des Römischen Reichs gerichtete Brief Hus sichere Hin- und Rückreise oder nur sichere Hinreise zusagte, wurde in der Forschung bis in jüngste Zeit kontrovers diskutiert.[832] Jiří Kejř stellte vor kurzem wohl abschließend fest: „Das Geleit garantierte Hus jeden erdenklichen Schutz, jedoch nur im Reichsgebiet und im Rahmen der königlichen Zuständigkeit Sigmunds. [...] Es ist offenkundig, dass die Urkunde [...] sich nicht auf andere Territorien und auf andere, zwar auf dem Reichsgebiet befindliche, dem Herrscher aber nicht untergeordnete Herrschaften erstreckte."[833] Der Bakkalar Peter von Mladoniowitz, der Hus auf der Reise begleitete und die *Relatio de magistro Johanne Hus* (*Bericht über den Magister Johannes Hus*), die wichtigste Quelle von der Vorgeschichte seiner Reise zum Konzil bis zum Flammentod Hussens in Konstanz, verfasste, hat den Text des Geleitbriefs in vollem Wortlaut an den

[829] Bartoš, Čechy v době Husově, S. 392 f. 401 f.; dazu: Elbel, *In tota christianitate*, S. 100, 115, 118.

[830] Elbel, *In tota christianitate*, Resümee, S. 418 f.

[831] Ebd., S. 419.

[832] Kor., Nr. 88, S. 209 f.; Rel., S. 25 f.; Ber., S. 46 f.; Johannes Hus deutsch, Nr. 32, S. 605–608. – Zum Geleit: Machilek, Ergebnisse, S. 319–323; Hoke, Der Prozeß; Frenken, Die Erforschung, S. 255–266; Kejř, Die Causa Johannes Hus, S. 138–141; Provvidente, Hus's Trial, S. 261 f.

[833] Zitate: Kejř, Die Causa Johannes Hus, S. 138 f.

Anfang des Berichts gestellt;[834] er hat diesen Bericht als Leidensgeschichte des Christus-Nachfolgers Hus stilisiert[835] und durch die Aufnahme von Originaltexten, speziell von Hus-Briefen, ein lebendiges Bild der letzten Lebensmonate des Reformators gezeichnet.[836]

Für Hus, der sich im Exil bei seinen adligen Freunden einigermaßen sicher fühlen konnte, war die Entscheidung, Sigismunds Einladung zum Konzil anzunehmen, zweifellos äußerst schwierig. Er dürfte sich der Gefahren bewusst gewesen sein, die er mit der Reise zum Konzil auf sich nahm; Hus berichtet noch wenige Wochen vor seinem Tod in einem Brief aus dem Kerker an seine Freunde in Konstanz von einer sehr deutlichen Warnung, die ihn damals erreicht hatte.[837] Offensichtlich haben die Aussicht, seine Überzeugungen vor dem Konzil vortragen und verteidigen zu können, und die Versprechungen Sigismunds Hus zur Zusage bewogen. Vor allem Jan von Jessenitz dürfte ihm zur Reise nach Konstanz geraten haben.[838] Bereits am 26. August 1414 hatte Hus in öffentlichen, in lateinischer, tschechischer und deutscher Sprache verfassten Schreiben (*patentes intimaciones*), die er an den Türen der Kathedrale, Pfarr- und Klosterkirchen und anderen Orten anschlagen ließ, seine Bereitschaft erklärt, bei der am nächsten Tag stattfindenden außerordentlichen Diözesansynode und dann in Konstanz über seinen Glauben Rechenschaft abzulegen.[839] Die Bitte seines Anwalts Jan von Jessenitz, Zutritt zur Synode zu erlangen, um zu klären, ob Hus der Häresie bezichtigt werde, wurde nicht erfüllt, worüber sich Jessenitz eine Urkunde ausstellen ließ.[840] Dagegen erlangte Hus auf Vermittlung von Jessenitz von Nikolaus Venceslai OP, Titularbischof von Nazaret, dem vom Apostolischen Stuhl deputierten Inquisitor für die Stadt und die Diözese Prag, nach mehreren Befragungen ein Zeugnis, das ihn vor dem Konzil gegen den Vorwurf der Ketzerei entlasten sollte.[841] Das darüber vor Zeugen ausgefertigte Notariatsinstrument vom 30. August 1414 lag später der Konzilsversammlung vor; der Inquisitor bestätigte Hus darin, bei ihm niemals eine Irrlehre oder Häresie gefunden zu haben, sondern ihn immer als wahren und katholischen Menschen befunden zu haben.[842] Auch Erzbischof Konrad von Vechta erklär-

834 Rel., S. 25–120, hier S. 25 f.; Ber., S.43–295, hier S. 46 f.; Johannes Hus deutsch, Nr. 32, S. 605–608.

835 Herkommer, Die Geschichte vom Leiden und Sterben des Jan Hus.

836 Zur *Relatio*: Machilek, Hus in Konstanz.

837 Dazu unten S. 174 f. mit Anm. 877.

838 Frenken, Die Erforschung, S. 256 f.; Ders., Das Konstanzer Konzil, S. 214.

839 Edition der Intimacio publica: Kor., Nr. 75–77, S. 192–195; Rel., S. 26 f.; Ber., S. 47–49. Provvidente, Hus's Trial, S. 262 f.

840 Rel., S. 28 f.; Ber., S. 52 f. – Kejř, Die Causa Johannes Hus, S. 127 f.

841 Rel., S. 28; Ber., S. 51. – Šmahel, Die Hussitische Revolution I, S. 171, II, S. 909; Soukup, Jan Hus, S. 157.

842 *Ego multis et pluribus vicibus Magistro Johanni Hus conversatus sum secum comedendo et bibendo, et sermonibus suis sepius interfui, ac collaciones plures de diversis sacre scripture*

te, von keiner Irrlehre Hussens zu wissen, verlangte aber dessen Lösung aus dem päpstlichen Bann.[843] Kurz darauf richtete Hus Empfehlungsschreiben in seiner Sache an König Wenzel, Königin Sophie und den Prager Hof[844] sowie an König Sigismund, den er ausdrücklich bat, sich für eine öffentliche Anhörung einzusetzen.[845] Er sei sehr oft an die erzbischöfliche Kurie vorgeladen worden, wobei er sich stets als [von Anschuldigung] frei erwiesen habe; hierauf sei er zur päpstlichen Kurie zitiert worden, wo er durch Prokuratoren vertreten gewesen sei; ihnen sei jedoch keine Anhörung gewährt worden. Deshalb habe er sich dem gerechtesten Richter anvertraut.[846] Hus bekräftigte damit seine wiederholt vorgetragene Auffassung, ihm werde zu Unrecht vorgeworfen, er sei der Zitation vor Gericht nicht gefolgt, obwohl er dort durch seine Prokuratoren vertreten worden sei. Nach geltendem Recht war allerdings in einem Strafverfahren eine Vertretung durch Bevollmächtigte ausgeschlossen; Hus hätte persönlich vor Gericht erscheinen müssen; der Fehler belastete ihn im weiteren Verlauf des Prozesses schwer.[847]

Im Rahmen der Vorbereitungen auf die erwarteten Rückfragen der Konzilsväter in Konstanz entstand in Zusammenarbeit von Hus und Jan von Jessenitz der wichtige *Ordo procedendi*, eine Übersicht über die gerichtlichen Verhandlungen seit 1408.[848] Zu den darin aufgeführten Monita gehört das Hus bisher nicht gewährte öffentliche Gehör, um seine Unschuld zu beweisen.[849] Die von Jan von Jessenitz im Anhang zum *Ordo* zusammengestellten Zitate aus Rechtsquellen weisen indirekt darauf hin, dass die darin angesprochenen Rechtsnormen im bisherigen Verlauf des gegen Hus geführten Prozesses verletzt worden waren.[850] Zu den Vorbereitungen zur Verteidigung Hussens auf dem Konzil gehörte auch die gleichfalls von Jan von Jessenitz

materiis faciendo, numquam aliquem in ipso inveni errorem vel heresim, sed in omnibus verbis et operibus suis ipsum semper verum et katholicum hominem reperi, nec aliquid in eo reperi, quod heresim sapiat vel errorem: Rel., S. 57–59 (Zitat S. 58); Ber., S.121–125 (Zitat S. 122).

843 Šmahel, Die Hussitische Revolution I, S. 910.

844 Kor., Nr. 78, S. 195 f.; Johannes Hus deutsch, Nr. 30, S. 593–595. – Kejř, Die Causa Johannes Hus, S. 127.

845 Kor., Nr. 80 und 81, S. 197–199.

846 [...] *citatus sepissime ad curiam archiepiscopi, semper me inmunem ostendi, demum citatus sum ad curiam, numquam per advocatos et procuratores meos habere audienciam potui. Et sic me in manus iustissimi comisi iudicis, ob cuius gloriam vestra, spero, clemencia michi de secura et publica audiencia, prestante Ihesu Christo domino, providebit*: Kor., Nr. 81, S. 198. – Kejř, Die Causa Johannes Hus, S. 127 mit S. 166, Anm. 19, S. 130 mit S. 167, Anm. 6.

847 Kejř, Die Causa Johannes Hus, S. 130 mit S. 167, Anm. 37. – Zu Hussens Fehlern und Versäumnissen im Lauf des gegen ihn geführten Prozesses zusammenfassend: ebd. S. 190 f.

848 Kor., Nr. 110, S. 225–234. – Kejř, Die Causa Johannes Hus, S. 128 f.; Kejř, K pramenům; Provvidente, Hus's Trial, S. 264.

849 Machilek, Die hussitische Forderung, S. 511.

850 Kejř, Die Causa Johannes Hus, S. 129.

verfasste Schrift *Summaria de iusticia et nullitate sentenciarum contra Hus*, die nicht erhalten blieb, deren Inhalt aber aus einer ausführlichen Beschreibung im Bücherverzeichnis des Kollegiums der böhmischen Universitäsnation bekannt ist.[851]

Am 1. September 1414 teilte Hus König Sigismund seine Bereitschaft mit, unter der Voraussetzung sicheren Geleits in Frieden nach Konstanz zu kommen, sich dort einer Examinierung in öffentlicher Audienz zu unterziehen, zu predigen und gegebenenfalls auch für die Wahrheit des Gesetzes Christi sterben zu wollen.[852] Die hier ausgesprochene Todesbereitschaft klingt auch in seinem Ende September oder Anfang Oktober 1414 verfassten, in tschechischer Sprache gehaltenen Abschiedsbrief an die treuen Böhmen an:

> *Ihr wisst, dass ich lange Zeit treu mit Euch gearbeitet habe, indem ich Euch Gottes Wort ohne Ketzerei und ohne Irrtümer gepredigt habe. Mein Bestreben war, ist und bleibt bis zu meinem Tod Euer Heil.* [...] *Und jetzt habe ich mich schon ohne Geleitbrief zur Reise gerüstet mitten unter sehr mächtige und sehr zahlreiche Feinde, von denen die schlimmsten meine einheimischen Gegner sind. Unser Leiden in Gnaden aber ist unsere Reinigung von Sünden und Befreiung von ewigen Qualen, und unser Tod ist unser Sieg.*[853]

Eindringlich wies er auf die Gefahr der gegen ihn aufgetretenen falschen Zeugen hin, deren Zeugnisse er aufgezeichnet habe.[854]

Um die Position Hussens in Konstanz zu stärken, verfasste Johannes von Reinstein unter Mitwirkung des Jan von Jessenitz nach dem 1. September 1414 eine an König Sigismund gerichtete Programmschrift (*Declaratio in causa M. Iohannis Hus*), in der er unter Bezug auf die These von der Überordnung der kaiserlichen über die päpstliche Gewalt Sigismund dazu aufrief, dem Gesetz Kaiser Justinians I. (527–565) gegen das Laster der Simonie Geltung zu verschaffen.[855]

In den letzten Wochen vor der Abreise nach Konstanz konzipierte Hus in einem „excess of optimism"[856] drei Texte, die er vor der Kirchenversamm-

[851] Kejř, Die Causa Johannes Hus, S. 129.

[852] [...] *spero, verebor confiteri Christum dominum, et pro eius lege verissima, si opportuerit, mortem pati*: Kor., Nr. 81, S. 197–199 (Zitat S. 198). – Zur Todesbereitschaft Hussens weiterhin: Kor., Nr. 152, S. 315 f., hier S. 316, Nr. 155, S. 322–324, hier S. 323., Nr. 156, S. 324–326, hier S. 324 f. – Kejř, Jan Hus sam o sobě, S. 15–17; Pavlíček, The Chronology, S. 62.

[853] Kor., Nr. 87, S. 206–209 (Zitat S. 207); Schamschula, Jan Hus. Schriften, S. 107–109. – Werner, Jan Hus, S. 151.

[854] Kejř, Die Causa Johannes Hus, S. 130.

[855] Inc.: *Quia summum in rebus bonum est iusticiam colere.* – Spunar, Repertorium I, Nr. 711, S. 257 f. – Spinka, John Hus, S. 226–228; Bartoš, Das Reformprogramm; Machilek, Ergebnisse, 317 f. (mit weiteren Hinweisen).

[856] Spinka, John Hus, S. 226.

lung vorzutragen gedachte: den als Begrüßungs- und Ermunterungsrede vorgesehenen *Sermo de pace* (*Über den Frieden*)[857], die Quaestio *De sufficiencia legis Christi* (*Von der Vollgenügsamkeit des Gesetzes Christi*), in der er sich ausführlich zum Schriftprinzip äußerte,[858] und die Ansprache *De fidei suae elucidacione* (*Von der Erleuchtung durch den Glauben*)[859]. Sie sprechen für das trotz aller Befürchtungen vorhandene Vertrauen, das Hus in Sigismunds Versprechungen setzte, im Besonderen in das von Sigismund zugesagte Geleit, und sind zugleich Ausdruck seines in den folgenden Wochen immer stärker hervortretenden Sendungsbewusstseins; sie belegen aber zugleich die Überschätzung seiner Lage und die damit verbundene Hoffnung, vor dem Konzil frei sprechen zu dürfen.[860]

Hus hatte vorgesehen, die Friedensrede an das Konzil unter den Gruß *Frieden diesem Haus* (*Pax huic domui*) zu stellen, den der auferstandene Jesus seinen Jüngern bei der Erteilung des Missionsauftrags beim Betreten eines Hauses empfohlen hatte (Mt 10,12) und wie auch Paulus die Gemeinden in seinen Briefen begrüßt hatte. Jesus habe den Jüngern den Frieden nach Joh 14,27 als Vermächtnis hinterlassen und mit Lk 24,36 und Joh 20,19 als Gruß angeboten. Im Folgenden unterscheidet Hus zwischen dem Frieden Gottes und dem Frieden der Welt; ersterer bestehe im Frieden des Menschen mit Gott, als Friede des Menschen mit sich selbst und als Friede des Menschen mit dem Nächsten. Den Klerus ermahnte Hus, nach dem Evangelium zu leben und die ihm Unterstellten auf dem Weg der Nachfolge Christi zu führen; so würde er den Frieden der Menschen untereinander und zu Gott herbeiführen. Der Friede der Welt bestehe in ruhiger Regelung der zum menschlichen Leben benötigten zeitlichen Dinge und deren von unerwünschten Störungen verschontem Genuss.[861] Als Fazit des Plädoyers Hussens für den Frieden hielt Ernst Werner nach eingehender Analyse fest, „daß die *pax* für Hus immer Sieg der *veritas* und Akzeptanz der *lex Dei* bedeutete."[862] Die Friedensrede endet mit den Worten:

857 Edition: Hus, Sermo de pace, in: Const., S. 1–38; tschechische Übersetzung: Řeč o míru, ed. František M. Dobiáš/Amedeo Molnár, Praha ²1995; deutsche Übersetzung: Riemeck, Jan Hus, S. 127–152. – B/S, Nr. 71, S. 120 f. – Dazu: Werner, Jan Hus, S. 184 f.; Werner, Zum Friedensbegriff bei Jan Hus; 128–132 (hier bes. S. 131); Soukup, Jan Hus, S. 190; Šmahel, Jan Hus. Život a dílo, S. 177.

858 Edition: Hus, De sufficientia legis Christi, in: Const. 39–79; deutsche Übersetzung: Riemeck, Jan Hus, S. 153–165. B/S, Nr. 72, S. 121 f. – Der Tenor dieser Schrift lautet nach Patschovsky, Ekklesiologie, S. 395, Anm. 74, „ganz nach Wyclif [...], daß die menschlichen Satzungen (wie etwa das kanonische Recht) entweder implizit in der Heiligen Schrift, der ‚lex Christi', enthalten oder widergöttlich seien."

859 Edition: Hus, De fidei suae elucidacione, in: Const., S. 81–98; deutsche Übersetzung: Riemeck, Jan Hus, S. 166–182. – B/S, Nr. 73, S. 122.

860 Fudge, Jan Hus. Religious Reform, S. 132 f.; Soukup, Jan Hus, S. 191.

861 Gekürzt nach František M. Dobiáš/Amedeo Molnár in: Riemeck, Jan Hus, S. 127 f.

862 Gekürzt nach František M. Dobiáš/Amedeo Molnár in: Riemeck, Jan Hus, S. 127 f. Werner, Zum Friedensbegriff bei Jan Hus, S. 131.

Möge diesem Haus Frieden vor der Sünde, vor den Verfolgungen des Feindes, vor dem gefährlichen Schisma beschieden sein; Friede diesem Haus in der Herrlichkeit Gottvaters, des Sohnes und des Heiligen Geistes in alle Ewigkeit. Amen.[863]

Jakub Smrčka wertet die nicht vorgetragene Friedensrede als „stummes Vermächtnis des Theologen und Priesters, der nach seinem Gewissen Christi Gesetz nicht veruntreut."[864]

Hussens Ausgangspunkt in der Quaestio *De sufficientia legis Christi* war der Rechtssatz:

Richter müssen jedermann aufmerksam und unvoreingenommen anhören und sich dabei vor Zorn und Hass hüten, da diese den Gerechtigkeitssinn des Richters untergraben.

Demzufolge möge auch er in Ruhe angehört werden. Zu seiner Verteidigung werde er sich an das Gesetz Christi halten. Alles was dieser höchsten Norm nicht vergleichbar sei, ist menschliche Erfindung. Es sei seine Pflicht, das Gesetz Christi zu verteidigen.[865] Allein schon die Form, in der Hus die Ausarbeitung gehalten hat, lässt darauf schließen, dass er sie als Grundlage einer Disputation zum zentralen Thema seiner theologischen Überlegungen gedacht hatte.

Mit der Ansprache *De fidei suae elucidatione* hatte Hus beabsichtigt, seine Rechtgläubigkeit zu bezeugen und in geraffter Form die Inhalte des christlichen Glaubens darzulegen.[866] Der Text schließt mit Blick auf Maria,

die Anwältin, Mittlerin und gewissermaßen Ursache der Fleischwerdung, Passion und Auferstehung Christi und folglich auch Ursache des gesamten Heils aller zu Heilenden. [...] Lasst uns also durch diese reinste Jungfrau und Mittlerin, hauptsächlich aber durch den Mittler, ihren Sohn Jesus Christus, glauben und auf die Vergebung der Sünden hoffen und unsere Auferstehung mit Freuden und danach das ewige Leben erwarten, welches klare unverlierbare Erkenntnis der Dreifaltigkeit ist und die Seligen im Vaterland endlich sättigt. Zu solcher Erkenntnis leite uns der allmächtige Vater, der Sohn und der Heilige Geist in alle Ewigkeit. Amen.[867]

863 Const., S. 38. – Auch zitiert bei Werner, wie vorige Anm.
864 Smrčka, Hus als Prediger, S. 62.
865 Kejř, Das Hussitentum und das kanonische Recht, S. 447; Kejř, Die Causa Johannes Hus, S. 130; Šmahel, Jan Hus. Život a dílo, S. 177.
866 Šmahel, Jan Hus. Život a dílo, S. 177.
867 Johannes Hus deutsch, S. 587.

Ein in die Handschrift CVP 4.902 der Österreichischen Nationalbibliothek in Wien eingebundenes Blatt (fol. 126) mit eigenhändigen Skizzen zu den drei Ansprachen gibt in willkommener Weise Aufschluss über Hussens Vorgehensweise bei der Arbeit an theologischen Texten.[868]

Wohl Anfang Oktober 1414 schrieb Hus einen sehr persönlich gehaltenen Brief an den ihm besonders verbundenen und möglicherweise mit ihm verwandten Magister Martin von Wolin (Martin z Volyně), der auch einige autobiographische Angaben enthält und der gemeinhin als sein Testament gilt. Hus beginnt ihn mit einer Mahnung an Martin zur Gottesfurcht, Einhaltung der Gebote, eindringlicher Warnung vor Versuchungen durch Frauen und Ermunterung zu priesterlichem Leben:

> *Ich ermahne Dich: fürchte den Herrn, halte seine Gebote (mandata), fliehe die Gesellschaft von Frauen, sei vorsichtig, wenn Du die Beichten von Frauen hörst, damit Dich der Satan nicht durch die Heuchelei der Frau täuscht, wie Augustinus sagt: ‚Falle nicht auf frommes Tun herein, denn je frömmer, umso zügelloser und unter dem Deckmantel der Frömmigkeit lauert die Begierde.' Trage Fürsorge, dass Du nicht unentschuldbar verlierst, was Du – wie ich hoffe – bewahrt hast, den Stand der Unberührtheit (virginitatem).*

Mit beschwörenden Worten erinnert Hus seinen Schüler daran, ihn von Jugend an gelehrt zu haben, Christus Jesus zu dienen, nicht der Habsucht und dem Drang nach Benefizien zu verfallen und sich nach schönen Kleidern zu sehnen.

> *Du kennst von Jugend auf meine Predigt und meinen Lebenswandel nach außen hin; so brauche ich dazu nicht mehr zu schreiben. Aber ich bitte Dich um der Barmherzigkeit Jesu Christi willen, dass Du keinem Leichtsinn folgst, den Du bei mir gesehen hast. Du weißt, dass ich leider – bevor ich das Priestertum erlangte – gern und oft Schach gespielt, die Zeit vergessen und die anderen wie auch mich selbst durch jenes Spiel in unglücklicher Weise bis zum Zorn erregt habe.*[869]

[868] Edition: Const., S. 99–102; deutsche Übersetzung: Riemeck, Jan Hus, S. 183 f. – Molnár, Pohled; Šmahel, Instead of Conclusion, S. 371 f., 380–382; Soukup, Jan Hus, S. 190.

[869] Das Schachspiel war im Klerus weitverbreitet. Thomas von Štítný hat auf der Grundlage des von dem Reimser Dominikaner Jacobus de Cessolis im 13. Jahrhundert verfassten Schachbuchs ein tschechisches *Büchlein vom Schachspiel* (*Knížky o hře šachové*) geschrieben, worin er dieses als Metapher für die Weltordnung benutzt, in der jede Figur – König, Ritter (Springer) oder Bauer – die ihm von Gott gegebene Funktion erfüllen soll: Schamschula, Geschichte I, S. 154 f. – Wohl hat Hus diese Schrift gekannt, deren Sinngebung ganz seinen eigenen Vorstellungen entsprach..

Der Brief schließt mit dem Gruß *Vale in Christo Ihesu cum omnibus, qui custodiunt legem eius* und einigen Bestimmungen über seinen Nachlass: Die graue Tunika solle er (Martin) erhalten, die weiße Tunika der Pfarrer, sein eigener Gehilfe Georg ein Schock Groschen.

Hus übergab den Brief an Peter von Mladoniowitz; er solle erst im Fall seines Todes geöffnet werden.[870]

Einen ähnlich persönlich gehaltenen Brief richtete Hus etwa einen Monat später bereits von Konstanz aus an seinen Vertreter und späteren Nachfolger als Prediger an der Bethlehemkapelle Havlík (Havel, Gallus); auch ihn mahnte er zu rechter Predigt und warnte auch ihn vor der Gemeinschaft mit Frauen:

> *Sei sorgfältig in der Predigt des Evangeliums und übe das Werk eines guten Evangelisten aus. Vernachlässige nicht Deine Berufung und arbeite wie ein beseelter Ritter Christi. An erster Stelle: lebe fromm und heilig. Sodann: lehre aufrichtig und wahrhaftig. Sei anderen ein Vorbild im guten Werk, damit Du in Deinen Worten nicht widerlegt wirst. Weise auf Sünden hin und empfehle die Tugenden. Jenen, die schlecht leben, drohe ewige Strafen an, denen aber, die gläubig und fromm leben, stelle die ewigen Freuden vor Augen. Predige beharrlich, jedoch kurz, fruchtbar* [für die Gläubigen] *und mit kluger Kenntnis der Heiligen Schriften. Behaupte niemals Unsicheres oder Zweifelhaftes, damit Du von Gegnern nicht widerlegt wirst, denn sie freuen sich, ihre Nächsten zu verleumden. Ermuntere zum Bekenntnis des Glaubens und zur Kommunion unter beiderlei Gestalt des Leibes und Blutes Christi, damit diejenigen, die wegen ihrer Sünden zu wahrer Reue bewegt worden sind, umso häufiger zur Kommunion herantreten. Dich selber ermahne ich: schließe Dich den Gästen der Wirtshäuser nicht an und meide ihre Gemeinschaft, denn je mehr sich der Prediger von der Gesellschaft der Menschen fernhält, umso mehr wird er von ihnen angenommen* [...].
> *Predige beharrlich, soweit Du auch immer kannst, gegen die Zügellosigkeit, denn sie ist das wildeste Tier, das die Menschen verschlingt, für die Christus in seiner Menschenfreundlichkeit gelitten hat.*
> *Deshalb beschwöre ich Dich, Liebster, fliehe die Sinneslust, die Dich, wo immer Du bist, im Verborgenen überkommt. Fliehe vor allem die jungen Frauen und falle auf ihre* [vorgegebene] *Gläubigkeit nicht herein* [...]. *Lass Frauen – aus welchem Grund auch immer – nicht in Dein Haus* [...]![871]

870 Kor., Nr. 86, S. 204–206. – Spinka, John Hus, S. 43, 224, 229, 276; De Vooght, L'hérésie I, S. 344 f.; Hilsch, Johannes Hus, S. 41 f., 245; Šmahel, Die Hussitische Revolution II, S. 910; Krzenck, Johannes Hus, S. 36; Šmahel, Jan Hus. Život, S. 178; Soukup, Jan Hus, S. 202.

871 Kor., Nr. 95, S. 214–216. – B/S, Nr. 224, S. 220. – Soukup, Jan Hus, S. 40. – Zu Havlík: Spunar, Repertorium I, Nr. 1036–1038, S. 368–370; Krmíčková, Studie a texty, S. 202 (Reg.).

Hussens Vorbereitungszeit zum Aufbruch nach Konstanz fiel mit der Hoch- und Endphase der Diskussion um den Laienkelch zusammen, der nach der praktischen Einführung durch Jakobell von Mies in den Monaten Oktober und November 1414 in der Folgezeit zu einem zentralen Anliegen der hussitischen Reformberwegung und hussitischen Reformation mit dem Kelch als eingängigem Symbol der Reformbewegung wurde.[872] Als Initiator der Diskussion wird in der vor allem von der Brünner Historikerin Helena Krmíčková (* 1955) getragenen Forschung zur Kelchfrage wie schon seit längerem Jakobell von Mies angesehen, dem der deutsche Hussit Nikolaus von Dresden († 1416) Beistand leistete.[873] Jakobell begründete die Spendung des Laienkelchs mit *necessitas*, *praeceptum* und *utilitas*. Auch bei reformwilligen Magistern und Predigern stieß seine Laienkelchauffassung auf Zweifel und Kritik.[874] Die der Einführung vorausgehende Diskussion über den Kelch hatte bereits mehrere Monate vor seiner Abreise eingesetzt; Hus hatte davon zweifellos Kenntnis und nahm zunächst offensichtlich eine abwartende Position in der Kelchfrage ein. Er hatte den Laienkelch in der um Ende 1407 abgeschlossenen Postille *Passio Domini nostri Iesu Christi* mit der Begründung, dass die Gläubigen nicht verstünden, das Blut Christi achtsam zu trinken, noch ausdrücklich abgelehnt.[875] Nach einer späteren Äußerung des Johannes (Jan) Rokycana (vor 1400–1471), des geistlichen Führers der Utraquisten nach dem Tod Erzbischof Konrads von Vechta, habe Hus vor der Reise zum Konstanzer Konzil seinem Freund Jakobell von Mies geraten, in der Kelchfrage nichts zu übereilen und mit der Einführung des Kelchs zu warten: Wenn er, so Gott wolle, vom Konzil zurückgekehrt sei, wolle er ihm dabei helfen.[876] Am 9. Juni 1415 berichtet Hus in einem Brief aus dem Kerker in Konstanz an seine Prager Freunde, dass beim Auszug der Reisegesellschaft ein polnischer Schuster namens Andreas an ihn herangetreten sei, seine Hand gedrückt und ihm unter Tränen prophezeit habe: *Gott sei mit Dir! Ich meine, Du wirst nicht wiederkommen!*[877]

[872] Geraffte Überblicke zur Forschung über die Einführung und frühen Jahre des Laienkelchs im Hussitismus: Coufal, Polemika o kalich, S. 15–101; Soukup/Halama, Interdisciplinární výzkum utrakvismu a husitská symbolika.

[873] Krmíčková, Studie a texty k počátkům klicha; Čornej, Praha po Husovi, S. 33 f.

[874] Dušan Coufal hat – teilweise nach Untersuchungen bisher ungedruckter Traktate – die Ergebnisse der bisherigen Forschung, wonach die theologische Begründung gegenüber liturgischen Überlegungen für Jakobell die entscheidende Rolle gespielt hat, jüngst bekräftigt: Coufal, Polemika o kalich, Abschnitt I/3: Dogma salvificum? S. 25–41.

[875] Hus, Passio, ed. Vidmanová-Schmidtová (MIHO VIII), S. 76. – Kolesnyk, Hussens Eucharistiebegriff, S. 200.

[876] *Milý Kubo, nekvap tím! Když ť se bóhdá vrátím, chci ť <toho> věrně pomoci.* – Girgensohn, Peter von Pulkau, S. 128; Kaminsky, A History, S. 127; Werner, Wort und Sakrament, S. 9; Kolesnyk, Hussens Eucharistiebegriff, S. 200 f.; Krmíková, Studie, S. 26 f.; Coufal, Polemika o kalich, S. 39.

[877] Buoh bud s tebú! Zdát' mi sě, že sě nevrátiš! Kor., Nr. 126, S. 263–266 (Zitat S. 266). – Vischer, Jan Hus I, S. 400; Kras, Husyci, S. 36.

27. Die Reise nach Konstanz

Auf der vom 10. Oktober bis 3. November 1414 dauernden Reise nach Konstanz wurde Hus von den böhmischen Herren Wenzel von Duba (Václav z Dubé) auf Leštno, Johann von Chlum gen. Kepka (Jan Kepka z Chlumu), dem Magister Johannes von Reinstein gen. Cardinalis als Vertreter der Universität sowie dem Bakkalar Peter von Mladoniowitz als Schreiber Johanns von Chlum begleitet. In Konstanz stieß dann noch Heinrich von Chlum gen. Lacembok (Jindřich z Chlumu řeč. Lacembok) zu Hussens Begleitung hinzu. Die von Sigismund als Bevollmächtigte und zum Schutz Hussens abgeordneten Gefolgsleute Wenzel von Duba und Johann Kepka von Chlum kannten Hus von den Verhandlungen zwischen Erzbischof Zbyněk und der Prager Universität im Jahr 1411 her und sympathisierten offensichtlich mit ihm; sie fungierten neben anderen Gönnern Hussens auch als Sponsoren für Hussens Reise.[878] Nach dem Bericht des Peter von Mladoniowitz fand Hus auf dieser in einer Reihe deutscher Städte überwiegend freundliche Aufnahme. Hus selbst hat in einem berühmten, in lateinischer Sprache abgefassten und von Peter von Mladoniowitz wiedergegebenen Brief aus Nürnberg vom 20. Oktober 1414 an seine Prager Freunde über den bisherigen Teil seiner Reise berichtet,[879] die ihn zuvor durch die damals kurpfälzischen Lande zu Bayern – die heutige Oberpfalz – geführt hatte. Der Brief lässt den auf Hussens letzter Reise aufflammenden Optimismus erkennen:

> *Heil von Christus Jesus!*
> *Wisst, dass ich nie mit übers Gesicht gezogener Kapuze, sondern immer frei und mit unverhülltem Gesicht gereist bin. Als ich Böhmen verließ, wartete gleich zu Beginn, noch ehe ich nach Bärnau kam, bereits der Pfarrer mit seinen Vikaren auf mich. Und als ich dort in die Stube trat, schenkte er mir sofort eine große Kanne Wein ein. Er nahm mit seinen Gefährten meine ganze Lehre freundlich auf und sagte, er sei immer mein Freund gewesen. Anschließend in Neustadt* [an der Waldnaab] *sahen mich alle Deutschen gern. Wir kamen durch Weiden, wo wir bei einer großen Volksmenge Aufsehen erregten. Hierauf zogen wir durch die Stadt Hirschfeld* [richtig: Hirschau], *wo sie uns wiederum sehr freundlich aufgenommen haben.*[880] *Als wir nach Sulzbach kamen, fanden wir Aufnahme in einer Herberge, in der gerade Gericht* (*lan-*

[878] Šmahel, Die Hussitische Revolution II, S. 907, 910, 912; Krzenck, Johannes Hus, S. 150.

[879] Rel., S. 31 f.; Ber., S. 60–62; Kor. Nr. 93, S. 212–214, hier S. 212 f.; Johannes Hus deutsch, Nr. 31/III, S. 602–604. – Novotný, M. Jan Hus. Život a dílo 2, S. 356 f.; Machilek, Hus und die Hussiten in Franken, S. 19–21.

[880] Hus hat den Aufenthalt in Hirschau – im Brief steht irrtümlich Hirschfeld – erst nach dem in Sulzbach aufgeführt; die Hirschau bzw. Sulzbach betreffenden Sätze wurden hier umgestellt.

tricht) gehalten wurde. Dort sagte ich im Saal zu den Schöffen und Ältesten: ‚Seht, ich bin der Magister Jan Hus, über den ihr vermutlich viel Böses gehört habt. Stellt also eure Fragen an mich!' Nachdem wir Vieles besprochen hatten, nahmen sie alles sehr dankbar auf. Hierauf zogen wir durch die Stadt Hersbruck und übernachteten dann in der Stadt Lauf. Hier kam der Pfarrer, ein angesehener Jurist, mit den Vikaren zu uns; ich unterhielt mich mit ihm und auch er nahm alles dankbar auf. Und seht, dann kamen wir nach Nürnberg, wohin Kaufleute uns vorausgeeilt waren; das Volk stand daher bereits in den Gassen, schaute und fragte, welcher der Magister Hus sei. Vor dem Frühstück schickte mir der Magister Johannes Helwel [Johannes Renker von Hollfeld], *der Pfarrer von St. Lorenz, einen Brief, dass er schon seit langer Zeit gern mit mir sprechen wollte. Ich antwortete auf demselben Blatt, er möge kommen, und er kam.*[881] *Und als ich schon die Ankündigung geschrieben hatte, die ich anbringen wollte, ließ mir Herr Wenzel* [von Dubá] *wissen, dass Bürger und Magister zusammengekommen seien, um mich zu sehen und mit mir zu sprechen. Ich stand sofort vom Tisch auf und ging hinüber. Die Magister hatten gesagt, dass sie im Geheimen mit mir sprechen wollten. Da sagte ich zu ihnen: ‚Ich predige öffentlich und will, dass mich alle hören können, die dies wollen.' Und sofort von dieser Stunde an unterredeten wir uns in Anwesenheit der Schöffen und Bürger bis zum Anbruch der Nacht. Dabei war auch ein Doktor, ein Kartäuser* [wohl Heinrich von Gerolzhofen], *der absonderlich (fabulose) argumentierte. Ich beobachtete auch, dass es dem Magister Albertus* [Albrecht Fleischmann von Eggolsheim], *dem Pfarrer von St. Sebald missfiel, dass die Bürger meiner Auffassung zustimmten. Schließlich waren alle Magister und Bürger zufrieden.*
Wisst auch, dass ich bisher noch niemanden als Feind empfunden habe. In jedem Gasthaus habe ich dem Wirt eine Abschrift der Zehn Gebote hinterlassen, die ich irgendwo mit Mehlkleister angeklebt habe. Alle Wirtinnen und ihre Männer nehmen mich sehr freundlich auf. Nirgends wird das Interdikt beachtet, alle loben meine Auskünfte (intimatio). Ich bin überzeugt, dass es keine größere Feindschaft gegen mich gibt als die von Seiten der Bewohner des Königreichs Böhmen.

Die freundliche Aufnahme in den oberpfälzischen Städten und in der Reichsstadt Nürnberg hatte Hus offensichtlich in der Hoffnung bestärkt, in Konstanz für die Anliegen der Prager Reformpartei öffentliches Gehör zu finden, wobei er sich auf unklare Zusagen König Sigmunds verließ. Das Gespräch in Nürnberg war das erste Kolloquium außerhalb Böhmens, das Hus geführt hat. Es war keine offizielle Anhörung, wie er sie bis dahin vergeblich von den kirchlichen Gremien gefordert hatte, sondern rechtlich gesehen nur eine private Audienz, doch wurde auch dies schon von seinen

[881] Die Einladung des Pfarrers und Hussens Antwortbrief sind nicht erhalten.

Begleitern als Erfolg betrachtet.[882] Hus kannte die namentlich genannten Pfarrer der beiden Nürnberger Hauptkirchen St. Lorenz und St. Sebald, Johannes Renker von Hollfeld und Albrecht Fleischmann von Eggolsheim, die beide in Prag studiert hatten, wohl seit dieser Zeit persönlich. Albrecht Fleischmann führte wenig später die offizielle Gesandtschaft der Reichsstadt Nürnberg zum Konstanzer Konzil an.[883] Peter von Mladoniowitz fasste seine Einschätzung der Ereignisse in Nürnberg in einer wohl frei erfundenen Anrede der Nürnberger Magister an Hus in den folgenden Worten zusammen:

> *Wahrhaftig, Magister, was wir eben gehört haben, ist katholisch, und wir haben seit vielen Jahren dasselbe gelehrt und gehalten und halten und glauben es, und wenn nichts anderes gegen Euch ist, werdet Ihr gewiss in Ehren vom Konzil hervorgehen oder zurückkehren.*[884]

Wie schon anlässlich seiner Appellation an Christus hat Hus während der Reise seine Anliegen durch Anschläge kundgemacht, so durch die in seinem Brief aus Nürnberg angesprochenen Texte der Zehn Gebote, worunter wohl Kurzfassungen seiner Auslegung des Dekalogs zu verstehen sind,[885] als auch in Ankündigungen über seine Absicht, seinen Glauben vor dem Konzil zu vertreten, so wie er es schon im erzbischöflichen Hof in Prag getan habe: Wenn ihm jemand eine Irrlehre oder eine Häresie zur Last legen wolle, dann solle er sich zum Konzil aufmachen, nur dort sei er bereit, jedem beliebigen Gegner über seinen Glauben Rechenschaft zu geben[886].

Von den nach Konstanz reisenden Gegnern Hussens war sein früherer Freund Stephan von Páleč der theologisch bedeutendste, der Leitomischler Bischof Johannes von Bucca der entschiedenste – er wurde dementsprechend als *der Eiserne* bezeichnet – und Hussens Hauptankläger Michael de Causis der streitbarste; dazu gehörten weiterhin der Inquisitor Mauritius Rvačka und der Dominikaner Peter von Mährisch Neustadt (Uničov).[887] Für Michael de Causis waren Hus, seine Anhänger und Unterstützer nur *sich windende Schlangen*, wie er in einem Brief an Johannes den Eisernen schrieb.[888] Wenig bekannt ist über eine Reihe von Husgegnern, die beim Konstanzer Verfahren gegen Hus beteiligt waren und sich schon früher als solche profiliert hatten, wie der Wiener Doktor der Theologie und spätere Abt Bartholomäus Frowein von Ebrach († 1430) und der Wiener Dr. beider Rechte und

882 Machilek, Die hussitische Forderung, S. 508–510.
883 Frenken, Nürnberger Angelegenheiten, S. 399 f.; Studt, Papst Martin V., S. 40, 289 f.
884 Rel., S. 31; Ber., 59.
885 Machilek, Hus und die Hussiten, S. 21; Studt, Papst Martin V., S. 40 f.
886 Text der letzteren Ankündigung: Rel., S. 31; Ber., 59.
887 Dazu vor allem: Hledíková, Hussens Gegner, passim. – Knappe Hinweise: Frenken, Die Erforschung, S. 287 mit Anm. 163; Brandmüller, Das Konzil I, S. 329; Studt, Papst Martin V., S. 41 mit Anm. 11; Šmahel, Jan Hus. Život a dílo, S. 188.
888 Zitiert bei Fudge, The Role of Michael de Causis, S. 132.

spätere Nürnberger Ratsjurist und Pfarrer von St. Lorenz Konrad Konhofer († 1452). Bartholomäus von Ebrach, Verfasser einer antihäretischen *Lectura super Firmiter credimus*, war nach Ausweis der Ebracher Haustradition im Sommer 1415 als Mitglied der zehnköpfigen Kommission an der Verurteilung Hussens beteiligt;[889] Konrad Konhofer war offenbar in vergleichbarer Weise beim Verfahren gegen Hus tätig.[890]

28. Hus auf dem Konstanzer Konzil. Verurteilung und Tod

Schon vor Eröffnung des Konzils hatte Dietrich von Niem, nachdem Hussens Traktat *De ecclesia* in seine Hände gelangt war, im Herbst 1414 in seinen Vorschlägen für die Kirchenversammlung (*Avisamenta pulcherrima de unione et reformacione*) in scharfer Form gegen Hus und dessen Angriffe gegen das Papsttum Stellung bezogen:

> *Unter anderem gibt es auch von Johannes Hus, der behauptet, er sei Baccalaureus der heiligen Theologie, und von dem gesagt wird, er sei das Haupt und der Führer jener Ketzer im zuvor genanntem Reich, eine Ausarbeitung, die beginnt: ‚Da jeder Erdenpilger die heilige katholische Kirche lieben und an sie getreulich glauben muss'. Dieses Buch nun bekämpft mit unendlich vielen Argumenten so die päpstliche Autorität und deren Gewaltenfülle, wie der Koran [...] den katholischen Glauben bekämpft.*[891]

Dietrich von Vrie († nach 1434) berichtet in seiner Geschichte des Konzils von Konstanz (*De consolatione ecclesiae*), dass die Vorbereitungen für die Verhandlungen gegen Hus und den Wyclifismus bereits im Vorfeld des Konzils begonnen hatten.[892] Dementsprechend konnte sich Hus, der nach Eintreffen in der Konzilsstadt am 3. November 1414 im Haus der Witwe Fida in der St. Paulsgasse (der heutigen Husgasse) Aufnahme gefunden hatte, zwar etwa dreieinhalb Wochen relativ frei bewegen, stellte aber mit seinen Begleitern bereits in den ersten Tagen fest, dass vor allem seine inzwischen

[889] Machilek, Zur Geschichte der älteren Universität Würzburg, S. 163; Machilek, Ergebnisse, S. 314, Anm. 63; Denzler, Bartholomäus, S. 156; Machilek Frowein, Bartholomäus, Sp. 983.

[890] *Fuit per honorabilem virum D. Conradum Conhofer, utriusque juris doctorem et palatii apostolici causarum auditorem, vigore certae commissionis sibi factae, brachium seculare contra eiusdem M. Joannem Hus decretum et concessum*: Doc., 203. – Zitiert nach Hlaváček, Čtrnáct svatých pomocníků, S. 100, Anm. 231. – Zu Konrad Konhofer ebd., S. 81–83 u.ö.; Hlaváček, Scholares, S. 106–113.

[891] Theodericus de Nyem, Avisamenta pulcherrima de unione et reformacione membrorum et capitis fienda, in: Miethke/Weinrich (Hgg.), Quellen zur Kirchenreform I, S. 246–293, hier S. 290 f. – Kejř, Die Causa Johannes Hus, S. 135.

[892] Kejř, Die Causa Johannes Hus, S. 136, 143.

gleichfalls nach Konstanz gereisten böhmischen Gegner Michael de Causis, Stephan von Páleč und der Ablassverkäufer (*venditor indulgenciarum*) Wenzel Tiem von Nikolsburg gegen ihn agierten. Nach dem Bericht des Peter von Mladoniowitz empfing Papst Johannes XXIII. am Tag nach Hussens Ankunft die Herren Johann und Heinrich von Chlum, die ihm die Ankunft des unter königlichem Geleit stehenden Magisters Hus meldeten, betont freundlich; er werde Hus in keiner Weise behindern oder zulassen, dass dieser behindert werde.[893] Das Verhalten des Papstes könnte darauf hindeuten, dass er die Angelegenheit möglichst rasch und geräuschlos zu klären suchte.[894] Hus selbst teilte seine ersten Eindrücke und Erlebnisse den Prager Freunden in mehreren, zwischen dem 4. und 16. November 1414 abgesandten Briefen spontan mit.[895] Diese bilden den ersten Block der vielzitierten, in der evangelischen Tradition früh als Zeugnisse eines christlichen Martyriums geltenden *Konstanzer Gefangenschaftsbriefe.* Am 4. November fasste er das Ergebnis des Gesprächs seiner Begleiter beim Papst in knappen Worten zusammen: Der Papst wolle nichts mit Gewalt tun.[896] Am 6. November berichtete er von einem Gespräch Johanns von Chlum mit zwei namentlich nicht genannten Bischöfen und einem gleichfalls namentlich nicht genannten Doktor mit dem Ziel einer Vereinbarung in aller Stille; er habe daraus zur Kenntnis genommen, dass eine öffentliche Antwort und Predigt von ihm gefürchtet würden, er aber die Ankunft König Sigismunds abwarten wolle.[897]

Johannes von Reinstein gen. Cardinalis berichtete am 10. November in einen Brief an die Prager Freunde von einem weiteren Entgegenkommen des Papstes; dieser habe die gegen Hus verhängten kanonischen Strafen – Interdikt und Exkommunikation – suspendiert, ihm aber zur Vermeidung öffentlichen Ärgernisses nahegelegt, nicht an den feierlichen Konzilsgottesdiensten teilzunehmen. Johannes Cardinalis schloss den Brief mit den Worten:

> *Die Gans ist noch nicht gebraten und sie fürchtet auch nicht, gebraten zu werden, da im gegenwärtigen Jahr die feierliche Vigil vom Martinsfest auf einen Samstag fällt, an dem Gänse nicht gegessen werden.*[898]

[893] Rel., S. 32 f.; Ber., 62.

[894] So Brandmüller, Das Konzil von Konstanz I, S. 328, und Krzenck, Johannes Hus, S. 152.

[895] Rel., 32–37; Ber., S. 64–72; Kor., Nr. 95–97, S. 214–220, Nr. 100, S. 223–225.

[896] [...] *quod nihil vult facere per violenciam*: Kor., S. 218. – Pavlíček, The Chronology, S. 63.

[897] Kor., Nr. 97, S. 220. – Brandmüller, Das Konzil von Konstanz I, S. 328.

[898] Kor. Nr. 98, S. 221 f. (Zitat S. 222). – Brandmüller, Das Konzil von Konstanz I, S. 328.

Stephan von Páleč und Michael de Causis arbeiteten unterdessen auf Hussens Verhaftung hin.[899] In der Stadt wurden in der Stadt gezielte Gerüchte über Hus verbreitet: nach Ulrich von Richental von einer Flucht Hussens, offenbar um ihn zu diskreditieren, möglicherweise auch um vom Geleitbruch Sigismunds abzulenken (so Ansgar Frenken).[900] Peter von Mladoniowitz berichtet von einer angeblichen Entführung Hussens auf einem mit Heu beladenen Wagen, bezeichnete dies jedoch später selbst ausdrücklich als falsches Gerücht.[901] Zwölf Tage nach der ersten feierlichen Sitzung des Konzils am 28. November wurde Hus von drei Gesandten König Sigismunds – den Bischöfen von Trient und Augsburg und dem Juristen Ottobono Belloni de Valencia – wahrscheinlich mit Zustimmung von Sigismund sowie von Bürgermeister und Rat der Stadt dem Papst und den Kardinälen vorgeführt und unter Bewachung von bewaffneten Männern in der päpstlichen Unterkunft interniert.[902] Einige Zeit später suchte ihn der spanische Theologe Andreas Didacus (Diego) de Moxena OFM dort auf; zunächst gab sich dieser als einfältiger Bruder seines Ordens aus, nach dem Bericht des Peter von Mladoniowitz um von Hus zu erfragen, ob dieser, wie von ihm behauptet werde, an der Remanenz festhalte; auf die mehrfach wiederholte Frage habe Hus dies – so Peter – ebenso oft verneint.[903] Auf Veranlassung der Kardinäle wurde er noch am Abend im Haus des Domkantors inhaftiert.[904] Die über ihn verhängte Haft wurde mehrfach verschärft. Am Nikolaustag (6. Dezember) 1414 wurde er vom Haus des Domkantors in das Dominikanerkloster auf der Bodenseeinsel vor den Toren der Stadt verbracht, wo er bis zum Palmsonntag (24. März) des Jahres 1415 verblieb.[905] Da er mit den von Sigismund abgeordneten Wärtern ein freundschaftliches Verhältnis fand, konnte er zunächst über längere Zeit mit seinen Freunden in Prag und in der Konzilsstadt brieflichen Kontakt pflegen.[906]

Hussens Verhaftung ließ das von Jan von Jessenitz entworfene Verteidigungskonzept scheitern: Der freiwillig vor dem Konzil Erschienene, der sich in Freiheit rechtfertigen und das Prager Reformprogramm in öffentlicher Audienz verteidigen wollte, stand nun als Gefangener vor Gericht. Die Verhaftung trug Sigismund unter den Anhängern der Reformbewegung in Böhmen den seither unablässig wiederholten Vorwurf des Geleitbruchs ein.[907]

899 Brandmüller, Das Konzil von Konstanz I, S. 330; Studt, Papst Martin V., S. 41.

900 Ulrich von Richental, Chronik, hg. v. Th. M. Buck, S. 43 f. – Frenken, Zeremoniell, S. 59.

901 Rel., S. 37; Ber., S. 75. – Krzenck, Johannes Hus, S. 154.

902 ACC II, S. 189. – Brandmüller, Das Konzil von Konstanz I, S. 330; Const., Einleitung, S. X.

903 Rel., S.39; Ber., S. 78 f. – De Vooght, L'hérésie de Jean Huss, S. 357.

904 Rel., S.40; Ber., S. 82 f.

905 Krzenck, Johannes Hus, S. 155.

906 Dazu die von Václav Novotný 1920 publizierte Briefsammlung (= Kor.).

907 Machilek, Ludolf von Sagan, S.168 f.

Aussagen über das das von der Forschung mehrfach untersuchte Problem des Geleits für Hus lassen sich nur in enger Zusammenschau mit der Politik Sigismunds vor und auf dem Konzil treffen; Wie sich aus Andeutungen in den Quellen entnehmen lässt, hat Sigismund im Frühjahr und Sommer 1414 als Bedingung für Hussens Erscheinen in Konstanz mündliche Zusagen gegeben, die über den Inhalt des Geleitbriefs hinausgingen. Offenbar sahen sich weder Sigismund noch die Konzilsversammlung für den Fall, dass Hus der Ketzerei nicht absagen sollte, an die Einhaltung des Geleits gebunden.[908] Der bei Hus trotz düsterer Vorahnungen immer wieder durchbrechende Optimismus für einen ihm günstigen Ausgang des Konstanzer Verfahrens war begründet in seinem Vertrauen auf Sigismunds Zusagen, in der Hoffnung auf die Durchsetzung der Vorstellungen der Reformbewegung und nicht zuletzt in seinem reformatorischen Selbstbewusstsein. Versuche von Seiten des Konzils, seine Angelegenheit in kleinem Kreis zu bereinigen, scheiterten an Hussens Forderung nach Gehör vor dem Konzilsplenum.[909]

Die Haftbedingungen setzten Hus mehr und mehr zu. Während der Haft im Predigerkloster war er in einem finsteren, neben einer Kloake liegenden Kerker untergebracht, wo er bald erkrankte. Im Bericht des Peter von Mladoniowitz heißt es:

> *Als er einige Wochen in diesem Kerker gelegen hatte, befielen ihn ein schweres Fieber und drängende Leibschmerzen, so dass schon die Hoffnung um sein Leben aufgegeben wurde; Papst Johannes XXIII. schickte ihm seine Ärzte, die ihn im Kerker klistierten.*[910]

Um Neujahr 1415 schrieb Hus an Johann von Chlum, er sei nach dem Klistier zwar noch schwach, aber auf dem Weg der Besserung.[911] In seiner Krankheit überfielen ihn Traumgesichte. Anfang März 1415 träumte er, dass die Prälaten die von ihm veranlassten Aufschriften und Bilder Christi in der Bethlehemkapelle vernichteten, dass diese aber am Tag darauf von vielen Malern durch zahlreichere und herrlichere ersetzt wurden.[912]

Auf Drängen der Ankläger – vor allem des Michael de Causis – wurde nun auch die Konzilsversammlung selbst in der Hussache aktiv.[913] Wohl im November 1414 verfasste Michael de Causis, der *instigator officii contra Iohannem Hus et suos complices* eine Anklageschrift für Papst Johannes XXIII., nach

[908] Kejř, Die Causa Johannes Hus, S. 140.

[909] Machilek, Die hussitische Forderung.

[910] Rel., S. 40 f.; Ber., S. 83 f. – Krzenck, Johannes Hus, S. 155.

[911] Kor., Nr. 103, S. 235. – Krzenck, Johannes Hus, S. 155.

[912] Kor., Nr. 114–116, S. 248–252. – Šmahel, Die Hussitische Revolution I, S. 488.

[913] Zitiert nach Girgensohn, Peter von Pulkau, S. 125.

welcher in Prag den Laien der Kelch gereicht wurde.[914] In der Generalkongregation vom 1. Dezember 1414 berief das Konzil eine zwölfköpfige Kommission zur Prüfung der Schriften des Prager Magisters, der unter anderen die Kardinäle Pierre d'Ailly, Guillaume Fillastre, Tommaso Brancaccio und Francesco Zabarella sowie die Generäle des Franziskaner- und Dominikanerordens (Antonius de Pereto bzw. Leonardo di Stagio Dati) angehörten.[915] Am 4. Dezember bestellten die Konzilsvorsitzenden den Titularpatriarchen von Konstantinopel Johannes von Roquetaillade (de Rupescissa) (1412–1424), Bischof Johannes Borsnitz von Lebus (1397–1420) und Bischof Bernardo von Città di Castello (Castellamare) als Richter einer Unterkommission (*iudices seu commissarios*), die den Auftrag erhielten, Hus im Kerker zu verhören. Die 15 vorgesehenen Zeugen wurden zwei Tage später zur Eidesleistung dorthin geladen, *damit er* [Hus] *sie schwören sah.*[916] Peter von Mladoniowitz nennt als Zeugen vor allem die ehemaligen Prager Magister Johannes Otto von Münsterberg und Peter Storch, die nun in Leipzig wirkten, Stephan von Páleč, den früheren Prager Offizial Nikolaus Zeiselmeister, das Mitglied des Karlskollegs Johannes von Beraun (Beroun), den Dominikaner Peter von Mährisch Neustadt (Uničov), den Kanonisten Adam von Bychor sowie einen Laien, der zuvor offen seine Unwissenheit bekannt hatte.[917] Es handelte sich fast durchwegs um alte Widersacher Hussens (*inimici capitales*), von denen keine für Hus günstige Aussage zu erwarten war.[918]

Da Hussens Gegner das Verfahren vor dem Konzil von Anfang an als Fortsetzung des Prozesses bei der Kurie verstanden, war Hus nicht erneut vorgeladen worden; in Unkenntnis dieser Tatsache beschwerte er sich einige Wochen später bei Johann von Chlum, dass ihn das Konzil weder vorgeladen noch angeklagt sowie ihn inhaftiert und einen Prokurator gegen ihn aufgestellt habe.[919] Indem er im Kerker auf die Fragen der Mitglieder der Dreierkommission antwortete, unterwarf er sich einer Untersuchungsweise, die für das Verhör von Ketzern galt.[920] Während die Zeugenbefragung an sich

914 Girgensohn, Peter von Pulkau, S. 125 (mit Belegen). – Brandmüller, Das Konzil von Konstanz I, S. 365.

915 ACC II, S. 189. – Brandmüller, Das Konzil von Konstanz I, S. 331; Fudge, Jan Hus. Religious Reform, S. 128; Krzenck, Johannes Hus, S. 155; Šmahel, Jan Hus. Život a dílo, S. 186; Provvidente, Hus's Trial, S. 268 f.

916 [...] *ad videndum iurare ipsos testes*: Rel., S. 41; Ber., S. 84. – Girgensohn, Peter von Pulkau, S. 125; Brandmüller, Das Konzil von Konstanz I, S. 331; Kejř, Die Causa Johannes Hus, S. 143 f.; Fudge, Jan Hus. Religious Reform, S. 128; Šmahel, Jan Hus. Život a dílo, S. 186; Provvidente, Hus's Trial, S. 269.

917 Rel., S. 41; Ber., S. 84 f. – Sedlák, M. Jan Hus, S. 322.

918 Rel., S. 41; Ber., S. 84 f.

919 In einem nach dem 19. Januar 1415 geschriebenen Brief: Kor., Nr. 111, S. 245–247. – Kejř, Die Causa Johannes Hus, S. 144.

920 Kejř, Die Causa Johannes Hus, S. 145.

mit der bei Ketzerverfahren eingeführten Verfahrensweise in Einklang stand, traf dies für die Auswahl der Zeugen in keiner Weise zu.[921]

Am 6. Dezember 1414, am Tag an dem Hus in den Kerker des Dominikanerklosters verbracht wurde, wurde er von den drei Richtern der gegen ihn eingesetzten Unterkommission zu seiner Stellung zu den 45 Wyclifartikeln verhört.[922] Auf die daraufhin von ihm verlangte schriftliche Stellungnahme zu jenen verfasste er um den 10. Dezember die zu den meistzitierten Äußerungen Hussens zählenden *Antworten auf die Wyclifartikel* (*Responsiones ad articulos Wyclef*), die ihn gegenüber Wyclif als durchaus rechtgläubig und darüber hinaus als Gegner Wyclifs erscheinen ließen.[923] Er lehnte nicht weniger als 30 von diesen Artikeln kategorisch ab (*nec teneo, nec tenui*), zu weiteren vier äußerte er Zweifel über ihre Authentizität: er wisse nicht, ob sie bei Wyclif belegt werden könnten, weitere acht versah er mit klärenden Worten, dreimal gab er zu, über den Sinn unschlüssig zu sein.[924] Mit der Liste hatte die Untersuchungskommission Hus einen Text vorgelegt, dessen Inhalt kirchlicherseits bereits verworfen worden war. Nach der Feststellung von Amedeo Molnár hat Hus in den *Responsiones* keinen einzigen von den Artikeln widerrufen, die er zuvor 1412 in Prag verteidigt hatte.[925] 1911 hat der katholische Husforscher Jan Sedlák (1871–1924) die Überzeugung geäußert, dass aus Hussens *Antworten* eine aufrichtige, in unbeschwertem Gewissen begründete Haltung erkennbar sei. Schon kurz nach Abgabe der schriftlichen *Responsiones* wurde Hus durch Michael de Causis, Stephan von Páleč und die drei Bischöfe erneut zu seiner Stellung zu den Wyclifartikeln befragt. Trotz der Übereinstimmung mit den schriftlichen Antworten drängten seine Gegner beharrlich auf Weiterführung und Beschleunigung des Prozesses. Am 9. Januar 1415 kam es im Dominikanerkloster zu einer weiteren Befragung Hussens über 42, der Dreierkommission von Stephan von Páleč vorgelegten, vor allem aus Hussens Traktat über die Kirche ausgezogenen Artikeln. Hus fasste diese Klageartikel und seine Antworten bald darauf in der unter dem

[921] Ebd.

[922] Spinka, John Hus, S. 236; Brandmüller, Das Konzil von Konstanz I, S. 331.

[923] Editionen: Molnár, Die Antworten, S. 404–415; jetzt: Const., S. 245–253. – B/S; Nr. 75, S. 124.

[924] Molnár, Die Antworten; De Vooght, L'hérésie de Jean Huss, S. 359–365; Brandmüller, Das Konzil von Konstanz I, S. 331 f.

[925] Molnár, Die Antworten, S. 280.

Titel *Responsiones ad articulos Palecz* bekannten Schrift zusammen.[926] Die Husgegner sahen sich durch Hussens Antworten in ihrer Auffassung bestätigt.[927]

Neben den *Responsiones* verfasste Hus nach den Worten von Peter von Mladoniowitz in jener Zeit

> *auf Drängen zuverlässiger Gefängniswärter eine Reihe sehr schöner kleinerer Traktate, ohne ein Buch zu Hilfe zu haben, so die kleine Abhandlung Über das Vaterunser, die Auslegung über die Zehn Gebote des Herrn, Über den Leib Christi, Über die Ehe, Über die Buße, Über die drei Feinde des Menschen, Über die Sünde und ihr Weiterwirken, Über die Liebe und die Erkenntnis Gottes und noch über andere Themen.*[928]

Von den bekannten, zumeist in zahlreichen Handschriften überlieferten und pastoral ausgerichteten sogenannten *Konstanzer Traktaten*[929] liegen seit kurzem moderne historisch-kritische Editionen vor:

De mandatis Dei et de oracione dominica[930],
De cognicione et dileccione Dei[931],
De tribus hostibus hominis et septem peccatis mortalibus[932],
De penitencia (*pro Jacobo*)[933],
De matrimonio (*ad Robertum*)[934].

Nach Eintreffen des als *doctor christianissimus* gerühmten Jean Charlier Gerson (1363–1419), des Kanzlers der Pariser Sorbonne, Ende Januar 1415 sowie des päpstlichen Inquisitors und Weihbischofs Nikolaus von Nazaret in Konstanz Mitte Februar 1415 verschärfte sich der Kampf gegen Hus und die Anhänger des Wyclifismus.[935] In Paris war die begeisterte Aufnahme des Wyclifismus in Prag seit den provokanten Äußerungen des Hieronymus von Prag während seines Studiums an der Sorbonne in den Jahren 1405/06 und der Gesandtschaft des Jacques de Nouvion an der Moldau im Jahr 1407

926 Die Artikel von Páleč und die Antworten von Hus in. Doc., S. 204–224; Sedlák, M. Jan Hus, S. 311*–338*; jetzt: Const., S. 255–290; Johannes Hus deutsch, Nr. 34, S. 637–666. – B/S Nr. 76, S. 124 f. – Dazu: Rel., S. 42 f.; Ber., S. 87 f. – Sedlák, M. Jan Hus, S. 324; De Vooght, L'hérésie des Jean Huss I, S. 368–391 (mit französischen Übersetzungen der Artikel Pálečs); Brandmüller, Das Konzil von Konstanz I, S. 332 f.; Kejř, M. Štěpán z Pálče a Husův proces; Soukup, Jan Hus, S. 195.

927 De Vooght, L'hérésie des Jean Huss I, S. 391 f.

928 Rel., S. 43; Ber., S. 88.

929 B/S, Nr. 77, S. 125–127. – Fudge, Jan Hus. Religious Reform, S. 80.

930 Const., S. 117–140.

931 Const., S. 141–149.

932 Const., S. 151–157.

933 Const., S. 159–167; für einen der Wärter.

934 Const., S. 169–181; gleichfalls für einen seiner Wärter.

935 Provvidente, Hus's Trial, S. 271 f.

bekannt.[936] Ende Mai 1414 hatte Gerson Erzbischof Konrad von Vechta aufgefordert, mit Festigkeit gegen das rasante Fortschreiten der wyclifitischen Ketzerei vorzugehen, gegebenenfalls mit Hilfe der weltlichen Macht.[937] Erzbischof Konrad hatte Gerson daraufhin mehrere Husschriften – darunter Hussens *De ecclesia* – geschickt. Nach Überprüfung hatte Gerson daraus eine Liste von 20 Artikeln erstellt, die er – versehen mit kurzen Bemerkungen – Ende September an Konrad von Vechta übersandt hatte und die nun auch dem Konstanzer Konzil vorlagen. An erster und zweiter Stelle der Liste Gersons standen die dem 15. Artikel der 45 Artikel Wyclifs entsprechenden Punkte: Ein Verworfener (*prescitus*) oder ein im Stand der Todsünde Lebender könne kein wirklicher Papst, Prälat oder Herr sein. Diese These hielt Gerson für so gefährlich, dass sie eher durch Feuer oder Schwert als auf dem Diskussionsweg ausgerottet werden solle.[938]

In einem zwischen 6. und 18. März 1415 geschriebenen, teilweise in Verse gefassten und von bitterer Ironie bestimmten Brief an seine Freunde in Konstanz hoffte Hus, dass ihm Gott Zeit zum Schreiben gegen die Lügen des Pariser Kanzlers gebe:

Poterit qui aucam Dominus pie carcere tetro
eripere clausam, que se fedaverat retro,
quam purgat carcer, domat et instruit flere,
in lacrimas risus vertens, ut nunc sciat vere
obprobia Christi, blasphemias, lumine recto
cernere iniurias, et capite Sathane secto
vincere morte velut dedit optima vita.

Gott möge sie in Gnade bewahren und mit ihm in Konstanz Standhaftigkeit (*constantiam in Constancia*) verleihen:

Passo Christo patimur, sed est hec passio nostra
nulla vel modica, que tolleret crimina nostra.
Adiuvet nos Christus, ne gluciat nunc Antichristus.
Nocturnus gradus, letanie, singule hore
carceri sunt breves, vigilie dicere leves.[939]

936 Zum Aufenthalt des Hieronymus in Paris: Hieronymus von Prag, Quaestiones (2010), ed. Šmahel/Silagi, S. XV–XX.

937 Doc., S. 523–526. – Kejř, Die Causa Johannes Hus, S. 126.

938 Gersons Artikel: Doc., S. 185–188. – De Vooght, L'hérésie des Jean Huss I, S. 322–332 (mit französischen Übersetzungen der Artikel); Hlaváček, Konrad von Vechta, S. 22; Kejř, Die Causa Johannes Hus, S. 126 f., 149; Marin, Orgueil et préjuge? S. 381–389; Šmahel, Jan Hus. Život a dílo, S. 159 f., 192–194.

939 Kor., Nr. 118, S. 254–256 (Zitate S. 255). – Šmahel, Jan Hus. Život a dílo, S. 193 f.

Die Flucht von Papst Johannes XXIII. aus Konstanz in der Nacht vom 20. auf den 21. März 1415 leitete eine weitere Verschärfung des Vorgehens gegen Hus ein.[940] Die Obhut über ihn wurde von den Kardinälen nun dem Konstanzer Bischof übertragen, der Hus in die bischöfliche Burg Gottlieben verbringen ließ; hier war er weitgehend isoliert und wurde krank.[941] Am 6. April 1415, am gleichen Tag, an dem die Konzilsversammlung mit dem Dekret *Haec sancta* die Grundlage für das Vorgehen gegen die drei sich befehdenden Päpste schuf, wurde die Hussache der bereits eingangs erwähnten Kommission mit den Kardinälen Pierre d'Ailly und Guillaume Fillastre, Bischof Etienne von Dol und Jean de Martigny, Abt des Klosters Cîteaux, übertragen,[942] die schon kurz darauf durch eine Kommission aus Vertretern der vier Konzilsnationen ersetzt wurde. In der Folgezeit wurde die *causa Hus* vor allem durch Kardinal Pierre d'Ailly als Vorsitzendem der Kommission, Jean Gerson und Kardinal Francesco Zabarella vertreten. Eine wichtige Vorentscheidung in der *causa Hus* fiel am 4. Mai 1415 mit der Erneuerung der Verdammung Wyclifs.[943]

Die Remanenzfrage spielten auch in Konstanz eine wichtige Rolle im Verfahren gegen Hus. Stellvertretend für Andreas von Brod, der nicht zum Konstanzer Konzil reiste, bezichtigte dessen Freund Magister Nikolaus von Podivín Hus vor der Konzilsversammlung als Anhänger der Remanenz. Hus sei einmal in das Zimmer des Andreas von Brod gekommen und habe zu ihm gesagt: [...] *die Landpriester schmähen mich, weil ich predige, dass in der konsekrierten Hostie Brot verbleibt. Ich möchte gerne wissen, was dort gebrochen wird, wenn dort kein Brot verbleibt.* Andreas habe seinen anwesenden Gefährten einen Blick zugeworfen und damit ein Zeichen gegeben, sich diesen Ausspruch zu merken. Hus habe dies beobachtet, sei aber gleich weggegangen. Nach dem Weggang habe Nikolaus von Podivín den Zeugen gefragt, warum er ihm nichts gesagt habe. Dieser habe geantwortet: *Ich wollte von ihm mehr Reden dieser Art hören.*[944] Wie schon bisher wies Hus in Konstanz diese und weitere Anklagen der Prager Zeugen wegen des ihm angelasteten Remanentismus zurück. Auf die Beschuldigung, er habe die Remanenz schon 1399 auf der Kanzel verkündet, gab er zu bedenken, dass er zu diesem Zeitpunkt noch gar nicht die Priesterweihe empfangen hatte.[945]

940 Šmahel, Jan Hus. Život a dílo, S. 194 f.; Provvidente, Hus's Trial, S. 273. – Zur Flucht des Papstes: Brandmüller, Das Konzil von Konstanz I, S. 224–233; Frenken, Das Konstanzer Konzil, S. 81 f.

941 Pavlíček, The Chronology, S. 64.

942 Wie Anm. 30.

943 Fudge, Jan Hus. Religious Reform, S. 118.

944 Kadlec, Studien und Texte, S. 28 f.; Werner, Jan Hus, S. 100; Hledíková, Hussens Gegner und Feinde, S. 96.

945 Kolesnyk, Hussens Eucharistiebegriff, S. 194; Leff, Wyclif and Huss, S. 119.

Mehrere eindringliche Interventionen des böhmischen, mährischen und polnischen Adels für Hus blieben ohne Wirkung auf Sigismund und die Konzilsversammlung.[946] Hus blieb auch nach dem von Peter von Mladoniowitz in einer Versammlung der Konzilsnationen vorgetragenen Protest des Adels gegen Hussens Gefangenschaft und der dadurch ausgelösten Diskussion, an der auch Bischof Johannes von Leitomischl beteiligt war, in Haft. Eine an König Sigismund gerichtete Interpellation des Adels vom 31. Mai 1415 forderte, da Hus weder überführt, noch verurteilt sei (*non convictus, non condemnatus*), seine Freilassung.[947] Die Feststellung, dass Hus der ihm angelasteten Häresie nicht überführt sei, wurde in der Folgezeit zu einem Angelpunkt des Widerstands der Anhänger der böhmischen Reformpartei gegen die Konzilsautorität; sie begegnet fortan in gleicher oder ähnlicher Form immer wieder.

Vor allem auf Grund der im Einzelnen nicht durchschaubaren Aktivitäten König Sigismunds wurden Hus drei öffentliche Anhörungen vor dem Konzilsplenum zugestanden, eine für ein Ketzerverfahren immerhin ungewöhnliche Konzession. Nach dem Bericht des Peter von Mladoniowitz handelte es sich um

> *sogenannte Audienzen, in Wirklichkeit aber nicht Audienzen, sondern Verhöhnungen und Gotteslästerungen* (*audiencie dicte, sed veraciter non audiencie, sed derisiones et blasfemie*).[948]

Die Verhöre fanden am 5., 7. und 8. Juni statt, wobei Hus in begrenztem Umfang die Möglichkeit erhielt, auf Anschuldigungen zu antworten. An den beiden letzten Anhörungen nahm auch König Sigismund teil. Entgegen der Vorstellung der Konzilsväter, Hus bereits beim ersten Termin zu verurteilen, setzte Sigismund die Fortsetzung des Prozesses durch, vor allem wohl in Erwartung des Abschwörens der Ketzerei durch Hus, aber auch um wegen seines Geleitsversprechens das Gesicht zu wahren.[949]

Mehrere in dieser Zeit von Hus an seine Freunde in Konstanz gerichteten Briefe erlauben Einblicke in seinen damaligen körperlichen und seelischen Zustand: Noch voll Zuversicht schrieb Hus am Tag der ersten Anhörung (dem 5. Juni), nachdem er vom Dominikanerkloster in das Franziskanerkloster verbracht worden war:

> *Der allmächtige Gott hat mir heute ein mutiges und starkes Herz gegeben. Zwei Artikel sind schon erledigt. Ich hoffe, dass mit der Gnade Gottes noch mehr erledigt werden. Fast alle schrien gegen mich wie die Juden gegen Jesus.*

946 Spinka, John Hus, S. 251–255; Šmahel, Die Hussitische Revolution II, S. 925–936.

947 Rel., S. 54–57; Ber., S. 110–119.

948 Rel., S. 72; Ber., S. 153.

949 Rel., S. 72–110; Ber., S. 153–240. – Spinka, John Hus, S. 258–264; Soukup, Jan Hus, S. 193.

> *Noch sind sie nicht zum Wichtigsten gelangt, nämlich dass ich bekennen soll, alle Artikel seien* [so wie von ihnen behauptet] *in meinen Abhandlungen geschrieben.*[950]

Unter dem auf dem Konzil anwesenden Klerus habe er – soviel er wisse – nur einen (Konzils-)Vater (*Pater*) und einen polnischen Doktor zum Freund.[951] Beide nennt Hus nicht namentlich; der ihm wohlgesonnene *Pater* legte ihm später ohne Erfolg nahe, den Klageartikeln abzuschwören.[952] Aus den Quellen geht nicht hervor, wer jener *Pater* war; die Vermutungen reichen von Jean de Brogny, Kardinalbischof von Ostia, über Johannes Cardinalis von Reinstein, den Konzilsgesandten der Prager Universität, bis zu Kardinal Francesco Zabarella.[953]

In dem am 7. Juni 1415 geführten, auf der Grundlage der Aussagen der insgesamt rund zwanzig Belastungszeugen geführten Verhör durch die Konzilsversammlung bildete das von jenen behauptete Festhalten an der Remanenzlehre Wyclifs den Hauptanklagepunkt.[954] Die Sitzung begann eine Stunde nach einer nahezu totalen, von vielen als Vorzeichen gedeuteten Sonnenfinsternis, im Refektorium des Konstanzer Franziskanerklosters. Als Hus dem Remanenzvorwurf widersprach und aussagte, niemals von materiellem Brot gesprochen zu haben (*de pane materiali* [...] *se numquam dixisse*), nahm das Verhör eine dramatische Wendung: Kardinal Pierre d'Ailly zog einen Zettel hervor, überflog dessen Inhalt und fragte dann den Angeklagten, ob er die Universalien *a parte rei* halte. Hus antwortete mit Anselm und anderen Autoritäten zustimmend. Offensichtlich hatte der Kardinal darauf gewartet und schloss die Frage an, ob es möglich sei, einerseits die substantielle selbständige Existenz der Allgemeinbegriffe anzuerkennen und andererseits die Remanenzlehre in Abrede zu stellen. Hus versuchte ohne Aussicht auf Erfolg klarzustellen, dass er dies für möglich halte.[955] In einem anonymen Reformtraktat von 1415 heißt es überspitzt zur Rolle von Pierre d'Ailly: *Wenn es nicht den Herrn von Cambrai gäbe, wäre keiner, der zum Schutz des Glaubens gegen Hus zur Stelle wäre.*[956]

Hussens Aussage, dass er sich freiwillig nach Konstanz begeben habe, wurde im Verlauf des Verfahrens mehrfach aufgegriffen. Als Pierre d'Ailly Hus während des Verhörs am 7. Juni 1415 nach dem Ausspruch fragte, wonach er freiwillig nach Konstanz gekommen sei, und wenn er nicht hätte

950 Kor., Nr. 124, S. 260–262; Johannes Hus deutsch, Nr. 33/V, S. 617 f.

951 *Non consideravi, quod haberem in tota multitudine cleri amicum preter Patrem et unum doctorem Polonum, quem nosco*: Kor., S. 261.

952 Wie Anm. 979 f. und 990..

953 Kejř, Die Causa Johannes Hus, S. 182, Anm. 262.

954 Brandmüller, Das Konzil von Konstanz I, S. 341.

955 Rel., S. 74–76; Ber., S. 160–165. – Dazu u.a.: Šmahel, Hus und Wyclif: Opinio media, S. 123; Fudge, The Magnificiant Ride, S. 85; Hilsch, Johannes Hus, S. 265.

956 Miethke/Weinrich (Hgg.), Quellen zur Kirchenreform I, S. 312–335, hier S. 328 f.

kommen wollen, ihn weder der König von Böhmen, noch der anwesende römische König dazu hätten zwingen können, bestätigte Hus diese Äußerung, und erklärte, es gäbe viele mächtige Herren in Böhmen, auf deren Burgen er sich hätte verbergen können.[957] Sigismund stellte zu Ende des Verhörs fest, dass er Hus wegen seiner Bereitschaft, freiwillig vor das Konzil zu kommen, Geleit gewährt habe entgegen der Auffassung, einem Häretiker oder der Häresie Verdächtigen stehe ein solches nicht zu; Sigismund bedankte sich bei der Versammlung für das Hus gewährte Gehör und gab dann, wie zuvor schon Pierre d'Ailly, Hus den Rat, sich dem Konzil zu unterwerfen und sich von diesem belehren zu lassen. Hus bedankte sich seinerseits für den Geleitbrief und versprach unter nochmaligem Hinweis auf die Freiwilligkeit seines Erscheinens vor dem Konzil, sich in Irrungen bessern zu wollen, falls er belehrt werde.[958] Im Hinblick auf das Gewicht der von Seiten der Richter vorgetragenen Anklagen und der Zeugenaussagen auf der einen und Hussens Unbeugsamkeit auf der anderen Seite erklärte Sigismund daraufhin, er werde einen Häretiker nicht verteidigen und – solle Hus hartnäckig in der Häresie verharren – selbst das Feuer unter ihm zu entzünden.[959]

In den Verhören des 7. und 8. Juni berief sich Hus in den Antworten zu seinen Entscheidungen mehrfach auf sein Gewissen und auf Gott als Zeugen.[960] Die Bedeutung einer solchen Entscheidung war seinerzeit auf Hussens Quodlibet 1411 von Jan von Říště wissenschaftlich behandelt worden.[961]

Im dritten Verhör am 8. Juni wurden unter dem Vorsitz König Sigismunds im Refektorium des Franziskanerklosters die Hus angelasteten Artikel verlesen, zunächst 26 aus Hussens eigenem Kirchentraktat, sodann sieben aus Hussens Traktat *Contra Stephanum Palecz* und schließlich sechs aus Hussens Traktat *Contra Stanislaum de Znoyma*.[962] Auch nach mehrfacher Reduzierung der Anklageartikel wurde der Vorwurf des Remanentismus durch das Konzil beibehalten; noch gegen Schluss des dritten Verhörs erklärte Hus, dass vor allem der Artikel, wonach im Altarsakrament nach der Konsekration materielles Brot verbleibe, in seinem Herzen niemals Aufnahme gefunden habe.[963] Die Anschuldigung, Hus halte an der Remanenz

957 Rel., S. 81; Ber., S. 174.

958 Rel., S. 81 f.; Ber., S. 175 f.

959 Rel., S. 81; Ber., S. 176. – Spinka, John Hus, S. 264; Hilsch, Johannes Hus, S. 267; Soukup, Jan Hus, S. 193.

960 Rel., S. 75 f., 103; Ber., S. 161, 164 f., 228 f.

961 Hus, Quodlibet, ed. Ryba, S. 62–65.

962 Rel., 83–94, 95–99, 100–102; Ber., S. 182–207, 208–219, 220–226; Johannes Hus deutsch, S. 667–674 (verkürzt). – Spinka, John Hus, S. 265–271; Hilsch, Johannes Hus, S, 267–269; Krzenck, Johannes Hus, S. 175 f.; Šmahel, Jan Hus. Život a dílo, S. 210–212; Pavlíček, The Chronology, S. 66.

963 *Sed rogo propter Deum, quod michi laqueum dampnacionis non velitis imponere, ut non cogar mentiri et abiurare illos articulos, de quibus teste Deo et consciencia michi nichil constat, et testes contra me deponunt, que nec in cor meum umquam ascenderunt, et presertim de isto,*

fest, trug schließlich maßgeblich zu seiner Verurteilung bei. Nach Walter Brandmüller ist es den Husgegnern auf dem Konstanzer Konzil in dieser Frage nicht gelungen, „den komplizierten Sachverhalt präzise zu erfassen und darzustellen: Hus war in diesem Punkt nicht korrekt katholisch, aber auch gewiß kein Wyclifit."[964]

Neben der Abweichung vom Glauben spielte die Frage nach der Bewertung von Hussens Predigt vor dem einfachen Volk am 8. Juni 1415 eine wichtige Rolle für die Konzilsversammlung. Im Anschluss an die Zurückweisung des aus Hussens Traktat *De ecclesia* entnommenen Art. 17, wonach die Kardinäle, um Anspruch auf ihr Amt erheben zu können, in der Nachfolge der Apostel leben müssten, wandte sich Kardinal Pierre d'Ailly als Vorsitzender des Konzils (*supremus de concilio*) nach Peter von Mladoniowitz mit folgenden Worten an Hus:

> *Ihr habt in Euren Predigten und Schriften nicht Maß gehalten. Ihr müsstet doch Eure Predigten dem Bedürfnis Eurer Zuhörer anpassen. Wozu war es also notwendig und nützlich, vor dem Volk gegen die Kardinäle zu predigen, obwohl doch keiner von ihnen dort zugegen war und dies eher vor ihnen selbst gesagt und gepredigt werden müsste, wegen des Ärgernisses nicht vor Laien.*

Hus habe geantwortet:

> *Hochwürdiger Vater! Da bei meinen Predigten Priester und andere gelehrte Männer zugegen waren, habe ich solche Probleme* (talia) *angesprochen, damit die Anwesenden und künftige Priester sich in acht zu nehmen wüssten.*

Der Kardinal habe darauf entgegnet:

> *Ihr handelt schlecht, da Ihr durch solche Predigten die Verfassung der Kirche zerstören wollt* (*Vos male facitis, quod per tales predicationes statum ecclesie wltis deicere*).[965]

Im letzten Satz hat Pierre d'Ailly den eigentlichen Kern der Ablehnung der Lehre Hussens durch das Konzil – das Untergraben der Autorität der institutionellen Kirche – in aller Deutlichkeit artikuliert. Stephan von Páleč hatte schon 1413 in seinen Ausführungen über den Gehorsam und die Predigtfreiheit in seinem gegen Hus gerichteten *Tractatus de ecclesia* Hus vorgeworfen,

quod post consecracionem in sacramento altaris remaneat panis materialis: Rel., S. 103 f.; Ber., S. 228.

964 Brandmüller, Das Konzil von Konstanz I, S. 341.

965 Rel., S. 89 f.; Ber., S. 195 f. – Soukup, Jan Hus, S. 204.

einen neuen Glauben und eine neue Religion zu predigen.[966] Matthew Spinka urteilte 1968 in einem Aufsatz über das Konstanzer Verfahren: „Hus view was indeed destructive of all legalistic concept oft he Church."[967]

Nach Beendigung des Verhörs vom 8. Juni und der Rückführung Hussens in den Kerker äußerte sich Sigismund nach dem Bericht des Peter von Mladoniowitz gegenüber den noch anwesenden Konzilsvätern zu Hussens weiterem Schicksal in einer Weise, die annehmen lässt, dass nach Peters Auffassung der König zu diesem Zeitpunkt Hus endgültig fallen gelassen hatte:

> *Nachdem sich alle Prälaten und Kardinäle, die sich am (gleichen) Ort* [des Verhörs] *aufgehalten hatten, bereits zum Aufbruch erhoben hatten* [...], *näherten sich die Unseren dem Fenster, bei dem die Herren Johann von Chlum und Wenzel von Leštno sowie der Bakkalar Peter* [von Mladoniowitz] *noch im Inneren standen; der König bemerkte sie, wie es scheint, nicht, sondern nahm an, sie seien auch weggegangen, als der Magister zum Kerker geführt wurde. Und der König sprach: ‚Hochwürdigste Väter! Ihr habt gehört, dass aus all dem Vielen, was in seinen Büchern steht, wozu er sich bekannt hat und was gegen ihn hinreichend bewiesen ist, ein Punkt allein zu seiner Verurteilung genügen würde. Wenn er also jene Irrtümer nicht widerrufen, sie abschwören und ihre Grenzen aufzeigen und ihr Gegenteil formulieren will, dann werde er verbrannt oder ihr mögt mit ihm nach euren Rechten und eurem Wissen verfahren. Und wisst: Was immer er euch versprechen würde, was er widerrufen wolle oder hier widerrufen würde, glaubt ihm nicht; auch ich würde ihm nicht glauben, denn wenn er ins Königreich und zu seinen Förderern kommt, würde er jene Irrtümer und noch andere mehr aussäen, und der letzte Irrtum würde schlimmer sein als der vorausgehende* [Mt 27,64]. *Und deshalb sollt ihr ihm das Predigen überhaupt verbieten, damit er fortan nicht mehr predigt, nicht mehr zu seinen Förderern kommt und jene Irrtümer nicht mehr weiter aussät. Und die bereits verurteilten Artikel versendet meinem Bruder* [König Wenzel] *nach Böhmen und – leider – auch nach Polen und in andere Länder, wo er auch schon seine geheimen Schüler und zahlreiche Gönner hat.*[968]

Wie sehr Hus die Haftbedingungen der letzten Monate zugesetzt hatten, geht aus einem Brief vom 7. Juni 1415 hervor:

966 Wie oben Anm. 724. – Kejř, Die Causa Johannes Hus, S. 192 mit 200, Anm. 44.- Zu den Vorwürfen Stephans von Páleč in seinem Kirchentraktat zusammenfassend: Werner, 113–115.

967 Spinka, Hus Trial at the Council of Constance. – Zu vergleichbaren Äußerungen: Kejř, Znovu o Husově rehabilitace, S. 259, Anm. 38.

968 Rel., S. 109 f.; Ber., S. 238 f. – Soukup, Jan Hus, S. 116.

> *Mich plagen Zahnschmerzen, im Schloss* [Gottlieben] *geht das Bluterbrechen um, ich leide unter Kopf- und Halsschmerzen. Dies betrachte ich als Folgen der Sünden, aber auch als Zeichen der Liebe Gottes zu mir.*[969]

Zwei Tage später berichtete er den Konstanzer Freunden von Besuchen des Johann von Chlum und des Stephan von Páleč im Kerker. Chlum habe sich nicht gescheut, ihm die Hand zu reichen, *einem so verworfenen, mit Ketten gefesselten und von fast allen verfluchten Ketzer.* Páleč habe ihn in seiner schwersten Krankheit besucht und vor den Kommissaren mit den Worten gegrüßt: *Seit Christi Geburt ist außer Wyclif kein gefährlicherer Ketzer aufgetreten als Du!* Betroffen habe Hus gefragt, welchen Lohn Páleč in Böhmen erwarte, bemerkt dann aber, dass er bereue, von seiner Antwort geschrieben zu haben, so als hasse er Pále.[970]

Einem geistigen Vermächtnis für alle getreuen böhmischen Freunde gleich kommt der in der Nacht vom 9. auf den 10. Juni 1415 geschriebene längere tschechische Brief, in dem Hus – *aus dem Kerker, in Ketten* – sie ermahnte, Gottes Wort zu erfüllen und fest in der Wahrheit zu bleiben. Der Brief schließt mit den Worten: *Liebt einander! Gebt nicht zu, dass die guten Leute durch Gewalt bedrängt werden, und gönnt jedermann die Wahrheit!*[971]

In einem um den 13. Juni 1415 abgefassten Brief an seine Freunde in Konstanz bat Hus alle unter ihnen anwesenden adligen Herren in beschwörenden Worten, sich bei König Sigismund für die Gewährung eines letzten Gehörs einzusetzen, da ihm ein solches von diesem versprochen worden sei:

> *Es wird eine große Schande für ihn sein, wenn dieses Wort nicht eingelöst wird. Ich vermute aber, dieses Wort steht auch nur so fest wie das versprochene sichere Geleit.*

Sigismund halte sich nicht an Gottes Gesetz und Wahrheit und habe ihn noch eher verurteilt als seine Gegner.[972] Für Sigismund musste – nicht zuletzt wegen des Geleitsversprechens – zwangsläufig jede Entscheidung Konflikte heraufbeschwören. Hus berichtete um den 18. Juni seinen Freunden in Konstanz, dass er vor der Reise zum Konzil deutlich gewarnt worden sei, sich auf das von Sigismund versprochene Geleit einzulassen. Der königliche

969 Kor., Nr. 125, S 262 f. (Zitat S. 263). – Pavlíček, The Chronology, S. 64.

970 Kor., Nr. 126, S. 263–266 (Zitate S.264 f.); Johannes Hus deutsch, Nr. 33/VI, S. 618–620 (Zitate S. 619).

971 *Psal sem list tento Vám v žaláři v okovách* [...]. *Také prosim, aby sě milovali, dobrych násilím tlačiti nedali, a pravdy každému přáli.* – Kor., Nr. 129, S. 269–273 (Zitate S. 272 und 273); Johannes Hus deutsch, Nr. 33/VII, S. 620–622 (Zitate S. 620 und 622). – In verkürzter Form wurde die Aufforderung Hussens auf dem 1915 enthüllten Prager Hus-Denkmal angebracht (dazu oben S. 22 mit Anm. 57).

972 Kor., Nr. 131, S. 275 f.; Jan Hus deutsch, Nr. 31/III/VIII, S. 612 f.; Schamschula (Hg.), Jan Hus. Schriften zur Glaubensreform, Nr, II/27, S. 143 f. (Zitate S. 144).

Gesandte Nikolaus (Mikeš) gen. Divček von Jemnischt (Jemniště) habe ihm seinerzeit in Gegenwart des Johannes von Jessenitz erklärt, er werde mit Sicherheit in Konstanz verdammt werden: *Magister scias pro certo, quia condempnaberis.* Jetzt, so Hus, schätze er die Sache so ein, dass Nikolaus von Jemnischt die Absicht des Königs gekannt habe; Sigismund habe ihn eher verurteilt als seine Feinde ([...] *prius me condemnavit, quam inimici mei*).[973] In einem um den 26. Juni an Jan von Chlum und Wenzel von Duba gerichteten Brief, von dem er annahm, dass es bereits der letzte an sie sein werde und in dem er sich von ihnen verabschiedete, äußerte sich Hus mit einem oft zitierten Wort über Sigismunds Verhalten: *Sigismund hat alles mit Arglist getan* (*Sigismundus omnia dolose egit*), nicht ohne in großherziger Weise den Wunsch anzufügen: *Gott möge ihn schonen* (*Deus parcat sibi*).[974]

Die antihussitischen Schriftsteller der Zeit, die das Konzil hinsichtlich der Geleitsfrage in Schutz nahmen, gingen von der damals gängigen Auffassung aus, dass ein Geleit einseitig gelöst werden könne, wenn der eine Partner Ketzer sei oder werde. In diesem Sinne erklärte sich Dietrich von Niem in einem Gutachten zur Geleitsfrage im Mai 1415: Das Konzil sei an das von König Sigismund gegebene Geleitsversprechen nicht gebunden; der König solle ohne Rücksicht darauf und auf die Böhmen Hus fallen lassen. Für Dietrich war die Ketzerei Hussens und damit seine Rechtlosigkeit bereits erwiesen, obgleich das Urteil über ihn noch nicht gesprochen war. Die Tendenz der Schrift macht deutlich, dass Dietrich zur Abfassungszeit bei Sigismund Skrupel wegen eines Geleitbruchs voraussetzte.[975] Ulrich von Richental berichtet in seiner Chronik des Konstanzer Konzils, dass die Gelehrten auf die Klage Sigismunds, er käme durch die Verhaftung Hussens in große Schande, erklärt hatten, ein Ketzer könne und dürfe sich nach keinem Gesetz eines Geleits erfreuen.[976] Hus hatte erwartet, wie sich aus der ständig wiederholten Forderung nach Gehör und der Betonung der Freiwilligkeit seines Auftretens in Konstanz erkennen lässt, vor dem Konzil das Programm der Prager Reformbewegung verteidigen und sich selbst gegen die Vorwürfe von seiten seiner Gegner rechtfertigen zu können. Demgegenüber sahen seine Gegner in ihm den Aufwiegler des böhmischen Volkes zum Ungehorsam gegen die Prälaten.

Eine bedeutende Rolle im Verfahren spielten die gegen Hus aufgebotenen Zeugen. Stellvertretend für seinen Freund Andreas von Brod, der nicht zum Konstanzer Konzil reiste, bezichtigte der Magister Nikolaus von

973 Kor., Nr. 131, S. 275 f. – Kejř, Die Causa Johannes Hus, S. 131 mit S. 167, Anm. 41; Ders., Jan Hus, známý i neznámý, S. 74; Pavlíček, The Chronology, S. 62.

974 Kor., Nr. 152, S. 315 f. (Zitat S. 316). – Kejř, Jan Hus sám o sobě, S. 23 mit S. 43, Anm. 115.

975 Druck des Gutachtens: Heimpel, Dietrich von Niem, S. 343–349. – Machilek, Ludolf von Sagan, S. 168 f.

976 Machilek, Ludolf von Sagan, S. 213, Anm. 353.

Podivín Hus vor der Konzilsversammlung als Anhänger der Remanenz. Hus sei einmal in das Zimmer des Andreas von Brod gekommen und habe zu diesem gesagt:

> [...] *die Landpriester schmähen mich, weil ich predige, dass in der konsekrierten Hostie Brot verbleibt. Ich möchte gerne wissen, was dort gebrochen wird, wenn dort kein Brot verbleibt.*

Andreas habe einem Gefährten einen Blick zugeworfen und damit ein Zeichen gegeben, sich diesen Ausspruch zu merken. Hus habe dies beobachtet, sei aber gleich weggegangen. Nach dem Weggang habe Nikolaus von Podivín den Zeugen gefragt, warum er ihm nichts gesagt habe. Dieser habe geantwortet: *Ich wollte von ihm mehr Reden dieser Art hören.*[977] Wie schon bisher wies Hus in Konstanz diese und weitere Anklagen der Prager Zeugen wegen des ihm angelasteten Remanentismus zurück. Auf die Beschuldigung, er habe die Remanenz schon 1399 auf der Kanzel verkündet, gab er zu bedenken, dass er zu diesem Zeitpunkt noch gar nicht zum Priester geweiht war.[978]

In der mit den drei Anhörungen eingeleiteten letzten Prozessphase verstärkten sich unter den Konzilsteilnehmern die Diskussionen um die Frage, ob Hus zum Widerruf bewegt werden oder möglichst rasch, ohne weiteres Eingehen auf seine Argumentationen, als Ketzer zu verurteilen sei. Für den Widerruf plädierten vor allem jene Konzilsväter, die sich daraus nicht zuletzt aus politischen Gründen eine Dämpfung der eskalierenden Auseinandersetzungen in Böhmen versprachen.[979] Die Befürworter der Verurteilung wurden vor allem durch Michael de Causis und den Doktor beider Rechte Johannes Naso († 1440), den früheren Bevollmächtigten König Wenzels und späteren Bischof von Chur, unterstützt. Ende Juni beantragte ersterer beim Konzil, die Versuche, Hus durch Drohungen oder Überzeugung zum Abschwören von Ketzerei und Irrglauben zu bewegen, zu unterbinden, da sonst die Gefahr bestehe, dass er der Bestrafung durch den weltlichen Arm entginge. Hus habe kein Anzeichen von Bußfertigkeit gezeigt und sei im Verfahren zum Häretiker erklärt worden. Eine Anhörung stehe ihm nicht zu; er müsse dem weltlichen Arm übergeben werden. Naso „überschüttete das Konzil mit Halbwahrheiten und Unwahrheiten über das Wüten von Hussens Anhängern gegen den Klerus" (Jiří Kejř).[980] Von Michael de Causis oder Johannes Naso

977 Kadlec, Studien und Texte, S. 28 f.; Werner, Jan Hus, S. 100; Hledíková, Hussens Gegner und Feinde, S. 96.

978 Kolesnyk, Hussens Eucharistiebegriff, S. 194; Leff, Wyclif and Huss, S. 119.

979 Müller, Die kirchliche Krise, S. 33, bezog das berühmte Wort von der Integrität des *vir praeter fidem egregius* des italinischen Humanisten Poggio Bracciolini (1380–1459) fälschlich auf Hus; es galt nicht ihm, sondern Poggios Freund Hieronymus von Prag. – Dazu; Šmahel, Die Hussitische Revolution II, S. 949.

980 Kejř, Die Causa Johannes Hus, S. 153. – Zu Naso: Zelený/Kadlec, Učitelé, S. 97–99.

stammte auch eine weitere Stellungnahme (*Avisamentum fiendum processus contra Iohannem Hus*) zu einem möglichen Widerruf Hussens. Ein solcher solle diesem nicht zugestanden werden; wenn ihm aber Strafmilderung eingeräumt werde, müsse Hus alle Artikel einzeln widerrufen, und zwar nicht nur jene, derer er überführt, sondern auch jene, derer er bezichtigt worden sei. Hus verweigerte zu den ihm hier und in nichtöffentlichen Verhören vorgelegten, vor allem aus seinem Traktat über die Kirche gezogenen Anklageartikeln jeden Widerruf, so sehr ihm ein Teil der Richter einen solchen auch durch mehrfache Verminderung der Artikel nahelegten. Hus wollte die Reformbewegung nicht durch einen falschen Widerruf belasten; ein solcher war – wie er hervorhebt – nach seiner Erinnerung im *Catholicon* [des Johannes de Balbis von Genua OP] als Lüge bezeichnet worden.[981] Durch die Vorlage der authentischen Schriften des Magisters trat im Verfahren keine Wende ein.

Das Konstanzer Konzilsgericht hielt sich beim Prozess an das bei Ketzerinquisitionen allgemein geltende Verfahren. Immer wieder begegnen die in den Handbüchern für die Inquisitoren empfohlenen Wiederholungen bereits beantworteter Anklagen und Fragen.[982] Die Hus angelasteten Ausflüchte und Inkonsequenzen waren in der Prozessmethode mitbegründet. Die in seinen Briefen aus Konstanz mehrfach wiederholte Bitte an seine Freunde, Schriften von ihm zu verbergen, sollte jene vor Anschuldigungen wegen ihrer Anhängerschaft schützen. Auch die psychischen Auswirkungen der mehrfach verschärften Haft, seine Krankheit und die vielfach unwürdige Behandlung bei den Verhören sind bei der Beurteilung von Hussens Verhalten in Konstanz zu berücksichtigen. Das Selbstgefühl des gefeierten Predigers aus den Prager Jahren schwand während seiner Haft. Die letzten Monate seines Lebens waren für ihn eine Zeit der Prüfung, Vertiefung und Läuterung.[983] Er empfand Angst vor der Nacht; oft war er nicht mehr in der Lage zu schreiben, wie er seinen adligen Begleitern und Freunden Wenzel von Duba und Johann von Chlum im Juni 1415 aus dem Kerker wissen ließ.[984] Offen bekannte er in seinen Briefen die Sorge, fest zu bleiben.[985] Zugleich trat – wie seine Briefe bezeugen – die Bereitschaft zur Ergebung in den göttlichen Willen und der Gedanke der Nachfolge Christi, verbunden mit der Bereitschaft zum Mitleiden – bei ihm immer stärker in den Vordergrund. Schon im November 1414 hatte er seinen Prager Freunden versichert:

981 Rel., S. 104; Ber. S. 228. – Kor., Nr. 136, S. 281–283, Nr 138, S. 285 f. – Seibt, Jan Hus. Das Konstanzer Gericht, S. 43 f. – Johannes von Genua lebte in der zweiten Hälfte des 13. Jahrhunderts.

982 Zur Vorgehensweise gegen Ketzer im dritten Jahrzehnt des 15. Jahrhunderts: Heimpel, Drei Inquisitionsverfahren.

983 Benrath, Wyclif und Hus, S. 215.

984 Kor., Nr. 152, S. 315 f.

985 Doc., S. 73, 78, 84, 88, 91, 95, 97, 103, 106, 110, 134, 137. – Benrath, Wyclif und Hus, S. 215.

> *Unser gekreuzigter Herr, der geliebte Erlöser, soll uns immer daran erinnern, dass wir mit ihm und für ihn gerne leiden.*[986]

Nach der Mitte Juni 1415 durch das Konzil ausgesprochenen Verurteilung der nach seinem Aufbruch nach Konstanz in Prag eingeführten Praxis der Kelchspendung an die Laien sprach sich Hus in der kurzen Quaestio *De sumpcione sanguinis Cristi Jesu sub specie vini* ausdrücklich dafür aus.[987] Nachdem er erfahren hatte, dass Havlík (Gallus), sein Nachfolger als Prediger an der Bethlehemkapelle in Prag, Einschränkungen gegenüber Jakobell von Mies und der Kelchspendung geäußert hatte, wandte er sich am 21. Juni 1415 in einem kurzen Brief an Havlík entschieden dagegen, dass das durch Christus und die Apostel eingesetzte Kelchsakrament durch menschliche Bosheit als Ketzerei verurteilt werde: [...] *nicht der Gewohnheit müssen wir folgen, sondern dem Beispiel und der Wahrheit Christi.*[988]

In den Tagen der Entscheidung um den 20. Juni nahm Hus in den *Responsiones breves ad articulos ultimos* noch einmal Stellung zu den gegen ihn vorgebrachten Anklageartikeln.[989]

Bis zuletzt hatten die Konstanzer Richter versucht, Hus zum Widerruf zu bewegen. Als ihm der ihm freundlich gesinnte *Pater* eine abgemilderte Widerrufsformel unter gleichzeitigem Protest gegen den Widerruf vorschlug – *Ich schreibe euch kurz:* [...] *Ihr weicht* [damit] *nicht ab von der Wahrheit, sondern entschließt Euch für die Wahrheit* [...] – schlug Hus dieses Ansinnen mit dem Hinweis auf ein damals verbreitetes Handbuch, das einen falschen Widerruf als Lüge definierte, und mit Blick auf die Reformbewegung ab.[990] Er wollte die Reformbewegung unter keinen Umständen durch Zugeständnisse belasten.

Um den 22. Juni 1415 berichtete Hus in einem anrührenden Brief an seine Freunde in Konstanz über seine letzte Begegnung mit Stephan von Páleč im Gefängnis: Obwohl dieser sein Hauptgegner sei, habe er die Kommissare und Aufseher um diesen als Beichtvater gebeten, gegebenenfalls auch um

986 Kor., Nr 100, S. 223–225 (Zitat S. 224). – Zitiert nach Werner, Jan Hus, S. 151.

987 Const., S. 103–116. B/S, Nr. 77g, S. 125.

988 [...] *non debemus sequi consuetudinem, sed Christi exemplum et veritatem*: Kor., Nr. 141, S. 294 f. – B/S, Nr. 259, S. 236 f. – Pataplos, *Sub utraque specie*, S. 517; Traxler, Früher Antihussitismus, S. 134.

989 Const., S. 291–306; Johannes Hus deutsch, Nr. 35, S. 667–674 (gekürzt). – B/S, Nr 78, S. 127 f.

990 Kor., Nr. 135, S. 280 f. (Wiederrufsformular); Nr. 136, S. 281–283 (Hussens Schreiben an den *Pater*); Nr. 137, S. 283 f. (Schreiben des *Pater* an Hus; das Zitat S. 284). – Zur Widerrufsverweigerung Hussens: Sedlák, Jan Hus, S. 346; Novotný, M. Jan Hus. Život a dílo 2, S. 394; Bartoš, Čechy v době Husově, S. 438 f.; Spinka, John Hus, S. 260, 278 f.; Seibt, Jan Hus. Das Konstanzer Gericht, S. 33, 43–45; Brandmüller, Das Konzil von Konstanz I, S. 351; Brandmüller, Hus vor dem Konzil, 1997, S. 241; Kejř, Die Causa Johannes Hus, S. 160 f., auch S. 117, Anm. 15; Fudge, Jan Hus. Religious Reform, S. 133, 144; Soukup, Jan Hus, S. 205–207; Šmahel, Jan Hus. Život a dílo, S. 206, 215.

einen anderen dafür geeigneten Mann. Er habe dann einem Doktor und Mönch (*cuidam doctori monacho*) gebeichtet; dieser habe ihn fromm und sehr schön (*pie et valde pulchre*) angehört und ihn ohne Auflagen absolviert. Anschließend habe ihn Páleč aufgesucht, beiden seien die Tränen gekommen – nach den Worten von Walter Brandmüller „ein erschütternder Ausdruck der Ausweglosigkeit, in der beide in je ganz verschiedener Weise sich befanden." Als er Páleč um Verzeihung bat, dass er ihn einen Lügner (*fictor*) genannt und gesagt habe, Páleč sei unter allen der eigentliche Spürhund (*slédník*) gewesen, leugnete das dieser nicht. Páleč habe ihm in der Anhörung in Anwesenheit der Kommissare vorgeworfen, er habe keine Gottesfurcht, und im Kerker habe Páleč, auch in Gegenwart der Kommissare, gesagt, außer Wyclif habe seit Christi Geburt kein Häretiker gefährlicher gegen die Kirche geschrieben als er.[991] Nach Brandmüller konnte jener Mönch Hus ohne Auflagen nur absolvieren, „wenn Hus in seinen Augen eben kein formeller Häretiker war. Was hatte ihm Hus über seinen innersten Gewissenszustand geoffenbart?"[992]

29. Verurteilung und Tod Hussens

In der XV. Generalsitzung des Konzils am 6. Juli 1415 wurde Hus als verstockter Ketzer zum Tod verurteilt. Ausgehend von Röm 6,6 über die Vernichtung eines von der Sünde beherrschten Leibes (*Destruatur corpus peccati*) äußerte sich Bischof Giacomo Bailardi Arrigoni von Lodi in der Schlusspredigt befriedigt über den Ausgang des Verfahrens. In traditioneller Weise führte Bailardi Arrigoni das Aufkommen von Häresien und Irrtümern als Folgen eines Schismas – konkret des noch andauernden – an und dankte gegen Ende der Ansprache den im Münster anwesenden König Sigismund persönlich für seine Verdienste um die Ausrottung von Häresien und die Wiederherstellung der früheren Freiheit der Kirche.[993]

Der Verlesung der Anklageartikel und der nochmaligen Weigerung Hussens, diesen abzuschwören, folgte die Verkündigung des Verdikts wegen fortgesetzter Häresie. Unmittelbar vor seiner Degradierung als Priester fasste Hus die Gründe der Verweigerung des Widerrufs nach dem Bericht des Peter

991 Kor., Nr. 143, S. 296–299. – B/S, Nr. 261, S. 237. – Brandmüller, Das Konzzil von Konstanz I, S. 353 (das Brandmüllerzitat ebd.); Brandmüller, Hus vor dem Konzil, S. 241 f.

992 Brandmüller, Hus vor dem Konzil, S. 242; Hilsch, Johannes Hus, S. 274.

993 FRB VIII, S. 489–493. – Arendt, Die Predigten, S. 158, Anm. 16; Bartoš, Čechy v době Husové, S. 446; Machilek, Das große abendländische Schisma, S. 49; Brandmüller, Das Konzil von Konstanz I, S. 354; Kejř, Die Causa Johannes Hus, S. 164; Fudge, Jan Hus. Religious Reform, S. 144 f.; Záruba-Pfeffermann, Sigismunds Mütze, S. 273; Šmahel, Jan Hus. Život a dílo, S. 217. – Zum Zusammenhang von Schisma und Häresie nach dem Decretum Gratiani C. 24 q 3 c. 26 bei zeitgenössischen Schriftstellern: Machilek (wie zuvor), S. 49.

von Mladoniowitz der versammelten Menge zugewendet weinend in den folgenden Worten zusammen:

> *Seht, diese Bischöfe fordern mich dazu auf, dass ich widerrufe und abschwöre. Ich scheue mich, dies zu tun, um nicht angesichts des Herrn als Lügner dazustehen, auch um nicht gegen mein Gewissen und gegen Gottes Wahrheit zu verstoßen, da ich die von falschen Zeugen gegen mich angeführten Sätze niemals behauptet habe, vielmehr ihnen entgegen geschrieben, gelehrt und gepredigt habe, und auch deswegen, um nicht einer so großen Menge, der ich gepredigt habe, sowie anderen getreu das Wort Gottes Verkündigenden Ärgernis zu geben.*[994]

Der anschließenden Verurteilung zum Tod auf dem Scheiterhaufen folgten die Auslieferung an den Reichsvikar Ludwig III. von der Pfalz als Vertreter der weltlich Macht, das Aufsetzen der papierenen Ketzermütze und die Vollstreckung des Todesurteils vor den Mauern der Stadt.[995] Nachdem die Henker den Scheiterhaufen angezündet hatten, sang Hus nach den Worten des Peter von Mladoniowitz

> *mit lauter Stimme, zuerst ‚Christus, Sohn des lebendigen Gottes, erbarme Dich meiner', zum zweiten Mal ‚Christus, Sohn des lebendigen Gottes, erbarme Dich meiner' und beim dritten Mal ‚Der Du geboren bist aus Maria der Jungfrau'. Und als er zum dritten Mal zu singen begonnen hatte, schlug ihm alsbald der Wind die Flammen ins Gesicht, und also in sich betend und Lippen und Haupt bewegend, verschied er im Herrn.*[996]

Der Tod Hussens auf dem Scheiterhaufen bildete ein überaus häufiges Thema der hussitischen Buch- und Tafelmalerei sowie der reformatorischen Graphik.[997]

994 *Ecce isti episcopi hortantur me ad hoc, quod revocem et abiurem; timeo hoc facere, ne sim mendax in conspectu Domini, et eciam ne conscienciam meam et Dei veritatem offendam, cum numquam istos tenui articulos, qui contra me false testantur, sed pocius his oppositum scripsi, docui et predicavi, et eciam ideo, ne tantam multidtudinem, cui predicavi, scandalisem, et eciam alios fideliter verbum Dei predicantes*: Rel., S. 116; Ber., S. 251; Kor., Nr. 138, S. 285 f.

995 Die wichtigsten Texte in deutscher Übersetzung in: Johannes Hus deutsch, Nr. 36, S. 675–684. – Zusammenfassende Darstellungen der Ereignisse des 6. Juli 1415: Spinka, John Hus, S. 285–290; De Vooght, L'hérésie I, [2]1975, S. 482–491; Werner, Jan Hus, S. 212–214; Hilsch, Johannes Hus, S. 277–281; Brandmüller, Das Konzil von Konstanz I, S. 354–357; Krzenck, Johannes Hus, S. 180–183; Šmahel, Jan Hus. Živo a dílo, S. 217–219.

996 Rel., S. 256; Ber., S. 119.

997 Dazu Karel Stejskal / Petr Voit, Iluminované rukopisy sowie Studien von Jan Royt, Milena Bartlová, Kateřina Horničková, Martina Šarovcová, Raphael und Heidrun Rosenberg (wie Literaturverzeichnis, jeweils mit Abbildungen) sowie der AK Tábor 2015 mit zahlreichen bisher unbekannten Bildern.

Über die letzten Stunden Hussens liegen drei Augenzeugenberichte vor: Nach Peter von Mladoniowitz ging Hus voll Gottvertrauen in den Tod, für Ulrich von Richental starb Hus schreiend den Tod des Ketzers[998], nach Hussens Freund Peter Bradáček bestand kein Anlass, über den *wertvollen Tod* des *unbesiegten Athleten* traurig zu sein[999]. Ein unter dem Titel *Hussens letzte Tage und Feuertod* 1845 erstmals in Stuttgart erschienener angeblicher Augenzeugenbericht des Florentiner Humanisten Gian Francesco Poggio Bracciolini wurde erst in neuerer Zeit von František M. Bartoš als Fälschung entlarvt.[1000] Andreas von Brod gab der in Konzilskreisen herrschenden Meinung mit den Worten Ausdruck,

> *dass alles mit Notwendigkeit so verlief, wie es verlaufen sei, und dass es nicht anders ausgehen konnte als wie es der Fall war. Das Konzil in Konstanz war zur damaligen Zeit notwendig und es hat gehandelt, wie es notwendig war; alles hätte sich nicht anders ereignen dürfen.*[1001]

Hus, der seine Freunde immer wieder ermahnt hat, sich an das Gesetz Christi als oberste Richtschnur des Lebens zu halten, opferte sich in reformatorischem Bewusstsein selbst für die mit seinem Namen verbundene Reformbewegung. Unter der immer wieder verwendeten Formel *non convictus et non confessus* verfolgten die Anhänger der Reformbewegung im Blick auf Hus und seinen Tod in der Folgezeit konsequent einen eigenen Weg der Nachfolge Christi.[1002]

In der Beurteilung des Husprozesses und der Rolle der Richter gingen die Auffassungen entsprechend der grundsätzlichen Einstellung der Autoren zur Husfrage weit auseinander. Die Palette reicht von der Beschuldigung, dass Hus einem Justizmord zum Opfer gefallen sei, und dem pauschalen Vorwurf der Voreingenommenheit seiner Richter bis zur Überzeugung, dass der Prozess gegen ihn in gerechter Weise geführt und Hus zu Recht verurteilt wurde.[1003] Als äußerst belastend für Hus wirkten sich die falschen Zeugenaussagen und über ihn verbreiteten unwahren Gerüchte aus, die Fehl-

998 Herkommer, Die Geschichtevom Leiden und Sterben des Jan Hus, bietet S. 114–123 einen Vergleich der beiden Darstellungen.

999 Johannes Barbatus, Passio, ed. Novotný, S. 19; Bartoš, Jan Bradáek; Bartoš, Čechy v době Husově, S. 449; Frenken, Die Erforschung des Konstanzer Konzils, S. 253; Brandmüller, Hus vor dem Konzil, S. 242 (entgegen der Annahme des Verfassers war Johannes Barbatus jedoch nicht Gegner, sondern Freund Hussens); Šmahel, Jan Hus. Život a dílo, S. 189. – Zu Nachrichten über Hussens Tod in den Alten tschechischen Annalen: Černa, Zprávy o smrti Jana Husa .

1000 Kořalka, Nationale und intenationale Komponenten, S. 47 f.; Seibt, Jan Hus. Das Konstanzer Gericht, S. 20 f.; Šmahel, Jan Hus. Život a dílo, S. 226.

1001 Höfler, Geschichtschreiber II, S. 313. – Zitiert in Anlehnung an die Übersetzung von Werner, Jan Hus, S. 215.

1002 Seibt, Jan Hus. Das Konstanzer Gericht, S. 45.

1003 Frenken, Die Erforschung des Konstanzer Konzils, S. 282–293; Kejř, Die Causa Johannes Hus, S. 186.

entscheidungen der Richter zur Folge hatten.[1004] Wie Jiří Kejř (1921–2015) nachgewiesen hat, lässt sich beim Verfahren gegen Hus vor dem Gericht des Prager Erzbischofs und der päpstlichen Kurie eine größere Zahl formaler Mängel feststellen; demgegenüber wurden in Konstanz nach Kejř keine Prozessvorschriften verletzt.[1005] Hus selbst ließ sich eine Reihe kirchenrechtlich gravierender Fehler zuschulden kommen; so predigte er gegen ausdrückliches Verbot in Kapellen und feierte Gottesdienste, obwohl er gebannt war; er folgte nicht der Vorladung vor das Gericht der Kurie und appellierte an Christus als höchsten Richter und damit an eine im Kirchenrecht nicht vorgesehene Instanz.[1006] Entscheidender als die Verstöße gegen das kanonische Recht wog in den Augen der Richter aber das Festhalten Hussens an den Ideen Wyclifs, welche die Existenz der sichtbaren Kirche untergruben und der Tradition der Kirche zuwiderliefen.[1007] Hus strebte nach den Worten Kejřs „nach der Errichtung einer neuen Kirche. [...] die grundlegende Unterscheidung zwischen einer Kirche der Voherbestimmten (*praedestinati*) und einer Kirche der ‚Verworfenen' (*praesciti*), die in ihrer letzten Konsequenz die Idee der institutionellen Kirche ablehnt, ist revolutionär."[1008] Bei der Beurteilung der Richter ist zu bedenken, dass der ihnen vom damaligen Kirchenrecht für das Verfahren gezogene Spielraum sehr schmal war. Der Hauptwiderspruch zwischen der Rechtsauffassung des Konzils und dem Angeklagten lag nach Kejř in Hussens Überzeugung, in allem nach dem Gesetz Gottes zu handeln, auch wenn er dabei geltende Rechtsregeln verletzte: „Zwischen Hus und seinen Richtern gähnte ein unüberwindbarer Abgrund."[1009]

Die Husforschung der jüngsten Zeit hat gegenüber vorausgehend vertretenen vermittelnden Positionen darauf hingewiesen, dass in Konstanz aus der Sicht der Konzilstheologen radikales Schriftverständnis und traditionelle Auffassung von der Kirche in unvereinbarer Weise aufeinander stießen: Hussens Auffassung von einer Kirche der Prädestinierten mit der sakramental-hierarchisch bestimmten Konzeption der bestehenden Kirche. Wenn beide Seiten in Konstanz Missstände beklagten und Reformen einforderten, verstanden sie darunter grundsätzlich Verschiedenes. Hussens Kirchenbegriff und dessen praktische Umsetzung hätte aus der Sicht der Konzilstheologen die traditionelle Kirche gesprengt. Dass das Konzil, um keinen Zweifel an der eigenen Rechtgläubigkeit aufkommen zu lassen, aus seiner Sicht den Abweichler zum Widerruf zwingen und verurteilen musste, war in sich konsequent.[1010]

1004 Kejř, Die Causa Johannes Hus, S. 186–188.
1005 Ebd., S. 186–192.
1006 Ebd., S. 190 f., 193.
1007 Ebd., S. 192.
1008 Ebd. – Patschovsky, Ekklesiologie, S. 379.
1009 Kejř, Die Causa Johannes Hus, S. 196.
1010 Dazu zusammenfassend: Kejř, Die Causa Johannes Hus, S. 193–196.

30. Hussens Persönlichkeit und Aussehen

Anlässlich des ersten Jahrestages des Todes von Jan Hus fasste Jakobell von Mies in einem sehr persönlich gehaltenen *Sermo in memoriam martyrum Magistri Johannis Hus et Magistri Hieronymi* am 6. Juli 1416 in der Bethlehemkapelle die Eigenschaften und Verdienste der beiden in knappen Zügen zusammen. Die einschlägige Passage zu Hus beginnt wie folgt:

> *Et primo veniamus ad narracionem probissimi Magistri Iohannis Hus, ewangelici predicatoris, de cuius conversacione multis constat. Ideo vestrum ad hoc testimonium invoco, quod erat in vita et sermone verax et preclarus. Dominus enim dederat sibi ligwam eruditam, ut sciret, quando deberet sermonem proferre; qui habuit dileccionem et viscera miseracionum ad omnes homines, eciam ad inimicos et persecutores, qui velut alter Elyas zelanter invexit contra superhabundantem iniquitatem Antichristi et symoniaci sui cleri, corpus atterens laboribus continuis, in salute populorum insudabat in tantum, ut secundum spectantis iudicium labores eius omnem valenciam hominis et robur carnis excederent. Nam continuus erat, nunc confessiones audiendo, nunc peccatores convertendo, nunc tribulatos consolando, nunc predicando, nunc scribendo. Erat castus, pudicus, sobrius, semper timens deum, a principio studii non ibi superbia, non avaricia, non invidia, non ypocrisis et cetera. Omnia impendebat et superimpendebat et se ipsum pro salute animarum. Cuius fidelis doctrina et ewangelisacio non solum per Boemiam et Moraviam, sed fere per universam ecclesiam resonat et perseverat. Ipse tuba altissona, predicator veritatis infatigabilis, inimicus symoniacorum, preco ewangelii, os divinum. Hic iustus omnes nos dereliquit in hoc mundo contemptibili et maligno et ingressus est ad Christum, deum et dominum suum. Et denique in prudencia responsorum suorum et in gracia data desuper sibi et domesticis satisfaciebat et exterris. Quis vacua umquam ab eo recessit manu? Si dives venit, consilium accepit, si pauper, subsidium reportatbat; nec querebat, que sua sunt, plus omnibus laborabat et minus omnibus accipiebat, sed odia reportabat.* [...].[1011]

Spätere Biographen Husssens haben immer wieder versucht, ein Bild seiner Persönlichkeit und Lebensart zu entwerfen. Am überzeugendsten ist dies wohl Jiří Kejř in seinem 2006 unter Rückgriff auf eigene vorausgehende Darstellungen als Summe seines lebenslangen Forschens veröffentlichten Beitrag *Jan Hus sám o sobě* [Jan Hus nach seinem Selbstverständnis] gelungen.[1012]

1011 [Jacobellus von Mies,] Sermo habitus in Bethlehem [...] in memoriam novorum martyrum M. Johannis Hus et M. Hieronymi [6. Juli 1416], ed. Novotný, S. 238.

1012 Sedlák, M. Jan Hus, S. 359–378; F. M. Bartoš in zahlreichen seiner Arbeiten; De Vooght, L'hérésie I, [1]1960, S. 460–481, [2]1975, S. 492–508. Aufschlußreich die nach dem Erscheinen von De Vooghts Monographie zwischen Bartoš und De Vooght

Schon früh treten Hussens Frömmigkeit und seine moralischen Stärken, im Besonderen seine Wahrhaftigkeit, sein Gerechtigkeitssinn und sein Beharrungsvermögen, sein Charisma, seine Beredsamkeit und Überzeugungskraft als Prediger, seine Verantwortung im sozialen Bereich, seine Beliebtheit beim einfachen Volk und seine Freundschaften mit Persönlichkeiten des Adels sowie seine ethnische Ausrichtung hervor.[1013] Dass er sich beim Schachspiel bis in große Erregung steigern konnte, ist für Pavel Soukup Zeichen seiner leidenschaftlichen Natur.[1014] Sein reges Interesse für die Welt um sich herum gewann „nie die Oberhand über seinen moralischen Anspruch und seine theologische Verantwortung [...]. In seinen Schriften begegnet uns sein guter Sinn für Humor. Akademische Festreden würzte er mit geistreichen Wortspielen, polemische Schriften mit bissigen Sarkasmen."[1015]

Auf den älteren Darstellungen des 15. und 16. Jahrhunderts – so in der sogenannten Martinitz-Bibel (aus den 1430iger Jahren), auf den Holzschnitten der St. Petersburger Richentalchronik (aus den 1460iger Jahren) oder auf dem Altar aus der St. Wenzelskirche zu Roudníky (vor 1486) – erscheint Hus bartlos und von normaler Größe.[1016] Erst seit dem 16. Jahrhundert wird er als hochgewachsener schlanker Mann mit Bart und aszetischen Zügen dargestellt.[1017]

in der Zeitschrift Communio viatorum geführte Diskussion (Bartoš, Apologie de M. Jean Huss; De Vooght, Jean Huss, tel qu'en lui-même, Bartoš, Réponse à la réponse).

1013 Šmahel, Die Hussitische Revolution I, S. 581; Kejř, Jan Hus sám o sobě; Soukup, Jan Hus, S. 17 f. – Rychterová, Jan Hus zwischen Charisma und Institution.

1014 Soukup, Jan Hus, S. 17 f.

1015 So Soukup, Jan Hus, S. 18.

1016 Abbildungen: Bartlová, Iconography of Jan Hus, S. 326 und 330 f. – Šmahel, Jan Hus. Život a dílo, S. 270 und Abbildungen nach S. 192. – Zuletzt: Raphael und Heidrun Rosenberg, Die vielen Gesichter des Jan Hus (mit zahlreichen Abbildungen); Šarovcová, Jan Hus.

1017 Soukup, Jan Hus, S. 17.

IV. Hus – Ketzer oder Reformator?

Zur Frage einer Rehabilitierung Hussens

1929 erweckte der Dominikaner Augustin Scherzer mit der auf die Absetzung des einladenden Papstes Johannes XXIII. gestützten Theorie, Hus sei durch ein illegitimes Konzil zum Tod verurteilt worden, Aufsehen: Die römische Kirche könne sich vom Todesurteil distanzieren, ohne ihre Tradition zu verletzen. Der „begrenzte Rehabilitierungsvorschlag" – so Ferdinand Seibt – berührte die damaligen konfessionellen, nationalen und zwischen Prag und Rom bestehenden diplomatischen Spannungen, wurde aber nicht weiter verfolgt.

Einen neuen Ansatz bedeuteten die nach dem ZweitenWeltkrieg verstärkt einsetzenden Forschungen zur Ketzergeschichte, wonach Ketzerbewegungen und Sekten des Mittelalters aus ihren zeitbedingten Voraussetzungen und Intentionen heraus als christliche Reformbewegungen zu verstehen seien. Herbert Grundmann (1902–1970), einer der besten Kenner der religiösen Bewegungen des Mittelalters, bezeichnete sie 1963 bzw. 1967

> „gleichsam als Seitentriebe und Verzweigungen des mittelalterlichen Christentums. Denn es gab im Mittelalter, außer ganz vereinzelter Ausnahmen, keine Ketzer, die nicht christlich sein wollten, ja die besseren, die guten und wahren Christen zu sein beanspruchten und sich dazu auf die Bibel beriefen, vornehmlich auf die Evangelien und Apostelschriften. Die Auseinandersetzung zwischen Ketzerei und Kirche ist im Mittelalter ein Ringen um das wahre Verständnis und um die rechte Befolgung und Verwirklichung des Christentums."[1018]

Für Grundmann war Hus

> „kein Sektierer oder Sektenstifter, weder als Theologe ein Neuerer, weniger Wiclifit als mancher andere, noch ein radikaler Reformer, aber ein unerbittlicher Eiferer und fanatischer Prediger für die Reinheit der Kirche, vor allem des Klerus. Daß ein nicht von Gott Erwählter, gar ein Todsünder kein ‚wahrer' Priester, Bischof, Papst oder auch König sein könne, mag er auch von Rechts wegen amtieren, diese leicht mißzuverstehende, nicht immer klar formulierte Überzeugung mit ihren oft aufreizend gepredigten Folgerungen für

[1018] Grundmann, Ketzergeschichte des Mittelalters, S. 2.

> die ‚wahren' Christen wurde sein Verhängnis. Weil aber das Konzil ihn deshalb als Ketzer verdammte und Siegmunds Geleitbrief ihn nicht vor dem Scheiterhaufen bewahrte, wurde er den Tschechen geradezu zum Märtyrer ihres Volkes."[1019]

Dem 1968 vorgetragenen Vorschlag von Amedeo Molnár (1923–1990), anstelle von mittelalterlichen Ketzern eher von Reformern sprechen zu sollen, meinte der frühere Tübinger Kirchenhistoriker Karl August Fink (1904–1983), „wohl auf eine weite Strecke hin folgen" zu können. Molnár hat einen älteren eigenen Beitrag anlässlich des Milleniums des Prager Bistums 1973 in deutscher Sprache unter dem Titel *Der Hussitismus als christliche Reformbewegung* veröffentlicht. Karl August Fink faßte in seinem Buch *Papsttum und Kirche im abendländischen Mittelalter* 1981 Häresie und Ketzerei als mittelalterliche christliche Konfessionen zusammen. Die als häretisch bezeichneten Bewegungen des Mittelalters waren für ihn „ein Zeichen für eine lebendige Auseinandersetzung mit dem Statischen in Kirche und Gesellschaft, freilich oft bis zum Extrem: Christ ohne Kirche". Nach Fink dürfe die „Terminologie der späteren Kirchengeschichtsschreibung […] nicht ohne genaue Prüfung der zeitgenössischen Vorgänge übernommen werden, auch wenn sie sich mit Hartnäckigkeit festgesetzt hat."[1020] In jüngster Zeit hat sich in der Mittelalterforschung gerade für Hus und die Hussiten eine Sicht angebahnt, in der jene in dem zuvor skizzierten Sinn eine Neubewertung und Würdigung erfährt.

Nach Paul De Vooght bekannte sich Hus weithin zur überlieferten Lehre der Kirche. In allen Fragen, in denen sich Wyclif vom überlieferten Glauben entfernt hatte, habe er ihm widersprochen und sorgfältig darauf geachtet, beim Ausschreiben von dessen Werken „ketzerische Stellen für seinen Gebrauch umzuschreiben." – „Im Gegensatz zu Wiclif bleibt" Hus – so De Vooght –

> „der sakramentalen Auffassung des Priestertums treu. Er hält innerhalb des Priestertums fest am Rangunterschied zwischen Bischof und Priester sowie an der Unterscheidung zwischen Klerikern und Laien. Er hält an der Messe fest. Er verwirft Wiclifs Theorie vom Fortbestehen des Brotes in der Eucharistie und er bewahrt die Begriffe der Wesensverwandlung und der Realgegenwart *vi verborum et per realem concomitantiam.* Er gibt seine Einstellungen zu diesem Punkt in Konstanz auch dann nicht auf, als seine Nacheiferer in Prag schon die Kommunion *sub utraque* eingefühlt haben. Er verwirft nicht die Ablässe und die Gemeinschaft der Heiligen, sondern er beschränkt sich darauf, die frevelhaften Ablässe zu bekämpfen, die Johannes XXIII. denen verliehen hat, die ihn in seinem Krieg gegen

1019 Grundmann, Ketzergeschichte des Mittelalters, S. 63.

1020 Molnár, Das Ketzertum; Fink, Papsttum, S. 114.

Gregor XII. unterstützten. [...] Mit der gesamten Sakramentenlehre behielt Hus insbesondere das Bußsakrament und die Ohrenbeichte. Als er in Konstanz zum Tod verurteilt war, verlangte er einen Priester, der seine Beichte hören sollte. [...] Wenngleich Hus von Wiclif die Definition der Kirche als Gemeinschaft der Prädestinierten übernommen hat, behielt er doch nicht minder den Begriff der hierarchischen Kirche bei. Er zweifelte nicht am Fegefeuer. Er griff das monastische Leben nicht an. In allen diesen Punkten blieb Hus gänzlich fern von Wiclif und verhielt sich immer zurückhaltend gegenüber den Reformisten, die ihn in Prag umgaben."[1021]

Die Frage nach der eigentlichen Häresie Hussens hat Paul De Vooght in seinem Buch *L'hérésie de Jean Huss* 1960 unter Hinweis auf die Äußerungen des Magisters über die primatiale Stellung des Papstes und dessen Einsetzung durch Jesus Christus bejaht;[1022] demgegenüber vertrat er dazu gut ein Jahrzehnt später eine weitaus vorsichtigere, abgeschwächte Auffassung:

> "Mon point de départ était que Huss était, à peine et sur la doctrine précise du pape seulement, en dehors de la vérité catholique. Je dis 'à peine', parce que les textes de Huss sur ce point sont souvent obscur, parfois même peu cohérents. Et aussi parce que les autorités thólogiques qui condemnent n'ont pas dans l'arsenal de leur jurisprudence la ressource de la 'relaxe pour insuffisance des preuves'. Elles ne jugent pas tant d'une pensée ou d'une œuvre que de sentences isolées qu'elles en dégagent. Tout en maintenant donc des réserves sur ce que Huss a vraiment pensé, j'admets qu'il est ´chappé á sa plume des declarations qui, telles quelles, étaient hérétiques, par rapport á la foi générale de l'Eglise sur le pape."[1023]

Zum Verständnis des Abweichens durch Hus wies De Vooght auf die Krisensituation in der Kirche zu Hussens Zeit hin.

Eine vermittelnde Position in der Beurteilung Hussens nahm auch der aus Mähren stammende und nach seiner Emigration in die USA in Dumbarton Oaks wirkende Priester, Byzantinist und Kirchenhistoriker Francis Dvorník (1893–1975) ein; in einer Überblicksdarstellung über die Slaven fasste er 1970 seine Sicht in den Sätzen zusammen:

[1021] De Vooght, Jan Hus beim Symposium Hussianum Pragense, S. 88 f. – In seinem *Sermo* vom 6. Juli 1416 berichtet Jakobell von Mies vom Beichthören Hussens: [...] *continuus erat* [...] *confessiones audiendo*: FRB VIII, S. 238.

[1022] De Vooght, L'hérésie de Jean Huss, 1960, S. 467 f.

[1023] De Vooght, Jean Huss, aujourd'hui, S. 45–48. – De Vooght verweist hierzu auf Arbeiten von Amedeo Molnár.

> „Im Grunde war Hus ein Katholik des Mittelalters mit allem, was für seine Zeit charakteristisch ist. Er hatte nie die Absicht, eine neue Kirche zu gründen, und betrachtete sich immer als treuer Sohn der Kirche. Er wollte sterben wie ein frommer Katholik und war erleichtert und getröstet, als man ihm einen Beichtvater gewährte, der ihm die uneingeschränkte Absolution seiner Sünden erteilte. Es gibt so viele angeblich erschwerende Umstände in seinem Verhalten, so viele zweifelhafte Gesten seitens seiner Widersacher, daß es besser ist, das letzte Urteil über Jan Hus Christus zu überlassen."[1024]

Gegenüber einer solchen vermittelnden Position hielten in der jüngeren und jüngsten Forschung vor allem der frühere Leitmeritzer und zuletzt in Prag wirkende katholische Kirchenhistoriker Jaroslav Kadlec (1911–2004), der frühere Augsburger Kirchenhistoriker und längere Zeit als „Chefhistoriker des Vatikans" tätige Walter Kardinal Brandmüller (* 1929), der frühere Leipziger Mediävist Ernst Werner (1920–1993), der bereits mehrfach genannte Prager Rechtsgelehrte Jiří Kejř sowie der Konstanzer Mediävist Alexander Patschovsky (* 1940) an der Auffassung fest, dass Hus Häretiker war und die traditionelle Kirche in ihren Grundlagen in Frage gestellt habe. 1968 hat der damalige Apostolische Administrator des Erzbistums Prag, spätere Kardinal und Prager Erzbischof František Tomášek (1965/76/77–1992) in einem Interview zur Frage der Rehabilitierung Hussens wie folgt geantwortet: „Es ist nur eine Rehabilitierung nach ihrer, ich würde sagen, menschlichen Seite möglich, mit Rücksicht auf die damalige Situation, die wirklich konfus und verworren war. Man kann heute nicht sagen, in wie langer Zeit man zur Rehabilitierung Hussens wird kommen können, soweit sie nach ihrer menschlichen, psychologischen, zeitgeschichtlichen Seite möglich ist."[1025] Zwei Jahre später stellte Jaroslav Kadlec fest: „Vom dogmatischen Standpunkt kann von einer Rehabilitierung des Hus keine Rede sein. Selbst die modernen Verteidiger halten Hus für einen Ketzer, wenn auch nicht für einen so großen, wie man bisher gemeint hatte[1026]. Für Alexander Patschovsky steht außer Frage, dass Hussens Kirchenauffassung, „das Programm für eine auf Umsturz zielende Bewegung war." Dies sei, wie die späteren Bemerkungen seiner Richter auf dem Konstanzer Konzil zu seinen „Irrtümern" zeigen, den Konzilsvätern auch vollkommen klar gewesen. Entsprechend mußten sie aus ihrer Überzeugung schließlich so handeln, wie sie handelten: Hus hatte die hierarchische Ordnung der Kirche in einer für sie kühnen und ärgerniserregenden Weise in Frage gestellt und mußte dafür zur Rechenschaft gezogen werden.[1027] Patschovsky hat damit Hus, wie der frühere Göttinger Mediävist

[1024] Dvorník, Les Slaves, S. 519.
[1025] Květy, 13. Juli 1968, Nr. 28.
[1026] Kadlec, Johannes Hus in neuem Licht? S. 168.
[1027] Patschovsky, Ekklesiologie, S. 399; Frenken, Die Erforschung, S. 280 f.

Hartmut Boockmann (1934–1998) in einem Literaturbericht vermerkte, gewissermaßen seine Radikalität zurückgegeben, womit „zugleich seinen Richtern Gerechtigkeit widerfährt".[1028]

Die Forderung nach Aufhebung des gegen Hus gefällten Todesurteils beziehungsweise einer formellen Rehabilitation ist in jüngerer Zeit in den Hintergrund getreten. Über die damit zusammenhängenden Probleme liegen zahlreiche Beiträge vor. Sie reichen von Josef Kalousek aus dem Jahr 1869 und Augustin Neumann aus dem Jahr 1931 über den marxistischen Philosophen Milan Machovec mit seiner 1963 in Prag erschienenen Schrift *Bude katolická cirkev rehabilitovat Jana Husa?* [*Wird die katholische Kirche Jan Hus rehabilitieren?*] und Jiří Kotyk bis zu eingehenden Übersichten von Jiří Kejř und Thomas A. Fudge über die bisherigen Bemühungen.[1029]

1028 Boockmann, Literaturbericht Späteres Mittelalter, S. 604.

1029 Zur Frage einer Rehabilitation Hussens: Neumann, Hus dle nejnovější literatury, S. 57–59; Machovec, Bude katolická cirkev [...]?, Polc, Johannes Hus rehabilitieren?; Kotyk, Spor o revizi Husova procesu; Kejř, Znovu o Husově rehabilitace; Fudge, Jan Hus. Religious Reform, S. 227–240.

V. Hus im heutigen ökumenischen Dialog der christlichen Kirchen

Schon während des Zweiten Vatikanischen Konzils (1962–1965) wies der Prager Erzbischof Josef Kardinal Beran (1888–1969) während seines Exils in Rom in der Debatte um die Gewissensfreiheit am 20. September 1965 auf das Beispiel Hussens hin und sprach sich für eine Klärung der Hus-Frage aus.[1030] In Deutschland setzte sich aus Anlass der Gedenkfeiern zum 550. Jahrestag der Verbrennung Hussens der Limburger Weihbischof Walther Kampe (1909–1998) nachdrücklich für eine gerechte Aufarbeitung der Husfrage in ökumenischem Sinn ein: Sein vom Optimismus der Konzilszeit getragener Beitrag *Jan Hus – Ketzer und Bekenner* wurde damals in mehreren Kirchenzeitungen in Deutschland abgedruckt. Weihbischof Kampe bezeichnete darin das Leben und Sterben Hussens als „ein großartiges Zeugnis christlichen Glaubens". Das Hussitentum sei nicht nur ein nationaler Aufstand, sondern auch der Protest der Laien gegen die klerikale Kirche gewesen. Kampe fasste die von Papst Paul VI. (1963–1978) an die getrennten Christen gerichteten Worte auch als Vergebungsbitte der Kirche zu Hus auf: „Wenn uns eine Schuld zuzuschreiben ist, so bitten wir demütig um Verzeihung, und bitten auch die Brüder um Vergebung, wenn sie sich von uns verletzt fühlen." Die Katholiken sollten nach Kampe ohne Zögern und Angst bekennen, dass die Konstanzer Richter gefehlt hätten;

> „das tschechische Volk könne so ungeteilt in Hus einen Großen verehren, ja die ganze Kirche könnte heute im Zeitalter des Ökumenismus in dem verurteilten Ketzer einen Christen erkennen, der trotz mancher theologischer Irrtümer für sein Christusbekenntnis mannhaft in den Tod gegangen ist und daher über alle konfessionellen Grenzen hinweg zu den großen Vorbildern der universalen Kirche gehört."[1031]

Von Seiten der Wissenschaft erschien vor und zum Husjubiläum von 1965 in der damaligen ČSSR, in Westeuropa und in den USA eine größere Zahl bedeutsamer Untersuchungen, die die Grundlage für das moderne Husbild schufen.

[1030] Doležalová, Hus – ein tschechischer Nationalheld? S. 23; Smrčka, Jan Hus v konfesijních dějinách, S. 45. – Šebek, Transformationen, S. 11.

[1031] Kampe, Ein ökumenisches Jahresgedächtnis.

In den achtziger Jahren des letzten Jahrhunderts zog der an der Katholischen Universität im polnischen Lublin (heute Katholische Universität Lublin Johannes Paul II./Katolicki Uniwersytet Lubelski Jana Pawła II) lehrende Philosoph und frühere Mitarbeiter Papst Johannes Pauls II. (1978–2005) Stefan Swieżawski (1907–2004) unter dem provozierenden Titel *Jan Hus – heretik nebo předchůce druhého Vatikánského sněmu* (*Jan Hus – Häretiker oder Bahnbrecher des Zweiten Vatikanischen Konzils*) Parallelen zwischen den Lehren des tschechischen Reformators und den Vorstellungen des Konzils. Hus sei kein Häretiker gewesen; einige Züge seiner Lehre von der Kirche hätten vielmehr Elemente der auf dem Zweiten Vatikanischen Konzil angenommenen Dokumente über die Kirche antizipiert.[1032] Ausfluss der Diskussion über Swieżawskis Thesen war u.a. ein Artikel des Religionsphilosophen und früheren Generalsekretärs der Tschechischen Bischofskonferenz Tomáš Halík (* 1948), der unter dem Titel *Die Rückkehr des Magisters Johannes* 1988 zuerst anonym im Untergrund erschien und dann noch mehrfach nachgedruckt wurde. Halík brachte darin die Sehnsucht zum Ausdruck, dass von höchster kirchlicher Stelle aus eine Distanzierung vom Konstanzer Urteil erfolgen solle.[1033]

Gestützt auf die vorgenannten Stellungnahmen katholischer Theologen setzte sich Papst Johannes Paul II. bei seinem Besuch in Prag 1990 für eine Neubewertung der Hus-Angelegenheit ein. In einem Grußwort an Vertreter christlicher Kirchen rief er am 21. April 1990 zur Überwindung des „Skandals der Spaltung" unter den Christen auf und sprach dabei auch die Person des Jan Hus an: Unabhängig von den von Hus vertretenen theologischen Überzeugungen dürfe diesem nicht Integrität des persönlichen Lebens und Engagement für die moralische Bildung und Erziehung der [tschechischen] Nation abgesprochen werden; es sei Aufgabe von Experten, insbesondere tschechischer Theologen, seinen Platz unter den Vertretern der Kirchenreform genauer zu bestimmen.[1034]

Tomáš Halík hob 1993 in seinem Beitrag *Es geht nicht nur um Jan Hus* die Katholizität Hussens hervor: Dieser habe den Flammentod nicht erlitten, weil er bis zum Ende seine persönlichen Reformvorstellungen und revolutionären Ansichten verfochten habe, sondern weil er es ablehnte, als seine eigenen diejenigen Ansichten anzuerkennen, die ihm seine Richter zuschrieben. Bei den meisten durch das Konstanzer Konzil verurteilten Artikeln habe er

1032 Šebek, Transformationen, S. 11; Smrčka, Jan Hus v konfesijních dějinách, S. 28. – Zur Frage des Verhältnisses zum Vaticanum II auch: Didomizio, ‚Jan Hus's De ecclesia'.

1033 Zunächst in Samisdat-Ausgaben von *Orientace* und *Teologické texty* in tschechischer Sprache publiziert; dann 1991/92 in deutscher Sprache unter dem Titel *Die Rückkehr des Magisters Johannes Hus* in der römischen Zeitschrift *Studie* Nr. 124/25 (1989), S. 357–369.

1034 Misiurek, Zur „Rechtssache Hus", S. 251; Šebek, Transformationen, S. 12.

sich auf Gott selbst berufen, er habe die Artikel so nie gelehrt; bei jenen, wo er zugegeben hatte, er habe sie gelehrt, habe er seine Richter aufgefordert, ihm nachzuweisen, dass diese Artikel nicht katholisch seien. „In seiner Todesstunde vergibt Hus seinen Feinden und betet für sie. Auf dem Scheiterhaufen betet er das katholische Credo, und er stirbt buchstäblich mit dem Namen der Jungfrau Maria auf seinen Lippen, nachdem er das dritte Mal die Antiphon *Der du von der Jungfrau Maria geboren wurdest,* gesungen hatte“ – so Halík. Um in der Husfrage zu einem abschließenden Ergebnis zu gelangen, müssen die damit zusammenhängenden Probleme nach ihm noch einmal unter folgenden vier Aspekten durchdacht werden: der Frage nach Hussens Persönlichkeit, nach seiner Lehre, nach seiner Behandlung durch das Konstanzer Konzil und nach seiner Stellung als Symbolfigur im Rahmen verschiedener Kulturkämpfe. Weniger theologische und juristische, als die vor allem durch die letztere Frage bedingten psychologischen Vorstellungen seien für den ersehnten Konsens in der Husfrage hinderlich.[1035]

Die kirchlichen Überlegungen trafen auf eine in den vorausgehenden Jahren in Tschechien wie in der Welt intensiv betriebene Husforschung und deren respektgebietende Ergebnisse. Aus anfänglichen Überlegungen zwischen holländischen Katholiken und Mitgliedern der hussitischen Kirche in Prag entwickelte sich Anfang der neunziger Jahre des letzten Jahrhunderts das Projekt einer großen internationalen und ökumenisch ausgerichteten historisch-theologischen Hus-Konferenz. An ihrem Zustandekommen waren kirchliche und staatliche Stellen in Prag – Erzbischof Miloslav Vlk, Wissenschaftler der Tschechischen Akademie der Wissenschaften und der Karlsuniversität, die päpstliche Kommission für die Förderung der Einheit der Christen und in besonderem Maß der Münchener bzw. Bochumer Historiker Ferdinand Seibt (1927–2003) – beteiligt. An dem im September 1993 in Bayreuth veranstalteten Symposium nahmen rund 150 Wissenschaftler und von den christlichen Kirchen entsandte Vertreter aus Europa und Übersee teil: Edward Idris Kardinal Cassidy (* 1924) als offizieller Vertreter des Apostolischen Stuhls, Vratislav Štěpánek (1930–2013), der Patriarch der Tschechoslowakischen hussitischen Kirche und Brünner Bischof dieser Kirche, sowie Landesbischof Gerhard Müller (* 1929) als Vertreter der Vereinigten Evangelisch-Lutherischen Landeskirche in Deutschland sprachen offizielle Grußbotschaften. Die Vorträge – mehr als drei Dutzend – liegen in tschechischer und deutscher Sprache seit 1995 bzw. 1997 vor; sie geben einen umfassenden Überblick über den damaligen Stand der Husforschung.[1036]

In einer 1993 von Miloslav Kardinal Vlk einberufenen ökumenischen *Kommission für das Studium der mit der Persönlichkeit, dem Leben und dem Werk des Magisters Johannes Hus verbundenen Problematik* wurde die Husforschung

[1035] In: Halik, „Du wirst das Angesicht der Erde erneuern“, 1993, S. 78–93.

[1036] Lašek (Hg.), Jan Hus mezi epochami; Seibt (Hg.), Jan Hus – Zwischen Zeiten.

im Hinblick auf ein für den Beginn des Heiligen Jahres 2000 geplantes weiteres internationales Hus-Symposium in der Heiligen Stadt intensiv weiter betrieben.[1037] Am 6. Juli 1995, dem 580. Jahrestag der Verbrennung Hussens nahm Erzbischof Miloslav Kardinal Vlk erstmals als offizieller Vertreter der katholischen Kirche an einem ökumenischen Gottesdienst zum Gedenken an den Reformator in der Bethlehemkapelle teil. Kirchliche Beobachter werteten die Teilnahme Vlks als „historisches Ereignis". Den Gottesdienst feierte Vlk an der Seite von Pavel Smetana (1937–2018), dem Senior der hussitischen Kirche und Vorsitzenden des Ökumenischen Rats der Kirchen in der Tschechischen Republik, der nur sechs Wochen zuvor, beim Besuch von Papst Johannes Paul II. (1920–2005, Papst seit 1978) in Prag aus Verärgerung über die damals unmittelbar bevorstehende Heiligsprechung des zwischen den Konfessionen umstrittenen katholischen Priesters Johannes Sarkander (1576–1620) aus Skotschau (Skoczów) im Teschener Land der Einladung zu einer ökumenischen Begegnung mit dem Papst in der Prager Nuntiatur demonstrativ ferngeblieben war. In der Vergangenheit war Sarkander mehrfach zu einer Art *Gegen-Hus* hochstilisiert worden. Beim Hus-Gedenkgottesdienst in der Bethlehemkapelle erinnerte Kardinal Vlk an den Auftrag Papst Johannes Pauls II. zur Aufarbeitung des „Falles Hus"; die Absicht, diesen Fall aufzugreifen, bezeichnete Vlk als Frucht des Zweiten Vatikanischen Konzils.

Vom 15. bis 18. Dezember 1999 fand in der *Aula Paolo VI* der Päpstlichen Lateran-Universität im Vatikan das seit 1993 von der Hus-Kommission geplante und vom *Zentralen Komitee für die Feier des großen Jubeljahres 2000* und der Tschechischen Bischofskonferenz in Zusammenarbeit mit der Tschechischen Akademie der Wissenschaften und der Prager Karlsuniversität ausgerichtete Hus-Symposium statt. Eine im Lauf des Jahres 2000 unter den Titel *Jan Hus ve Vatikánu* [*Jan Hus im Vatikan*] in Prag erschienene Publikation dokumentiert den Ablauf des Symposiums; ihr Untertitel lautet: *Das internationale Gespräch über einen böhmischen Reformator des 15. Jahrhunderts und dessen Rezeption am Beginn des dritten Jahrtausends.*[1038] Zu Ende des Jahres 2001 ist auch der Sammelband mit den tschechischen Fassungen der Vorträge samt Resümees in deutscher oder englischer Sprache im Druck erschienen.[1039] Nach der in diesem Sammelband abgedruckten gemeinsamen Erklärung vom 1. Januar 2000 zum Symposium in Rom von Kardinal Vlk und dem Vorsitzenden des Ökumenischen Rats der Kirchen in der Tschechischen Republik, dem evangelischen Synodalsenior Pavel Smetana, haben die Gespräche im Vatikan viel zur Annäherung in der Bewertung von Jan Hus und zum Dialog beigetragen. Das Treffen im Vatikan ist

[1037] Mečkovský, Katolická církve a moderní bádání o Janu Husovi.

[1038] Pánek/Polívka (Hgg.), Jan Hus ve Vatikánu.

[1039] Drda/Holeček/Vybíral (Hgg.): Jan Hus na přelomu tisíciletí.

> „so zu einem Zeichen der Hoffnung geworden, dass der Geist der gegenseitigen Achtung und des Verständnisses überwiegt, welcher es auch ermöglicht, Vorurteile abzulegen und sich über den Fall der Mauer, welche uns so lange trennte, zu freuen."[1040]

Von besonderer Bedeutung für die Ökumene war die Anwesenheit hoher evangelischer, hussitischer und böhmisch-brüderischer Würdenträger. Dass dem Symposium auch höchste politische Bedeutung beigemessen wurde, bewies die Teilnahme und Ansprache von Vávlav Havel (1936–2011), dem Staatspräsidenten der Tschechischen Republik.[1041] Höhepunkt des Symposiums war die Audienz, die Papst Johannes Paul II. den Teilnehmern am 17. Dezember 1999 im Apostolischen Palast gewährte. Nach der bei dieser Gelegenheit von Johannes Paul II. vorgetragenen Ansprache stellt die Diskussion über Jan Hus

> „einen wichtigen Höhepunkt dar für das tiefere Verständnis des Lebens und Werks des bekannten tschechischen Predigers, eines der berühmtesten unter den hervorragenden Magistern, die die Prager Universität hervorbrachte. Hus ist eine Gestalt, an die aus vielen Gründen erinnert werden muss. Es ist vor allem sein moralischer Mut, angesichts der Angriffe seiner Gegner und des Todes, der ihn zu einer Gestalt von besonderer Bedeutung für das tschechische Volk gemacht hat, ein Volk, das im Lauf der Jahrhunderte schwer geprüft wurde."

Im Anschluss daran hob Johannes Paul II. die Internationalität und Interkonfessionalität des Symposiums hervor und fuhr dann fort:

> „Heute [...] fühle ich mich verpflichtet, mein tiefes Bedauern über den grausamen Tod, zu dem Hus verurteilt wurde, und für den daraus folgenden Schlag, eine Quelle der Konflikte und der Spaltung, die dadurch in den Gedanken und Herzen des tschechischen Volkes entstand, auszudrücken. [...] Die Wunden der vergangenen Jahrhunderte müssen durch Vermittlung neuer Gesichtspunkte und Perspektiven sowie durch Einführung ganz neuer Beziehungen geheilt werden. Möge unser Herr Jesus Christus, der unser Friede ist, und die Mauer, die teilte, zerstört hat (Eph 2,14), den Weg der Geschichte ihres Volkes zur wiedergefundenen Einheit aller Christen führen."[1042]

1040 Ebd., S. 30 f. (Zitat S. 31).

1041 Abdruck ebd., S. 676–679; deutsche Übersetzung S. 680–684..

1042 Abdruck der Ansprsche Papst Johannes Pauls II. ebd., S. 685 f.; deutsche Übersetzung S. 687–689 (Zitate S. 687 f.). – Dazu: Pánek/Polívka (Hgg.), Jan Hus ve

Einen entscheidenden Schritt auf dem Weg zum besseren Verständnis der gegen Hus geführten Prozesse bedeutete das im Jahr 2000 in tschechischer und 2005 in deutscher Fassung erschienene Buch von Jiří Kejř, dem 2015 verstorbenen Nestor der tschechischen Husforschung, über *Die Causa Johannes Hus und das Prozessrecht der Kirche.* Kardinal Vlk hat der deutschen Fassung ein Vorwort beigegeben, in dem er schieb:

> „Ich [so Vlk] sehe das Buch als Abschluss des ‚Grabenkrieges' zweier ‚Fronten' um die Wahrheit. Ich sehe es als Krönung des Dialogs und der Diskussionen innerhalb der ökumenischen Huskommission in den Jahren 1993–1999. Wenn der Leser beim Studium der wichtigen Ergebnisse von Kejřs Arbeit die gleiche Haltung einnimmt, dann wird er von der Lektüre nicht nur großen fachwissenschaftlichen Nutzen haben, sondern sie wird ihn den Ansichten der Fachwissenschaftler beider ‚Lager', die am selben Werk arbeiten, näher bringen. Der Magister Johannes Hus wird aufhören, uns zu trennen, und die Wahrheit in der Liebe wird uns frei machen' (Joh 8,32)."[1043]

Von polnischer Seite wies der in enger Verbindung zur der Katholischen Universität in Lublin stehende Theologe Krzysztof Moskal (* 1968), Redakteur des Verlags Biblos der Diözese Tarnów, mit einer eingehenden historisch-dogmatischen Untersuchung zur Ekklesiologie Hussens im Traktat *De ecclesia – „Aby lud był jeden ...". Eklezjologia Jana Husa w traktacie „De ecclesia"* [*„Damit das Volk eins sei ..." Die Ekklesiologie von Jan Hus im Traktat „De ecclesia"*] – 2003 auf aus Sicht des Zweiten Vatikanischen Konzils mögliche Interpretationen einzelner theologischer Aussagen hin, im Besonderen zur Prädestination. Nach Moskal kann der Begriff der Kirche als Gesamtheit der Vorherbestimmten bei Hus

> „auch katholisch interpretiert werden, und zwar nicht nur, weil er vom hl. Augustinus stammt, sondern vor allem weil er die Kirche als Volk versteht, das sich Gott aus den Menschen aller Zeiten und aller Nationen bereitet hat; eines Volkes, dessen einziges Haupt Christus ist [...]. In diesen nicht immer ganz präzisen Formulierungen lebte die Wahrheit von der Kirche als ‚Volk Gottes' und als ‚Gemeinschaft der Heiligen' fort, an die das 2. Vatikanische Konzil in seiner Dogmatischen Konstitution ‚Lumen gentium' erinnert."[1044]

Vatikánu, S. 111; Šebek, Transformationen, S. 12; Doležalová, Hus und die heutige Kirche, S. 211, 213.

1043 Kejř, Die Causa Johannes Hus, S. 8 f. (Zitat S. 9).

1044 Moskal, „Aby lud był jeden ...", S. 309 f.

Im Vorfeld des Gedächtnisses an den Tod des Jan Hus vor 600 Jahren und im Gedenkjahr 2015 sind mehrere Biographien und eine große Zahl einschlägiger und weiterführender Forschungen erschienen, für welche an dieser Stelle auf die Literaturzusammenstellung im Anhang verwiesen sei.[1045]

Im Gedenkjahr selbst fanden in Prag, Rom, Konstanz und an anderen Orten zahlreiche Gedenkveranstaltungen, vielfach ausdrücklich mit ökumenischer Ausrichtung statt, auf die hier nur pauschal hingewiesen werden soll. Papst Franziskus ernannte am 8. Mai 2015 den emeritierten Prager Erzbischof Miloslav Kardinal Vlk zu seinem Delegaten für das Hus-Gedenkjahr. Wenige Wochen vor dem Gedenktag an Hussens Tod vor 600 Jahren empfing Papst Franziskus am 15. Juni 2015 eine von Kardinal Vlk, dem Synodalsenior Joel Ruml von der Evangelischen Kirche der Böhmischen Brüder und von Patriarch Tomáš Butta von der Tschechoslowakischen Hussitischen Kirche geleitete Delegation aus der Tschechischen Republik, der auch angesehene Hussitologen wie Jaroslav Šebek von der Tschechischen Akademie der Wissenschaten angehörten. In der Ansprache an die Delegierten knüpfte Papst Franziskus an das tiefe Bedauern seines inzwischen heiliggesprochenen Vorgängers Johannes Paul II. über den Tod Hussens beim Internationalen Symposium von 1999 im Vatikan an:

> „Im Licht dieses Ansatzes muss die Untersuchung der Person und des Wirkens von Jan Hus fortgesetzt werden, denn lange Zeit war er ein Streitpunkt zwischen Christen, während er heute zum Gegenstand des Dialogs geworden ist. Diese Untersuchung, die ohne ideologische Voreingenommenheit durchgeführt werden muss, wird ein wichtiger Dienst an der historischen Wahrheit sowie an allen Christen und an der ganzen Gesellschaft sein, auch über die Grenzen eurer Nation hinaus."[1046]

Bei dem in der Kapelle des päpstlichen Studienhauses Nepomucenum gefeierten Gottesdienst predigte Kardinal Walter Kasper zu 2 Kor 5,20 f. über die frohe Botschaft der Versöhnung, die gerade auch der ökumenischen Bewegung als Aufgabe aufgetragen sei und würdigte Hus als einen tiefen Kenner der Heiligen Schrift, großen Prediger und Reformer der Kirche, der für einen Glauben nach dem Evangelium und eine authentische Kirche kämpfte. Die von der ökumenischen Hus-Kommission in der Tschechischen

1045 Zu nennen sind insbesondere Arbeiten von Šmahel, Halama, Fudge, Krzenck und Soukup.

1046 Online abrufbar unter: http://w2.vatican.va/content/francesco/de/speeches/2015/june/documents/papa-francesco20150615anniversario-jan-hus.html. – Doležalová, Hus – ein tschechischer Nationalheld? S. 24. – Zur Stellungnahme von Papst Franziskus zur Person und mm Wirken Hussens jetzt auch: Link, Meilensteine zur Heilung, S. 148–152.

Republik vorbereitete Liturgie wurde wenige Tage später auch in Prag in der Teinkirche am Altstädter Ring und in weiteren Kirchen in Tschechien gefeiert (20. Juni 2015).

Am 5./6. Juli 2015 fanden auf dem Altstädter Ring und in den umliegenden Kirchen Prags die von der Evangelischen Kirche der Böhmischen Brüder und der Hussitischen Kirche veranstalteten großen Hus-Feierlichkeiten statt.[1047] Im Konstanzer Münster fand am 6. Juli 2015 ein feierlicher ökumenischer Gottesdienst statt. Die Konstanzer Arbeitsgemeinschaft christlicher Kirchen hat zu diesem Termin eine Erklärung veröffentlicht, in der auch von ihrer Seite das Bedauern über den Tod Hussens ausgesprochen wurde.[1048]

Ausgehend von der „Causa Hus" haben in jüngster Zeit der Berliner Theologe und Kulturwissenschaftler Manfred Richter mit einem umfangreichen „Essay zum Ökumenismus" sowie Hans Georg Link und Dorothea Sattler mit Vorschlägen zu gemeinsamen liturgischen Feiern der christlichen Gemeinschaften konkrete Schritte auf dem Weg zur erstrebten Einheit aufgezeigt.[1049]

***

Die Frage einer formellen Rehabilitation Hussens ist in letzter Zeit in den Hintergrund getreten. In der jüngsten Diskussion wird demgegenüber sein priesterliches Leben, seine moralische Integrität, sein Reformwillen und sein bis zum Ende auf dem Scheiterhaufen bekundeter Christusglauben betont. Leitende Persönlichkeiten der christlichen Kirchen haben mehrfach die Bereitschaft bekundet, gemeinsam mit den Gläubigen über noch vorhandene konfessionelle und geistige Grenzen hinweg Hus in ökumenischem Geist als große Gestalt der Geschichte und des Glaubens anzuerkennen. Der tschechische Religionsphilosoph Anton A. Funda (* 1943) hat Hus in einer Reihe von 12 großen Theologen des Mittelalters als „Märtyrer des moralischen Anspruchs" gewürdigt.[1050] Eva Doležalová hat ihren eigenen Beitrag zu einer Vortragsreihe der Katholischen Akademie in Bayern zum Gedenken an Jan Hus am 6. Juli 2015 im Anschluss an die zitierten Worte von Papst Franziskus mit dem Plädoyer beschlossen: „Der Nachlass von Jan Hus bleibt mit uns wie ein stilles, sanftes Sausen. Hören wir ihm zu."[1051]

[1047] Online abrufbar unter: www.hus-fest.eu.

[1048] Online abrufbar unter: http://www.ack-konstanz.de/2015/02/04/zentrale-gedenkwochenende-zum-jan-hus-jahr/.

[1049] Richter, Oh sancta simplicitas! – Link/Sattler (Hgg.), Zeit der Versöhnung.

[1050] In: Köpf (Hg.), Theologen des Mittelalters, S. 228–242.

[1051] Doležalová, Hus – tschechischer Nationalheld? S. 24.

VI. Verzeichnisse der Siglen und Abkürzungen, der Editionen und Übersetzungen der Werke des Jan Hus, der Editionen sonstiger Quellen sowie der Literatur zu Hus

Siglen und Akürzungen

Abb.	Abbildung(en)
ACC	Acta Concilii Constanciensis
AHC	Annuarium Historiae Conciliorum
AK	Ausstellungskatalog (jeweils mit Ausstellungsort und -jahr)
Anm.	Anmerkung(en)
AUC–HUCP	Acta Universitatis Carolinae – Historia Universitatis Carolinae Pragensis
AUC–PhiletHist	Acta Universitatis Carolinae – Philosophica et Historica
Ber.	Hus in Konstanz. Der Bericht des Peter von Mladoniowitz [mit den Hus-Briefen aus Konstanz], übers. v. Josef Bujnoch (Slavische Geschichtsschreiber III), Graz/Wien/Köln 1963
BRRP	The Bohemian Reformation and the Religious Practice
B/S	František M. Bartoš/Pavel Spunar, Soupis pramenů k literární činnosti M. Jana Husa a M. Jeronýma pražského. Catalogus fontium M. Iohannis Hus et Hieronymi Pragensis, Praha 1965
CC CM	Corpus Christianorum – Continuatio Mediaevalis
Const.	Constanciensia, edd. Helena Krmíčková/Jana Nechutová/Dušan Coufal/Jana Fuksová/Lucie Mazalová/Petra Mutlová/Libor Švanda/Soňa Žákovská/Amedeo Molnár, Turnhout 2017 (MIHO XXIV, CC CM 274)
Doc.	Documenta Mag. Iohannis Hus vitam, doctrinam, causam in Constantiensi concilio actam et controversias de religione in Bohemia annis 1403–1418 motas illustrantia, ed. František Palacký, Pragae 1869 (ND Osnabrück 1966)
ed., edd.	ediert, herausgegeben von
FRB	Fontes rerum Bohemicarum
gen.	genannt
H&M	Iohannis Hus et Hieronymi Pragensis confessorum Christi Historia et Monumenta, Norimbergae 1558
Hg., Hgg., hg.	Herausgeber, herausgegeben von

Inc.	Incipit
Kor.	M. Jana Husi korespondence a dokumenty, ed. Václav Novotný (Spisy M. Jana Husi 9), Praha 1920
LMA	Lexikon des Mittelalters
LThK	Lexikon für Theologie und Kirche
MIHO	Magistri Iohannis Hus Opera omnia
ND	Nachdruck, Neudruck
Rel.	Petri de Mladoniowicz Relatio de magistro Johanne Hus, ed. Václav Novotný, in: Fontes rerum Bohemicarum, Tom. VIII, Praha 1932, S. 25–120
SPČHN	Spisy M. Jana Husi (Sbírka pramenů českého hnuti náboženského ve XIV. a XV. století)
StR	Studie o rukopisech
Tract.	Johann Loserth (Hg.), Beiträge zur Geschichte der husitischen Bewegung III: Der Tractatas de longevo schismate des Abtes Ludolf von Sagan, in: Archiv für österreichische Geschichte 60 (1880), S. 343–561
VCC	Veröffentlichungen des Collegium Carolinum
VL	Verfasserlexikon. Die deutsche Literatur des Mittelalters
Vlg	Vulgata

Editionen und Übersetzungen der Werke des Jan Hus

Editionen und Übersetzungen vor 1900

Dat bokeken van deme repe. De uthlegginge ouer den louen, ins Niederdeutsche übertragen von Johann von Lübeck, Lübeck [um 1480/85]; ND ed. Amedeo Molnár (Nikolaus Ludwig von Zinzendorf. Materialien und Dokumente I/2), Hildesheim/New York 1971.

Ioannis Hus et Hieronymi Pragensis confessorum Christi Historia et monumenta I–II, ed. Matthias Flacius Illyricus, 2 Bde., Norimbergae [1]1558 (zitiert: HIM), ND [2]1715.

1558/I : darin u.a.: Septem tractatus Constancienses, S. 29v–42r; De sanguine Christi sub specie vini, fol. 42r–44r; De sufficientia legis Christi, fol 44v–48r; De fidei suae elucidatione, fol 48v–51v; De pace, fol. 52r–56v; De arguendo clero, fol.149r–153v; De tribus dubiis, fol. 167v–169r; De credere, fol. 169v–170v; De indulgentiis (De cruciata), fol. 174r–189r.

1558/II : darin u.a.: Diliges dominum Deum tuum, fol. 27v–31v; State succincti, fol. 32r–36v; Ait dominus servo suo, fol. 47r–48r; Explicatio in septem priora capita primi epistulae sancti Pauli ad Corinthios, fol. 83r–104r; Super canonicas, fol. 105r–228v; Enarratio psalmorum, fol. 229r–339r.

Postylla Swatie pamieti M. Jana Husy, edd. J. Montan/U. Neyer, Nürnberg [1]1563, [2]1564, [3]1592.

Sebrané spisy české. Z nejstarších známých pramenů [Gesammelte tschechische Schriften. Nach den ältesten bekannten Quellen], ed. Karel Jaromir Erben, 3 Bde., Praha 1865–1868.

Documenta Ioannis Hus vitam, doctrinam, causam illustrantia, ed. František Palacký, Praha 1869, ND Osnabrück 1966; darin: Obrana proti žalobám z let 1409–1411, S. 164–185; Responsiones ad articulos Palecz, S. 204–224; Responsum ultimum, S. 225–233.

Reihenwerke nach 1900

Spisy M. Jana Husi (Sbírka pramenů českého hnuti náboženského ve XIV. a XV. století) [Schriften des Magisters Jan Hus. Sammlung der Quellen der *böhmischen religiösen Bewegung im XIV. und XV. Jahrhundert*] (= SPČHN):

Bd. 1: Expositio Decalogi, ed. Václav Flajšhans, Praha 1903 (SPČHN 1);

Bd. 2: De corpore Christi, ed. Václav Flajšhans, Praha 1903 (SPČHN 2);

Bd. 3: De sanguine Christi glorificato, ed. Václav Flajšhans, Praha 1903 (SPČHN 3);

Bde. 4–6: Super IV Sentenciarum I–III, edd. Václav Flajšhans/Marie Komínková, Praha 1904–1906 (SPČHN 4–6);

Bde. 7–8: Sermones de sanctis I–II, ed. Václav Flajšhans, Praha 1907 (SPČHN 7–8);

Bd. 9: M. Jana Husi Korespondence a dokumenty [Korrespondenz und Dokumente des Magisters Johannes Hus], ed. Václav Novotný, Praha 1920 (SPČHN 14 = Spisův M. Jana Husi 9);

Bd. 10: Mistra Jana Husi Tractatus responsivus. Z jediného rukopisu Cod. C 116 metropolitní kapitulní knihovny v Praze po prvé vydal [Magister Johannes Hussens Tractatus responsivus. Nach der einzigen Handschrift Cod. C 116 der Bibliothek des Metropolitankapitels in Prag erstmals ediert], ed. Samuel Harrison Thomson, Praha 1927 (SPČHN 10).

Neue Gesamtausgabe:

Magistri Iohannis Hus Opera omnia (= MIHO) bzw. *Corpus christianorum. Continuatio mediaevalis* (= CC CM):

Bereits erschienen:

Výklady [Auslegungen], ed. Jiří Daňhelka, Praha 1975 (MIHO I): Výklad víry, S. 63–105; Menší výklad na vieru, S. 105–112; Výklad desatera, S. 113–327; Výklad kratší na desatera, S. 327–329; Výklad na Páteř, S. 330–391; Menší výklad na Páteř, S. 391 f.

Česká nedělní postila [Tschechische Sonntagspostille], ed. Jiří Daňhelka, Praha 1992 (MIHO II).

Česká sváteční postila [Tschechische Feiertaggspostille], ed. Jiří Daňhelka, Praha 1995 (MIHO III).

Drobné spisy české [Kleine tschechische Schriften], ed. Jiří Daňhelka, Praha 1955 (MIHO IV): Výklad piesniček Šalomúnových, S. 51–131; Zrcadlo hřiešníka větší, Zrcadlo hřiešníka menší, S. 132–146; Dcerka – O poznání cěsty pravé k spasení, S. 163–186; Knížky o svatokupectví, S. 187–270; O šesti bludiech, S. 271–296; O manželství, S. 297–311; Knížky proti knězi kuchmistrovi, S. 312–323, Katechismus, S. 325–329; Jádro učení křesanského, S. 330–333; O hřieše, S. 334–337; O víře, S. 338–345; Devět kusóv zlatých, S. 346; Hus-Lieder, S. 348–359.

Sermones de tempore qui Collecta dicuntur, ed. Anežka Schmidtová, Praha 1959 (MIHO VII).

Passio Domini nostri Iesu Christi, ed. Anežka Vidmanová-Schmidtová, Praha 1973 (MIHO VIII): Sermo in cena Domini coram populo habitus, S. 17–45; Passio Domini Iesu Christi, S. 47–249.

Lectionarium bipartitum, Pars hiemalis, ed. Anežka Vidmanová-Schmidtová, Praha 1988 (MIHO IX).

Postilla adumbrata, ed. Bohumil Ryba, Praha [1]1975 (MIHO XIII), Turnhout [2]2015 (CC CM 261).

Die an dieser Stelle (MIHO XIV) ursprünglich vorgesehen Edition der Dicta de tempore als Dubium jetzt unter MIHO XXVI A Dubia 1 (CC CM 239, 239 A).

Enarratio psalmorum (Ps. 109–118), edd. Jana Nechutová/Helena Krmíčková/Dušan Coufal/Jana Fuksová/Petra Mutlová/Anna Pumprová/Dana Stehlíková/Libor Švanda, 2 Bde., Turnhout 2013 (MIHO XVII, CC CM 253).

Sermones academici: Positiones – Recommendationes – Sermones., ed. Anežka Schmidtová, Praha 1958 (MIHO XIX): Positiones: Multi sunt vocati, S. 21–25; Probetis pociora, S. 26–32. Recommendationes, S. 35–93, darunter: Veniat cuculus für Martin Cunsso de Praga (1400), S. 55–61. Sermones: Abiciamus opera tenebrarum (1404), S. 99–113, Vos estis sal terre I (1407), S. 114–118; Confirmate corda vestra (1409), S. 119–130; Ite et vos in vineam meam (1410), S. 131–139; Spiritum nolite extinguere (1410), S. 140–148; Vos estis sal terre II (1410), S. 149–156; Dixit Martha ad Iesum (1411), S. 157–178.

Questiones, ed. Jiří Kejř, Turnhout 2004 (MIHO XIX A, CC CM 205): darunter: Quaestio de lege divina, S. 17–22 (1408); Quaestio de vera felicitate (1409), S. 33–49; Quaestio de credere (1411), S. 57–66; Quaestio de indulgentiis (de cruciata) (1412), S. 67–155; Quaestio de supremo rectore (1408/12), S. 169–175; Quaestio de Moyse kegislatore, opus dubium (1412), S. 177–192.

Quodlibet: Disputationis de Quolibet Pragae in Facultate Artium Mense Ianuario anni 1411 habitae Enchiridion, ed. Bohumil Ryba, Praha [1]1948 (MIHO XX), Turnhout [2]2006 (CC CM 211).

Polemica, ed. Jaroslav Eršil, Praha [1]1966 (MIHO XXII), Turnhout [2]2010 (CC CM 238): De libris hereticorum legendis, S. 19–37 bzw. S. 1–22; Defensio libri De Trinitate, S. 39–56/23–43; Contra Iohannem Stokes, S. 57–70/45–61; Contra occultum adversarium, S. 71–197/63–108; Contra predicatorem Plznensem, S. 111–128/109–132; Contra cruciatam, S. 129–139/133–144; Defensio articulorum Wyclif, S. 141–232/145–257; Contra Stephanum Palecz, S. 233–369/259–303; Contra Stanislaum de Znoyma, S. 271–367/305–425; Contra octo doctores, S. 369–488/427–574.

Constanciensia, edd. Helena Krmíčková/Jana Nechutová/Dušan Coufal/ Jana Fuksová/Lucie Mazalová/Petra Mutlová/Libor Švanda/Soňa Žákovská/Amedeo Molnár (†), Turnhout 2017 (MIHO XXIV, CC CM 274): Sermo de pace, S. 1–38; De sufficiencia legis Christi, S. 39–79; De fidei suae elucidacione, S. 81–98; Autographum Vindobonense, S. 99–102; De sumpcione sanguinis Cristi Iesu sub specie vini, S. 103–116; De mandatis Dei et de oracione dominica, S. 117–140; De cognicione Dei, S. 141–149; De tribus hostibus hominis, S. 151–157; De penitencia, S. 159–167; De matrimonio, S. 169–181; De sacramento corporis et sanguinis Domini, S. 183–210; Responsiones ad deposicionis testium contra M. Iohannem Hus, S. 211– 243; Responsiones ad articulos Wyclef, S. 245–253; Responsiones ad articulos Páleč, S. 255–290; Responsiones breves ad articulos ultimos, S. 291–306. – Zitiert : Const.

Dicta de tempore magistro Iohanni Hus attributa, ed. Jana Zachová, apographo a Bohumil Ryba (†) confecto usa, 2 Bde., Turnhout 2011 (MIHO XXVI A Dubia 1 = CC CM 239, 239 A).

Hieronymus de Praga, Quaestiones, Polemica, Epistulae, edd. František Šmahel/Gabriel Silagi (MIHO XXVIIA, Suppl. I = CC CM 222), Turnhout 2010.

Magistri Iohannis Hus Opera omnia (= MIHO) bzw. *Corpus christianorum. Continuatio mediaevalis* (= CC CM)

Noch nicht erschienene Bände:

Puncta (MIHO V).
Sermones de sanctis (MIHO VI).
Lectionarium bipartitum – Pars aestivalis (MIHO X).
Quadragesimale (MIHO XI).
Sermones in Bethlehem (MIHO XII).
Sermones varii (MIHO XV) (darunter: Synodalpredigten, De oboedientia).

Super canonicas epistolas – Explicacio I. Cor. (MIHO XVI).
Exposicio decalogi, Super Pater noster, Super Credo, De quadruplici sensu (MIHO XVII A).
Super quatuor Sentenciarum (MIHO XVIII).
Tractatus annorum 1408–1412 (MIHO XXI) (darunter: De corpore Christi, De quinque officiis sacerdotis, De sex erroribus, O šesti bludiech).
De ecclesia (MIHO XXIII).
Epistule et documenta (MIHO XXV).
Dubia (MIHO XXVII) (darunter: De orthographia Bohemica).

Ausserhalb der vorgenannten Reihen erschienene Werke Hussens einschliesslich Übersetzungen

František M. Dobiáš/Amedeo Molnár (edd.), Sermo de pace. Řeč o míru, Praha ^{1}1963, ^{2}1995.
– O Církvi [Über die Kirche], (Památky staré literatury české 29), Praha 1965.
– Husova výzbroj do Kostnice [Hussens Ausrüstung für Konstanz], Praha 1965.
Václav Flajšhans (ed.), Sermones in capella Bethlehem 1410–1411, 6 Teile (Věstník Kralovské české společnosti nauk), Praha 1938–1947.
Alois Grégr/Josef Hrabák (edd.), Knížky o svatokupectví [Bücher über die Simonie], Praha 1954.
Josef Bürck Jeschke (ed.), Postilla. Vyloženie svatých čtení nedělných [Postille. Auslegungen der heiligen Sonntagslesungen] (Spisy Komenského evangelické fakulty bohoslovecké A 20), Praha 1952.
Armin Kohnle/Thomas Krzenck (Hgg.), Johannes Hus deutsch, Leipzig 2017.
Gerhard Messler (übers.), Sermo de pace. Die Konstanzer Friedensrede des Magisters Johannes Hus, in: Erik Turnwald (Hg.), Vom unteilbaren Frieden, (Johannes-Matthesius-Gesellschaft, Studien und Dokumente 4/5), Kirnbach ^{2}1971, S. 33–50.
Bohumil Ryba (ed.), Quodlibet – Disputationes de quolibet Pragae in facultate artium mense ianuario anni 1411 habitae enchiridion, Praha 1948.
– Betlémské texty, Praha 1951; darin: De sex eroribus, S. 39–63 (Anmerkungen S. 165– 183); O šesti bludiech, S. 65–104 (Anmerkungen S. 184–208).
Walter Schamschula (Hg.), Jan Hus, Schriften zur Glaubensreform und Briefe der J. 1414–1415 (Sammlung Insel 49), Frankfurt a.M. 1969.
Anežka Schmidtová(-Vidmanová) (ed.), Positiones, recommendationes, sermones. Universitní promluvy [Universitätsansprachen], Praha 1958.
Evžen Stein (Hg.), M. Jan Hus jako universitní rektor a profesor. Výbor z jeho projevů [Magister Jan Hus als Rektor und Professor. Eine Anthologie seiner Reden], hg. von Bohumil Ryba (Sloupové pamětní 5), Praha 1948.

František Šimek/Miloslav Kaňak (edd.), Česká kázání sváteční [Böhmische Feiertagspredigten], Praha 1952.

Samuel Harrison Thomson (ed.), Four unpublished Questiones of John Hus, in: Medievalia et Humanistica 7 (1952), S. 71–88.

S. Harrison Thomson (ed.), Mistr Jan Hus, Tractatus de ecclesia (Spisy Komenského evangelické fakulty bohoslovecké A/XXII), Praha 1958 (hier zitiert: Hus, De ecclesia, ed. Thomson); zuvor bereits erschienen: Boulder/Colorado 1956.

Editionen und Übersetzungen sonstiger Quellen zu Hus

Giuseppe Alberigo/Josef Wohlmuth (Hgg.), Conciliorum oecumenicorum decreta. Dekrete der ökumenischen Konzilien, Bd. 2, Paderborn 2000.

Johannes Barbatus, Passio etc. secundum Johannem Barbatum, rusticum quadratum, ed. Václav Novotný, in: FRB VIII, S. 14–24.

Josef Bujnoch (Übers.), Hus in Konstanz. Der Bericht des Peter von Mladoniowitz (Slavische Geschichtsschreiber III), Graz/Wien/Köln 1963 (abgekürzt zitiert: Ber.).

Jacobellus von Mies, Tractatus responsivus, ed. S. Harrison Thomson (Sbírka pramenů českého hnutí náboženského ve XIV. a XV. století), Praha 1927.

Jacobus Cerretanus, Liber gestorum, edd. Heinrich Finke/Johannes Hollnsteiner, in: ACC II, S. 171–348.

Chronicon universitatis Pragensis, ed. Jaroslav Goll, in: FRB V, Praha 1893, S. 565–588.

Heinrich Denzinger/Peter Hünermann (unter Mitarbeit von Helmut Hünermann) (Hgg.), Enchiridion symbolorum, definitionum et declarationum de rebus fidei et morum, Freiburg/Basel/Wien [44]2014.

Josef Emler (Hg.), Cronica ecclesie Pragensis, in: FRB IV, Praha 1884, S. 459–548.

Jaroslav Eršil (Hg.), Acta summorum pontificum res gestas Bohemicas aevi praehussitici et hussitici illustrantia, Pars 1: Acta Inocentii VII., Gregorii XII., Alexandri V., Johannis XXIII. nec non acta concilii Constantiensis, 1404–1417, Pragae 1980;
Pars 2: Acta Clementis VII. et Benedicti XIII., 1378–1417, Pragae 1980.

Zdeněk Fiala (ed.), Petra z Mladoňovic Zpráva o mistru Janu Husovi v Kostnici [Der Bericht des Peter von Mladoniowitz über Hus in Konstanz], Praha 1965.

Heinrich Finke/Johannes Hollnsteiner/Hermann Heimpel (Hgg.), Acta Concilii Constantiensis, 4 Bde., Münster 1896–1928 (abgekürzt zitiert: ACC) (in Bd. IV: Das Konzil, Hus und Böhmen, bearb. von František M. Bartoš, S. 503–519).

Franciscus Pragensis, Chronicon, ed. Jana Zachová (FRB Series Nova I), Praha 1997.

Jaroslav Goll (Hg.), Chronicon universitatis Pragensis, in: FRB V, S. 565–588.

Hermann von der Hardt (Hg.), Magnum Ocumenicum Constantiense Concilium De Universali Ecclesiae Reformatione, Unione et Fide, 7 Bde., Frankfurt a.M./Leipzig 1696–1700, 1742.

Martin Hattala (Hg.), Besední řeči Tomáše ze Štítného. Podłe rukopisu budyšínského [Gesprächsreden des Thomas von Štítný. Nach der Bautzener Handschrift], Praha 1897.

[Václav Havel,] Kundgebung des Präsidenten der Tschechischen Republik Václav Havels auf dem internationalen Symposium über Magister Jan Hus (Päpstliche Lateran-Universität, Vatikan 17. Dezember 1999), in: Drda/Holeček/Vybíral (Hgg.), Jan Hus, 2001, S. 680–684.

Hermann Heimpel, Drei Inquisitions-Verfahren aus dem Jahre 1425. Akten der Prozesse gegen die deutschen Hussiten Johannes Drändorf und Peter Turnau sowie gegen Drändorfs Diener Martin Borchard (Veröffentlichungen des Max-Planck-Instituts für Geschichte 24), Göttingen 1969.

Ivan Hlaváček (ed.), Ze zpráv doby husitské [Nachrichten aus der Hussitenzeit], Praha 1981.

Ivan Hlaváček/Zdeňka Hledíková (Hgg.), Protocollum visitationis archidiaconatus Pragensis annis 1379–1382 per Paulum de Janowicz archidiaconum Pragensem factae, Pragae 1973.

Konstantin Höfler (Hg.), Geschichtschreiber der husitischen Bewegung in Böhmen, 3 Bde. (Fontes rerum Austriacarum, Scriptores II/1, VI/2, VII/3), Wien 1856–1866.

[Jacobellus von Mies,] Sermo habitus in Bethlehem [...] in memoriam novorum martyrum M. Johannis Hus et M. Hieronymi [6. Juli 1416], ed. Václav Novotný, in: FRB VIII, S. 230–242.

Jacobi de Noviano, Mgri. Parisiensis, Disputatio cum Hussitis Pragae a. 1408 habita, ed. Joannes Sedlák (Tractatus causam Magistri Joannis Hus e parte catholica illustrantes Fasc. I), Brunnae 1914.

[Johannes Paul II.,] Ansprache des Papstes Johannes Paul II. an die Teilnehmer des römischen Symposiums über M. Jan Hus (Päpstliche Lateran-Universität, 15.–18.12.1999) bei der Audienz in der Vatikanischen Sala del Concistorio, in: Drda/Holeček/Vybíral (Hgg.), Jan Hus (2001), S. 687–689.

Johannes von Holleschau, An credi possit in papam, in: Sedlák, Miscellanea husitica, ed. Polc,1996, S. 521–542.

Helena Krmíčková/Jana Nechutová/Dušan Coufal/Jana Fuksová/Lucie Mazalová/Petra Mutlová/Libor Švanda/Soňa Žákovská/Amedeo Molnár (edd.), Constanciensia, Turnhout 2017 (MIHO XXIV, CC CM xxx) (abgekürzt zitiert : Const.).

Johann Loserth (Hg.), Beiträge zur Geschichte der husitischen Bewegung III: Der Tractatus de longevo schismate des Abtes Ludolf von Sagan, in:

Archiv für österreichische Geschichte 60 (1880), S. 343–561 (abgekürzt zitiert: Tract.); IV: Die Streitschriften und Unionsverhandlungen zwischen den Katholiken und Husiten in den Jahren 1412 und 1413, ebd., 75 (1889), S. 287–413; V. Gleichzeitige Berichte und Actenstücke zur Ausbreitung des Wiclifismus in Böhmen und Mähren von 1410 bis 1419, ebd., 82 (1895), S. 327–418.

Ivan Müller (ed.), Commentarius in De universalibus Iohannis Wyclif Stephano de Palecz ascriptus, Praha 2009.

Jana Nechutová/Jana Fuksová (Hgg.), Mistr Jan Hus v polemice a za katedrou. Překlady, komentáře a poznámky [Magister Jan Hus in Polemik und hinter dem Katheder. Übersetzungen, Kommentare und Anmerkungen], Brno 2015.

Václav Novotný (ed.), M. Jana Husi korespondence a dokumenty (Spisy M. Jana Husi 9), Praha 1920 (abgekürzt zitiert: Kor.).

Václav Novotný (ed.), Petri de Mladoniowicz Relatio de magistro Johanne Hus, in: FRB VIII, Praha 1932, S. 25–120 (abgekürzt zitiert: Rel.).

[Peter von Mladoniowitz,] Historické spisy Petra z Mladoňovice a jiné zprávy a paměti o M. Janovi Husovi a M. Jeronymovi z Prahy [Historische Schriften des Per von Mladoniowitz und andere Berichte und Denkmäler zu Jan Hus und Hieronymus von Prag], ed. Václav Novotný (FRB VIII), Praha 1932.

[Peter von Mladoniowitz,] Hus in Konstanz. Der Bericht des Peter von Mladoniowitz [mit den Hus-Briefen aus Konstanz], übers. von Josef Bujnoch (Slavische Geschichtsschreiber III), Graz/Wien/Köln 1963.

František Palacký (ed.), Documenta Mag. Iohannis Hus vitam, doctrinam, causam in Constantiensi concilio actam et controversias de religione in Bohemia annis 1403–1418 motas illustrantia, Pragae 1869 (ND Osnabrück 1966) (abgekürzt zitiert: Doc.).

Jaroslav V. Polc/Zdeňka Hledíková (edd.), Pražské synody a koncili předhusitské doby [Prager Synoden und Konzilien der vorhussitischen Zeit], Praha 2002.

Jan Sedlák (ed.), Eucharistické traktaty Stanislava ze Znojma, in: Hlídka 23 (1906), S. 6–12, 186–192; 287–291, 357–360.

Matthias von Janov, Regulae Veteris et Novi Testamenti, edd. Vlastimil Kybal/Otakar Odložilík, Bde. 1–4, Oeniponte 1908–1913, Bd. 5, Praha 1926 (Lib. I–IV); Bd. 6, edd. Jana Nechutová/Helena Krmíčková (VCC 69), München 1993 (Lib. V).

Jürgen Miethke/Lorenz Weinrich (Hgg.), Quellen zur Kirchenreform im Zeitalter der großen Konzilien des 15. Jahrhunderts, Teil I: Die Konzilien von Pisa (1409) und Konstanz (1414–1418) (Freiherr vom Stein-Gedächtnisausgabe XXXVIIIa), Darmstadt 2015.

Amedeo Molnár (ed.), Husitské manifesty [Hussitische Manifeste] (Světová Četba 495), Praha 1980.

Petra Mutlová (ed.), Nicolai Dresdensis Apologia. De conclusionibus doctorum in Constantia de materia sanguinis (Spisy Filosofické fakulty Masarykovy university 443), Brno 2015.

Johannes Schröpfer, Hussens Traktat „Orthographia Bohemica“. Die Herkunft des diakritischen Systems in der Schreibung slavischer Sprachen und die älteste zusammenhängende Beschreibung slavischer Laute, Wiesbaden 1968.

Jan Sedlák, Husovy spisy proti bulle odpustkové [Hussens Schriften gegen die Ablassbulle], in: Hlídka 29 (1912), S. 700–704; wiederabgedruckt in: Sedlák, Miscellanea husitica, ed. Polc, 1996, S. 68–74.

Jan Sedlák, Jenštejnův traktát „De consideratione“ [Jensteins Traktat „De consideratione“], in: Ders. (Hg.), Studie a texty k náboženským dějinám českým II/1, Olomouc 1914, S. 35–108.

Staré letopisy české [Alte böhmische Jahrbücher], ed. František Šimek, Praha 1937.

Staročeské zpracování postily studentů svaté university pražské Konrada Waldhausera [Alttschechische Bearbeitung der Studentenpostille der heiligen Prager Universität des Konrad Waldhauser], ed. František Šimek (Sbírka pramenů českého hnutí náboženského ve stol. XIV. a XV., 20), Praha 1947.

Stephan von Dolein, Medulla tritici seu Antiwikleffus, ed. Leopold Wydemann, in: Bernhard Pez (ed.), Thesaurus anecdotorum novissimus, Tom. IV/2, Augsburg/Graz 1723, coll. 151–361.

Stephan von Dolein, Antihussus, ed. Leopold Wydemann, in: Bernhard Pez (ed.), Thesaurus anecdotorum novissimus, Tom. IV/2, Augsburg/Graz 1723, coll. 362–430.

Stephan von Páleč, Antihus, ed. Ioannes Sedlák, in: Sedlák, Miscellanea, ed. Polc, 1996, S. 366–514.

František Šimek, Staročeské zpracování postily studentů svaté univerzity pražské Konráda Waldhausera [Alttschechische Bearbeitung der Studentenpostille der heiligen Prager Universität des Konrad Waldhauser], Praha 1947.

S. Harrison Thomson (ed.), Jacobellus von Mies, Tractatus responsivus (Sbírka pramenů českého hnutí náboženského ve XIV. a XV. století), Praha 1927.

S. Harrison Thomson (ed.), Hus, De ecclesia (Spisy Komenského evangelické fakulty bohoslovecké A/XXII), Praha 1958.

Ulrich von Richental, Chronik des Konstanzer Konzils 1414–1418, hg. von Thomas Martin Buck (Konstanzer Geschichts- und Rechtsquellen 41), Ostfildern ^{1}2010, ^{2}2011.

Ulrich von Richental, Chronik des Konzils zu Konstanz 1414–1418. Faksimile der Konstanzer Handschrift. Mit einem Kommentar von Jürgen Klöckler (als Beiheft), Darmstadt 2013.

Rostislav Zelený/Jaroslav Polc (edd.), Councils and Synods of Prague and their Statutes (1343–1395), in: Apollinaris 45 (1972), S. 471–532, 698–740, 52 (1979), S. 200–237, 495–527, 53 (1980), S. 131–166, 421–457.

Literatur zu Jan Hus und zum Hussitismus

A

Daniel Abazid, Husovská památná místa a pamětihodnosti na území České republiky. Hussite heritage sites and monuments in the Czech Republic, in: AK Tábor 2015, S. 127–147, 149–159.

AK Köln 1975 = 500 Jahre Rosenkranz. 1475 Köln 1975. Kunst und Frömmigkeit im Spätmittelalter und ihr Weiterleben. Katalog der Ausstellung des Erzbischöflichen Diözesan-Museums Köln, 25. Oktober 1975–15. Januar 1976, hg. von Walter Schulten, Köln 1975.

AK München 1993 = Johannes von Nepomuk 1393–1993. Katalog der Ausstellung des Bayerischen Nationalmuseums in Prag und München, hgg. von Reinhold Baumstark/Johanna von Herzogenberg/Peter Volk, München 1993.

AK Praha 2006 = Lucemburská Praha 1310–1437. Publikace k výstavě Clam-Gallasův palác, 4. dubna – 4 června 2006 [Das luxemburgische Prag. Publikation zur Ausstellung im Palais Clam-Gallas, 4. April – 4. Juni 2006], hg. von Václav Ledvinka, Praha 2006.

AK Tábor 2011 = Husité na cestě za poznáním husitského středověku. The Hussites on the way to understanding the hussite middle ages, ed. Zdeněk Vybíral, Tábor 2011.

AK Karlsruhe 2014 = Das Konstanzer Konzil, Weltereignis des Mittelalters (1414–1418), Katalog der Baden-Württembergischen Landesausstellung Karlsruhe 2014, Darmstadt 2014.

AK Tábor 2015 = Jan Hus 1415–2015, hg. von Zdeněk Vybíral, Tábor 2015.

AK Konstanz 2015 = Johannes Hus. Mut zu denken – Mut zu glauben – Mut zu sterben. Begleitpublikation der Dauerausstellung im Hus-Haus in Konstanz, Redaktion: Jakub Smrčka/Blanka Zilynská/Jan Kalivoda, Tábor 2015.

AK Praha 2015 = Praha Husova a husitska 1415–2015 [Das Prag Hussens und das hussitische Prag 1415–2015], hgg. von Petr Čornej/Václav Ledvinka, Praha 2015.

AK Nürnberg 2016/17 = Kaiser Karl IV. 1316–2016. Katalog der Ersten Bayerisch-Tschechischen Landesausstellung, Nationalgalerie in Prag/Karls-Universität in Prag/Germanisches Nationalmuseum in Nürnberg 2016/17, hgg. von Jiří Fajt/Markus Hörsch, Praha 2016.

Paul Arendt, Die Predigten des Konstanzer Konzils. Ein Beitrag zur Predigt- und Kirchengeschichte des ausgehenden Mittelalters, Freiburg i.Br. 1933.

B

Joachim Bahlcke/Stefan Rohdewald/Thomas Wünsch (Hgg.), Religiöse Erinnerungsorte in Ostmitteleuropa. Konstitution und Konkurrenz im nationalen und epocheübegreifenden Zugriff, Berlin 2013.

Remigius Bäumer (Hg.), Das Konstanzer Konzil (Wege der Forschung 415), Darmstadt 1977.

Milena Bartlová, Der Prager Veitsdom, in: Bahlcke/Rohdewald/Wünsch (Hgg.), Religiöse Erinnerungsorte, 2013, S. 251–259.

- Die Prager Bethlehemskapelle, in: Bahlcke/Rohdewald/Wünsch (Hgg.), Religiöse Erinnerungsorte, 2013, S. 313–318.
- Výtvarné umění a husitství 1380–1490 [Bildende Kunst und Hussitismus 1380–1490], Praha 2015.
- Iconography of Jan Hus [Ikonographie des Jan Hus], in: Šmahel/ Pavlíček (Hgg.), A Companion to Jan Hus, 2015, S. 325–341.
- Jan Hus mezi středověkou a raně novověkou memorií [Jan Hus zwischen mittelalterlicher und frühneuzeitlicher Memoria], in: Smrčka/Vybirál (Hgg.), Jan Hus 1415 a 600 let poté, 2015, S. 205–212.

František Michálek Bartoš, Husitství a cizina [Der Hussitismus und das Ausland] (Knihovny české mysli 9), Praha 1931.

- Husitika a Bohemika několika knihoven německých a švýcarských [Hussitica und Bohemica einiger deutscher und schweizerischer Bibliotheken] (Věstník Královské české společnosti nauk, R. 1931), Praha 1932.
- Počátky české bible [Die Anfänge der tschechischen Bibel], Praha 1941.
- Z dějin hesla ‚Pravda vítězí' [Aus der Geschichte des Wahlspruchs ‚Die Wahrheit siegt'], Praha 1947.
- Čechy v době Husově 1378–1415 [Böhmen in der Hus-Zeit 1378–1415] (České dějiny II/6), Praha 1947, ²1966.
- Jan Bradáček z Krumlova, Husův ctitel [Jan Bradáček, ein Verehrer Hussens], in: Jihočeský sborník historický 16 (1947), S. 39–41.
- Literární činnost M. J. Husi [Die literarische Tätigkeit M. J. Hussens] (Sbírka pramenů k poznání literárního života československého III/10, Praha 1948.
- Hus a město Kostnice 1415–1915 [Hus und die Stadt Konstanz 1415–1915], Praha 1934; deutsch: Hus und Konstanz 1415–1915 (mit Anhang), in: Postylla Bohemica. Zeitschrift der Konstanzer Hus-Gesellschaft 7 (1978), Nr. 1, S. 3–88.
- Hus a jeho učitelé a kolegové na bohoslovecké fakultě Karlovy university [Hus und seine Lehrer und Kollegen an der theologischen Fakultät der Karlsuniversität], in: Jihočeský sborník historický 13 (1940), S. 41–47.
- Ze zápasů české reformace [Aus den Kämpfen um die böhmische Reformation], Praha 1959.
- Příspěvky k dějinám Karlovy University v době Husově a husitské [Beiträge zur Geschichte der Karlsuniversität in der Hus- und Hussitenzeit], in Sborník historický 4 (1956), S. 33–70.

- Hus jako student a profesor Karlovy university [Hus als Student und Professor der Karlsuniversität], in: Sborník prací k poctě 75. naroznenín akademika Václava Vojtíška (AUC – PhiletHist 2), Praha 1958, S. 9–26.
- Hus' Commentary on the Sentences of Peter Lombard, in: Communio viatorum 3 (1960), S. 145–157.
- Apologie de M. Jean Huss contre son apologiste, in: Communio viatorum 8 (1965), S. 65–74.
- Réponse à la réponse de Paul de Vooght, in: Communio viatorum 9 (1966), S. 175–180.
- Das Geburtsjahr Hussens und das Problem seiner Jugend, Praha 1969.
- Leben in Deutschland noch Nachfahren von Hussens Bruder? In: Communio viatorum 14 (1971), S. 165–168.
- Das Reformprogramm des Mag. Johannes Cardinalis von Bergreichenstein, des Gesandten der Karls-Universität in Prag für das Konzil zu Konstanz, in: Festschrift für Hermann Heimpel zum 70. Geburtstag am 19. September 1971 (Veröffentlichungen des Max-Planck-Instituts für Geschichte 36), Teilbd. 2, Göttingen 1972, S. 652–685.
- /Pavel Spunar, Soupis pramenů k literární činnosti M. Jana Husa a M. Jeronýma Pražského. Catalogus fontium M. Iohannis Hus et Hieronymi Pragensis, Praha 1965 (abgekürzt zitiert: B/S).

Václav Bartůněk, První český kardinál [Der erste böhmische Kardinal], in: Duchovní pastíř 8 (1958), 89 f., 111 f., 126 f., 146–148, 167 f.
- Konrad von Vechta, Erzbischof von Prag, in: Georg Schwaiger/Josef Staber (Hgg.), Regensburg und Böhmen. Festschrift zur Tausendjahrfeier des Regierungsantrittes Bischof Wolfgangs von Regensburg und der Errichtung des Bistums Prag (Beiträge zur Geschichte des Bistums Regensburg 6), Regensburg 1972, S. 173–219.

Martin Bauch, Divina favente clemencia. Auserwählung, Frömmigkeit und Heilsvermittlung in der Herrschaftspraxis Kaiser Karls IV. (Forschungen zur Kaiser- und Papstgeschichte des Mittelalters. Beihefte zu J. F. Böhmer, Regesta Imperii 36), Köln/Weimar/Wien 2015.

Winfried Baumann, Die Literatur des Mittelalters in Böhmen. Deutsch-lateinisch-tschechische Literatur in Böhmen vom 10. bis zum 15. Jahrhundert (VCC 37), München/Wien 1978.

Gustav Adolf Benrath, Wyclif und Hus, in: Zeitschrift für Theologie und Kirche 62 (1965), S. 196–216.
- John Wyclif. Doctor evangelicus, in: Ders. (Hg.), Theologen des Mittelalters. Eine Einführung, Darmstadt 2002, S. 197–212.

Reginald R. Betts, Essays in Czech History, London 1969.

Marie Bláhová, Milíč von Kroměříž und seine Synodalpredigten, in: Nathalie Kruppa/Leszek Zygner (Hgg.), Partikularsynoden im späten Mittelalter (Veröffentlichungen des Max-Planck-Instituts für Geschichte 219/Studien zur Germania Sacra 29), Göttingen 2006.

Anton Blaschka, Zur Devotio moderna, in: Hans Holm Bielfeldt/Joachim Tetzner (Hgg.), Deutsch-slawische Wechselseitigkeit in sieben Jahrhunderten. Gesammelte Aufsätze Eduard Winter zum 60. Geburtstag, Berlin 1956, S. 17–32.

Marco Bogade, Kaiser Karl IV. Ikonographie und Ikonologie, Stuttgart 2005.

Miloslav Boháček, O rukopisech statut pražské university [Über die Handschriften der Statuten der Prager Universität], in: StR 3 (1964), S. 73–124.

– Pražská universitní statuta a jejich boloňský vzor [Die Prager Universitätsstatuten und ihr Bologneser Vorbild], in: StR 8 (1969), S. 11–64.

Hartmut Boockmann, Der Streit um das Wilsnacker Blut. Zur Situation des deutschen Klerus in der Mitte des 15. Jahrhunderts, in: Zeitschrift für Historische Forschung 9 (1982), S. 385–408.

– Literaturbericht Späteres Mittelalter, in: Geschichte in Wissenschaft und Unterricht 44 (1993), S. 527–536, 589–606, 643–664, 730–744.

Ivan Borkovský, Die Prager Burg zur Zeit der Přemyslidenfürsten, Praha 1972.

Walter Brandmüller, Hus vor dem Konzil, in: Ferdinand Seibt (Hg.), Jan Hus – Zwischen Zeiten, Völkern, Konfessionen, 1997, S. 235–242.

– Das Konzil von Konstanz 1414–1418, Bd. 1: Bis zur Abreise Sigismunds nach Narbonne (Konziliengeschichte A: Darstellungen), Paderborn München/Wien/Zürich ²1999; Bd. 2: Bis zum Konzilsende (Konziliengeschichte A: Darstellungen), ebd. 1997.

Karl-Heinz Braun/Thomas Martin Buck (Hgg.), Über die ganze Erde erging der Name von Konstanz. Rahmenbedinungen und Rezeption des Konstanzer Konzils (Veröffentlichungen der Kommission für geschichtliche Landeskunde in Baden Württemberg B/212), Stuttgart 2017.

Horst Bredekamp, Kunst als Medium sozialer Konflikte. Bilderkämpfe von der Spätantike bis zur hussitischen Revolution (edition suhrkamp 763), Frankfurt a.M. 1975.

Josef Bujnoch, Johann von Jenštejn, in: Ferdinand Seibt (Hg.), Karl IV. und sein Kreis (Lebensbilder der Geschichte der Böhmischen Länder 3), München/Wien 1978, S. 77–90.

C, Č

Pavlína Cermanová, Využití apokalyptických figur v díle Jana Husa [Der Gebrauch apokalyptischer Figuren im Werk des Jan Hus], in: Smrčka/Vybirál (Hgg.), Jan Hus 1415 a 600 let poté, 2015, S. 23–40.

– Constructing the Apocalypse: Connection between English and Bohemian Apocalyptic Thinking, in: Hornbeck II/van Dussen (Hgg.), Europe after Wyclif, 2017, S. 66–88.

Josef Cibulka, Český řád korunovační a jeho původ [Die böhmische Krönungsordnung und ihr Ursprung], Praha 1934.

Dušan Coufal, Neznámý postoj Jana Husa k mučednictví v jeho Enarratio Psalmorum (cca 1405–1407): Na cestě do kruhu zemských svatých [Eine

unbekannte Stellungnahme Jan Hussens zum Märtyrertum in seiner Enarratio Psalmorum (ca. 1405–1407): Auf dem Weg zum Kreis der Landeheiligen], in: Časopis Matice Moravské 129 (2010), S. 241–257.
– Glosovaný výklad Žalmů Konráda ze Soltau a počátky české reformace [Der glossierte Psalmenkommentar Konrads von Soltau und die Anfänge der böhmischen Reformation], in: Halama (Hg.), Amica. Sponsa. Mater, 2014, S. 45–78.
– Jan Hus als Wahrheitsprediger (Forschungsstand), in: Strübind/Weger (Hgg.), Jan Hus, 2015, S. 33–42.
– Jan Hus als Theologe und Kirchenreformer. Jan Hus jako teolog a církevní reformátor, in: Winzeler (Hg.), Jan Hus, 2015, S. 13–21.
– *Sub utraque specie*. Die Theologie des Laienkelchs bei Jacobell von Mies († 1429) und den frühen Utraquisten, in: Archa verbi 14 (2017), S. 157–201.
– Předmluva [Vorwort], Jan Hus, Enarratio Psalmorum (Ps 109–118), edd. Jana Nechutová/Helena Krmíčková/Dušan Coufal/Jana Fuksová/Petra Mutlová/Anna Pumprová/Dana Stehlíková/Libor Švanda, 2 Bde. (MIHO XVII, CC CM 253), Turnhout 2013.
Jaroslav Čechura, Mor krize a husitská revoluce [Pest, Krise und hussitische Revolution], in: ČČH 92 (1994), S. 286–303.
Alena M. Černa, Zprávy o smrti Jana Husa ve Starých letopisech českých [Nachrichten über den Tod des Jan Hus in den Alten böhmischen Jahrbüchern], in: Theologická Revue 87 (2016), Nr. 1, S. 45–61.
Petr Čornej, Velké dějiny zemí Koruny české [Große Geschichte der Länder der Böhmischen Krone], Bd. 5, Praha 2000.
– Praha – hlava království [Prag – Haupt des Königreichs], in: Pavlína Cermanová/Pavel Soukup/Robert Novotný (Hgg.), Husitské století [Das hussitische Jahrhundert], Praha 2014, S. 108–130.
– Praha po Husovi [Prag nach Hus], in: Theologická revue 87 (2016), Nr. 1, S. 24–44.

D

Jiří Daňhelka, Tomáš Štítný [Thomas Štítný], in: Zeitschrift für Slavistik 4 (1960), 219–235.
– Johannes Hus in der Tradition des tschechischen Volkes, in: Die Welt der Slaven 18 (1973), S. 38–53.
– Das Zeugnis des Stockholmer Autographs von Hus, in: Die Welt der Slaven 27 (1982), S. 225–233.
– Die Neustädter Handschrift der Auslegungen (Výklady) von Johannes Hus, in: StR 29 (1992), S. 121–136.
Zdeněk V. David, The Interpretation of Jan Hus from the Beginning through the Enlightenment, in: Šmahel/Pavlíček (Hgg.), A Companion to Jan Hus, 2014, S. 342–369.

Martin Dekarli, the Law of Christ (*Lex Christi*) and the Law of God (*Lex Dei*) – Jan Hus's Concept of Reform, in: BRRP 10 (2015), S. 49–69.
– Kvodlibetní disputace Matěje z Knína z počátku ledna 1409 a universitní otázka *O pravém štěstí* (*Quaestio de vera felicitate*) Jana Husa [Die Quodlibetdisputation des Martin von Knín von Anfang Januar 1409 und die universitäre Frage *nach dem wahren Glück* (*Quaestio de vera felicitate*) des Jan Hus], in: Smrčka/Vybirál (Hgg.), Jan Hus 1415 a 600 let poté, 2015, S. 69–93.
– „Antiqui", „Moderni", „Universaliste", „Nominales": Jan Hus a pražská univerzitní tradice mezi roky 1366 až 1409 [... Jan Hus und die Prager universitäre Tradition zwischen den Jahren 1366 und 1409], in: Theologická Revue 87 (2016), Nr. 1, S. 62–101.
– Queritur, utrum homo possit dici vere felix in hac vita. Questio de vera felicitate of Jan Hus in the Context of the Debates at Prague University in the Late Middle Ages (1360–1417), in: BRRP 11 (2018), S. 50–75.
Georg Denzler, Bartholomäus Fröwein, Abt von Ebrach († 1430), in: Gerd Zimmermann (Hg.), Festschrift Ebrach 1127–1977, Volkach 1977, S. 147–163.
– Reform der Kirche um 1400, in: Machilek (Hg.), Die hussitische Revolution, 2012, S. 9–24.
– Konzil von Konstanz (1414–1418). Konziliarismus als Kirchenparlament, in: Ders., Mutige Querdenker – Der Wahrheit verpflichtet. Rundfunkportraits zu faszinierenden Gestalte(r)n der Kirchen- und Geistesgeschichte (Christentum und Dissidenz 4), Berlin 2016, S. 42–51.
Paul De Vooght, Jean Huss et ses juges, in: August Franzen/Wolfgang Müller (Hgg.), Das Konzil von Konstanz, Freiburg 1964, S. 152–173.
– Jean Huss à l'heure de marxisme-léninisme, in: Revue d'histoire historique 57 (1962), S. 493–500.
– Jean Huss, tel qu'en lui-même, in : Communio viatorum 8 (1965), S. 235–238.
– Jan Hus beim Symposium Hussianum Pragense (August 1965), in: Theologisch-praktische Quartalschrift 114 (1966), S. 81–95.
– Jean Huss à l'heure de l'œcuménisme, in: Irénikon [illegible] (1960), S. [illegible].
– Obscurités anciennes autour de Jean Huss, in: Revue d'histoire ecclésiastique 66 (1971), S. 137–145, wieder abgedruckt in: Archiv für Kirchengeschichte von Böhmen – Mähren – Schlesien 2 (1971), S. 181–187.
– Jean Huss, aujourd'hui, in: Bohemia-Jahrbuch 13 (1971), S. 34–52.
– Jacobellus de Stříbro († 1429), premier théologien du hussitisme (Bibliothèque de la Revue d'histoire ecclésiastique 54), Louvain 1972.
– L'hérésie de Jean Huss, 2 Bde. (Bibliothèque de la Revue d'histoire ecclésiastique 34bis und 35bis), Louvain [2]1975.
Daniel Didomizio, ‚Jan Hus's De ecclesia, Precursor of Vatican II?' In: Theological Studies 60 (1999), S. 247–260.

Eva Doležalová, Weiheregister als Quelle zur Geschichte der vorreformatorischen Geistlichkeit, in: Schlotheuber/Seibert (Hgg.), Böhmen und das Deutsche Reich, 2009, S. 223–234.
- Spor krále Václava s arcibiskupem Janem z Jenštejna [Der Streit König Wenzels mit Erzbischof Johannes von Jenstein], in: Šmahel/Bobková (Hgg.), Lucemburkové, 2012, S. 664–674.
- Herrscher und Kirche. Machtpolitische und soziale Bindungen im luxemburgischen Böhmen, in: Eva Schlotheuber/Hubertus Seibert (Hgg.), Soziale Bindungen und gesellschaftliche Strukturen im späten Mittelalter (14.–16. Jahrhundert) (VCC 132), München 2013, S. 113–123.
- Husinec in Südböhmen oder ein anderes Husinec? In. AK Konstanz 2015, S. 26–29.
- Hus und die heutige Kirche, in: AK Konstanz 2015, S. 210–213.
- Hus – ein tschechischer Nationalheld? In: Zur Debatte. Themen der Katholischen Akademie in Bayern 45 (2015) Nr. 7, S. 21–24.
- /Bohdan Zilynskyj, Hus in der Literatur, im Theater und im Film, in: In. AK Konstanz 2015, S. 194–201.
- /Petr Sommer (Hgg.), Středověký kaleidoskop pro muže s hůlkou. Věnováno Františku Šmahelovi k životnímu jubileu [Mittelalterliches Kaleidoskop für den Mann mit dem Zeigestab. Gewidmet František Šmahel zum Lebensjubiläum], Praha 2016.

Miloš Drda/František J. Holeček/Zdeněk Vybíral (Hgg.), Jan Hus na přelomu tisíciletí, mezinárodní rozprava o českém reformatóru 15. století a o jeho recepci na prahu třetího milénia. Papežská lateránská universita Řím, 15.–18. prosince 1999 [Jan Hus an der Jahrtausendwende. Internationales Symposium über den böhmischen Reformator des 15. Jahrhunderts und seine Rezeption an der Schwelle des dritten Jahrtausends. Päpstliche Lateranuniversität Rom, 15.–18. Dezember 1999 (Husitský Tábor. Supplementum 1), Tábor 2001.

František Dvorník, Les Slaves, Paris 1970.

E

Winfried Eberhard, Klerus- und Kirchenkritik in der spätmittelalterlichen deutschen Stadtchronistik, in: Historisches Jahrbuch 114 (1994), S. 349–380.
- Hus, Hussiten, in: Lexikon für Theologie und Kirche 5 ([3]1996), Sp. 340–343.
- Johannes von Jen(zen)stein, in: LThK 5 ([3]1996), Sp. 918.
- Jan Hus und Martin Luther, in: Walter Koschmal/Marek Nekula/Joachim Rogall (Hgg.), Deutsche und Tschechen. Geschichte – Kultur – Politik, München 2001, S. 50–56.
- Die hussitische Revolution in Böhmen. Ursachen – Ziele und Gruppen – Verlauf – Ergebnisse, in: Klaus Herbers/Florian Schuller (Hgg.), Euro-

pa im 15. Jahrhundert. Herbst des Mittelalters – Frühling der Neuzeit (Themen der Katholischen Akademie in Bayern), Regensburg 2012, S. 136–160.

– /Franz Machilek (Hgg.), Kirchliche Reformimpulse des 14./15. Jahrhunderts in Ostmitteleuropa (Forschungen und Quellen zur Kirchen- und Kulturgeschichte Ostdeutschlands 36), Köln/Weimar/Wien 2006.

Julia Eigner, Unerzählbares Weltereignis? Das Konstanzer Konzil als ‚Rezeptionsproblem' und die Konjunktur des Mythos Jan Hus in der Literatur des bürgerlichen Zeitalters, in: Braun/Buck (Hgg.), Über die ganze Erde erging, 2017, S. 169–189.

Petr Elbel, *In tota christianitate non fuit maior hereticus quam iste.* Král Zikmund a Mistr Jan Hus [König Sigismund und Magister Jan Hus], in: Smrčka/Vybirál (Hgg.), Jan Hus 1415 a 600 let poté, 2015, S. 95–128 (Resümee S. 417–419).

Jaroslav Eršil, K problematice vydávání Husových pramenů [Zur Problematik der Herausgabe von Hussens Werken], in: Drda/Holeček/Vybíral (Hgg.), Jan Hus, 2001, S. 257–263.

Jaroslav Eršil/Jiří Kejř/Miloslav Polívka, Werke von Hus, in: Seibt (Hg.), Jan Hus – Zwischen Zeiten, 1997, S. 422–428.

F

Karl August Fink, Das Konzil von Konstanz. Seine welt- und kirchengeschichtliche Bedeutung, in: Ulrich Richental, Das Konzil zu Konstanz 1414–1418. Faksimileausgabe. Kommentar und Text, bearb. von Otto Feger, Starnberg/Konstanz 1964, Kommentarband, S. 11–20; wiederabgedruckt in: Bäumer (Hg.), Das Konstanzer Konzil, 1977, S. 143–164, und in: Fink, Das Konzil von Konstanz. Umstrittene Rezeptionen, 2016, S. 41–57.

– Das Konstanzer Konzil. Umstrittene Rezeptionen, hg. von Joachim Köhler (Theologie. Forschung und Wissenschaft 52, Berlin 2016.

– Papsttum und Kirche im abendländischen Mittelalter, München 1981.

Vácslav Flajšhans, Jan Hus (Matice lidu 1915, 1–3), Praha 1915.

Ansgar Frenken, Die Erforschung des Konstanzer Konzils (1414–1418) in den letzten 100 Jahren (AHC 25), Paderborn 1993.

– Nürnberger Angelegenheiten in Konstanz. Präsenz und Interessenvertretung der Reichsstatdt auf dem Konzil und den Reichstagen 1414–1418, in: AHC 27/28 (1995/96), S. 383–433.

– Der König und sein Konzil – Sigmund auf der Konstanzer Kirchenversammlung. Macht und Einfluss des römischen Königs im Spiegel institutioneller Rahmenbedingungen und personeller Konstellationen, in: AHC 36 (2004), S. 177–242.

– Die Rolle der Kanonisten auf dem Konstanzer Konzil. Personen, Aktivitäten, Prozesse, in: Pavel Krafl (Hg.), Sacri canonses servandi sunt. Ius canonicum et status ecclesiae saeculi XIII–XV, Praha 2008, S. 398–417.

– Das Konstanzer Konzil (Urban Taschenbücher), Stuttgart 2015.
– Zeremoniell, Ritual und andere Formen symbolischer Kommunikation im politischen Kontext des Konstanzer Konzils: Forschungsstand und -perspektiven, in: AHC 47 (2015), S.45–68.
– Concilium constituitur ex nacionibus – die naciones auf dem Konzil von Konstanz. Zur Bedeutung der Konzilsnationen für die Entstehung und die Entwicklung eines nationalen Bewusstseins im beginnenden 15. Jahrhundert, in: Johannes Grohe/Gregor Wurst/Zvjezdan Strika/Hermann Fischer (Hgg.), Begegnung der Kirche in Ost und West im Spiegel der synodalen Strukturen. Festschrift für Petar Vrankić zum 70. Geburtstag, St. Ottilien 2017, S. 175–206.

Thomas A. Fudge, The Magnificent Ride. The First Reformation in Hussite Bohemia, Aldershot/Brookfield/Singapore/Sidney 1998.
– „Infoelix Hus“: The Rehabilitation of a Medieval Heretic, in: Fides et Historia 3 (1998), S. 57–73.
– Picturing the Death and Life of Jan Hus in the Iconography of Early Modern Europe, in: Kosmas. Czech, Slovak and Central European Journal 23/1 (2009), S. 1–18.
– Jan Hus. Religious Reform and Social Revolution in Bohemia (International Library of Historical Studies 73), London/New York 2010.
– The Memory and Motivation of Jan Hus, Medieval Priest and Martyr (Europa Sacra 11), Turnhout 2013.
– The Trial of Jan Hus. Medieval Heresy and Criminal Procedure, Oxford/New York 2014.
– Whose Hus? Confronting the Challenges of Interpreting Jan Hus after 600 Years, in: Smrčka/Vybirál (Hgg.), Jan Hus 1415 a 600 let poté, 2015, S. 265–290.
– The Role of Michael de Causis in the Prosecution of Jan Hus, in: BRRP 10 (2015) 2, S. 123–143.
– Jerome of Prague and the Foundations oft he Hussite Movement, New York 2016.
– Hieronymus von Prag (Studia Oecumenica Friburgensia 75), Münster 2017.

Otakar A. Funda, Masaryks Interpretation von Johannes Hus, in: Seibt (Hg.), Jan Hus – Zwischen Zeiten, 1997, S. 405–410.
– Jan Hus. Märtyrer des moralischen Anspruchs, in: Ulrich Köpf (Hg.), Theologen des Mittelalters. Eine Einführung, Darmstadt 2002, S. 228–242.

G

Jana Gajdošová, Imperial Memory and the Charles Bridge. Establishing Royal Ceremony for Future Kings, in: Kunsttexte.de/Ostblick3, 2012, S. 1–12.
– Karls Hauptstadt Prag. Großbaustelle und Versuchslabor einer neuen Richtung gotischer Architektur, in: AK Nürnberg 2016/17, S. 95–101.

Jan Galandauer, 6.7.1915. Pomník Mistra Jana Husa. Český symbol ze žuly a bronzu [Das Denkmal des Magisters Jan Hus. Ein böhmisches Symbol aus Granit und Bronze], Praha 2008.

Manfred Gerwing, Malogranatum oder der dreifache Weg zur Vollkommenheit. Ein Beitrag zur Spiritualität des Spätmittelalters (VCC 57), München 1986.

– Die böhmische Reformbewegung und die niederländische Devotio moderna. Ein Vergleich, in: Winfried Eberhard/Hans Lemberg/Heinz-Dieter Heimann/Robert Luft (Hgg.), Westmitteleuropa – Ostmitteleuropa. Vergleiche und Beziehungen. Festschrift für Ferdinand Seibt zum 65. Geburtstag (VCC 70), München 1992, S. 125–142.

– Die sogenannte Devotio moderna, in: Seibt (Hg.), Jan Hus – Zwischen Zeiten, 1997, S. 49–58.

Johanna Girke-Schreiber, Die böhmische Devotio moderna, in: Seibt (Hg.), Bohemia Sacra, 1974, S. 81–91.

Czesław Głombik, Die aktuelle Hus-Diskussion in Polen, in: Seibt (Hg.), Jan Hus – Zwischen Zeiten, 1997, S. 411–413.

Maciej Górny, Ein Genosse ohne Mitgliedsbuch. Die kommunistische Vereinnahmung von Jan Hus, in: Strübind/Weger (Hgg.), Jan Hus (2015), S. 157–166.

František Graus, Das Spätmittelalter als Krisenzeit. Ein Literaturbericht als Zwischenbilanz (Mediaevalia Bohemica. Supplementum 1), Praha 1969.

– Lebendige Vergangenheit. Überlieferung im Mittelalter und in den Vorstellungen vom Mittelalter, Köln/Wien 1975.

– Prag als Mitte Böhmens 1346–1421, in: Emil Meynen (Hg.), Zentralität als Problem der mittelalterlichen Stadtgeschichtsforschung, Köln/Wien 1979, S. 22–47.

– Die Nationenbildung der Westslawen im Mittelalter (Nationes 3), Sigmaringen 1980.

– Der Ketzerprozeß gegen Magister Johannes Hus (1415), in: Alexander Demandt (Hg.), Macht und Recht – Große Prozesse in der Geschichte, München 1990, S. 103–108.

Johannes Grohe, Concilio di Costanza (1414–1418), in: Onorato Bucci/Pierantonio Piatti (edd.), Storia dei Concili Ecumenici. Attori, canoni, eredità, Città Nova 2014, S. 319–344.

Franz Grundler/Dominik Dörfler, Hussen – Hymnen – Helden – Mythen. Auf den Spuren der Hussiten, Amberg 2005.

Herbert Grundmann, Ketzergeschichte des Mittelalters (Die Kirche in ihrer Geschichte. Ein Handbuch 2/G), Göttingen [1]1963, [2]1967.

Jerzy Grygiel, Jan Hus – męczennik czi heretik [Jan Hus – Märtyrer oder Häretiker], in: Historia vero testis temporum, Kraków 2008, S. 581–592.

H

Widmar Hader/Rudolf Mayer-Freiwaldau, Anmerkungen zu Jan Hus. Oper in 3 Akten (Schriften der Sudetendeutschen Akademie derWissenschaft und Künste 21), München 2000.

Ota Halama (Hg.), Amica. Sponsa. Mater: Bible v čase reformace [Amica. Sponsa. Mater: Die Bibel in der Reformationszeit]. Praha 2014.

– Svatý Jan Hus. Stručný přehled projevů domácí úcty k eskému mučedníku v letech 1415–1620 [Der heilige Jan Hus. Kurzer Überblick über die einheimischen Äußerungen der Verehrung des böhmischen Märtyrers in den Jahren 1415–1620], Praha 2015.

– /Pavel Soukup (Hg.), Jakoubek ze Stříbra: Texty a jejích působení [Texte des Jakobell von Mies und deren Wirkung], Praha 2006.

– /Pavel Soukup (Hg.), Kalich jako symbol v prvním století utrakvismu [Der Kelch als Symbol im ersten Jahrhundert des Utraquismus], Praha 2016.

Tomáš Halík, „Du wirst das Angesicht der Erde erneuern". Kirche und Gesellschaft an der Schwelle zur Freiheit, Leipzig 1993.

– Hus a český katolicismus [Hus und der tschechische Katholizismus], in: Lášek (Hg.), Jan Hus mezi epochami, 1995, S. 311 f.

Barbara Hallensleben/Simon Helbling (Hgg.), Wie durch Feuer. Leben und Sterben des Jan Hus (Epiphania egregia 10), Münster 2015.

Robert Hanáčík, Jan z Jenštejna (1379–1396) [Johannes von Jenstein], in: Hledíková/Polc (Hgg.), Pražské arcibiskupství, 1994, S. 302–304.

Alfred Haverkamp, „Heilige Städte" im Mittelalter, in: Frantiek Graus (Hg.), Mentalitäten im Mittelalter. Methodische und inhaltliche Probleme (VuF 35), Sigmaringen 1987, S. 119–156.

Jan Havránek/Michal Svatoš, University Colleges at Prague from the Fourteenth to the Eighteenth Centuries, in: I college universitari in Europa tra il XIV e il XVIII secolo, Mailand 1991, S. 143–154.

Scott H. Hendrix, "We are all Hussites"? Hus and Luther Revisited, in: Archiv für Reformationsgeschichte 65 (1974), S. 134–160.

Bernd-Ulrich Hergemöller, Prager Köpfe von Karl IV. bis Jan Hus. Dichter und Denker des „goldenen Zeitalters" in 25 Biogrammen (Hergemöllers Historiographische Libelli VI), Hamburg 2014.

Hubert Herkommer, Die Geschichte vom Leiden und Sterben des Jan Hus als Ereignis und Erzählung, in: Ludger Grenzmann/Karl Stackmann (Hgg.), Literatur und Laienbildung im Spätmittelalter und in der Reformationszeit, Stuttgart 1984, S. 114–145.

Vilém Herold, Pražská univerzita a Wyclif. Wyclifovo učení o ideách a geneze husitského revolučního myšlení [Die Prager Universität und Wyclif. Wyclifs Ideenlehre und die Genesis des hussitischen revolutionären Denkens], Praha 1985.

– Wyklif als Reformer. Die philosophische Dimension, in: Seibt (Hg.), Jan Hus – Zwischen Zeiten, 1997, S. 39–47.

- Zum Prager philosophischen Wyclifismus, in: Šmahel/Müller-Luckner (Hgg.), Häresie, 1998, S. 133–146.
- Hus a Wyclif. Srovnání dvou traktátů De ecclesia [Hus und Wyclif. Vergleich ihrer Traktate De ecclesia], in: Drda/Holeček/Vybíral (Hgg.), Jan Hus, 2001, S. 129–154.
- Master Jan Hus and St. Augustine, in: BRRP 8 (2011), S. 42–51.
- The Spiritual Background of the Czech Reformation: Precursors of Jan Hus, in: Šmahel/Pavlíček (Hgg.), A Companion to Jan Hus, 2015, S. 69–95.
- /Milan Mráz (Hg.), Iohannis Milicii de Cremsir Tres sermones synodales, Pragae 1974.
- /Milan Mráz, Jan Milič von Kremsier und das hussitische revolutionäre Denken, in: Mediaevalia philosophica Polonorum 21 (1975), S. 57–52.

Rudolf Hikl, Štěpán z Dolan [Stephan von Dolein] (Práce odboru společenských věd Vlastivědného ústavu v Olomouci 12), Olomouc 1966 (ND Vaduz 1986).

Peter Hilsch, Johannes Hus (um 1370–1415). Prediger Gottes und Ketzer, Regensburg 1999 (zitiert: Hilsch, Johannes Hus).
- Jan Hus. Ein Reformer als Bedrohung von Reich und Kirche? In: Machilek (Hg.), Die hussitische Revolution, 2012, S. 25–37.
- Johannes Hus (um 1370–1415). Leben, in: Stefan Samerski (Hg.), Die Landespatrone der böhmischen Länder. Geschichte – Verehrung – Gegenwart, Paderborn/München/Wien/Zürich 2009, S. 277–286 (zitiert: Hilsch, Johannes Hus (um 1370–1415)).
- Die Theologie des Jan Hus, in: Karl-Heinz Braun/Mathias Herweg/Hans W. Hubert/Joachim Schneider/Thomas Zotz (Hgg.), Das Konstanzer Konzil 1414–1418. Weltereignis des Mittelalters. Essays, Darmstadt 2013, S. 87–91.
- /Jaroslav Šebek, Johannes Hus, in: Stefan Samerski (Hg.), Die Landespatrone der böhmischen Länder, 2009, S. 275–296.

S. Adam Hindin, Ethnische Bedeutungen der sakralen Baukunst. „Deutsche“ und „tschechische“ Pfarrkirchen und Kapellen in Böhmen und Mähren (1150–1420), in: Doležalová/Seibert (Hgg.), Böhmen und das Deutsche Reich, 2009, S. 11–33.

Ivan Hlaváček, Konrad von Vechta. Ein Niedersachse im spätmittelalterlichen Böhmen, in: Wilhelm Hanisch u.a. (Hgg.), Beiträge zur Geschichte der Stadt Vechta, Bd. IV, Vechta 1974, S. 5–35.
- Beiträge zum Alltagsleben im vorhussitischen Böhmen. Zur Aussagekraft des Prager Visitationsprotokolls von 1379–1381 und der benachbarten Quellen, in: Jahrbuch für fränkische Landesforschung 34/35 (1974/75), S. 865–882.
- Zum Urkunden- und Geschäftsgut der Pfarreien und ihrer Pfarrherren im vorhussitischen Böhmen, in: Waldemar Schlögl/Peter Herde (Hgg.),

Grundwissenschaften und Geschichte. Festschrift für Peter Acht (Münchener Historische Studien, Abteilung Geschichtliche Hilfswissenschaften 15), Kallmünz 1976, S. 242–255.

– Überlegungen zum Kapellanat am Luxemburgischen Hof unter Johann von Luxemburg, Karl IV. und Wenzel, in: Werner Paravicini (Hg.), Alltag bei Hofe (Residenzenforschung 5), Sigmaringen 1995, S. 83–111; wiederabgedruckt in: Ivan Hlaváček, Höfe – Residenzen – Itinerare, hgg. von Mlada Holá/Martina Jeránková/Klára Woitschová, Praha 2011, S. 125–152 (zittiert wird nach dem Wiederabdruck).

– Hussens Bücher. Einige Überlegungen zu Hussens Bibliothek und Bücherbenutzung, in: Seibt (Hg.), Jan Hus – Zwischen Zeiten, 1997, S. 113–119.

– Husův traktát De ecclesia a jeho dochování v 15. a 16. století. Z osudů rukopisů Husových děl [Hussens Traktat De ecclesia und seine Erhaltung im 15. und 16. Jahrhundert. Von den Schicksalen der Handschriften des Husschen Werkes], in: Smrčka/Vybirál (Hgg.), Jan Hus 1415 a 600 let poté, 2015, S. 213–232.

Petr Hlaváček, Žena jako znamení porušeného řádu. K Husově interpretaci legendy o papežce Janě [Die Frau als Zeichen der gestörten Ordnung. Zu Hussens Interpretation der Legende der Päpstin Johanna], in: Drda/Holeček/Vybíral (Hgg.), Jan Hus, 2001, S. 603–607.

– Čtrnáct svatých pomocníků. K pozdně středověké spiritualitě elit a její christocentrické dimenzi [Vierzehn heilige Nothelfer. Zur spätmittelalterlichen spirituellen Elite und ihrer christologischen Dimension] (Fontes 12), Praha 2014.

– Konrad Konhofer († 1452) as an Opponent of Jan Hus and the Bohemian Reformation, in: BRRP 10 (2015), 90–105.

– Scholares Pragenses: Husovi němečtí spolužáci na pražské univerzié [Scholares Pragenses: Hussens deutsche Mitstudenten an der Prager Universität], in: Theologická Revue 87 (2016), Nr. 1, S. 102-113.

Zdeňka Hledíková, Die Visitationen des weltlichen Klerus im vorhussitischen Böhmen, in: Mediaevalia bohemica 1 (1969), S. 249–274.

– Synody v pražské diecézi v letech 1349–1419 [Die Synoden in der Prager Diözese in den Jahren 1349–1419, in: Český časopis historický 18 (1970), S. 117–146.

– Korektoři kléru pražské diecéze [Die Korrektoren des Klerus der Prager Diözese], in: Právněhistorické studie 16 (1971), S. 71–111.

– Die Prager Erzbischöfe als ständige päpstliche Legaten, in: Beiträge zur Geschichte des Bistums Regensburg 6 (1972), S. 221–256.

– K otázkám vztahu duchovní a světské moci v Čechách ve druhé polovině 14. století [Zur Frage der Beziehungen zwischen der geistlichen und weltlichen Macht in Böhmen in der zweiten Hälfte des 14. Jahrhunderts], in: Československý časopis historický 24 (1976), S. 244–277.

– Fundace českých králů ve 14. století [Die Gründungen der böhmischen Könige im 14. Jahrhundert], in: Sborník historický 28 (1981), S. 5–55.
– Litomyšlský biskup Jan IV. a jeho visitace [Der Leitomischler Bischof Johannes IV. und seine Visitationen], in: StR 21 (1982), S. 115–139.
– Biskup Jan z Dražic (1301–1343) (Studie a texty 6), Praha 1991.
– Hussens Gegner und Feinde, in: Seibt (Hg.), Jan Hus – Zwischen Zeiten, 1997, S. 91–102.
– Zbyněk Zajíc von Hasenburg (1376–1411), Erzbischof von Prag, in: Erwin Gatz (Hg.); Die Bischöfe des Heiligen Römischen Reiches 1198–1478. Ein biographisches Lexikon, Berlin 2001, S. 503 f.
– Strukturelle Reformen der Prager Erzbischöfe im 14. Jahrhundert, in: Eberhard/Machilek (Hgg.), Kirchliche Reformimpulse, 2006, S. 125–141.
– O „Devotio moderna" trochu jinak [Über die „Devotio moderna", ein bißchen anders], in: Krmíčková/Pumprová/Růičková/Šanda (Hgg.), Querite, 2006, S. 403–415.
– Das Synodal- und Reformpredigtwesen in den Gärungsprozessen im spätmittelalterlichen Böhmen, in: Przegląd Tomistyczny 22 (2016), S. 157–198.
– /Jaroslav V. Polc (Hgg.), Pražské arcibiskupství 1344–1994. Sborník statí o jeho působení a významu v české zemi [Das Prager Erzbistum 1344–1994. Sammlung von Beiträgen über sein Wirken und seine Bedeutung in den böhmischen Ländern], Praha 1994.

Jörg K. Hoensch, Die Luxemburger. Eine spätmittelalterliche Dynastie gesamteuropäischer Bedeutung 1308–1437 (Urban Taschenbücher 407), Stuttgart 2000.

Thomas Hohenberger, „Sumus omnes Hussitae ignorantes". Der Einfluss von Jan Hus auf die Reformtheologie Martin Luthers, in: Lutherische Kirche in der Welt. Jahrbuch des Martin-Luther-Bundes 64 (2017), S. 102–116.

Rudolf Hoke, Der Prozeß des Jan Hus und das Geleit König Sigmunds. Ein Beitrag zur Frage nach der Kläger- und Angeklagtenrolle im Konstanzer Prozeß von 1414/1415, in: AHC 15 (1983), S. 172–193.

František J. Holeček, Hussens Kirchenverständnis, in: Seibt (Hg.), Jan Hus – Zwischen Zeiten, 1997, S. 183–191.
– „Ministri dei possunt in dampnacionem perpetuam papam male viventem detruere ..." (Hus a problém Antikrista) [(Hus und das Problem des Antichrist)], in: Drda/Holeček/Vybíral (Hgg.), Jan Hus, 2001, S. 219–245.
– The Problems of the Person, the Life and the Work of Jan Hus. The Significance and the Task of Commission of the Czech Bishop's Conference, in: BRRP 2 (1996), S. 23–47.

David Holeton, „O felix Bohemia – O felix Constantia": the liturgical Commemoration of Saint Jan Hus, in: Seibt (Hg.), Jan Hus – Zwischen Zeiten, 1997, S. 385–403.

– Oslava Jana Husa v životě církve [Die Feier des Jan Hus im Leben der Kirche], in: Drda/Holeček/Vybíral (Hgg.), Jan Hus, 2001, S. 83–111.
– The Celebration of Jan Hus in the Life oft he Churches, in: Studia Liturgica 35 (2005), S. 32–59.
– /Hana Vlhová-Wörner, The Second Life of Jan Hus: Liturgy, Commemoration, and Music, in: Šmahel/Pavlíček (Hgg.), A Companion to Jan Hus, 2015, S. 289–324.
Jaromír Homolka, Studie k počátkům umění krásného slohu v Čechách [Studien zu den Anfängen der Kunst des Schönen Stils in Böhmen], Praha 1976.
J. Patrick Hornbeck II/Michael van Dussen (Hgg.), Europe after Wyclif (Fordham Series in Medieval Studies), New York 2017.
Kateřina Horničková, In Heaven and on Earth. Church treasures in Late Medieval Bohemia, Budapest 2009.
– /Michal Šronek (Hgg.), From Hus to Luther. Visual Culture in the Bohemian Reformation (1380–1620) (Medieval Church Studies 33), Turnhout 2016.
Emilia Hrabovec, Reformbestrebungen der tschechischen Priester und die Entstehung der „Tschechoslowakischen Kirche“, in: Römische historische Mitteilungn 51 (2009), S. 337–368.
Jan Hrdina, Wilsnack, Hus und die Luxemburger, in: Felix Escher/Hartmut Kühne (Hgg.), Die Wilsnackfahrt. Ein Wallfahrts- und Kommunikationszentrum Nord- und Mitteleuropas im Spätmittelalter, Frankfurt a.M. u.a. 2006, S. 41–63.
– Braniborské poutní místo Wilsnack a Lucemburkové [Der brandenburgische Wallfahrtsort Wilsnack und die Luxemburger], in: Lenka Bobková/Jana Konvična (Hgg.), Náboženský život a církevní poměry v zemích Koruny české ve 14.–17. století [Religiöses Leben und kirchliche Verhältnisse in den Ländern der Böhmischen Krone (14.–17. Jahrhundert)] (Korunní země v dějinách českeho státu IV), Praha 2009, S. 223–241.
Jaroslav Hrdlička, Hus und Páleč, in: Seibt (Hg.), Jan Hus – Zwischen Zeiten, 1997, S. 103–106.
Karel Hruza, Schrift und Rebellion: Die hussitischen Manifeste aus Prag von 1415–1431, in: František Šmahel (Hg.) Geist, Gesellschaft, Kirche im 13.–16. Jahrhundert. Internationales Kolloquium Prag, 5.–10. Oktober 1998 (Colloquia mediaevalia Pragensia 1), Praha 1999, S. 81–108.
Anne Hudson, The Premature Reformation, Oxford 1988.
– From Oxford to Prague. The Writings of John Wyclif and his English Followers in Bohemia, in: The Slavonic and East European Review 75 (1997), S. 642–657.

Ch

Rudolf Chadraba, Staroměstská mostecká věž a triumfální symbolika v umění Karla IV. [Der Altstädter Brückenturm und die Triumphsymbolik in der Kunst Karls IV.], Praha 1971.

Václav Chaloupecký, Arnošt z Pardubic, první arcibiskup pražský [Ernst von Pardubitz, der erste Prager Erzbischof] (Stopami věků 14/15), Praha 1964.

J

Rudolf Jaworski, Wir sind frei!". Die sudetendeutschen Befreiungsstempel im Jahr 1938, in: Bohemia-Zeitschrift 58 (2018), S. 27–37.

K

Jaroslav Kadlec, L'œuvre homilétique de Jean de Jenstein, in: Recherches de théologie ancienne et médiévale 30 (1963), S. 299–323.

– Řeholní generálni studia při Karlově universitě v době předhusitské [Die Ordensgeneralstudien an der Karlsuniversität in vorhussitischer Zeit], in: AUC–HUCP VII/2, Praha 1966, S. 63–108.

– Das Augustiner-Generalstudium bei St. Thomas in Prag in vorhussitischer Zeit, in: Augustiniana 17 (1967), S. 389–401.

– Johannes Hus in neuem Licht? In: Theologisch-praktische Quartalschrift 118 (1970), S. 163–168, wieder abgedruckt in: Archiv für Kirchengeschichte von Böhmen – Mähren – Schlesien 2 (1971), S. 173–180.

– Literární činnost M. Maříka Rvačky [Die literarische Tätigkeit des Magisters Mauritius Rvačka], in: Pavel R. Pokorný (Hg.), Pocta dr. Emmě Urbánkové {Festschrift für Dr. Emma Urbánková], Bd. 1, Praha 1979, S. 145–164.

– Studien und Texte zum Leben und Wirken des Prager Magisters Andreas von Brod (Beiträge zur Geschichte der Philosophie und Theologie des Mittelalters NF 22), Münster 1982.

– Das Augustinerkloster St. Thomas in Prag. Vom Gründungsjahr 1285 bis zu den Hussitenkriegen. Mit Edition seines Urkundenbuches (Cassiciacum 36), Würzburg 1985.

– Přehled církevních českých dějin [Überblick über die böhmische Kirchengeschichte], 2 Bde., Řím 1987.

– Matthias von Janov, in: VL 6 (^{2}1987), Sp. 183–186.

– Synods of Prague and Their Statutes 1396–1414, in: Apollinaris 64 (1991), S. 227–293.

– (Hg.), Bohemia Sancta, Životopisy českých světců a přátel Božích [Biographien böhmischer Heiliger und Freunde Gottes], Praha 1989.

– Jan Milíč z Kroměříže [Johannes M. von Kremsier], in: Ders. (Hg.), Bohemia Sancta, 1989, S. 183–190.

– Jan z Jenštejna, in: Ders., Bohemia Sancta, 1989, S. 194–207.

– Mistr Mařík Rvačka na koncilu kostnickém [Magister Mauritius Rvačka auf dem Konstanzer Konzil], in: Pánek/Polívka/Rejchrtová (Hgg.), Husitství – reformace – renesance I, 1994, S. 381–390.
– Teologická fakulta [Die theologische Fakultät], in: Svatoš (Red.), Dějiny Univerzity Karlovy I, 1995, S. 135–162.
– Literární činnost roudnických augustiniánských kanovníků [Die literarische Tätigkeit der Raudnitzer Augustiner-Chorherren], in: Ivan Hlaváček/Jan Hrdina (Hgg.), Facta probant homines. Sborník příspěvků k životnímu jubileu prof. Dr. Zdeňky Hledíkové, Praha 1998, S. 221–225.
– Husovi odpůrci [Hussens Gegner], in: Drda/Holeček/Vybíral (Hgg.), Jan Hus, 2001, S. 325–342.
Walter F. Kalina, Die Mariensäulen in Wernstein am Inn (1645/47), Wien (1664/66), München (1637/38) und Prag (1650), in: Österreichische Zeitschrift für Kunst und Denkmalpflege 58 (2004), H. 1, S. 43–61.
Jan Kalivoda, Hus und Luther, in : AK Konstanz 2015, S. 170–175.
Robert Kalivoda, Revolution und Ideologie. Der Hussitismus, Köln/Wien 1976.
– /Alexander Kolesyk (Hgg.), Das hussitische Denken im Lichte seiner Quellen, Berlin 1969.
Zenon Kałuża, Translatio studii. Kryzys uniwersytetu paryskiego w latach 1380–1400 [Translatio studii. Die Krise der Pariser Universität in den Jahren 1380–1400], in: Studia Mediewistyczne 13 (1974), S. 71–108.
Howard Kaminsky, Wiclifism as Ideology of Revolution, in: Church History 32 (1963), S. 57–74.
– A History of the Hussite Revolution, Berkeley/Los Angeles 1967.
Walther Kampe, Ein ökumenisches Jahresgedächtnis: Jan Hus – Ketzer und Bekenner, in: Münchner Katholische Kirchenzeitung Jg. 1965, Nr. 32, S. 3.
Miloslav Kaňák, Milíč z Kroměříže [Milíč von Kremsier], Praha 1975.
František Kaíčka/Bořivoj Nechvátal, Vyšehrad a Karel IV. [Vyšehrad und Karl IV.], in: Staletá Praha 9 (1979), S. 103–125.
František Kavka, Universitätsgeschichte von den Anfängen bis zum Humanismus, in: Seibt (Hg.), Bohemia Sacra, 1974, S. 406–413.
Jiří Kejř, Struktura a průběh disputace de quolibet pražské universitě [Struktur und Verlauf der Quolibetdisputation an der Prager Universität], in: AUC–HUCP 1960, S. 17–54.
– Stát, církev a společnost v disputacích na pražské universitě v době Husově a husitské [Staat, Kirche und Gesellschaft in den Disputationen an der Prager Universität in der Zeit Hussens und der Hussitenzeit (Rozpravy Československé akademie věd, Roč. 74, Seš. 14), Praha 1964.
– Zur Entstehungsgeschichte des Hussitentums, in: [Theodor Mayer, Hg.], Die Welt zur Zeit des Konstanzer Konzils (VF 9), Stuttgart 1965, S. 47–61.
– Husitský právník M. Jan z Jesenice [Der hussitische Rechtsgelehrte Magister Johann von Jessenitz], Praha 1965.

– Kvodlibetní disputace na pražské universitě [Die Quodlibetdisputationen an der Prager Universität], Praha 1971.
– Právnické dílo M. Friedricha Eppinge [Das juridische Werk des Magisters Friedrich Eppinge], in: Studie o rukopisech 15 (1976), S. 3–11; wiederabgedrukt in: Kejř, Z počátků české reformace, 2006, S. 170–181.
– Dějiny pražské právnické university [Geschichte der Prager juristischen Universität], Praha 1995.
– Pražská právnická fakulta a právnická univerzitá [Die Prager juristische Fakultät und die Juristenuniversität], in: Svatoš (Red.), Dějiny Univerzity Karlovy 1347/48–1622 I, Praha 1995, S. 163–182.
– Johannes Hus als Rechtsdenker, in: Seibt (Hg.), Jan Hus – Zwischen Zeiten, 1997, S. 213–225.
– Husovo odvolání od soudu papežova k soudu Kristovu [Hussens Appellation vom Gericht des Papstes an das Gericht Christi], Ústí nad Labem 1999.
– Husův proces [Der Husprozess], Praha 2000.
– M. Štěpán z Pálče a Husův proces [M. Stefan von Páleč und der Husprozess], in: M. Jan Hus a M. Štěpán z Pálče. Sborník z kolokvia uspořádaného referátem kultury Okresního úřadu Kladno 25. května 2000 v klášteře bosých karmelitánů ve Slaném [Sammelband der beim Kolloquium des Kulturreferats des Kreisamts Kladno am 25. Mai 2000 im Kloster der Unbeschuhten Karmeliten in Schlan gehaltenen Referate], Kladno 2000, S. 14–30; wiederabgedruckt in: Kejř, Z počátků české reformace, 2006, S. 111–131.
– Husův proces z hlediska práva kanonického [Hussens Prozess vom Standpunkt des kanonischen Rechts aus], in: Drda/Holeček/Vybíral (Hgg.), Jan Hus, 2001, S. 303–311.
– Die Causa Johannes Hus und das Prozessrecht der Kirche. Mit einem Vorwort des Erzbischofs von Prag Miloslav Kardinal Vlk, Regensburg 2005.
– Z počátků české reformace [Zu den Anfängen der böhmischen Reformation], Brno 2006.
– Jan Hus sám o sobě [Jan Hus über sich selbst], in: Kejř, Z počátků české reformace, 2006, S. [illegible]
– K pramenům Husova procesu: tzv. Ordo procedendi [Zu den Quellen des Hus-Prozesses: der sogenannte Ordo procedendi], in: Kejř, Z počátků české reformace, 2006, S. 132–145.
– Znovu o Husově rehabilitaci [Neues über die Rehabilitation von Hus], in: Kejř, Z počátků české reformace, 2006, S. 245–263.
– Das Hussitentum und das kanonische Recht, in: Jiří Kejř, Aus Böhmens Verfassungsgeschichte. Staat – Städtewesen – Hussitentum, Praha 2006, S. 443–462.
– Husova pravda [Hussens Wahrheit], in: Teologická revue 77 (2006), S. 232–243.

– Husitské učeni o pókaní a zpovědi [Die hussitische Lehre zu Buße und Beichte], in: Husitský Tábor 15 (2006), S. 35–70.
– Hus známý i neznámý. Resumé knihy, která nebude napsána [Der bekannte und unbekannte Hus. Resümee eines Buchs, das nicht geschrieben wurde], Praha 2009.
Anthony Kenny, Wyclif, Oxford 1985.
– (Hg.), Wyclif in His Times, Oxford 1986.
John Martin Klassen, The Nobility and the Making oft the Hussite Revolution, Boulder 1978.
Ulrich Köpf, Wyclif, John; Wyclifismus, in: LThK 10 (³2001), Sp, 1337–1341.
– (Hg.), Theologen des Mittelalters. Eine Einführung, Darmstadt 2002.
Armin Kohnle, Vorreformator, Reformator vor der Reformation, Wegbereiter oder Vorläufer Luthers? Ein Beitrag zum Johannes-Hus-Gedenken 2015, in: Luther. Zeitschrift der Luther-Gesellschaft 87 (2016), S. 75–89.
Pavel Kolář, Husovo učení o přijímání eucharistie a jeho vztah k učení Jakoubkovu [Hussens Lehre über den Empfang der Eucharistie und seine Beziehung zur Lehre des Jakobell], in: Zdeněk Kučera/Tomáš Butta (Hgg.), Mistr Jan Hus v proměnách času a jeho poselství víry dnešku [Magister Jan Hus in den Wandlungen der Zeit und seine Glaubensbotschaft heute], Praha 2012, S. 83–102.
– *Imitatio* Kristových utrpení jako znamení příchodu soudu Kristova: K funkci vybraných novozákonních textů o pronásledování útisku a utrpení v listech Jana Husa [Christusnachfolge in der Bedrängnis als Zeichen der Ankunft des Gerichts Christi: Zur Funktion ausgewählter neutestamentlicher Texte über die Verfolgung des Leidens und der Bedrängnis in den Briefen Jan Hussens], in: Halama, Amica, 2014, S. 94–108.
Alexander Kolesnyk. Hussens Eucharistiebegriff, in: Seibt (Hg.), Jan Hus – Zwischen Zeiten, 1997, S. 193–202.
Božena Kopičková, Ženská otázka v českém středověku [Die Frauenfrage im böhmischen Mittelalter], in: Československý asopis historický 37 (1989), S. 561–574, 682–695.
– Letters Defending Jan Hus of the Years 1410–1412. The End of a Legend? In: Drda/Holeček/Vybíral (Hgg.), Jan Hus, 2001, S. 265–267.
Siegmund Kopitzki, Rilke in Konstanz (Spuren 104), Stuttgart 2014.
Jiří Kořalka, Mistr Jan Hus v pojetí Františka Palackého [Magister Jan Hus in der Auffassung František Palackýs], in: Drda/Holeček/Vybíral (Hgg.), Jan Hus, 2001, S. 609–635.
– Das tschechische Hus-Bild von Frantisek Palacký bis Tomáš Garrigue Masaryk, in: Strübind/Weger (Hgg.), Jan Hus, 2015, S. 133–153.
Norbert Kotowski, Ansätze für einen Vergleich der Ekklesiologie bei Hus und Luther, in: Seibt (Hg.), Jan Hus – Zwischen Zeiten, 1997, S. 347–365.
– Hus und der Vatikan, in: Homiletisch-Liturgisches Korrespondenzblatt – Neue Folge 18 (2001) Nr. 69, S. 12–48.

Viktor L. Kotrba, Der Dom zu St. Veit, in: Seibt (Hg.), Bohemia Sacra, 1974, S. 510–548, 586–588.

– Nové město pražské – "Karlstadt" v univerzální koncepci císaře Karla IV. [Die Prager Neustadt – "Karlstadt" – im universellen Konzept Kaiser Karls IV.], in: Jan Petr/Sáva Šabouk (Red.), Z tradic slovanské kultury v Čechách. Sázava a Emauzy v dějinách české kultury [Aus der Tradition der slavischen Kultur in Böhmen. Sasau und Emmaus in der Geschichte der tschechischen Kultur], Praha 1975, S. 53–66.

Jiří Kotyk, Spor o revizi Husova procesu [Der Streit um eine Revision des Husprozesses], Praha 2001.

Vladimír Koudelka, Heinrich von Bitterfeld († ca. 1405), Professor an der Universität, in: Archivum Fratrum Praedicatorum 23 (1953), S. 5–65.

Rudolf Krajíc, Archeologie po stopách M. Jana Husa na Taborsku [Archäologie auf Hussens Spuren in der Region Tábor], in: Smrčka/Vybirál (Hgg.), Jan Hus 1415 a 600 let poté, 2015, S. 329–342.

– Jan Hus na jihu Čech v letech 1413–1414. Jan Hus in South Bohemia in den Jahren 1413–1414, in: AK Tábor, 2015, S. 23–31, 33–37.

Paweł Kras, Husyci w piętnastowiecznej Polsce [Hussiten im Polen des 15. Jahrhunderts] (Towarzystwo Naukowe Katolickiego Uniwersytetu Lubelskiego. Żródła i monografie 174), Lublin 1998.

Arnošt Kraus, Husitství v literatuře zejména německé I: Husitství v literatuře prvních dvou století svých [Der Hussitismus in der Literatur, vornehmlich der deutschen I: Der Hussitismus in der Literatur der beiden ersten Jahrhunderte] (Rozpravy České Akademie Císaře Františka Josefa pro vědy, slovesnost a umění III/45), Praha 1917.

Helena Krmíčková, Studie a texty počátkům kalicha v Čechách [Studien und Texte zu den Anfängen des Kelchs in Böhmen] (Opera Universitatis Masarykianae Brunensis. Facultas philosophica 310), Brno 1997.

– /Anna Pumprová/Dana Růžičková/Libor Šanda (Hgg.), Querite primum regnum Dei. Sborník příspěvků k poctě Jany Nechutové [Sammelband mit Beiträgen zu Ehren von Jana Nechutová], Brno 2006.

Christian Krötzl, Prag als europäische Universität: von der Gründung durch Karl IV. bis 1409, in: Blanka Mouralová (Hg.), Die Prager Universität Karls IV. Von der europäischen Gründung bis zur nationalen Spaltung (Potsdamer Bibliothek östliches Europa. Geschichte), Potsdam 2010, S. 15–44.

Thomas Krzenck, Die Bautzener Hussitica der ehemaligen Gersdorfschen Bibliothek, in: StR 31 (1995/96), S. 153–178.

– Prelát táhne do války. Jan Železný [Ein Prälat zieht in den Krieg. Johannes der Eiserne], in: Libor Jan/Zdeněk Drahoš (Hgg.), Osobnosti moravských dějin [Persönlichkeiten der mährischen Geschichte], Bd. 1, Brno 2006, S. 158–153.

– Johannes Hus. Theologe, Kirchenreformer, Märtyrer (Persönlichkeit und Geschichte 170), Gleichen/Zürich 2011.

– „Ad Saxoniam contra catholicos." Leipzig im Fokus der Vier Prager Artikel, in: Enno Bünz/Armin Kohnle (Hgg.), Das religiöse Leipzig. Stadt und Glauben vom Mittelalter bis zur Gegenwart (Quellen und Forschungen zur Geschichte der Stadt Leipzig 6), Leipzig 2013, S. 113–142.

Jadwiga Krzyżaniakowa, Henryk Totting z Oyty i jego prascy uczniowe [Heinrich Totting von Oyta und seine Lehrtätigkeit], in: Roczniki Historyczne 61 (1995), S. 87–109.

Milena Kubíková, Husova kacířská čepice [Hussens Ketzermütze], in: Drda/Holeček/Vybíral (Hgg.), Jan Hus, 2001, S. 637–646.

Zdeněk Kučera, Husova nauka o predestinaci [Hussens Lehre von der Prädestination], in: Drda/Holeček/Vybíral (Hgg.), Jan Hus, 2001, S. 209–218.

– Jan Hus a husitství mezi reformou, revoluci a reformaci [Jan Hus und der Hussitismus zwischen Reform, Revolution und Reformation], in: Smrčka/Vybirál (Hgg.), Jan Hus 1415 a 600 let poté, 2015, S. 11–18.

Radomír Kuchař, Arnošt z Pardubic (1344–1364), in: Hledíková/Polc (Hgg.), Pražské arcibiskupství, 1994, S. 299 f.

Vladimír Kyas, Česká bible v dějinách národního pisemnictví [Die tschechische Bibel in der Geschichte der Nationalliteratur], Praha 1997.

Vlastimil Kybal, M. Matěj z Janova. Jeho život, spisy a učení [Magister Matthias von Janov, sein Leben, seine Schriften, seine Lehre], Praha 1905, ND (Fontes Pragenses 11), Brno 2000.

– M. Jan Hus. Život a účení [Magister Jan Hus. Leben und Lehre], 3 Bde., Praha 1923, 1926, 1931.

L

Stephen E. Lahey, John Wyclif, Oxford 2009.

– The Sentences Commentary of Jan Hus, in: Šmahel/Pavlíček (Hgg.), A Companion to Jan Hus, 2015, S. 130–169.

Malcolm Lambert, Häresie im Mittelalter. Von den Katharern bis zu den Hussiten, Darmstadt 2001, S. 307–325.

Albert Lang, Heinrich Totting von Oyta. Ein Beitrag zur Entstehungsgeschichte der ersten deutschen Universitäten und zur Problemgeschichte der Spätscholastik (Beiträge zur Geschichte der Philosophie und Theologie des Mittelalters 33–35), Münster 1937.

Albert de Lange/Kathrin Utz Tremp (Hgg.), Friedrich Reiser und die „waldensisch-hussitische Internationale" im 15. Jahrhundert. Akten der Tagung Ötisheim-Schönenberg, 2. bis 4. Oktober 2003 (Waldenserstudien 3), Heidelberg/Ubstadt/Weiher/Basel 2006.

Jan Blahoslav Lášek, Kristův svědek Mistr Jan Hus [Der Christuszeuge Magister Jan Hus], Praha 1990.

– (Hg.), Jan Hus mezi epochami, národy a konfesemi. Sborník z mezinárodního sympozia, konaného 22.–26. září 1993 v Bayreuthu, SRN [Jan Hus zwischen Epochen, Völkern und Konfessionen. Sammelband der Vorträge des Internationalen Symposiums vom 22.–26. September 1993 in Bayreuth, Bundesrepublik Deutschland], Praha 1995.

Kassian Lauterer, Konrad von Ebrach S.O.Cist. († 1399). Lebenslauf und Schrifttum, in: Analecta Sacri Ordinis Cisterciensis 17 (1961), S. 151–214; 18 (1962), S. 60–120; 19 (1963), S. 3–50.

– Matthäus von Königsaal († 1427), in: Cistercienser Chronik 71 (1964), S. 93–109; 73 (1966), S. 33–43, 71–75; 74 (1967), S. 129–141, 170–180.

Gordon Leff, Wyclif and Huss: A Doctrinal Comparison, in: Kenny (Ed.), Wyclif in His Times, 1986, S. 105–125.

Paul Lehmann, Die Parodie im Mittelalter. Mit 24 ausgewählten parodistischen Texten, Stuttgart [2]1963.

Ian Christopher Levy (Hg.), A Companion to John Wyclif (Brill's Companions to the Christian Tradition 4), Leiden/Boston 2006, 2011.

Ján Liguš, Hussens Schriftbegriff nach seinen Predigten, in: Seibt (Hg.), Jan Hus – Zwischen Zeiten, 1997, S. 127–138.

Hans-Georg Link, Meilensteine zur Heilung von Erinnerungen – Liturgien der Versöhnung, in: Ders./Dorothea Sattler (Hgg.), Zeit der Versöhnung. Wege in die Zukunft der Ökumene, Göttingen 2017, S. 138–159.

Jan Milič Lochman, Zum Wahrheitsverständnis von Hus, in: Seibt (Hg.), Jan Hus – Zwischen Zeiten, 1997, S. 121–126.

Vílem Lorenc, Nové Město pražské [Die Prager Neustadt], Praha 1973.

Johann Loserth, Simon de Tissnov, in: Mitteilungen des Vereins für Geschichte der Deutschen in Böhmen 26 (1888), S. 221–245.

– Huss und Wiclif. Zur Genesis der hussitischen Lehre, Prag/Leipzig [1]1884, München/Berlin [2]1925.

František Loskot, Milič z Kroměříže, otec české reformace [Mili von Kremsier, Vater der böhmischen Reformation], Praha 1911.

Ines Luft, Eduard Winter zwischen Gott, Kirche und Karriere. Vom böhmischen katholischen Jugendbundführer zum DDR-Historiker, Leipzig 2016.

M

Josef Macek, Die hussitische revolutionäre Bewegung, Berlin 1958.

– Jan Hus, Praha 1961.

– Jean Hus et les traditions hussites (XVe–XIXe siècles) (Civilisations et Mentalités), Paris 1973.

Franz Machilek, Hus in Konstanz. Zu einer neuen deutschen Übersetzung der Relatio de Magistro Johanne Hus des Peter von Mladoňovice, in: Zeitschrift für Religions- und Geistesgeschichte 18 (1966), S. 163–170.

– Heilserwartung und Revolution der Táboriten 1419/21, in: Karl Schnith (Hg.), Festiva lanx. Studien zum mittelalterlichen Geistesleben. Johannes Spörl dargebracht aus Anlass seines sechzigsten Geburtstages, München 1966, S. 67–94.

– Ludolf von Sagan und seine Stellung in der Auseinandersetzung um Konziliarismus und Hussitismus (Wissenschaftliche Materialien und Beiträge zur Geschichte und Landeskunde der böhmischen Länder 8), München 1967.
– Johannes Hoffmann aus Schweidnitz und die Hussiten, in: Archiv für schlesische Kirchengeschichte 26 (1968), S. 96–123.
– Die Frömmigkeit und die Krise des 14. und 15. Jahrhunderts, in: Mediaevalia Bohemica 3 (1970, ersch. 1971), S. 211–227.
– Machilek, Zur Geschichte der älteren Universität Würzburg, in: Würzburger Diözesangeschichtsblätter 34 (1972), S. 157–168.
– Ergebnisse und Aufgaben moderner Hus-Forschung. Zu einer neuen Biographie des Johannes Hus, in: Zeitschrift für Ostforschung 22 (1973), S. 302–330.
– Die Schlesier an der Universität Prag vor 1409. Ein Forschungsbericht, in: Archiv für schlesische Kirchengeschichte 32 (1974), S. 81–102.
– Bohemikale Handschriften in der Schwabacher Kirchenbibliothek, in: Bohemia-Jahrbuch 15 (1974), S. 427–439.
– Privatfrömigkeit und Staatsfrömmigkeit, in: Ferdinand Seibt (Hg.), Kaiser Karl IV. Staatsmann und Mäzen, München 1978, S. 87–101.
– Frowein, Bartholomäus, von Ebrach, in: VL 2 (1980), Sp. 982–985.
– Praga Caput Regni. Zur Entwicklung und Bedeutung Prags im Mittelalter, in: Friedhelm Berthold Kaiser/Bernhard Stasiewski (Hgg.), Stadt und Landschaft im deutschen Osten und in Ostmitteleuropa (Studien zum Deutschtum im Osten 17), Köln/Wien 1982, S. 67–125.
– Konrad von Waldhausen (Waldhauser), in: VL 5 (^{2}1985), Sp. 259–268.
– Hus/Hussiten, in: Theologische Realenzyklopädie, Bd. 15, Berlin/New York 1986 (Sonderausgabe 1993), S. 710–735.
– Kirche und Kultur (1306 bis 1620), in: Ernst Nittner (Hg.), Tausend Jahre deutsch-tschechische Nachbarschaft. Daten, Namen, Fakten zur politischen, gesellschaftlichen, kulturellen und kirchlichen Entwicklung in den böhmischen Ländern (Beiträge des Institutum Bohemicum, Kleine Reihe 10), München ^{1}1988, ^{2}1990, S. 71–94 (1991 und 1995 auch in tschechischer Übersetzung).
– Hus und die Hussiten in Franken, in: Jahrbuch für fränkische Landesforschung 51 (1991), S. 15–37.
– Die hussitische Forderung nach öffentlichem Gehör und der Beheimsteiner Vertrag von 1430, in: Jaroslav Pánek/Miloslav Polívka/Noemi Rejchrtová (Hgg.), Husitství – Reformace – Renesance. Sborník k 60. narozeninám Františka Šmahela [Hussitismus – Reformation – Renaissance. Sammelband zum 60. Geburtstag von František Šmahel], T. 2, Praha 1994, S. 503–527.
– Jakob (Jacobellus) von Mies, in : LThK 5 (^{3}1996), Sp. 729.

- Deutsche Hussiten, in: Seibt (Hg.), Jan Hus – Zwischen Zeiten, 1997, S. 267–282.
- Matthias von Janov, in: LThK 6 ([3]1997), Sp. 1487 f.
- Polemiky mezi přívržrenci a odpůrci wyclifského-husitského hnutí [Die Polemiken zwischen Anhängern und Gegnern der wyclifitisch-hussitischen Bewegung], in: Drda/Holeček/Vybíral (Hgg.), Jan Hus, 2001, S. 343–359.
- Jan Hus – Ketzer oder Reformator? In: Sudetendeutsches Priesterwerk. Mitteilungen 2002/2, S. 31–36, 2002/3, S. 24–29 (mit zahlreichen von der Redaktion verursachten Fehlern).
- Karl IV. und Karl der Große, in: Thomas Kraus/Klaus Pabst (Hgg.), Karl der Große und sein Nachleben in Geschichte, Kunst und Literatur (Zeitschrift des Aachener Geschichtsvereins 104/105), Aachen 2003, S. 113–145.
- Karl Adolf Constantin (Ritter von) Höfler (1811–1897), in: 141. Bericht des Historischen Vereins Bamberg 2005, S. 185–189.
- Einführung. Beweggründe, Inhalte und Probleme kirchlicher Reformen des 14./15. Jahrhunderts (mit besonderer Berücksichtigung der Verhältnisse im östlichen Mitteleuropa, in: Winfried Eberhard/Franz Machilek (Hgg.), Kirchliche Reformimpulse des 14./15. Jahrhunderts in Ostmitteleuropa (Forschungen und Quellen zur Kirchen- und Kulturgeschichte Ostdeutschlands 36), Köln/Weimar/Wien 2006, S. 1–121.
- Kirche und Universität im Spätmittelalter: die Gründungen Prag und Erfurt, in: Peter Wörster/Dorothee M. Goeze (Hgg.), Universitäten im östlichen Mitteleuropa. Zwischen Kirche, Staat und Nation – Sozialgeschichtliche und politische Entwicklungen (Völker, Staaten und Kulturen in Ostmitteleuropa 3), München 2008, S. 165–193.
- (Hg.), Die hussitische Revolution. Religiöse, politische und regionale Aspekte (Forschungen und Quellen zur Kirchen- und Kulturgeschichte Ostdeutschlands 44), Köln/Weimar/Wien 2012, S. 25–37.
- Schlesien, Hus und die Hussiten, in: Machilek (Hg.): Die hussitische Revolution, 2012, S. 109–141.

  Jan Hus und die Hussiten in der Oberpfalz, in: Machilek (Hg.), Die hussitische Revolution, 2012, S. 181–222.
- Jan Hus (um 1371–1415) – Prediger, Wahrheitszeuge, Refomator, in: Rainer Bendel (Hg.), Gewissen und Reform. Das Konstanzer Konzil und Jan Hus in ihrer aktuellen Bedeutung (Vertriebene – Integration – Verständigung. Themen & Impulse 2), Berlin 2015, S. 11–70.
- Leben und historische Einordnung des Jan Hus, in: Zur Debatte. Themen der Katholischen Akademie in Bayern 45 (2015), Nr. 7, S. 15–17.
- Von der ‚Dresdener Schule' in Prag zu Friedrich Reiser und Stephan von Basel – ‚Deutsche Hussiten' im 15. Jahrhundert, in: Strübind/Weger (Hgg.), Jan Hus. 600 Jahre Erste Reformation, 2015, S. 53–92.

– Ach, Hus! In: Franz Grundler (Hg.), 20 Jahre Hussitenfieber in Nabburg. Festschrift zum"Hus-Ausläuten" von bovaria e.V. am 4. Juli 2015, Nabburg 2015, S. 31 f.
– Návody ke zpovědní praxi, farní pastoraci a doprovázení umírajících ze 14./15. století (se zvlástním zřetelem k traktátům Jana ze Stříbra) [Anleitungen zur Beichtpraxis, Pfarrseelsorge und Sterbebegleitung aus dem 14./15. Jahrhundert (unter besonderer Berücksichtigung der Traktate des Johannes von Mies)], in: Doležalová/Sommer (Hgg.), Středověký kaleidoskop, 2016, S. 560–580.
– Böhmens Landespatrone im Mittelalter, in: Stefan Samerski (Hg.), Wenzel. Protagonist der böhmischen Erinnerungskultur, Paderborn 2018, S. 27–97.
– Die Raudnitzer Reform der Augustiner-Chorherren im 14./15. Jahrhundert. Unter besonderer Berücksichtigung des böhmisch-mährischen Stamms und des Neunkirchen-Indersdorfer Zweigs der Reformbewegung, in: Gisela Drossbach/Klaus Wolf (Hgg.), Reformen vor der Reformation. Sankt Ulrich und Afra und der monastisch-urbane Umkreis im 15. Jahrundert (Studia Augustana 18), Berlin/Boston 2018, S. 33–74.

Milan Machovec, Bude katolická církev rehabilitovat Jana Husa? [Wird die katholische Kirche Jan Hus rehabilitieren?], Praha 1963.

Karel Maly, Mistr Jan Hus a Univerzita Karlova [Magister Jan Hus und die Karls-Universität], in: Drda/Holeček/Vybíral (Hgg.), Jan Hus, 2001, S. 395–404.

Radomír Malý, Štěpán z Pálče – život a dílo [Stefan von Páleč. Leben und Werk], in: M. Jan Hus a M. Štěpán z Pálče, 2000, S. 8–14.

Olivier Marin, Orgueil et préjugé? Jean Gerson à Jean Hus, in: Jan Hrdina/Eva Doležalová/Jan Kahuda (Hgg.), Pater familias. Sborník příspěvků k životnímu jubileu Prof. Dr. Ivana Hlaváčka [Sammelband mit Beiträgen zum Lebensjubiläum von Prof. Dr. Ivan Hlaváček], Praha 2002, S. 381–399.
– Libri hereticorum sunt legendi: svoboda sunt výuky na pražské universitě (1347–1412) [Libri hereticorum sunt legendi: Freiheit des Unterrichts an der Prager Universität (1347–1412)], in: AUC–HUCP 42 (2002), fasc. 1/2, S. 33–58.

Lucie Mazalová, Eschatologie v díle Jana Husa [Eschatologie im Werk Hussens], Brno 2015.

Robert Mečkovský, Katolická církve a moderní bádání o Janu Husovi [Die katholische Kirche und die moderne Forschung über Jan Hus], in: Sacra 3 (2005), S. 25–44.

Anežka Merhautová (Hg.), Katedrála sv. Víta v Praze. K 650. výročí založení [Die St. Veits-Kathedrale in Prag. Zum 650. Jahrestag ihrer Gründung], Praha 1994.

Friedrich Merzbacher, Wandlungen des Kirchenbegriffs im Spätmittelalter, in: Zeitschrift der Savigny-Stiftung für Rechtsgeschichte, Kanonistische Abteilung 70 (1953), S. 274–361.

Jaroslav Mezník, Praha před husitskou revolucí [Prag vor der hussitischen Revolution], Praha 1990.
- Mor z roku 1380 a příčiny husitského revoluce [Die Pest des Jahres 1380 und die Ursachen der hussitischen Revolution], in: ČČH 93 (1995), S. 702–710.

Emanuel Michálek/Igor Němec/Pavel Spunar, Jazykovědné a paleografické posouzení Husova autorství annaberského listu [Sprachwissenschaftliche und paläographische Beurteilung von Hussens Autorschaft des Briefes von Annaberg], in: Listy filologické 107 (1984), S. 111–117.

Jürgen Miethke, Kirchenreform auf den Konzilien des 15. Jahrhunderts. Motive – Methoden – Wirkungen, in: Johannes Helmrath/Heribert Müller (Hgg.), Studien zum 15. Jahrhundert. Festschrift für Erich Meuthen, Bd. 1, München 1994, S. 13–42.
- Die Prozesse in Konstanz gegen Jan Hus und Hieronymus von Prag – ein Konflikt unter Kirchenreformern? In: Šmahel/Müller-Luckner (Hgg.), Häresie und Reformation, 1998, S. 147–167.

René Milfait, Zikmund Albík z Uničova (1411–1412), in: Hledíková, Pražské arcibiskupství, 1994, S. 307 f.

Jerzy Misiurek, Zur „Rechtssache Hus“, in: Seibt (Hg.), Jan Hus – Zwischen Zeiten, 1997, S. 243–252.

Amedeo Molnár, L'évolution de la théologie hussite, in: Revue d'histoire et de philosophie religieuses 43 (1963), S. 133–171.
- Les réponses de Jean Huss aux quarante-cinq articles, in: Recherches de theologie anciennes et médiévale 31 (1964), S. 85–99.
- Réflexion sur la notion de verité dans la pensée de Jean Huss, in: Listy filologické 88 (1965), S. 121–131.
- Husovo místo v evropské reformaci [Hussens Platz in der europäischen Reformation], in: Československý časopis historický 14 (1966), S. 1–14.
- La protesta valdese e la prima Riforma (Quaderni della Gioventù evangelica italiana 3), o.O., o.J. [1966].
- Das Ketzertum des Mittelalters, in: Communio viatorum 11 (1968), S. 162–168.
- Hus v době ekumenismu [Hus in der Zeit des Ökumenismus], in: Kostnické jiskry 54 (1969), Nr. 41.
- Jan Hus, testimone della verità (Collana „Ritratti storici“ 6), Torino 1973.
- Der Hussitismus als christliche Reformbewegung, in: Seibt (Hg.), Bohemia Sacra, 1974, S. 92–109, 565–566; Neufassung unter gleichem Titel in: Martin Stöhr (Hg.), Die erste Reformation (Arnoldshainer Texte 46), Frankfurt a.M. 1987, S. 3–34.
- Die Antworten von Johann Hus auf die fünfundvierzig Artikel, in: Bäumer (Hg.), Das Konstanzer Konzil, 1978, S. 275–283 und Anhang S. 404–415.
- Jean Hus, témoin de la verité, Paris 1978.

– Aktywność ludu w ruchu reformatorskim. Świadectwo kazań husyckich [Aktivität des Volkes in der reformatorischen Bewegung. Das Zeugnis der hussitischen Predigt], in: Bronisław Geremek (Hg.), Kultura elitarna a kultura masowa w Polsce późnego średniowiecza [Eliäre Kultur und Massenkultur im Polen des Spätmittelalters], Wrocław 1978, S. 77–119.
– Die Waldenser. Geschichte und europäisches Ausmaß einer Ketzerbewegung, Göttingen 1980.
– Der Platz des M. Johannes Hus in der europäischen Reformation, in: Evangelische Diaspora. Jahrbuch des Gustav-Adolf-Werkes 54 (1984/85), S. 35–62.
– Jan Hus: Hledej pravdu! [Jan Hus: Suche die Wahrheit!], in: Ders., Na rozhaní věků. Cesty reformace, Praha 1985, S. 11–21.

Enrico Selley Molnar, Wyclif, Hus and the Problem of Authority, in: Seibt (Hg.), Jan Hus – Zwischen Zeiten, 1997, S. 167–182.

Peter Moraw, Zur Mittelpunktsfunktion Prags im Zeitalter Karls IV., in: Klaus Detlev Grothusen/Klaus Zernack (Hgg.), Europa slavica – Europa orientalis. Festschrift für Herbert Ludat zum 70. Geburtstag, Berlin 1980, S. 445–489.
– Die Universität Prag im Mittelalter, in: Die Universität zu Prag (Schriften der Sudetendeutschen Akademie der Wissenschaften und Künste 79), München 1986, S. 9–134.
– Die Juristenuniversität in Prag (1372–1419) (verfassungs- und sozialgeschichtlich betrachtet), in: Johannes Fried (Hg.), Schulen und Studium im sozialen Wandel des hohen und späten Mittelalters (VuF 30), Sigmaringen 1986, S. 419–486.
– Das Mittelalter, in: Friedrich Prinz (Hg.), Deutsche Geschichte im Osten Europas. Böhmen und Mähren, Berlin 1993, S. 24–178.
– Peter Moraw, Johannes Milicius, in: LThK 5 ([3]1996), Sp. 936 f.

Krzysztof Moskal, Husův traktát De ecclesia [Hussens Traktat De ecclesia], in: Drda/Holeček/Vybíral (Hgg.), Jan Hus, 2001, S. 113–127.
– „Aby lud był jeden ...". Eklezjologia Jana Husa w traktacie *De ecclesia* [„Damit das Volk eins sei ..." Die Ekklesiologie von Jan Hus im Traktat „De ecclesia"] (Towarzystwo Uniwersytetu Lubelskiego, Prace Wydziału Teologicznego 135), Lublin 2003.

Heribert Müller, Die kirchliche Krise des Spätmittelalters. Schisma, Konziliarismus, und Konzilien (Enzyklopädie deutscher Geschichte 90), München 2012.

Petra Mutlová, Die Dresdner Schule in Prag: eine waldensische „Connection"? In: de Lange/Utz Tremp (Hgg.), Friedrich Reiser, 2006, S. 261–276.

N

Paolo Narde, Die Hochschulträger, in: Rüegg, Geschichte 1, 1993, S. 83–103.

Jana Nechutová, Husovo kázání „Dixit Martha“ a Mikuláše z Drázďan traktát „De purgatorio“ [Hussens Prdigt „Dixit Martha“ und Nikolaus’ von Dresden Traktat „De purgatorio“], in: Listy filologické 88 (1965), S. 147–157.

– Místo Mikuláše z Drázďan v raném reformačním myšlení. Příspěvek k výkladu nauky [Der Platz des Nikolaus von Dresden im Denken der frühen Reformation. Ein Beitrag zur Erläuterung seiner Lehre] (Rozpravy Československé akademie věd, Řada společenských věd 77/16), Praha 1967.

– Surget novus populus. Die soziale Lehre der tschechischen Vorgänger der hussitischen Revolution, in: Internationale Dialog Zeitschrift 5 (1972), S. 171–176.

– Eschatologie in Böhmen vor Hus, in: Patschovsky/Šmahel (Hgg.), Eschatologie, 1996, S. 61–72.

– Dialogus volatilis Štěpána z Dolan, in: Listy filologické 107 (1984), S. 11–18.

– K literární morfologii husitské polemiky. Štěpán z Dolan, Dialogus volatilis, in: Sborník prací filosofické fakulty brněnské univerzity E 29 (1984), S. 209–218.

– Die charismatische Spiritualität in Böhmen in der vorreformatorischen Zeit, in: Österreichische Osthefte 39 (1997), S. 411–419.

– Frauen um Hus. Zu den frauenfeindlichen Satiren der Hussitenzeit, in: Seibt (Hg.), Jan Hus – Zwischen Zeiten, 1997, S. 73–79.

– Reform- und Bussprediger von Waldhauser bis Hus, in: Eberhard/Machilek (Hgg,), Kirchliche Reformimpulse, 2006, S. 239–254.

– Die lateinische Literatur des Mittelalters in Böhmen. Aus dem Tschechischen übersetzt von Hildegard Boková/Václav Bok (Bausteine zur slavischen Philologie und Kulturgeschichte NF A/59), Köln/Weimar/Wien 2007.

– Husovy promoční promluvy po šedesáti letech [Hussens Promotionsreden nach sechzig Jahren], in: Smrčka/Vybirál (Hgg.), Jan Hus 1415 a 600 let poté, 2015, S. 145–152.

– Sermones de pace, in: BRRP 10 (2015), S. 16–27.

– De non comburendi libros. Stylicické a rétorické prostředky Husovy polemiky [Stilistische und rhetorische Mittel Husscher Polemik], in: Doležalová/Sommer (Hgg.), Středověký kaleidoskop, 2016, S. 151–161.

Zdeněk Nejedlý, Dějiny husitského zpěvu [Geschichte des hussitischen Gesangs], 6 Bde., Praha [1]1904–1913, [2]1954–1956.

Richard Němec, Architektur – Herrschaft – Land. Die Residenzen Karls IV. in Prag und den Ländern der Böhmischen Krone, Petersberg 2015.

Augustin (Alois) Neumann, Die katholischen Märtyrer der Hussitenzeit, Warnsdorf 1930.

– Hus dle nejnovější literatury. Opravy a doplňky s Sedlákovu dílo o Husovi [Hus nach der neueren Literatur. Berichtigungern und Ergänzungen zu Sedláks Werk über Hus] (Spisy Dědictví sv. Prokopa 67), Praha 1931.

Martin Nodl, Auf dem Weg zum Kuttenberger Dekret. Von der Versöhnung der Nationen zum unversöhnlichen Nationalismus, in: Bohemia-Zeitschrift 49 (2009), S. 52–75.
- Das Kuttenberger Dekret von 1409. Von der Eintracht zum Konflikt der Prager Universitätsnationen (Forschungen zur Geschichte und Kultur des östlichen Mitteleuropa 31), Köln/Weimar/Wien 2017.
- Praga mater artium. Translatio studii a pražské univerzita [Translatio studii und Prager Universität], in: Ders. (Hg.), Středověk a univerzitní vzdělanost [Mittelalter und universitäre Bildung] (Colloquia mediaevalia Pragensia 18), Praha 2017, S. 119–134.

Christina von Nolcken, Wyclif (um 1330–1384), in: TRE 36 (2004), S. 415–425.

Robert Novotný, Organizace protestní akce proti Husovu upálení [Die Organisation der Protestaktionen gegen Hussens Feuertod], in: Smrčka/Vybirál (Hgg.), Jan Hus 1415 a 600 let poté, 2015, S. 153–164.

Václav Novotný, Nabožensk�� hnutí české ve 14. a 15. stol., Část I: Do Husa [Religiöse Bewegungen in Böhmen im 14. und 15. Jahrhundert, Teil I: Bis zu Hus] (Sbírka přednášek a rozprav VI/10), Praha o.J. [1915].
- Hus v Kostnici a česká šlechta. Poznámky a dokumenty [Hus in Konstanz und der böhmische Adel. Anmerkungen und Dokumente], Praha 1915.
- M. Jan Hus. Život a dílo [Magister Jan Hus. Leben und Werk], 2 Bde., Praha 1919, 1921.

Vojtěch Novotný, Hus, klerikalismus a katolictví: komtroverze z r. 1946 [Hus, Klerikalismus und Katholizismus: die Kontroversen des Jahres 1946], in: Studia Theologica 17 (2015), S. 239–257.

Matthias Nuding, Matthäus von Krakau. Theologe, Politiker, Kirchenreformer in Krakau, Prag und Heidelberg zur Zeit des Großen Abendländischen Schismas (Spätmittelalter und Reformation 38), Tübingen 2007.

O

Heiko A. Oberman, Hus und Luther. Der Antichrist und die zweite reformatorische Entdeckung, in: Seibt (Hg.), Jan Hus – Zwischen Zeiten, 1997, S. 319–346.

Otakar Odložilík, Z počátků husitství na Moravě. Šimon z Tišnova a Jan Vavřincův z Račic [Aus den Anfängen des Hussitismus in Mähren. Simon von Tischnowitz und Johannes Laurentii von Ratschitz], in Český časopis muzea 49 (1925), S. 3–170.
- The Chapel of Bethlehem, in: Wiener Archiv für Geschichte des Slaventums und Osteuropas 2 (1956), S. 125–142.

P

František Palacký, Die Vorläufer des Husitenthums in Böhmen, Leipzig [1]1846 (unter dem Pseudonym Jan Petr Jordan), Prag [2]1869.

Jaroslav Pánek/Miloslav Polívka/Noemi Rejchrtová (Hgg.), Husitství – reformace – renesance, 3 Bde. (Práce historického ústavu ČAV. Opera Instituti Historici Pragae C/9), Praha 1994.

Jaroslav Pánek/Miloslav Polívka, Jan Hus ve Vatikánu. Mezinárodní rozprava o českém reformatóru 15. století a jeho recepci na prahu třetího tisíciletí [Jan Hus im Vatikan. Internationales Gespräch über einen böhmischen Reformator des 15. Jahrhunderts und dessen Rezeption an der Schwelle des dritten Jahrtausends], Praha 2000.

Anna Paner/Marcin Hintz (Hgg.), Jan Hus. Życie i dzieło. W 600. rocznicę śmierci [Jan Hus. Leben und Werk. 600 Jahre nach dem Tod], Gdańsk 2015.

Hieromonk Patapios, *Sub utraque specie.* The Arguments of John Hus and Jakoubek of Stříbro in Defense of Giving Communion to the Laity under Both Kinds, in: Journal of Theological Studies 53 (2002), S. 503–522.

Alexander Patschovsky, Ketzer und Ketzerverfolgung in Böhmen im Jahrhundert vor Hus, in: Geschichte in Wissenschaft und Unterricht 32 (1981), S. 261–272.

– Ekklesiologie bei Johannes Hus, in: Hartmut Boockmann/Bernd Moeller/Karl Stackmann (Hgg.), Lebenslehren und Weltentwürfe im Übergang vom Mittelalter zur Neuzeit (Abhandlungen der Akademie der Wissenschaften in Göttingen, Phil.-Hist. Kl. III/179), Göttingen 1989 S. 370–399.

– Pravda a poslušnost v Husově chápání církve [Wahrheit und Gehorsam im Kirchenverständnis von Jan Hus], in: Drda/Holeček/Vybíral (Hgg.), Jan Hus, 2001, S. 155–167.

Ota Pavlíček, The Chronology of the Life and Work of Jan Hus, in: Šmahel/Pavlíček (Hgg.), A Companion to Jan Hus, 2015, S. 9–68.

– Wyclif's Early Reception in Bohemia and his Influence on the Thought of Jerome of Prague, in: Hornbeck II/van Dussen (Hgg.), Europe after Wyclif, 2017, S. 89–114.

Marcela K. Perett, A Neglected Eucharistic Controversy: The Afterlife of John Wyclif's Eucharistic Thought in Bohemia in the Early Fifteenth Century, in: Church History 84 (2015), S. 64–89.

Josef Pekař, Žižka a jeho doba. I. Doba se zvláštním zřetelem k Táboru [Žižka und seine Zeit. I. Die Zeit seiner besonderen Ausrichtung auf Tábor], Praha [2]1933.

Jiří Pešek/Václav Ledvinka (Hgg.), Praha Husova a husitská 1415–2015, Praha 2015.

Jiří Petrášek, „Meide die Häretiker“. Die antihussitische Reaktion des Heidelberger Professors Nikolaus von Jauer (1355–1435) auf das taboritische Manifest aus dem Jahr 1430 (Beiträge zur Geschichte der Philosophie und Theologie des Mittelalters NF 82), Münster 2018.

Petr Pit'ha, Kirche der Muttergottes am Teyn, Kostelní Vydří 2010.

Jaroslav V. Polc, Svatý Jan Nepomucký [Der heilige Johannes Nepomuk] (Sůl země 9), Řím [1]1972, Praha [2]1993.
- Johannes Hus rehabilitieren? Eine Quaestio disputata, in: AHC 15 (1982), S. 307–321; wiederabgedruckt in: Polc, Česká církev, 1999, S. 317–336 (danach hier zitiert).
- Česká cirkev v dějinách [Die böhmische Kirche in der Geschichte], Praha 1999.
- Arnošt z Pardubic [Ernst von Pardubitz], in: Polc, Česká cirkev, 1999, S. 99–131.

Miloslav Polívka, Hussens Adel – Hussens König, in: Seibt (Hg.), Jan Hus – Zwischen Zeiten, 1997, S. 81–89.
- Čechy před husitskou revolucí/Bohemia before the Hussite Revolution, in: AK Tábor 2011, S. 11–19.

Ctirad Václav Pospíšil, Husovská dilemata [Hussche Dilemmata], Kostelní Vydří 2015.

Sebastián Provvidente, Hus's Trial in Constance: Disputatio aut Inquisitio, in: Šmahel/Pavlíček (Hgg.), A Companion to Jan Hus, 2015, S. 254–288.

Thomas Prügl, Von der Sprengkraft der Theologie des Jan Hus, in: Zur Debatte. Themen der Katholischen Akademie in Bayern 45 (2015), Nr. 7, S. 18–20.

R, Ř

Jan Randák, „Sag mir deine Meinung zum Hussitentum und ich sage dir, wer du bist." Hus und die Hussiten im tschechischen historischen Bewusstsein, München 2015. URL:https://www.de/fileadmin/sonstige_materialien/Themenportale/Jan_Randak.pdf (03.07.2019).
- V záři rudeho kalicha. Politika dějina husitská tradicev Československu 1948–1956 [Im Schein des roten Kelches. Geschichtspolitik und hussitische Tradition in der Tschechoslowakei 1948–1956], Praha 2015.

Leopold von Ranke, Weltgeschichte, Theil 9, hg. von Alfred Dove/Georg Winter, Leipzig 1888.

Marian Rechowicz, Polska myśl teologiczna w średniowieczu [Das polnische theologische Denken im Mittelalter], in: Księga tysiąclecia katolicyzmu w Polsce, Bd. 1, Lublin 1969, S. 219–253.

Frank Rexroth, Deutsche Universitätsstiftungen von Prag bis Köln. Die Intentionen des Stifters und die Wege und Chancen ihrer Verwirklichung im spätmittelalterlichen deutschen Territorialstaat (Beihefte zum Archiv für Kulturgeschichte 34), Köln/Weimar/Wien 1992.

Manfred Richter, Oh sancta simplicitas! Über Wahrheit, die aus der Geschichte kommt. Ein Essay zum Ökumenismus (Theologische Orientierungen 34), Berlin 2018.

Helmut Riedlinger, Ekklesiologie und Christologie bei Johannes Hus. Die Gnadenfülle Christi und die Kirche in seinem Kommentar zur Distinctio XIII des dritten Buchs der Sentenzen, in: Remigius Bäumer (Hg.), Von Konstanz nach Trient. Beiträge zur Geschichte der Kirche von den Reformkonzilien bis zum Tridentinum. Festgabe für August Franzen, München/Paderborn/Wien 1972, S. 47–55.

Renate Riemeck, Jan Hus. Reformation 100 Jahre vor Luther, Frankfurt a.M. 1966.

Raphael und Heidrun Rosenberg, Die vielen Gesichter des Jan Hus. Visuelle Aneigungen und Transformationen seit 1415, in: Braun/Buck (Hgg.), Über die ganze Erde erging, 2017, S. 191–246.

Hans Rothe, Das Slavenkloster in der Prager Neustadt bis zum Jahr 1419, in: Jahrbuch für Geschichte Osteuropas 40 (1992), S. 1–26, 161–177.

Martin Rothkegel, Jan Hus in der Reformation und im Protestantismus, in: Materialdienst des Konfessionskundlichen Instituts Bensheim: Themenheft: Jan Hus – Konziliarismus, Erinnerungskultur, Märtyrergedenken 66/2 (2015), S. 30–33.

Jan Royt, Bernard z Clairvaux a Jan Hus [Bernhard von Clairvaux und Jan Hus], in: Umění 40 (1992), S. 272–275.

– Die Hussiten und ihr Verhältnis zur Kunst, in: Seibt (Hg.), Jan Hus – Zwischen Zeiten, 1997, S. 313–318.

– Ikonografie Mistra Jana Husa v 15. až 18. století, [Die Ikonographie von Magister Jan Hus vom 15. bis 18. Jahrhundert, in: Drda/Holeček/Vybíral (Hgg.), Jan Hus, 2001, S. 405–451.

– /Stefan Samerski/Emil Valasek, Maria, in: Samerski (Hg.), Die Landespatrone der böhmischen Länder, 2009, S. 175–200.

Walter Rüegg, Geschichte der Universität in Europa, Bd. I, München 1993.

– Themen, Probleme, Erkenntnisse, in: Rüegg, Geschichte I, 1993, S. 23–48.

Pavlina Rychterová, Charisma und charismatische Legitimation in der Vita von Johannes von Jenstein, in: Jiří Fajt/Andrea Langer (Hgg.), Kunst als Herrschaftsinstrument. Böhmen und das Heilige römische Reich unter den Luxemburgern im europäischen Kontext, Berlin/München 2006, S. 346–353.

Konzepte der religiösen Erziehung der Laien im spätmittelalterlichen Böhmen. Einige Überlegungen zur Debatte über die sog. böhmische Devotio moderna, in: Eberhard/Machilek (Hgg.), Kirchliche Reformimpulse, 2006, S. 219–237.

– Jan Hus zwischen Charisma und Institution, in: Pavlína Rychterová/Raphaela Veit/Stefan Seit (Hgg.), Das Charisma – Funktionen und symbolische Repräsentationen, Berlin 2008, 423–445.

– Die Verbrennung von Johannes Hus als europäisches Ereignis. Öffentlichkeit und Öffentlichkeiten am Vorabend der hussitischen Revolution, in: Martin Kintzinger/Bernd Schneidmüller (Hgg.), Politische Öffentlichkeit im Spätmittelalter (VuF 75), Ostfildern 2011, S. 361–384.

– The Vernacular Theology of Jan Hus, in: Šmahel/Pavlíček (Hgg.), A Companion to Jan Hus, 2015, S. 170–213.

Rudolf Říčan, Johlín z Vodňan, Křižovník kláštera zderaského [Johlin von Wodnian, Kreuzherr des Zderasklosters], in: Věstník královské české společnosti nauk Tř. I, Roč. 1929 (1930), S. 1–150.

– /Michal Flegl (Hgg.), Husův sborník. Soubor prací k 550. výročí M. Jana Husa [Hus-Sammelband. Sammlung von Arbeiten zum 550. Gedenktag an Magister Jan Hus], Praha 1966.

S, Š

Stefan Samerski (Hg.), Die Landespatrone der böhmischen Länder. Geschichte – Verehrung – Gegenwart, Paderborn/München/Wien/Zürich 2009.

Edzard Schaper, *Das Feuer Christi.* Leben und Sterben des Johannes Hus in siebzehn dramatischen Szenen, Stuttgart/Berlin 1965.

Wolf-Friedrich Schäufele, ‚Vorreformation' und ‚erste Reformation' als historiographische Konzepte. Bestandsaufnahme und Problemanzeige, in: Strübind/Weger (Hgg.), Jan Hus, 2015, S. 209–231.

– Jan Hus und die Reformation. Vom Nutzen und Nachteil historischer Kontinuitätskonstruktionen. Jan Hus a reformace. O přínosu a nevýhodách konstrukcí historické continuity, in: Winzeler (Hg.), Jan Hus, 2015, S. 7–12.

Walter Schamschula, Geschichte der tschechischen Literatur, Bd. I: Von den Anfängen bis zur Aufklärungszeit (Bausteine zur Geschichte der Literatur bei den Slaven 36/I), Köln/Wien 1990.

Heinz Schilling, Martin Luther. Rebell in einer Zeit des Umbruchs, München [2]2013.

Eva Schlotheuber, Der Ausbau Prags zur Residenzstadt und die Herrschaftskonzeption Karls IV., in: Markéta Jarošová/Jiří Kuthan/Stefan Scholz (Hgg.), Prag und die großen Kulturzentren Europas in der Zeit der Luxemburger. Internationale Konferenz aus Anlass des 660. Jubiläums der Gründung der Karlsuniversität in Prag, 31. März – 5. April 2008, Praha 2008, S. 601–621.

– /Hubertus Seibert (Hgg.), Böhmen und das Deutsche Reich. Ideen und Kulturtransfer im Vergleich (13.–16. Jahrhundert) (VCC 116), München 2009.

Bernward Schmidt, Die Konzilien und der Papst. Von Pisa (1409) bis zum Zweiten Vatikanischen Konzil (1962–65), Freiburg/Basel/Wien 2013.

Hermann Schmidt, Hus und Hussitismus in der tschechischen Literatur des XIX. und XX. Jahrhunderts (Slavistische Beiträge 36), München 1969.

Roderich Schmidt, Die Prager Universitäts-Nationen bis zum Kuttenberger Dekret von 1409 und die Anfänge 'nationaler' Gedanken im Königreich Böhmen, in: Hans Rothe (Hg.), Deutsche in den böhmischen Ländern

(Studien zum Deutschtum im Osten 25/I), Köln/Weimar/Wien 1992, S. 47–65.

Tilmann Schmidt. König Sigismund und Johannes Hus, in: Tilmann Schmidt/Péter Gunst (Hgg.), Das Zeitalter König Sigmunds in Ungarn und im Deutschen Reich (Történelmi Figyelő Könyvek 8), Debrecen 2000, S. 148–159.

Johanna Schreiber, Devotio moderna in Böhmen, in: Bohemia-Jahrbuch 6 (1965), S. 93–132.

Jan Sedlák, Eucharistické traktáty Stanislava ze Znojma [Die eucharistischen Traktate des Stanislaus von Znaim], in: Hlídka 23 (1906), S. 6–12, 186–192, 287–291, 357–360; wiederabgedruckt in: Sedlák, Miscellanea husitica, ed. Polc, 1996, S. 100–118.

- Po Pálčův spis proti Husovu traktátu „De ecclesia" [Zu Pálečs Schrift gegen Hussens Traktat „De ecclesia",in: Hlídka 29 (1912), S. 39–43, 110–114, 198–203, 305–309, 371–375, 508–512, 571–575, 636–641, 711–713, 782–786, 846–849; wiederabgedruckt in: Sedlák, Miscellanea husitika, ed. Polc, S. 141–178.
- Po stopách Husových odpůrců [Auf den Spuren der Husgegner], in: Ders. (ed.), Studie a texty k náboženským dějinám českým I/1, Olomouc 1913, S. 141–169.
- Husův trakáat „De ecclesia" [Hussens Traktat „De ecclesia"], in: Ders. (ed.), Studie a texty k náboženským dějinám českým II, Olomouc 1914/15, S. 478–527.
- M. Jan Hus [Magister Jan Hus], Praha 1915; ND Olomouc 1996.
- Miscellanea husitica Ioannis Sedlák, ed. Jaroslav V. Polc, Praha 1996.

Ferdinand Seibt, Johannes Hus und der Abzug der deutschen Studenten aus Prag 1409, in: Archiv für Kulturgeschichte 39 (1957), S. 63–80; wiederabgedruckt in: Ders., Hussitenstudien (VCC 60), München [1]1987, [2]1991, S. 1–15.

- Hussitica. Zur Struktur einer Revolution (Beihefte zum Archiv für Kulturgeschichte 8), Köln/Graz [1]1965, Köln/Wien [2]1990.
- Die Zeit der Luxemburger und der hussitischen Revolution, in: Karl Bosl (Hg.), Handbuch der Geschichte der böhmischen Länder, Bd. 1, Stuttgart 1967, S. 351–638.
- Bohemica. Probleme und Literaturseit 1945 (Historische Zeitschrift, Sonderheft 4), München 1970.
- Jan Hus. Das Konstanzer Gericht im Urteil der Geschichte (Carl Friedrich von Siemens Stiftung, Themen XV), München 1972, ND Bayreuth 1993.
- (Hg.), Bohemia Sacra. Das Christenum in Böhmen 973–1973. Ecclesia temporalis, Ecclesia universalis, Ecclesia magistra, Düsseldorf 1974.
- Nullus est dominus ..., in: Friedrich Prinz/Franz-Josef Schmale/Ferdinand Seibt (Hgg.), Die Geschichte in der Gesellschaft. Festschrift für Karl Bosl zum 65. Geburtstag, Stuttgart 1974, S. 393–408.

– Die Krise der Frömmigkeit – die Frömmigkeit aus der Krise. Zur Religiosität des späteren Mittelalters, in: AK Köln 1975, S. 11–29.
– Hus in Konstanz, in: AHC 15 (1983), S. 159–171.
– Revolution in Europa. Ursprung und Wege innerer Gewalt. Strukturen, Elemente, Exempel, München 1984.
– Konrad von Vechta. Hussitischer Erzbischof von Prag, in: Hans-Dieter Heimann (Hg.), Von Soest – Aus Westfalen. Wege und Wirken abgewanderter Westfalen im späten Mittelalter und in der frühen Neuzeit, Paderborn 1986, S. 139–151; wiederabgedruckt in: Seibt, Hussitenstudien, [1]1987, [2]1991, S. 241–252.
– Hussitenstudien. Personen, Ereignisse, Ideen einer frühen Revolution, (VCC 60), München [1]1987, [2]1991.
– (Hg.), Jan Hus – Zwischen Zeiten, Völkern, Konfessionen. Vorträge des internationalen Symposiums in Bayreuth vom 22. bis 26. September 1993 (VCC 85), München 1997.
– Jan Hus in Rom, in: Bohemia-Zeitschrift 40 (1999), S. 512–515.
– Jan Hus in Rom. Ein neues Kapitel der Kirchengeschichte? In: Neue Zürcher Zeitung vom 3. Januar 2000, S. 22.
– /Winfried Eberhard (Hgg.), Europa 1400. Die Krise des Spätmittelalters, Stuttgart 1984.

Joseph Seifert, Pravda jako fundament svobody a svědomí (K etice Jana Husa) [Die Wahrheit als Fundament der Freiheit und des Gewissens (Zur Ethik von Jan Hus], in: Drda/Holeček/Vybíral (Hgg.), Jan Hus, 2001, S. 181–301.

Siegfried Seifert/Zdeňka Hledíková, Johann von Jenstein (1347/50–1400), in: Erwin Gatz (Hg.), Die Bischöfe des Heiligen Römischen Reiches 1198–1448. Ein biographisches Lexikon, Bd. 1, Berlin 2001, S. 590–692.

Jakub Smrčka, Hus als Prediger, in: AK Konstanz 2015, S. 56–69.
– Hus nach seinem erzwungenen Abgang, in: AK Konstanz 2015, S. 102–109.
– Hus in der Musik, in: AK Konstanz 2015, S. 202–209.
– Jan Hus v konfesijních dějinách Evropy. Jan Hus in the Confessional History of Europe, in: AK Tábor 2015, S. 39–47, 49–55.
– /Zdeněk Vybíral (Hgg.), Jan Hus 1415 a 600 let poté. VII. Mezinárodní husitologické sympozium Tábor 23.–25. června 2015 [Jan Hus und 600 Jahre später. VII. Internationales hussitologisches Symposium Tábor, 23.–25. Juni 2015] (Husitský Tábor – Supplementum 4), Tábor 2016.
– /Vít Vlnas, Hus in der bildenden Kunst, in: AK Konstanz 2015, S. 214–243.

Petr Sommer/Dušan Foltyn (Hgg.), Encyklopedie českých klášterů [Enzyklopädie der böhmischen Klöster], Praha 1997.

Wolfgang Sommer, Der Reformator in der Selbstinszenierung des Luthertums, in: Marcel Nieden (Hg.), Ketzer, Held und Prediger. Martin Luther im Gedächtnis der Deutschen, Darmstadt 2017, S. 39–82.

Pavel Soukup, Die Waldenser in Böhmen und Mähren im 14. Jahrhundert, in: de Lange/Utz Tremp (Hgg.), Friedrich Reiser, 2006, S. 131–160.

- Die Predigt als Mittel religiöser Erneuerung Böhmens um 1400, in: Schlotheuber/Seibert (Hgg.), Böhmen und das Deutsche Reich, 2009, S. 235–264.
- Inkvizitoři v Čechách v letech 1315–1415 [Inquisitoren in Böhmen in den Jahren 1315–1415, in: Paweł Kras (Hg.), Inkwizycja papieska w Europie Środkowo-Wschodniej, Kraków 2010, S. 147–172.
- Václav IV. a reformní hnutí [Wenzel IV. und die Reformbewegung], in: Lenka Bobková/František Šmahel (Hgg.), Lucemburkové. Česká koruna uprostřed Evropy [Die Luxemburger. Die böhmische Krone im Herzen Europas], Praha 2012, S.
- Jan Hus (Urban Taschenbücher 737), Stuttgart 2014 (zitiert: Soukup, Jan Hus).
- "Jak mohou zvěstovat, nejsou-li posláni?" Autorita a autorizace kazatele u Husa a jeho současníků [„Wie kann jemand verkündigen, wenn er nicht gesandt ist?" Autorität und Autorisierung der Prediger bei Hus und seinen Zeitgenossen], in: Halama (Hg.), Amica. Sponsa. Mater, 2014, S. 109–121.
- Jan Hus as a Preacher, in; Šmahel/Pavlíček (Hgg.), A Companion to Jan Hus, 2015, S. 96–129.
- Jan Hus, Život a smrt kazatele [Jan Hus. Leben und Tod eines Predigers], Praha 2015 (zitiert: Soukup, Jan Hus, Život).
- Jan Hus v Kostnici po 6. červenci 1415 [Jan Hus in Konstanz nach dem 6. Juli 1415], in: Smrčka/Vybirál (Hgg.), Jan Hus 1415 a 600 let poté, 2015, S. 165–178.
- The Waning of the "Wyclifites": Giving Names to Hussite Heresy, in: Hornbeck II/van Dussen (Hgg.), Europe after Wyclif, 2017, S. 196–226.
- /Ota Halama, Úvod: Interdisciplinární výzkum utrakvismu a husitská symbolika [Vorwort: Interdisziplinäre Erforschung des Utraquismus und die hussitische Symbolik], in: Pavel Soukup/Ota Halama (Hg.), Kalich jako symbol v prvním století utrakvismu [Der Kelch als Symbol im ersten Jahrhundert des Utraquismus], Praha 2016, S. 7–10.

Stanislav Sousedík, Učení o eucharistii v díle M. Jana Husa [Die Lehre von der Eucharistie im Werk des Magisters Jan Hus], Praha 1998.

Jiří Spěváček, Václav IV. 1361–1419. K předpokladům husitské revoluce [Wenzel IV. 1361–1419. Zu den Voraussetzungen der hussitischen Revolution], Praha 1986.

Matthew Spinka, John Hus' Concept of the Church, Princeton 1966.

- Hus' Trial at the Council of Constance, in: Miloslav Rechzigl (Hg.), Czechoslovakia. Past and Present, Vol. II, The Hague/Paris 1968, S. 1208–1220.
- John Hus. A Biography, Princeton 1968.

Pavel Spunar, Repertorium auctorum Bohemorum provectum idearum post Universitatem Pragensem conditam illustrans, Tom. I (Studia Copernicana 25), Wratislaviae/Varsaviae/Cracoviae/Gedani/Lodziae 1985; Tom. II (Studia Copernicana 35), Warsaviae/Pragae 1995.

– Žena, manželství a rodina v počátcích české reformace [Frau, Ehe und Familie in den Anfängen der böhmischen Reformation], in: Příspěvky k dějinám křesťanství, Praha 1991, S. 161–188.

Wolfgang F. Stammler (Hg.), Die Autobiographie Karls IV. Vita Caroli Quarti. Einführung und Übersetzung Eugen Hillebrand (Bibliothek historischer Denkwürdigkeiten), Essen 2016.

Evžen Stein, Mistr Mikuláš Biceps, jeho osobnost historická a literarní doba, prostředí, význam [Magister Nikolaus Bioceps, seine historische und literarische Persönlichkeit, seine Zeit, sein Umfeld, seine Bedeutung (Věstník Kralovské české společnosti nauk 4), Praha 1928, S. 1–92.

Karel Stejskal/Petr Voit, Iluminované rukopisy doby husitské, Praha 1990.

Stočes, Jiří, Pražské univerzitní národy do roku 1409, Praha 2010.

Andrea Strübind/Tobias Weger (Hgg.), Jan Hus. 600 Jahre Erste Reformation. Wissenschaftliche Tagung des Bundesinstituts für Kultur und Geschichte der Deutschen im östlichen Europa und des Instituts für Evangelische Theologie und Religionspädagogik der Carl von Ossietzky Universität Oldenburg, Oldenburg, 7.–8.11.2013 (Schriften des Bundesinstituts für Kultur und Geschichte der Deutschen im östlichen Europa 60), München 2015.

Birgit Studt, Papst Martin V. (1417–1431) und die Kirchenreform in Deutschland (Forschungen zur Kaiser- und Papstgeschichte des Mittelalters. Beihefte zu J. F. Böhmer, Regesta Imperii 23), Köln/Weimar/Wien 2004.

Friedrich Stuhr, Die Organisation und Geschäftsordnung des Pisaner und Konstanzer Konzils, Berlin 1891.

Philip H. Stump, The Reforms of the Council of Constance, 1414–1418 (Studies in the History of Christian Thought 53), Leiden/New York/Köln 1994.

Michal Svatoš, Pražské arcibiskupství a univerzita do husitství [Das Prager Erzbistum und die Universität bis zur Hussitenzeit], in: Zdeňka Hledíková/Jaroslav Polc (Hgg.), Pražské arcibiskupství 1344–1994. Sborník statí o jeho působení a vyznamu v české zemí [Das Prager Erzbistum 1344–1944. Sammelband mit Beiträgen über seine Wirksamkeit und seine Bedeutung in den böhmischen Ländern], Praha 1994, S. 85–96.

– (Red.), Dějiny Univerzity Karlovy, Bd. I: 1347/48–1622 [Geschichte der Karlsuniversität 1347/48–1622], Praha 1995.

– Obecné učení (1347/48–1419) [Generalstudien (1347/48–1419)], in: Svatoš (Red.): Dějiny Univerzity Karlovy I, 1995, S. 27–99.

– Hussens Freunde, in: Seibt (Hg.), Jan Hus – Zwischen Zeiten, 1997, S. 67–72.

– Ordinationes Arnesti. Il primo statuto universitario praghese e il ruolo di Ernesto di Pardubice alla nascità dell'università, in: Kateřina Bobková/ Eva Doležalová/Eva Chodějovská/Zdeněk Hojda/Martin Svatoš (Hgg.), Roma – Praga – Praha – Řím. Omaggio a Zdeňka Hledíková (Bolletino dell'Istituto Storico Ceco di Roma. Supplemento 2008), Praga 2009, S. 145–158.

– Das Kuttenberger Dekret und das Wirken von Magister Jan Hus an der Prager Universität, in: Blanka Mouralová (Hg.), Die Prager Universität Karls IV. Von der europäischen Gründung bis zur nationalen Spaltung, Potsdam 2010, S. 45–70.

Stefan Swieżawski, Jan Hus – Heretik nebo předchůdce druhého Vatikánského sněmu [Jan Hus – Häretiker oder Vorläufer des Zweiten Vatikanischen Konzils], in: Studie Křesťanská akademie v Římě V (1986), Nr. 107, S. 346–354.

– Jan Hus – heretyk czy precursor Vaticanum Secundum? [Jan Hus – Häretiker oder Vorläufer des Zweiten Vatikanischen Konzils?] In: Tygodnik Powszechny 40 (1986), Nr. 6, S. 1911.

Martina Šárovcová, John Wyclif, Jan Hus a Martin Luther jako apokalyptičtí proroci [John Wyclif, Jan Hus und Martin Luther als apokalyptische Propheten], in: Smrčka/Vybirál (Hgg.), Jan Hus 1415 a 600 let poté, 2015, S. 243–261.

Jaroslav Šebek, Johannes Hus (um 1370–1415). Verehrungsgeschichte, in: Samerski (Hg.), Die Landespatrone der böhmischen Länder, 2009, S. 287–296.

– Marmaggiho aféra jako krystallzační bod konfliktu mezi Římem a československou vládou v církevně-politických kontextech [Die Marmaggi-Affäre als Kritalliationspunkt des Konflikts zwischen Rom und der tschechoslowakischen Regierung im kirchenpolitischen Kontext], in: Smrčka/Vybirál (Hgg.), Jan Hus 1415 a 600 let poté, 2015, S. 371–390.

– Die Traditionen von Jan Hus und des hl. Wenzel als Objekt politischer und nationaler Instrumentalisierungen in den böhmischen Ländern im 19. und 20. Jahrhundert, in: Johannes Gleixner/Christian Preusse/ Damien Tricoire (Hgg.), Konkurrierende Ordnungen. Verschränkungen von Religion, Staat und Nation in Ostmitteleuropa (15.–20. Jahrhundert), München 2015, S. 221–249.

– Transformationen des tschechischen kollektiven Gedächtnisses an Jan Hus in der modernen Periode – das zweite Leben des Kirchenreformators in den turbulenten Zeiten, in: Mitteilungen des Sudetendeutsches Priesterwerks 3 (2016), S.19–22; 4 (2016), S. 9–12.

– Die Verwendung nationaler und politischer Inhalte im Rahmen der geistigen Traditionen in den böhmischen Ländern im 19. und 20. Jahrhundert, in: Rainer Bendel/Robert Pech (Hgg.), Geschichtsschreibung und Erinnerumgskultur im europäischen Kontext (Vertriebene – Integration – Verständigung. Thesen & Impulse 5), Berlin 2017, S. 149–171.

František Šmahel, "Universalia sunt heresis seminaria", in: Československý časopis historický 16 (1968), S.797–818.

– ‚Doctor evangelicus super omnes evangelistas': Wyclif's Fortune in Hussite Bohemia, in: Bulletin of the Institute of Historical Research 43 (1970), S. 16–34.

– The Idea of the „Nation" in Hussite Bohemia, in: Historica 16 (1969), S. 143–247, 17 (1969) S. 93–197.

– Idea národa v husitských Čechách [Die nationale Idee im hussitischen Böhmen], České Budějovice [1]1971, Praha [2]2000.

– Ein unbekanntes Prager Quodlibet von ca. 1400 des Magisters Johann Arsen von Langenfeld, in: Deutsches Archiv 33 (1977), S. 199–215; wieder abgedruckt in: Ders., Die Prager Universität, 1994, S. 336–358.

– Verzeichnis der Quellen zum Prager Universalienstreit 1348–1500 (Mediaevalia philosophica Polonorum 25), Wrocław/Warszawa/Kraków/Gdansk 1980.

– Jan Hus a viklevské pojetí universálií [Jan Hus und die Universalienfrage], in: AUC – HUCP 21/2 (1981), S. 49–63.

– Univerzitní kvestie a polemiky mistra Jeronýma Pražského, in: AUCP-HUC XXII/2 (1982), S. 7–41.

– Hus und Wyclif: Opinio media de universalibus in re, in: Studia Mediewistyczne 22 (1983), S. 123–130.

– Krise und Revolution: Die Sozialfrage im vorhussitischen Böhmen, in: Seibt/Eberhard (Hgg.), Europa 1400, 1984, S. 65–81.

– La révolution hussite, une anomalie historique (College de France. Essais et confernces), Paris 1985.

– Le clergé rural de Bohème à l'époque du mouvement hussite, in: Pierre Bonnassie (Hg.), Le Clergé rural dans l'Europe médiévale et moderne. Actes des XIIIèmes Journées internationales de l'Abbaye de Flaran, 6–8 septembre 1991, Toulouse 1995, S. 101–114.

– Reformatio und Receptio. Publikum, Massenmedien und Kommunikationshindernisse zu Beginn der hussitischen Reformbewegung, in: Jürgen Miethke/Arnold Bühler (Hgg.), Das Publikum politischer Theorie im 14. Jahrhundert (Schriften des Historischen Kollegs. Kolloquien 21), München 1992, S. 255–268.

– Husitská revoluce [Die Hussitische Revolution], 4 Bde., Praha [1]1993, [2]1995/96.

– Scholae, Collegia et Bursae Universitatis Pragensis. Ein Beitrag zum Wortschatz der mittelalterlichen Universitäten, in: Olga Weijers (ed.), Vocabulaire des collèges universitaires (XIIIe–XVIe siècles). Actes du colloque Leuven, 9–11 avril 1992, , Turnhout 1994, S. 115–130.

- Die Prager Universität und der Hussitismus, in: Alexander Patschovsky/Horst Rabe, Die Universität in Alteuropa, Konstanz 1994, S. 111–128.
- Fakulta svobodných umění [Die Fakultät der freien Künste], in: Svatoš (Red.), Dějiny univerzity Karlovy I, 1995, S. 101–133.
- Das purgatorium sompniatum in der hussitischen Topographie des Jenseits, in: Patschovsky/Šmahel (Hgg.), Eschatologie, 1996, S. 115–138.
- Die Anfänge der Prager Universität. Kritische Reflexionen zum Jubiläum eines „nationalen Monumentes", in: Historica. Historical Sciences in the Czech Republic, Ser. Nova 3–4 (1996/97), S. 7–50.
- Das Ideal einer gerechten Ordnung und sozialen Harmonie im Werk des Magisters Johannes Hus, in: Seibt (Hg.), Jan Hus – Zwischen Zeiten, 1997, S. 203–211.
- Miscellanea Bohemica ve vatikánském kodexu Ottobonianus 2087 [Miscellanea Bohemica im vatikanischen Codex O. 2087], in: Ivan Hlaváček/Jan Hrdina (Hgg.), Facta probant homines. Sborník příspěvků k životnímu jubileu prof. dr. Zdeňky Hledíkové, Praha 1998, S. 465–478.
- Mistr Jeroným Pražský na soudu dějin [Magister Hieronymus von Prag im Gericht der Geschichte], in: Drda/Holeček/Vybíral (Hgg.), Jan Hus, 2001, S. 313–324.
- Die Hussitische Revolution. Aus dem Tschechischen übersetzt von Thomas Krzenck. Redaktion: Alexander Patschovsky, 3 Bde. (Monumenta Germaniae Historica. Schriften 43/I–III), Hannover 2002.
- Die Vier Prager Artikel. Das Programm der Hussitischen Reformation, in: Eberhard/Machilek (Hgg.), Kirchliche Reformimpulse, 2006, S. 329–339.
- Die Prager Universität im Mittelalter. The Charles University in the Middle Ages. Gesammelte Aufsätze. Selected Studies (Education and Society in the Middle Ages and Renaissance 28), Leiden/Boston 2007.
- Konstanzer und Prager Begegnungen. Zwei Vorträge Alexander Patschovsky gewidmet (Konstanzer Universitätsreden 228), Konstanz 2007.
- Johannes Hus und Hieronymus von Prag vor dem Gericht des Konzils und dem Gericht der Geschichte, in: Šmahel, Konstanzer und Prager Begegnungen, 2007, S. 13–19.
- Jan Hus. Život a dílo [Jan Hus. Leben und Werk], Praha 2013.
- Leben und Werk des tschechischen Reformators Jan Hus († 1415), in: Strübind/Weger (Hgg.), Jan Hus, 1415, S. 17–32.
- The National Idea, Secular Power and Social Issues in the Political Theology of Jan Hus, in: Šmahel/Pavlíček (Hgg.), A Companion to Jan Hus, 2015, S. 214–253.
- Instead of Conclusion: Jan Hus as Writer and Author, in: Šmahel/Pavlíček (Hgg.), A Companion to Jan Hus, 2015, S. 370–409.
- Alma Mater Pragensis, Praha 2016.

– Die Verehrung des hl. Wenzel im hussitischen Böhmen, in: Stefan Samerski (Hg.), Wenzel – Protagonist der böhmischen Erinnerungskultur, Paderborn 2018, S. 99–120.
– /Ferdinand Seibt/Jiří Kořalka/Peter Heumos/Michael Müller, Jan Hus und die Hussiten in europäischen Aspekten. Vorträge gehalten anläßlich des Kolloquiums im Studienzentrum Karl-Marx-Haus Trier am 22. September 1986 (Schriften aus dem Karl-Marx-Haus Trier 36), Trier 1987.
– (Hg. unter Mitarbeit von Elisabeth Müller-Luckner), Häresie und vorzeitige Reformation im Spätmittelalter (Schriften des Historischen Kollegs. Kolloquien 39), München 1998.
– /Gabriel Silagi, Leben und Werk des Hieronymus von Prag, Einleitung zu: Hieronymus de Praga, Quaestiones, Polemica, Epistulae (MIHO XXVIIA, Suppl. I = CC CM 222), Turnhout 2010., S. XI–CXXVIII.
– /Martin Nodl, Kuttenberger Dekret nach 600 Jahren. Eine Bilanz der bisherigen Forschung, in: Zilynská (Hg.), Universitäten, 2010, S. 19–54.
– /Lenka Bobková (Hgg.), Lucemburkové. Česká koruna uprostřed Evropy [Die böhmische Krone im Herzen Europas], Praha 2012.
– /Ota Pavlíček (Hgg.), A Companion to Jan Hus (Brill's Companions to the Christian Tradition 54), Leiden/Boston 2015.
Michal Šroněk/Kateřina Horníčková, Husovy obrazy v 15. až 17. století [Husbilder vom 15. bis 17. Jahrhundert], in: AK Tábor 2015, S. 57–71, 73–81.
Daniela Štěrbová, Aus der Weltmitte zum barocken Stadtzentrum. Von der gestalterischen Bedeutung der Prunksäulen barocker Städte Böhmens, Kunsttexte.de, 1, 2014 (URL: https://edoc.hu-berlin.de/kunsttexte/2014-1/sterbova-daniela-2/PDF/sterbova.pdf). (24.05.2019).

T

Edith C. Tatnall, The condemnation of John Wyclif at the Council of Constance, in: Geoffrey J. Cuming/Derek Baker (edd.), Councils and Assemblies. Papers Read at the eight Summer Meeting and the ninth Winter Meeting of the Ecclesiastical History Society Cambridge 1971 (Studies in Church History 7), Cambridge 1971, S. 209–218; deutsch: Die Verurteilung John Wyclifs auf dem Konzil zu Konstanz, in: Bäumer (Hg.), Das Konstanzer Konzil, 1977, S. 284–294).
Eike Thomsen, Aspekte der bildlichen Darstellung des Jan Hus zwischen Wandel und Kontinuität. Proměna a kontinuita v zobrazování Jana Husa, in: Winzeler (Hg.), Jan Hus, 2015, S. 22–35.
Bernhard Töpfer, Lex Christi, dominium und kirchliche Hierarchie bei Jan Hus im Vergleich zu John Wyklif, in: Seibt (Hg.), Jan Hus – Zwischen Zeiten, 1997, S. 157–165.
– Die Wertung der weltlich-staatlichen Ordnung durch John Wyclif und Jan Hus, in: Šmahel/Müller-Luckner (Hgg.), Häresie, 1998, S. 55–76.

Damasus Trapp, Clm 27034. Unchristened Nominalism and Wyclifite Realism at Prague in 1381, in: Recherches de théologie ancienne et médiévale 24 (1957), S. 320–360.

Christina Traxler, Früher Antihussitismus. Der Traktat *Eloquenti viro* und sein Verfasser Andreas von Brod, in: Archa verbi. Yearbook for the Study of Medieval Theology 12 (2015), S. 130–177.

– Firmiter velitis resistere. Die Auseinandersetzung der Wiener Universität mit dem Hussitismus vom Konstanzer Konzil (1414–1418) bis zum Beginn des Basler Konzils (1431–1449) (Schriften des Archivs der Universität Wien 27), Wien 2019.

Martin Treu, Die Gans und der Schwan. Martin Luther und Jan Hus im Vermächtnis der Bilder, in: Luther. Zeitschrift der Luther-Gesellschaft 87 (2016), S. 127–141.

– Luther zwischen Kunst und Krempel. Wie populär war und ist ein populäres Luherbild? In: Andreas Holzem/Volker Leppin (Hgg.), Martin Luther: Monument, Ketzer, Mensch. Lebensbilder, Lutherprojektionen und ein ökumenischer Luther, Freiburg/Basel/Wien [2017], 407–448.

Damien Tricoire, „Sklave sein heißt herrschen“. Die Münchner und Prager Mariensäulen in ihrem religiösen und politischen Kontext, in: Marco Bogade (Hg.), Transregionalität in Kult und Kultur. Bayern, Böhmen und Schlesien zur Zeit der Gegenreformation (Forschungen und Quellen zur Kirchen- und Kulturgeschichte Ostdeutschlands 49), Köln/Weimar/Wien 2016, S. 59–70.

Josef Tříška, Životopisný slovník předhusitské pražké univerzity 1348–1409 [Biographisches Lexikon der vorhussitischen Prager Universität 1348–1409], Praha 1981.

U

Paul Uiblein, Zu den Beziehungen der Wiener Universität zu anderen Universitäten im Mittelalter, in: Jozef Ijsewijn/Jacques Paquet (Hgg.), The Universities in the Late Middle Ages, Leuven 1978, S. 168–189.

Umělecké památky Prahy, Bd. 4: Pražský hrad a Hradčany [Die Kunstdenkmäler Prags 4: Die Prager Burg und die Burgstadt Hradschin], Praha 2000.

V

Emil Valasek, Das Kirchenverständnis des Prager Magisters Matthias von Janow (1350/55–1393) (Lateranum N.S. An. XXXVII), Roma 1971.

Michael Van Dussen, From England to Bohemia. Heresy and Communication in the Later Middle Ages (Cambridge Studies in Medieval Literature), Cambridge 2012.

Anežka Vidmanová, Hus als Prediger, in: Communio viatorum 19 (1976), S. 65–81.

– Stoupenci a protivníci mistra Jana Husa [Anhänger und Gegner des Magisters Jan Hus], in: Husitský Tábor 4 (1981), S. 49–56.
– Ke spisku Orthographia Bohemica [Zur kleinen Schrift Orthographia Bohemica], in: Listy filologické 105 (1982), S. 75–89.
– Kdy, kde a jak psal Hus svou českou Postillu? [Wann, wo und wie schrieb Hus seine tschechische Postille?], in: Listy filologické 112 (1989), S. 144–158.
– Základni vydány spisů M. Jana Husa/Le principali edizioni degli scritti del Maestro Jan Hus, [Praha] 1999.
– Základní vydání spisů M. Jana Husa [Die grundlegende Ausgabe der Schriften des M. Jan Hus], in: Drda/Holeček/Vybíral (Hgg.), Jan Hus, 2001, S. 267–276.
Kateřina Voleková, Jan Hus a česká bible, in: Smrčka/Vybirál (Hgg.), Jan Hus 1415 a 600 let poté, 2015, S. 179–190.
Vooght → De Vooght.

W

Katherine Walsh, Wyclif, in: LMA 9 (1998), Sp. 391–393.
Helmut G. Walther, Magister Jan Hus, 1370–1415. Sein Weg nach Konstanz, in: Der Wiederaufbau des Hus-Hauses in Konstanz. Festschrift zur Einweihung am 6. Juli 1980, Konstanz 1980, S. 25–71.
Tobias Weger, Bilddokumentation: Jan-Hus-Denkmal und Bethlehemskapelle in Prag, in: Strübind/Weger (Hgg.), Jan Hus, 2015, S. 233–252.
Ruben E. Weltsch, Archbishop John of Jenstein (1348–1400). Papalism, Humanism and Reform in Pre-Hussite Prague (Studies in European History 8), The Hague 1968.
Ernst Werner, Der Kirchenbegriff bei Jan Hus, Jakoubek von Mies, Jan Želivský und den linken Taboriten (Sitzungsberichte der Deutschen Akademie der Wissenschaften zu Berlin, Klasse für Philosophie, Geschichte, Staats-, Rechts- und Wirtschaftswissenschaften, Jg. 1967, Nr. 10), Berlin 1967.
– Jan Hus. Welt und Umwelt eines Prager Frühreformators (Forschungen zur mittelalterlichen Geschichte 34), Weimar 1991.
– Das Altarsakrament im Religionsverständnis von Jan Hus, in: Pánek/Polívka/Rejchrtová (Hgg.), Husitství – reformace – renesance I, 1994, S. 317–329.
– Zum Friedensbegriff bei Jan Hus und Jan Žižka, in: Miloslav Polívka/František Šmahel (Hgg.), In memoriam Josefa Macka (1922–1991), Praha 1996, S. 127–140.
– Wort und Sakrament im Identitätsbewußtsein des tschechischen Frühreformators Jan Hus (um 1370–1415) (Sitzungsberichte der Akademie der Wissenschaften der DDR. Gesellschaftswissenschaften G 13), Berlin 1989.
Martin Wernisch, Ratio voluntatis M. Johannis Hus. Zur Rolle von Vernunft und Willen in der Lehre Hussens, in: Seibt (Hg.), Jan Hus – Zwischen Zeiten, 1997, S. 139–155.

– Jan Hus v myšlení reformace [Jan Hus im Denken der Reformation], in: Drda/Holeček/Vybíral (Hgg.), Jan Hus, 2001, S. 489–492.
– Husitství raně reformační příběh [Der Hussitismus als wichtiges reformatorisches Ereignis] (Fontes Pragenses 31), Brno 2003.

Eduard Winter, Frühhumanismus. Seine Entwicklung in Böhmen und deren europäische Bedeutung für die Kirchenreformbestrebungen im 14. Jahrhundert (Beiträge zur Geschichte des relgiösen und wissenschaftlichen Denkens 3), Berlin 1964.

Marius Winzeler (Hg.), Jan Hus. Wege der Wahrheit. Cesty pravdy. Das Erbe des böhmischen Reformators in der Oberlausitz und in Nordböhmen. Dědictví českého reformátora v Horní Lužici a v severních Čechách (Zittauer Geschichtsblätter), Zittau 2015.

Thomas Wünsch, Konziliarismus und Polen. Personen, Politik und Programme aus Polen zur Verfassungsfrage der Kirche in der Zeit der mittelalterlichen Reformkonzilien (Konziliengeschichte, R. B), Paderborn/München/Wien/Zürich 1998.

Z, Ž

Jana Zachová, Waldhauser a Hus [Waldhauser und Hus], in: Pánek/Polívka/Rejchrtová (Hgg.), Husitství – reformace – renesance I, 1994, S. 287–297.

Josef Záruba-Pfeffermann, Sigismunds Mütze und das gerechte Gericht im 15. Jahrhundert, in: Eva Doležalová/Robert Šimůnek (Hgg.), Ecclesia als Kommunikationsraum in Mitteleuropa 2011 (13.–16. Jahrhundert) (VCC 122), München 2011, S. 261–286.

Rostislav Zelený/Jaroslav Kadlec, Učitelé právnické fakulty a právnické univerzity pražské v době předhusitské (1349–1419) [Die Lehrer der Juristischen Fakultät und Prager Juristenuniversiät in vorhussitischer Zeit (1349–1419), in: AUC – HUCP XVIII (1978), Fasc. 1, S. 61–106.

Jarold K. Zeman, The Hussite Movement and the Reformation in Bohemia, Moravia and Slovakia (1350–1650). A Bibbliographial Study Guide, Ann Arbor 1977.

Metoděj Zemek, Die Augustiner-Chorherren in den Ländern der böhmischen Krone, in: Floridus Röhrig, Die Stifte der Augustiner-Chorherren in Böhmen, Mähren und Ungarn (Österreichisches Chorherrenbuch [I]), Klosterneuburg/Wien 1994, S. 9–47.

Blanka Zilynská (Hg.), Universitäten, Landesherren und Landeskirchen: Das Kuttenberger Dekret von 1409 im Kontext der Epoche von der Gründung der Karlsuniversität 1348 bis zum Augsburger Religionsfrieden 1555 (HUC – HUCP) XLIX (2009), Fasc. 2, Praha 2010.
– Johann Hoffmann: Prager Student, antihussitischer Repräsentant und Bischof von Meißen, in: Dies. (Hg.), Universitäten, 2010, S. 81–98.
– Jan Hus – De obediencia: textová tradice a ediční problémy [Texttradition und Eitionsprobleme], in: Smrčka/Vybirál (Hgg.), Jan Hus 1415 a 600 let poté, 2015, S. 191–201.

– Hus und die Prager Universität, in: AK Konstanz 2015, S. 34–51.
– Hussens Weg nach Konstanz – Realität und Überlieferung, in: AK Konstanz 2015, S. 110–129.

Bohdan Zilynskyj, Česká šlechta a počátky husitství (1410–1415) [Der böhmische Adel und die Anfänge des Hussitismus (1410–1415)], in: Jihočeský sborník historický 48 (1979), S. 52–63.
– Stížný list české a moravské šlechty proti Husovu upálení (Otázky vzniku a dochování) [Der Beschwerdebrief des böhmischen und mährischen Adels gegen Hussens Feuertod (Entstehungs- und Überlieferungsfragen], in: Folia Historica Bohemica 5 (1983), S. 195–237.
– Vývoj husovské tradice. Formation of the Hus's Tradition, in: AK Tábor 2015, S. 109–117, 119–124.

Jan Zouhar, Masarykův Jan Hus [Masaryks Jan Hus], in: Krmíčková/Pumprová/Růžičková/Šanda (Hgg.), Querite, 2006, S. 635–639.

David Žofák, Jan Očko z Vlašimě (1364–1379) [Johannes Očko von Vlašim (1364–1379)], in: Hledíková/Polc (Hgg.), Pražské arcibiskupství, 1994, S. 301 f.